SERTÃO, LUGAR DESERTADO
O Cerrado na Cultura de Minas Gerais

Volume II

Ricardo Ferreira Ribeiro

SERTÃO, LUGAR DESERTADO
O Cerrado na Cultura de Minas Gerais

VOLUME II

Apoio

Copyright © 2006 by Ricardo Ferreira Ribeiro

CAPA
Beatriz Magalhães
(Sobre foto de Ricardo Ferreira Ribeiro)

FOTOS
Ricardo Ferreira Ribeiro

EDITORAÇÃO ELETRÔNICA
Carolina Rocha

REVISÃO
Alexandre Vasconcelos de Melo

Ribeiro, Ricardo Ferreira

R484s   Sertão, lugar desertado – o Cerrado na cultura de Minas Gerais / Ricardo Ferreira Ribeiro . — Belo Horizonte : Autêntica , 2006.

376 p.

ISBN 85-7526-236-X

1.Meio ambiente-Minas Gerais. 2.Cerrado-Minas Gerais. 3.Cultura-Minas Gerais. I.Título.

CDU 63(213.54)(815.1)

2006

Todos os direitos reservados pela Autêntica Editora.
Nenhuma parte desta publicação poderá ser reproduzida,
seja por meios mecânicos, eletrônicos, seja via cópia xerográfica
sem a autorização prévia da editora.

Belo Horizonte
Rua Aimorés, 981, 8º andar – Funcionários
30140-071 – Belo Horizonte/MG
Tel: (55 31) 3222 6819 – TELEVENDAS: 0800 2831322
www.autenticaeditora.com.br
E-mail: autentica@autenticaeditora.com.br

São Paulo
Rua Visconde de Ouro Preto, 227 – Consolação
01.303.600 – São Paulo/SP – Tel.: (55 11) 3151 2272

Ao Cerrado e à sua gente sertaneja, de muitos mestres,
como o finado Zé Diniz e S. Benvindo,
que me ensinaram as sutilezas do ali viver.

Sumário

Prefácio 9

Introdução 13

Capítulo 1: *A Pesquisa de Campo* 15

As comunidades pesquisadas 20

Região do Alto Jequitinhonha: Comunidade do Gigante (Município de Botumirim).... 20

Região Norte de Minas: Reserva indígena Xakriabá
(Município de São João das Missões) 27

Região Noroeste: Comunidades de Santana da Caatinga (Município de João Pinheiro)
e Cercado (Município de Brasilândia de Minas) 39

Triângulo Mineiro: Comunidades de Laginha e Brejãozinho
(Município de Monte Carmelo) 52

Capítulo 2: *Assim na terra como no céu* 61

As águas do meu futuro 73

As muitas caras da natureza 96

Capítulo 3: *É preciso caçar um jeito de viver* 105

Lobo-guará: o feitiço se fez carne 121

Os amigos da onça 131

A vovó-onça nos protege 138

O zelador dos bichos 144

O pescador morre pela boca 155

Levamos um ferrão 162

Capítulo 4: *Os pomos da discórdia*............ 171

Sempre vivas?............ 186

Para tudo há remédio............ 194

Pau para toda obra............ 206

Capítulo 5: *Semeando mudanças*............ 213

Criações, cercas e os donos da terra............ 235

Procurando o que não se perdeu............ 261

Era ferro e enferrujou, era pano e puiu, era palha e rasgou, era barro e se quebrou............ 268

Minha casa, minha raiz............ 275

Capítulo 6: *Conclusões*............ 281

As cores do Sertão............ 289

Anexo............ 321

Referências............ 367

Prefácio

O livro que ora Ricardo Ribeiro nos oferece é o resultado de um meticuloso trabalho de pesquisa e reflexão.

Mas engana-se quem pensa que neste encontraremos apenas um produto oriundo do esforço racional-científico. Cada página revela a paixão do autor por uma das regiões mais ricas do país, em termos culturais, ambientais e mesmo econômicos, que é o Cerrado. Mais particularmente o Cerrado-Sertão Mineiro, cuja extensão o nosso autor revela começar nalgum lugar depois de centenas de quilômetros da faixa litorânea (onde o Brasil lusitano se iniciou) adentro e certamente termina para lá de Minas, nos gerais baianos ou goianos; não importa. Ricardo foi acometido por uma paixão que, até para os que não se deixam levar à primeira vista, vai surgindo no desvelar das pequenas sutilezas (não é mesmo, Riobaldo?), das belezas recônditas ou que surgem aqui e ali, no Cerrado. E que o povo sertanejo, indígena, quilombola conhece muito bem. Carioca que se fez mineiro, certamente foi atraído também pelos mistérios da região que, a uns fascinam, a outros apavoram. Não por acaso foi nesse ambiente que o Diabo, e também Deus, escolheu para atemorizar o protagonista de Grande Sertão: Veredas. E foi nesse lugar que Riobaldo deparou-se com o amor torto – como os troncos das árvores –, e amou. Dilemas roseanos que são os nossos próprios.

Imbuído da aventura de decifrar a esfinge de uma Natureza-História multiforme e única, que instigou a tantos, como aos homens da ciência, desde os tempos de Lund, Saint-Hilaire, Langsdorf, Martius e Spix e vários outros viajantes ao Brasil de Dentro, e cuja tradição é recuperada na presente obra, prestando-lhes uma justa homenagem, o nosso autor agrega novos olhares, novas fontes documentais e informantes tirados de um povo sábio, iletrado, mestiço, caboclo, brasileiro de dentro. E traz descobertas que agora temos a chance de apreciar.

Este livro é continuidade das *Florestas anãs do Sertão*, lançado em 2005 por esta mesma editora, que aceitou o desafio de publicar sobre uma região de visibilidade incipiente no cenário nacional. Ricardo Ribeiro, depois de desafiar a sua banca de doutorado com uma tese densa, criteriosa, às vezes curiosa, distribuída por pouco mais de 1.200 páginas, agora conclui sua publicação com este segundo volume, orientado a apresentar os resultados do trabalho de campo. Temos aqui uma arguta interpretação sobre a história ambiental e a etnoecologia do Cerrado em sua porção mineira, quiçá do bioma inteiro.

No primeiro, mas também no segundo volume, ele faz um esforço meritório de aliar duas ciências distintas: as ciências ambientais e as ciências sociais. Combina elementos da história natural com os da história humana, dos povos milenares, ameríndios e de toda uma população que, durante o período colonial, foi construindo e interagindo com a historia do próprio bioma. Ele trilha um caminho recente e promissor nas ciências brasileiras, seguindo os passos de pesquisadores proeminentes como José Augusto Pádua, que fez parte da banca examinadora da tese.

E longe de assumir uma postura neutra perante a narrativa, opta por um ponto de vista para sintetizar mais de 12 mil anos de co-evolução entre Cerrado-natureza e Cerrado-sociedades. É a perspectiva das populações geraizeiras, ou, mais amplamente, sertanejas, a quem o livro é dedicado, ao lado do Cerrado, único como bioma, diverso como ecossistema. E tal posição, assumida na relação com o objeto de pesquisa, não imputa desleixos com o método científico, ao contrário. Torna-o mais complexo, menos preconceituoso e mais desafiante para uma ciência que, como a sociedade brasileira, às vezes volta-se mais para o outro lado do atlântico do que para o interior do País.

Não nos parece ousado dizer que Ricardo Ribeiro está preenchendo uma lacuna relevante no conhecimento brasileiro. Primeiro, porque ele não faz o que sugere Euclides da Cunha logo no início de *Os Sertões*: ao descrever as diferenças da natureza, do relevo, da vegetação e de toda a paisagem do país, nosso clássico da literatura oferece ao leitor a sugestão de que *atravessemos* (e, portanto, superemos) a natureza do Planalto Central para ir ao que realmente interessa: o sertão semi-árido, palco da ação de Antonio Conselheiro, de sua gente e do Exército. Na contramão de Euclides da Cunha, segue Ricardo Ribeiro, aprofundando o estudo sobre um outro sertão, igualmente desconhecido cuja riqueza vai sendo descrita nessa obra. Traz à tona uma história inédita.

Segundo porque usa a História para oferecer uma interpretação sociológica da realidade. Demonstra como o Cerrado foi sendo apropriado e sua gente expropriada, até mesmo da sua identidade, a ponto de ela própria nem sempre valorizar o conhecimento tradicional formado através de séculos e ou milênios. Ao fazê-lo, vale-se de uma tradição que remonta aos intérpretes clássicos da cultura brasileira, como Sergio Buarque. Uma coincidência que explica: tanto Sergio Buarque quanto Ricardo Ribeiro iniciaram sua formação pela sociologia, optando gradativamente pela história.

E ambos não ficaram enclausurados na sacrossanta academia. Optaram por comer poeira, conhecer a nossa realidade *in loco* e, ao mesmo tempo, contribuir para sua transformação. Ricardo Ribeiro é militante da causa do Cerrado, dos direitos humanos e da democracia includente. E utiliza o seu conhecimento científico, e sua disciplina de pesquisador, para colaborar para os avanços em nossa sociedade, recuperando uma história que é única, pelo menos para as gentes do Brasil de Dentro. Uma boa leitura.

Mauro Oliveira Pires
Coordenador do Núcleo Cerrado e Pantanal
Ministério do Meio Ambiente

Introdução

Lugar desertado, sem gente, domínio da natureza, reino de feras: quem vive num lugar assim? Se sertão é a corruptela de "desertão", como pode aí haver moradores? Seria o sertanejo um desertor, aquele que sai das fileiras da ordem e da Civilização? Ele nega: se aqui vivo, o sertão é mais para adiante. Na verdade, desertar é apenas uma forma de deserdar seus habitantes, esvaziar é uma estratégia histórica para justificar a dominação: o que não é de ninguém pode ser meu, precisa e deve ser apropriado por alguém de mérito. É a forma de justificar também a imposição de ordem do colonizador sobre o mundo natural: o Cerrado e a Caatinga, os ambientes desertados, se transfiguram numa espécie de natureza menor, menos acolhedora, mais que um desafio, uma ameaça a ser vencida, transformada à imagem e semelhança do universo civilizado.

Em *Florestas anãs do Sertão – o Cerrado na História de Minas Gerais*, abordei as origens e a trajetória da sociedade sertaneja, presente no Triângulo Mineiro, Alto Paranaíba, Centro-Oeste, Noroeste, Norte e Alto Jequitinhonha. Iniciando com a ocupação do Cerrado pelos primeiros grupos humanos, que aí penetraram há mais de 12 mil anos, procurei mostrar sua continuidade nos vários povos indígenas encontrados pelos colonizadores, a maioria deles, hoje, já desaparecidos. É com esses povos que os bandeirantes aprenderam a sobreviver no Cerrado, através não só da caça, da pesca e da coleta vegetal, mas também, pelo emprego da agricultura nômade. Os novos colonizadores e seus escravos africanos introduziram outras atividades econômicas: a mineração e a pecuária, que se beneficiavam dos recursos naturais daquele bioma, mas trouxeram transformações significativas na paisagem. A sociedade que se constituiu, no Sertão Mineiro, ao longo do século XVIII, é marcada pela rebeldia de potentados, quilombolas, garimpeiros, etc, que se utilizavam do Cerrado para fugir das perseguições das autoridades coloniais. No século seguinte, o Sertão Mineiro foi devassado pelo interesse da Ciência, que propunha melhorias na sua economia e a introdução da indústria, da navegação a vapor e das ferrovias, que foram modificando significativamente o Cerrado e a vida de sua gente.

As relações históricas que os vários grupos humanos estabeleceram com esse bioma contribuíram para a formação do patrimônio cultural sertanejo, que é objeto desse segundo volume, fruto de uma pesquisa de campo, em quatro regiões de Minas, realizada em comunidades escolhidas pela sua identidade indígena ou negra e pela forte presença de lavradores, vaqueiros e artesãos. Interessava-me investigar suas práticas tradicionais no manejo, conservação e uso de recursos da flora e fauna do Cerrado para a alimentação, a medicina popular, o artesanato, a indústria caseira, a construção, etc., bem como estudar os conhecimentos e representações simbólicas em que elas estavam assentadas. Esta experiência me levou muito mais longe, pois convivendo com essa gente, conversando com eles, comendo da sua comida, dormindo em suas casas, caminhando juntos, me sentia como um aprendiz de velhos sábios, alguns deles já falecidos, nesses poucos anos que separam a pesquisa de sua publicação. Sempre de portas abertas, sorriso largo, disponibilidade para partilhar seu tempo, sua vida e seus conhecimentos, coisa cada vez mais rara nesse nosso mundinho urbano e mesquinho. Não há obrigados que paguem tanta generosidade e este livro pretende ser apenas parte do resgate dessa imensa dívida com os ensinamentos que tive não só durante a Pesquisa de Campo, mas também nos muitos anos anteriores e posteriores que tive a honra de trocar com tantas pessoas fabulosas que conheci.

Não vou repetir aqui todos os agradecimentos que fiz às muitas pessoas e instituições que contribuíram para que esse livro se tornasse realidade, pois já o fiz no primeiro volume, estendendo-se também a este a minha gratidão. Quero, no entanto, reparar uma falta grave que ali cometi, agradecendo nominalmente aos membros da minha banca de doutorado, que não foram citados anteriormente e que, como disse Mauro Pires (outro a quem também dou aqui o meu muito obrigado), aceitaram o desafio de encarar as 1.200 páginas da minha tese: Carlos Walter Porto Gonçalves, Canrobert Costa Neto e Ariane Luna Peixoto.

Espero que aqueles que se aventuraram pelas *Florestas anãs do Sertão*, a quem também agradeço, e que fizeram imerecidos elogios à suas linhas tortas, traçadas em folhas coreáceas, tais como as das árvores do Cerrado, possam encontrar, neste livro, uma nova e emocionante viagem por esse universo sertanejo. Trata-se de uma mesma jornada, pois há uma continuidade entre os dois volumes, embora possam ser vivenciadas de forma e ordem completamente autônomas, pois, nas estradas da vida, cada um faz o seu próprio caminho.

Capítulo 1

A Pesquisa de Campo

A Pesquisa de Campo, dentro dos objetivos colocados no Capítulo 1 do Volume I, foi realizada em quatro regiões do Cerrado Mineiro: Alto Jequitinhonha, Norte, Noroeste e Triângulo Mineiro[1] (ver mapa no ANEXO). Para sua viabilização, foi fundamental o apoio do Programa Natureza e Sociedade do Fundo Mundial para a Natureza (WWF), cujos recursos permitiram as viagens e a aquisição de material necessários à sua realização[2].

A primeira atividade deste processo foi a identificação e a seleção das comunidades a serem pesquisadas em cada uma daquelas quatro regiões. Através de contatos pessoais e profissionais anteriores, especialmente, quando da minha atuação como assessor da Comissão Pastoral da Terra de Minas Gerais, foram procuradas pessoas de várias entidades atuantes nos movimentos populares rurais para ajudarem a indicar possíveis comunidades a serem pesquisadas[3]. Depois de apresentados os objetivos da pesquisa, foram apontados como critérios a serem observados para tal indicação:

---

[1] Foram estudadas as possibilidades de realizar a pesquisa também no Alto São Francisco, uma quinta região do Cerrado Mineiro, no entanto, as dificuldades de identificar uma comunidade dentro dos critérios propostos e, principalmente, as implicações financeiras e de tempo dessa inclusão, foram avaliadas como prejudiciais ao processo de pesquisa nas demais áreas.

[2] O Contrato de Apoio é datado de 31 de julho de 1998.

[3] Diversas entidades e pessoas contribuíram não só com a indicação de comunidades, mas com a infra-estrutura que permitiu viabilizar a Pesquisa de Campo, entre as primeiras cabe destacar:

A) NOROESTE – Paróquias de João Pinheiro e Brasilândia e Cáritas Regional.

B) ALTO JEQUITINHONHA: Centro de Assessoria aos Movimentos Populares do Vale do Jequitinhonha – CAMPO.

C) TRIÂNGULO MINEIRO: Animação Pastoral e Social no Meio Rural – APR e SINTER.

D) NORTE DE MINAS: Conselho Indigenista Missionário – CIMI, Centro de Agricultura Alternativa do Norte de Minas – CAA e Comissão Pastoral da Terra – CPT.

As áreas a serem pesquisadas poderiam ser:

1) comunidades com identidade indígena;

2) comunidades camponesas formadas por lavradores, vaqueiros e/ou artesãos;

3) comunidades negras (afro-descendentes).

Na sua indicação deveriam levar em conta:

1) a sua representatividade em termos da caracterização histórica, social, econômica, política, cultural e ambiental da região estudada;

2) as práticas desenvolvidas pela comunidade no manejo, conservação e uso recursos da flora e fauna do Cerrado na alimentação, medicina popular, artesanato, indústria caseira, construção, etc.;

3) a possibilidade de resgate da memória da relação com o meio ambiente através de entrevistas, principalmente com pessoas mais idosas;

4) a existência de iniciativas de experimentos em agrossilvicultura com utilização de plantas nativas;

5) o estado de conservação dos recursos naturais.

Foram feitas diversas indicações e estudadas várias possibilidades de acordo com as informações obtidas nos contatos com aqueles informantes. Além de indicar as comunidades e ajudar a selecioná-las, essas pessoas também intermediaram um primeiro contato com membros das comunidades escolhidas, não havendo nenhum caso em que as sugestões feitas se mostrassem inadequadas. Também contribuíram com a infra-estrutura necessária para a pesquisa: abrigando-me em suas casas, levando-me às comunidades ou cedendo veículos para isso, sendo necessário apenas abastecê-los, facilitando contatos nas cidades, etc.

Nas quatro regiões pesquisadas, só a comunidade do Gigante, no Vale do Jequitinhonha, já era conhecida, sendo visitada anteriormente ao projeto inicial de tese de doutorado, mas com a finalidade de conhecer usos, manejos, conhecimentos e representações simbólica em torno do Cerrado, ajudando a fundamentar sua elaboração. No caso da Área Xakriabá, cujo interesse de pesquisa já fazia parte deste projeto inicial, por se tratar da única área indígena oficialmente reconhecida no Cerrado Mineiro, foi feito uma visita anterior à Pesquisa de Campo, de apenas um dia, acompanhando os agentes pastorais do Conselho Indigenista Missionário – CIMI, visando conhecer a região e verificar a viabilidade de contato com este povo.

Em todas as quatro regiões, no entanto, antes de se iniciar a pesquisa, foram discutidos os seus objetivos em reuniões comunitárias ou em contatos individuais de apresentação. No caso da Área Xakriabá, além de conversar com as pessoas das comunidades diretamente investigadas, foi realizada uma reunião no Posto Indígena, com a participação de representantes das várias aldeias e da FUNAI, para a apresentação da proposta de trabalho, conforme as determinações legais sobre pesquisas em áreas indígenas.

Diante da novidade da presença de um pesquisador no Sertão Mineiro, em grande parte, só durante o próprio processo de pesquisa, foram, efetivamente, entendidas as finalidades de tantas visitas, perguntas e curiosidade. À medida que iam sendo compreendidas, novas pessoas e comunidades vizinhas eram indicadas para serem pesquisadas, por possuírem certas características, ou conhecimentos específicos. Assim, em cada região, fui apresentado por aquelas pessoas das entidades a uma ou duas famílias, que me acolheram em suas casas, onde a pesquisa foi feita mais intensamente, e, a partir delas, estabeleceu-se contatos com vizinhos e até com outras comunidades, algumas situadas em municípios limítrofes. Também foram procuradas pessoas residentes nas cidades, quase sempre muito idosas e que já haviam morado nas comunidades rurais pesquisadas ou que possuíam informações interessantes sobre a história da região.

Foram utilizadas como técnicas e instrumentos de pesquisa:

a) Entrevistas gravadas, muitas vezes, envolvendo mais de uma pessoa, baseadas no roteiro geral, onde se destacavam os pontos a serem abordados (Ver ANEXO). Tais entrevistas corriam livremente, não seguindo uma ordem pré-determinada, pois o roteiro servia, na preparação de cada etapa do processo de pesquisa, para verificar os pontos que não haviam sido ainda abordados naquela região. Ao mesmo tempo, por se tratar de um processo dinâmico, questões surgidas em uma região eram acrescidas no roteiro para verificação de sua ocorrência em outras, ou para o seu aprofundamento em uma etapa seguinte. A entrevista e sua gravação podiam se dar na casa do informante, em seu local de trabalho (engenho, fábrica de farinha, etc), no carro, ou no ambiente natural, acompanhando várias técnicas citadas a seguir, pois o gravador era uma ferramenta sempre à mão. Todas as entrevistas, totalizando cerca de 100 horas de gravação, foram transcritas por mim, procurando respeitar a fala própria do entrevistado, sem, no entanto, cair em grafias exageradamente coloquiais.

b) Mapas da vizinhança, comunidade ou região feitos, em geral, por entrevistados mais jovens, com mais habilidade com as canetas e papéis, identificando os vários ambientes em torno de suas moradias.

c) Fotos e gravuras de animais nativos do Cerrado, apresentadas para ajudar a identificar as espécies e perceber o grau de "intimidade" na convivência com eles, pois, ao contrário das plantas, são mais difíceis de serem vistos e sua observação partilhada entre o pesquisador e o informante.

d) Visitas de campo, com percursos realizados a pé, com vistas a estimular o(s) entrevistado(s) a identificar ambientes e espécies particulares, seus usos, manejos, etc.

e) Documentação fotográfica dos entrevistados, suas moradias, objetos, plantações, criações, ambientes da vizinhança, espécies utilizadas, etc.

f) Reuniões, encontros e cursos, promovidas por entidades e órgãos, envolvendo pessoas das comunidades pesquisadas, com a finalidade de discutir a utilização de recursos naturais, especialmente no que se refere às plantas medicinais para uso humano ou veterinário, também foram documentados.

Essas técnicas e instrumentos de pesquisa, em trabalho de campo, foram, em parte, desenvolvidos e experimentados no Projeto Resgate do Conhecimento Popular na Conservação e Recuperação do Cerrado. Este projeto, realizado pelo Centro de Assessoria aos Movimentos Populares do Vale do Jequitinhonha – CAMPO e pela Comissão de Atingidos pela Barragem de Irapé, teve como um dos seus objetivos levantar e analisar os usos, manejos e conhecimentos sobre o Cerrado, desenvolvidos pelas populações residentes na área daquela hidrelétrica, planejada para ser construída no Rio Jequitinhonha. Participando deste projeto, em uma equipe com profissionais de várias áreas e membros da comunidade local, elaboramos uma metodologia e um conjunto de instrumentos e procedimentos de pesquisa, que funcionaram como uma espécie de pré-teste para o processo investigativo do eixo etnoecológico do presente trabalho. Desta forma, foi possível aperfeiçoá-los e adaptá-los à realidade das regiões pesquisadas, ganhando-se em tempo e eficiência.

O trabalho de campo incluiria, originalmente, três etapas de pesquisa junto a cada região, correspondendo a três diferentes quadrimestres do ano, permitindo o levantamento de informações em distintas estações climáticas e períodos de produção. Nem sempre se conseguiu realizar as etapas nos períodos previstos devido a alguns problemas:

a) No período de chuvas, além das dificuldades de acesso a várias comunidades, muitos informantes estavam atarefados com serviços de lavoura e menos disponíveis para entrevistas, caminhadas, etc.

b) Algumas vezes, havia dificuldades para se acertar as viagens, o transporte, enviar recados, etc, o que atrasava ou superpunha as etapas de pesquisa de diferentes regiões.

c) Infelizmente, tive problemas, alheios à minha vontade, no que se refere à pesquisa na Área Indígena Xakriabá, devido à necessidade de autorização formal da comunidade e da FUNAI, resultando em atrasos que acabaram por influir também no andamento nas demais áreas.

d) Em alguns lugares, optou-se por fazer mais de três etapas, porque se observou que a permanência muito prolongada do pesquisador afetava a rotina da família que o hospedava e notava-se uma menor disponibilidade para as entrevistas e para acompanhar as visitas de campo ou a outras famílias.

O quadro a seguir sintetiza as etapas de cada uma das regiões, bem como, dá uma idéia, pela quantidade de fitas gravadas, da intensidade das entrevistas realizadas:

Quadro 1 – Etapas de pesquisa nas quatro regiões: período e horas de entrevistas gravadas

Etapas	Jequitinhonha		Norte		Noroeste		Triângulo	
	Período	Fitas*	Período	Fitas	Período	Fitas	Período	Fitas
1ª	30 a 31/8 de 1999	4	23 a 24/9 de 1999	4	23 a 24/8 de 1999	3	16 a 19/10 de 1999	8
2ª	entre 24/9 e 26/9	4	27 a 28/1 de 2000**	–	26 a 27/10 de 1999	5	27/2 a 2/3 de 2000	11
3ª	15 a 18/4 de 2000	8	25 a 29/5 de 2000	12	12 a 14/3 de 2000	6	17 a 19/9 de 2000	9
4ª	25 a 27/8 de 2000	2	3 a 8/8 de 2000	13	23 a 24/8 de 2000	6	–	–
Total	–	18	–	29	–	20	–	28

* Foram também aproveitadas mais quatro fitas da pesquisa CAMPO/VALE.

** Nesta etapa não foram feitas entrevistas, mas apenas reunião com as lideranças indígenas e com o chefe do Posto da FUNAI.

Concluído o trabalho de campo e com grande parte das informações sistematizadas, foi realizado o Seminário de Devolução dos Resultados de Pesquisa de Campo, nos dias 7 e 8 de outubro de 2000, na Área Experimental do Centro de Agricultura Alternativa do Norte de Minas (próximo a Montes Claros). Seu objetivo era retornar aos representantes das comunidades pesquisadas e das entidades que contribuíram com a pesquisa, uma síntese das informações obtidas e as primeiras conclusões tiradas a partir das análises das mesmas. Uma prática que nem sempre ocorre com os processos de investigação, onde os informantes são tratados como meros "objetos" de pesquisa, sem depois receberem qualquer retorno por parte do pesquisador e sem terem controle sobre os usos posteriores das informações dadas. Nesse sentido, o seminário também tinha por finalidade colocar em discussão os resultados da pesquisa e a forma de sua divulgação pública, a ser autorizada pelos donos de conhecimentos acumulados por gerações.

Pretendia-se, ao mesmo tempo, promover uma troca de experiências entre aqueles participantes do Seminário em uma área do Cerrado, "neutra", isto é, que não fosse nenhuma das comunidades pesquisadas, na qual se realizasse um trabalho em que se combinasse uso e preservação de recursos naturais, sendo por isso escolhida a Área Experimental do Centro de Agricultura Alternativa do Norte de Minas (ver Programação no ANEXO). O Seminário foi bem-sucedido, não só pela participação de representantes das comunidades e das entidades das quatro áreas pesquisadas, mas também considerando-se a programação e os objetivos propostos.

Os representantes das áreas pesquisadas e das entidades apoiaram a divulgação dos resultados obtidos, tanto através da Tese, como de outras formas, incluindo a sua publicação. Ficou acertado que os depoimentos poderiam ser transcritos identificando-se o entrevistado que deu aquela informação, exceto nos casos em que se tratasse de atividades condenadas pela legislação ambiental, em particular, no que se referia à caça ou ao desmatamento, visando evitar possíveis implicações futuras sobre os envolvidos. Assim, procurou-se, da mesma forma que até aqui se tem trabalhado com fontes bibliográficas, transcrever as falas, por acreditar que a sua riqueza é capaz de transmitir mais conteúdo do que o pesquisador relatar o que lhe foi dito.

Dessa maneira, ao final de cada transcrição, está identificado, entre parênteses, o autor do depoimento pelo nome em que é conhecido na área pesquisada, bem como a região desta, ou, nos casos em que foi solicitada a sua omissão, apenas esta última. Algumas vezes, a transcrição se refere a um diálogo, ou combina as falas de mais de um entrevistado, colocando-se sempre entre parêntesis a participação desta segunda pessoa e, ao final, apresentando o nome de ambas, na ordem em que ela acontece. As minhas perguntas, quando desnecessárias para a compreensão do depoimento, foram omitidas; caso contrário, aparecem sempre entre colchetes.

Antes de apresentar os resultados da temática deste trabalho, obtidos a partir da Pesquisa de Campo, julguei ser necessário relacionar os entrevistados, apresentando informações básicas, especialmente daqueles mais citados, bem como fazer alguns comentários sobre a localização geográfica e algumas características das quatro áreas investigadas, procurando inseri-las no contexto histórico colocado no Volume 1.

AS COMUNIDADES PESQUISADAS

• Região do Alto Jequitinhonha: Comunidade do Gigante (Município de Botumirim)

Localização:

O Ribeirão do Gigante junta-se ao Ribeirão da Onça pouco acima da Cachoeira do Gigante, despejando logo abaixo na margem esquerda do Rio Jequitinhonha. A área pesquisada está compreendida desde os diferentes córregos que formam as suas cabeceiras até o Povoado do Gigante, onde há um maior adensamento de população, no entanto, não superando cerca de uma dezena de casas. O restante da população está distribuído nos vários sítios, cujas moradias têm, entre si, de centenas de metros a alguns quilômetros de distância. A estrada, que chega até aquele povoado e se liga até Itacambira, a cidade mais próxima, é de difícil trânsito, por serpentear entre serras e veredas, sendo mais seguro o uso de veículos altos do tipo jipe.

Também foram realizadas algumas entrevistas fora desta área principal com moradores da beira da estrada que vai para Itacambira (Fazenda Canastra), até na Comunidade de Lages, um pequeno povoado a cerca de 30 quilômetros desta cidade.

Entrevistados:

- Antônio Chaves dos Santos (Antônio de Fia): 53 anos (foto p. 300)
- Maria das Graças Bernardes dos Santos (Fia): 49 anos – esposa de Antônio de Fia
- Maria Zulca da Silva: 73 anos – sogra de Antônio de Fia (foto p. 310)
- Ronildo – filho de Antônio de Fia
- Ronaldo – filho de Antônio de Fia
- Catarina Maria Aparecida Santos – filha de Antônio de Fia
- José Maria dos Santos (Nenem) – genro de Antônio de Fia
- Adão Amaral dos Santos – 56 anos (foto p. 300)
- Késia – filha de Adão
- Valdemar Cardoso da Silva
- José Soares
- José Raimundo (Mundinho) e Osvaldo
- Joaquim Ferreira
- Maria José (Nega)
- Zé Adão
- Doralina – esposa de Zé Adão e prima do Adão Amaral dos Santos
- Chiquinho
- José Cardoso das Neves (Canastra)
- Geraldo das Neves Ferreira (Comunidade de Lages)

História:

Quem conhece essa comunidade, ou fica sabendo de sua existência, tem uma pergunta na ponta da língua:

> [Por que que aqui chama Gigante?] [...] Pelo motivo de ter encontrado, lá em cima, ali na... inclusive... [...] ... Na Fazenda do Gigante [...] num sitiozinho lá, eles encontraram uma canela, uma arcada dentária de um... muito grande, a canela, acho que media meio metro, né. (Acho que media um metro e cinqüenta...) Então, eles supôs que fosse... (Doralina e Adão – Jequitinhonha)

> É um tio que eu tive que contava essa história dessa ossada. [...] Isso é coisa de quando foi começado dos primeiro morador, que morou aqui nessa área que achou esse osso. [...] Achou quando tava fazendo os roçado, achou esse osso, foi só um osso, também. [...].Parecia um osso da canela de uma pessoa e que tinha um metro de comprimento. (Adão – Jequitinhonha)

> Essa canela, eu não sei pra onde levou. Agora os dente, diz que o avô de minha mulher levou pra Montes Claros, o Doutor João Maurício de Montes Claros levou pra Belo Horizonte. E a gente não sabe o paradeiro, diz que tava em Belo Horizonte. (Antônio de Fia – Jequitinhonha)

> Ele achou dentro da cata. Diz ele que sabe o lugar certinho donde é que ele tirou. [...] (Diz que era muito grande, pesava 100 grama cada um.) Cada dentão, eles é maior que uma pilha de rádio, aqueles dentão pesado, assim. [...] Eles era 11 dente. A gente punha eles em cima da mesa assim, cansei de ver, punha eles em cima da mesa assim, ó, fazia com coisa que era a boca de um animal, aqueles dentão. [...] Aí, o vovô contando isso prum doutor chamava João Maurício, lá em Montes Claros, ele: traz isso aqui pra mim vê, fazer um estudo do que que é. O vovô pegou esse trem e levou pra lá e lá, ele foi fazer esse estudo e até agora. (Fia – Jequitinhonha)

> A canela foi encontrada no Gigante, aqui em baixo, na comunidade. [...] O pessoal cavucando lá, não sei o que eles tava procurando, diz que encontrou essa canela, mas que muito grande. [...] Ah, não tenho a data certa, não, porque isso não foi do meu conhecimento, vi contar isso, mas isso não foi do meu conhecimento. Isso deve ter muitos anos, deve ter uns... eu tou com 50 ano, eu não lembro disso, deve ter mais, lá pruns uns 80 ano ou mais. [Quem que tirou?] Isso que eu não sei informar quem tirou esse negócio, pessoal que morava aí, antigo, morador aí. [...] também não sei se eles levaram ela, o que que fizeram com ela. Agora os dente foi pra Belo Horizonte. (Antônio de Fia – Jequitinhonha)

> [Os dentes quando foi?] (1961, 1962...) Por aí assim, que o Tio Zé trabalhava na lavra... (Fia – Jequitinhonha)

> Diz que era muito grande, moço, diz que era um animal... é coisa que é um animal da antigüidade, um animal muito grande... Um dente que pesa 100 grama, muito grande. (Antônio de Fia – Jequitinhonha)

Se há essa versão do nome associado ao osso da canela encontrada na região, pertencente a um suposto gigante, também há uma outra que se refere à Serra do Gigante, onde, dependendo do ângulo, se pode vislumbrar o formato de um rosto. Seja como for, a denominação, parece ser bem mais antiga do que supõe aqueles moradores, pois na *Karte der Brasilian.[n] Provinz Minas Geraes*, realizada pelo engenheiro alemão Halfeld e pelo cartógrafo Friedrich Wagner, editado em 1862, já figurava a Serra do Gigante (Halfeld, 1998).

O fato de se encontrarem possíveis fósseis nas redondezas é apenas uma das ligações da região com um passado remoto. Em várias visitas que ali fiz e realizando caminhadas com os moradores, em vários pontos nas proximidades, eles me mostraram os "desenhos de bugre", pinturas rupestres retratando, principalmente, animais do Cerrado (fotos p. 290 e 291):

> Quem fez foi os índio, nós sabe que é os índio. Povo antigo, né... os primeiros habitante. (Uns fala que diz que é sangue dos passarinho que eles matava, né.) Devia ter um produto deles misturar... uma massa pra ficar vermelho igual tá.

(Que não solta, né, pode bater chuva em cima, que não solta mesmo.) Isso aí nem com... nada solta isso aí, nada tira essa tinta aí, é um negócio tão bem feito que nada tira, só se queimar a pedra mesmo. [Por que será que eles faziam isso?] Eles tinham como marcação a conta dos bicho que eles matava, né. Eles marcava na pedra... [A conta como assim?] A conta qual é que matava mais, né. Qual deles que matava mais, eles ia marcando. (Ronald e Valdemar – Jequitinhonha)

Também foram encontrados restos de cerâmica antiga, reafirmando uma primitiva ocupação da região:

Aqui mesmo tinha, mamãe mesmo tinha um bocado de... que eles falava panela de bugre. Uma panela de barro que tinha quase... tinha quase 4 centímetro de espessura, bem grossa. [E era desenhada ou era simples?] Era toda desenhada. [Achava ela inteira, ou só os cacos?] Achava inteira, depois... que o povo não valorizava, porque, às vezes, achava uma banda de uma panela aí, ia quebrando ela... ia quebrando e acabando com aquilo. (Adão – Jequitinhonha)

A comunidade também está cercada de referências do período colonial, pois se situa a 40 quilômetros de Itacambira, um dos pontos onde a bandeira de Fernão Dias Paes Leme fez explorações minerais. Os moradores do Gigante conhecem, através dos livros[4], algumas informações sobre essas passagens históricas, mas as relatam como se as tivessem vivido:

Em Itacambira foi pedra preciosa, deu diamante, também. (Ametista, água marinha, safira, turmalina...) Até que turmalina, em Itacambira não deu turmalina, deu mais foi esmeralda... (Ametista, safira, aquela pedra roxa, a pedra era roxinha, meu pai tinha um tanto dela que eles pegou no Itacambira, quando eles garimpou no Macaúba.) [Quer dizer que Itacambira foi mais...?] Pedras preciosas e ouro. [...] Essa... aí tem essa estrada que foi criada aí por Fernão Dias, que ele veio em direção Itacambira pra descobrir esmeraldas, em Itacambira. Aí essa linha de estrada foi criada por Fernão Dias, ele saiu de São Paulo a direção Itacambira. Dizem que ele vinha, chegava no rio, fazia jangada, travessava o rio de jangada, ali eles ia trabalhando e colocava a bandeira,

---

[4] Os entrevistados me mostraram um exemplar do livro *Histórias da terra mineira* do Prof. Carlos Goes, datado de 1929, onde são narrados episódios da bandeira de Fernão Dias. O interessante não é só a sua curiosidade por fatos históricos tão antigos, mas a própria existência de um livro com mais de 70 anos em uma comunidade rural do Vale do Jequitinhonha tido como tão "isolado". Este pertencia ao marido da entrevistada, ganhando-o de seu pai, José Bernardes dos Santos, que veio da Bahia, possivelmente, fugindo de uma das secas do final do século XIX. No Vale do Jequitinhonha, se tornou tropeiro, comprando o livro, nos anos 1930. "Foi em Calhauzinho, no Serro... Serro e Calhau, nesses lugar grande pra aí arriba, Diamantina, que trouxe esses livro pra ele. [...] [De certo ele estava aprendendo a ler, aí o pai dele comprou isso lá?] É, comprou, pra ele estudar. De modo que os irmão dele tudo estudou nesses livro" (Zulca – Jequitinhonha).

23

pra o lado que a bandeira girasse, que ele seguia. Aí, eles vieram... fazia roça, colhia mantimento, tornava a tocar o serviço pra frente, até que ele chegou em Itacambira. Quando chegou em... naquele lugar que Fernão Dias morreu... (No Rio das Velhas) É no Rio das Velhas, aí ficou o... genro dele, parece, Borba Gato, parece, que continuou o serviço. Eu sei que eles veio e descobriu isso aí, Itacambira. (Antônio de Fia e Maria Zulca – Jequitinhonha)

Os entrevistados do Gigante, porém desconheciam outro fato histórico, ocorrido quase cem anos depois, nas proximidades daquela comunidade: os conflitos entre garimpeiros e as tropas da Coroa na Serra de Santo Antônio do Itacambiruçu, apresentados no Capítulo 6 do Volume I. O garimpo de diamante, ouro e cristal são atividades desenvolvidas até hoje no Rio Jequitinhonha e em alguns afluentes e, muitas vezes, nesse trabalho, encontram sinais dos conflitos do passado de ocupação na região:

Inclusive, mesmo, uma época, eles mergulhando aí no Jequitinhonha, de capacete, o cara achou uma espingarda lá dentro d'água, das tais espingarda de pedra que existia antigamente, a gente ainda vê o retrato delas, hoje, nesses bandeirante que andou nesse mundo velho nosso aqui, o cara achou a espingarda montadinho. [...] A espingarda é um formato de espingarda mesmo, mas no lugar de colocar o... que essas espingarda polveira, coloca a espoleta, essa tinha era o lugar de colocar uma pedra de cristal. (Adão – Jequitinhonha)

Apesar de pertencer ao município de Botumirim, a comunidade do Gigante dista 76 quilômetros desta cidade, estando mais perto de Itacambira (40 quilômetros). Sobre essa cidade informava Raimundo José da Cunha Matos, em 1837:

Arraial situado na margem direita do rio deste nome, ramo do Jequitinhonha. Este terreno, que é áspero, cheio de serranias e cortado de rios caudalosos, foi explorado no ano de 1698, pelo Capitão Miguel Domingues, com um bandeira de paulistas. E entrando ali outra no ano seguinte, o que chamaram a dos Papudos por haverem nela alguns homens com papos (ou broncocelos), travaram-se de razões e delas passaram a fazer uso das armas, de maneira que, decidindo a sorte a favor dos papudos, foram expulsos os primeiros ocupantes. O ouro deste lugar foi manifestado ao governador da Bahia, Luís Cesar de Meneses, no ano de 1707. Tem igreja paroquial e 39 fogos. Há nestes terrenos muitos diamantes e outras pedras preciosas. (Matos, 1979, p. 168)

Ao vincular-se ao governo da Bahia, os descobridores dessa região antecipavam o que vinte anos mais tarde seria feito em relação às Minas Novas, situadas na mesma região, porém na outra margem do Jequitinhonha. O arraial tornou-se sede da paróquia vinculada ao arcebispado da Bahia. Além do distrito do próprio arraial, estavam vinculados a ele os de Olhos D'água, Cabeceira do Rio Verde, Serrinha e, Cabeceiras da Gorutuba (ou Brejo das Almas), uma enorme área que abrangia da margem esquerda do Jequitinhonha ao Vale do Verde Grande, então habitada por apenas 5.564 almas (Matos, 1979). Durante boa parte da segunda metade do século

XIX, a paróquia, inicialmente chamada de Santo Antônio do Itacambiruçu da Serra do Grão Mogol, foi sucessivas vezes incorporada ora ao Município de Montes Claros, ora ao de Grão Mogol. A esse esteve vinculado durante o século XX, até em 1963, quando foi criado o município de Itacambira (Costa, 1970).

Nesse mesmo ano, também o município de Botumirim foi desmembrado de Grão Mogol, havendo entre as duas localidades uma confusão de nomes, pois ambas se chamavam, originalmente, Serrinha. O uso desse nome para designar as várias povoações da região dá bem a noção do relevo que domina a paisagem e que também se observa na área pesquisada, onde os entrevistados apontaram as serras do Gigante, da Estiva, do Curral, do Areião e outras.

A comunidade do Gigante, assim como toda a região, parecem ter sido ocupadas por fazendas desde o século XVIII, pois no início do seguinte, Spix e Martius, ao percorrerem a região, informavam sobre a sua presença:

> As fazendolas tornam-se cada vez mais raras e pobres. Extensos currais para onde o gado é de quando em quando tocado a fim de ser reunido ou para ser recolhido à noite, deixam supor rebanhos numerosos, entretanto esses, devido à falta de comunicação, não constituem medida para a riqueza do proprietário. (Spix; Martius, 1981, p. 76)

Parte dos antigos moradores daquela comunidade vieram da Bahia, fugindo das grandes secas do final do século XIX:

> O pai do meu pai, meu avô, chamava Sebastião, a velha mãe dele chamava Marculina, veio trazendo ele, rapazinho novo e ele acabou de criar no Estado de Minas, foi num ano de uma fome que teve na Bahia, eles saiu pro Estado de Minas, ia a pé, [...] com precata de couro, porque não tinha o que comer. (Zulca – Jequitinhonha)

Esses novos moradores iam com seu trabalho adquirindo terras e formando fazendas onde era diversificada a produção de agropecuária, capaz de atender as necessidades das famílias, sendo preciso recorrer ao comércio para comprar poucas coisas. Alguns se dedicavam a essa atividade e à venda dos excedentes da produção se dirigindo para Diamantina, maior cidade do Alto Jequitinhonha:

> O sal, esse aí, tinha que ser comprado mesmo. Toda vida tinha que comprar ele. O sal, antigamente, o pessoal conta que as coisa... pra buscar sal tinha que ir é em Diamantina, ou tinha que ir pro lado da Mata, pro lado de Capelinha, buscava o sal. O pessoal ia, levava tropa de burro, carregava de sal, trazia pra fornecer o pessoal do lugar. Aqueles fazendeiro mais forte, que tinha os animais, levava e trazia. [...] A única coisa que não tinha jeito aqui na região, esse tinha que buscar lá mesmo. (Antônio de Fia – Jequitinhonha)

Alguns entrevistados avaliaram que a comunidade já viveu dias melhores e que perdeu parte da sua população em função das dificuldades vividas pela produção agropecuária:

Hoje, o Gigante já tá mais assim... eu acho que o pessoal que tá morando no Gigante hoje, são pessoas que vieram de fora. Os vizinho aqui mesmo, mas... nascido e criado aqui no Gigante, tem pouca gente hoje. [...] Quando muda um, sai dois, três. Isso aqui, uns ano aqui pra trás, há quarenta anos aqui atrás, aqui tinha uma base de 70 família, pra hoje tá em 15. [...] É divido essas circunstâncias que tá acontecendo, essas crise, o pessoal vai procurando uma melhora e nunca volta mais pro lugar. [...] Sai a família inteira. [...] Antigamente, segundo esse tempo que a gente viveu aqui, ninguém nunca tinha visto tanta calamidade igual tá acontecendo agora. Aquela época chovia muito, produzia bastante, o clima diferente, hoje em dia, a gente tá sendo atingido... [...] Se bem que em algumas parte mudou, porque hoje, entrou, não é totalmente um progresso, mas melhorou mais, que naquela época não tinha uma estrada de rodagem, não tinha... tudo a gente fazia era manual. Hoje, a gente já tem outros meio, já faz as coisas através de máquinas, naquela época nem tombador pra gradear a terra não tinha, a gente fazia tudo era a mão, era a braço mesmo, na base da enxada. [...] Mas tinha mais produção que hoje. [...] Produzia... esse lugar aqui sempre foi rico em agricultura: feijão, arroz, milho, mandioca, cana... Era... o forte aqui naquela época era farinha e rapadura. [...] Muita cana, todo mundo tinha um engenho, produzia muito. E é uma das coisa que hoje acabou aqui na nossa área é cana. [...] O comércio era... o povo vendia, fazia rapadura e vendia pra fora, vendia pra Itacambira, Botumirim... [...] Hoje, acabou tudo quanto foi engenho. [...] Quase todo mundo aí tinha um... aqui tinha uma base de uns cinco ou seis engenho, funcionava, tudo produzia rapadura. [...] O que que tá acontecendo hoje é quase que a gente tá morando na roça e comendo do mercado. [...] Geralmente, a gente tá comprando... só o que a gente não compra aqui é farinha e feijão. Milho, esse a gente compra, porque a produção de milho tá pouca. [...] Sempre compra, porque o consumo de milho é muito grande. (Adão – Jequitinhonha)

Essas mudanças serão analisadas ao longo deste livro, em comparação às outras regiões pesquisadas, mas essa área tem vivido uma outra transformação que diferencia das demais. Nos últimos quinze anos, os moradores da parte mais baixa do Ribeirão do Gigante e de dezenas de outras comunidades às margens do Jequitinhonha estão ameaçados pela construção da Usina Hidrelétrica de Irapé, cuja barragem tem 200 metros de altura. As suas obras ainda não tinham sido iniciadas pela CEMIG, mas havia uma grande expectativa entre essa população sobre os impactos sociais e ambientais desse empreendimento. Os entrevistados, residindo na parte mais alta da comunidade, não teriam suas casas e terras inundadas, mas também se envolviam no movimento das comunidades atingidas, participando da sua organização e das lutas visando garantir que as obras não prejudicassem as suas vidas: "Eu acho que diretamente pela água, nós não somo atingido, não, mas eu acho que indiretamente, nós somo" (Adão – Jequitinhonha).

A Pesquisa de Campo identificou, no que se refere a essa área investigada, vários aspectos, na sua relação com o Cerrado, semelhantes aos observados na área trabalhado no Norte de Minas. Nas duas contatou-se a permanência de práticas tradicionais de agricultura, pecuária, extrativismo, artesanato, etc., e de uso comum dos recursos naturais, mesmo se considerando as distâncias e diferenças culturais, diferenciando-as das outras duas em vários aspectos.

- **Região Norte de Minas: reserva indígena Xakriabá (Município de São João das Missões)**

Localização:

A Reserva Indígena Xakriabá ocupa boa parte da área do município de São João das Missões, um município desmembrado, em 1996, de Itacarambi. Depois dos primeiros contatos, descobriu-se o grande número de aldeias ali inseridas e buscou-se selecionar algumas para a realização da Pesquisa de Campo. A escolha teve por base a divisão da área em três grandes "tipos de natureza", apontados por alguns entrevistados, como se verá adiante. Assim, o trabalho de pesquisa foi realizado em comunidades localizadas na "mata", no "gerais" e no "pantamo", situadas a uma distância de dezenas de quilômetros umas das outras. Em cada uma dessas paisagens, a Pesquisa de Campo se concentrou em uma comunidade, o que não impediu a realização de entrevistas com pessoas de outras aldeias, bem como, de visitas a essas localidades. Evitou-se aquelas de maior concentração populacional, onde já se formam povoados, seja porque, em geral, o ambiente se encontra mais modificado, seja porque algumas já foram investigadas por estudos anteriores, com outras abordagens.

Nas comunidades pesquisadas convivem pessoas que se identificam como "índios" e como "não-índios", aí residindo, em geral, por se casarem com os primeiros e as entrevistas foram realizadas sem distinção entre elas.

Entrevistados:

1) Aldeias da "mata":

Itapicuru

- Rosalvo Fiúza da Silva (Nasceu em 1945)

- Santilha Pinheiro das Neves – esposa de Rosalvo

- José Fiúza da Silva – seu irmão de Rosalvo

- Ricarda Dias de Souza (70 anos) (foto p. 301)

- Marciano Pereira Neves (Gamela)

- Josias – filho de Marciano

- Edmundo – filho de Marciano

- Domiciano Nunes de Macedo (Domício) – irmão de Benvindo

Sapé

- Amaro Nunes de Araújo

- Otília Ferreira de Araújo – esposa de Amaro
- Vicente Figueiredo dos Santos
- Olívia Maria de Jesus – esposa de Vicente

Barreiro
- Elvino Cardoso dos Santos

2) Aldeias do "gerais":

Riacho dos Buritis (Antiga Defuntos)
- Benvindo Pinheiro das Neves: nasceu em 1925
- Joana Pereira Lopes Neves – esposa de Benvindo
- Abdias Pereira Lopes (Bidá) – filho de Benvindo
- José (Zé de Benvindo) – filho de Benvindo
- Anízio Neres Santana
- Miguel
- Alvino Pereira Lopes (Minervino)
- Veríssimo Almeida Silva

Olhos D'água
- Damásio de Farias
- Joaquim Nunes da Mota (86 Anos)
- José Nunes da Mota – filho de Joaquim

C) Aldeia do "pantamo":

Peruaçu
- Antônio Fernandes Guimarães (Toninho)
- Brasilina – mãe de Toninho (foto p. 320)
- Jorge – irmão de Toninho
- Leandro Pinheiro das Neves (foto p. 301)
- Senhorinha Nunes de Aguiar – esposa de Leandro (foto p. 301)
- Pedro Cavalcanti Bezerra

História:

Grande parte da história Xakriabá já foi apresentada anteriormente, em particular no Capítulo 3 do volume I, através de outras fontes, o que se pretende aqui é apenas resgatar alguns de seus aspectos mais recentes a partir dos depoimentos colhidos na Pesquisa de Campo. Muitas vezes, as entrevistas se encaminharam para a abordagem da origem e da condição étnica daquelas comunidades mais pela vontade dos entrevistados do que pela condução do tema realizada pelo pesquisador, embora esta questão fosse também parte dos interesses e das preocupações inseridas no processo investigatório.

Esse fato é interessante de ser observado porque, ao se realizar um primeiro contato com qualquer aldeia dos Xakriabá, não se nota, em seus aspectos "exteriores", nenhuma diferença em relação a outras comunidades rurais do Norte de Minas ou sertanejas. Suas casas, suas roupas, seus rostos, seus hábitos não apresentam diferenças significativas para quem já visitou dezenas de outros camponeses destas regiões e se alguém espera encontrar aí qualquer daqueles elementos culturais que o nosso imaginário define como sendo capazes de identificar um índio, se decepcionará imediatamente. Esse fato não deve surpreender a ninguém, pois passados mais de três séculos de contato e convivência como o colonizador e seus sucessores, em uma longa trajetória de perseguições, humilhações e violências, o que realmente é espantoso é que ainda se mantenha uma consciência da suas origens étnicas, como uma espécie de "identidade secreta", que se escondeu sob aquelas aparências "exteriores", mas hoje, também assumidas como parte de sua cultura.

Convivendo, conversando, observando, se vai descobrindo um certo orgulho daquelas origens, embora elas tenham sido resgatadas e revalorizadas recentemente e a identidade étnica reconstruída dentro de um processo de lutas envolvendo o direito sobre a terra e sobre todas as possibilidades de vida e de trabalho por ela oferecida. Ser "Xakriabá" é uma identidade nova, como mencionaram vários entrevistados, pois antes eram apontados como "caboclos", "gamelas" e "tapuios" pelos "de fora" e, algumas vezes, entre eles mesmos:

> A terra diz que era indígena, mas não tinha plantão assim mesmo, aldeia de índio, mesmo, dizer que era de índio, foi de uns tempo pra cá que começou, registraram essa área indígena: Xakriabá, de uns tempo pra cá... [...] Terra de caboclo, terra de índio, terra de caboclo, a conversa era essa... [...] Eles falava: os caboclo bravo! (Benvindo – Norte)

> Chegava em Januária, nego falava assim: a terra lá dos caboclo, chegava na Manga: a terra lá dos caboclo, chegava em Montalvânia: vou lá na terra dos caboclo, só falava assim, dos caboclo, não tinha... ninguém falava índio, não, era só caboclo. (Bidá – Norte)

> Lá no Itapicuru, lá no Morro Falhado, lá na Santa Cruz, Brejo, tudo tem esse apelido, aqui, acolá, o índio evêm de lá pra cá, eles fala assim: evêm um gamela acolá, quem é aquele gamela que vai passando acolá? Eles fala bem assim... (Bidá – Norte)

> De primeiro chamava índio gamela, depois mudou pra... como é que chama? Xakriabá, né, aí o nome ficou sendo índio gamela. [...]Era porque fazia muita gamela de tamboril, imburana... [...] Era índio gamela quando eu nasci. [...] Era tudo gamela, depois dessas luta aí, demudou, botou índio xakriabá, mas ficou o nome de gamela sempre. (Marciano – Norte)

> Antes, a gente, às vez, chegava... muitos índio aqui mesmo... os mesmo caboclo falava para uns aos outro: ah, fulano ali é dos gamela. Outros falava: não, fulano é tapuio. Outros falava... às vez, mudava as coisa assim, né, de uma coisa com outro, então, não tinha nada afirmado até aí, não tinha nada

> afirmado. [...] Mas aí, no dizer do cacique, foram ver lá no documento, que encontrou, essa parte não era... essa parte... o P.I. da gente era Xakriabá, mesmo, é Xikriabá, essa missão. Já viemo dos primeiro, já, sabendo que era isso mesmo, Xikriabá, descendente de Xavante... Parece que de Xavante com... Xavante e tem outra nação, somo três que são aparentado. [...] o pessoal aqui entendeu que são indígena há pouco tempo, de 85 pra cá. Aliás, de... não, de 84 pra cá, conheceu... porque até aí, não sabia falar índio, falava caboclo, remanescente, chegou um nome aí de... falando: ah, fulano é remanescente. Mas o nome falado nosso aqui, antigo, que nós conhecia, é caboclo, toda vida. (Rosalvo – Norte)

Se era com essa denominação que eram identificados, o que os tornava "caboclos" diferentes de outros sertanejos? A área da Reserva Indígena Xakriabá totaliza hoje mais de 46 mil hectares, aí residindo milhares de pessoas, pertencentes a centenas de famílias, divididas por dezenas de aldeias, que elementos criavam e, em grande medida, ainda criam uma identidade entre elas? Muitas são as respostas possíveis para essa pergunta, mas eu destacaria três fatores muito presentes nos depoimentos da Pesquisa de Campo: o parentesco, a terra e as lideranças partilhadas tradicionalmente por essas pessoas.

Os Xakriabá, muitas vezes, se referem uns aos outros como "parentes" e, quando se começa a conversar com pessoas de diferentes aldeias, descobre-se facilmente entre eles algum antepassado comum, a qual eles se referem como os "tronco velho": "Inclusive indígena sempre são assim mesmo, são tudo misturado. Às vez, é... também... eu mais ela aqui [marido e mulher], às vez, nós não somo parente de uma parte, mas já somo... toca a mistura da parentagem por outra" (Rosalvo – Norte). "Nós mais esses do Defunto, nós é uma parentalha só. Nossos tronco é um só" (Brasilina – Norte).

A própria noção de pertencer a um mesmo "tronco" remete a uma raiz comum e, ao mesmo tempo, à origem ligada a uma terra partilhada, o local onde estão enterrados os antepassados:

> Os tronco, hoje existe porque, às vez, morreu os pais, ficou os filho, mas muito dos tronco aqui, a gente diz assim: muito deles pediu até pra ser enterrado no mesmo local. [...] Então, isso é o tronco que a gente conhece antes e sempre é informado. Quem é... quem foi os tronco, fulano é de onde? Ah, meus tronco é dali, que de repente, só ficou um filho, só ficou um neto, mas sabe que a descendência dele é ali. Então, a gente considera que eles são os tronco. (Rosalvo – Norte)

Os representantes dos "tronco velho" eram as lideranças indígenas, que não só eram os portadores do documento da doação (*Certidão verbum-adverbum – ver* ANEXO), símbolo da propriedade comum da terra, mas também administradores dos conflitos internos e representantes dos "caboclos" frente ao povo "de fora", em resumo, os "chefes da nação":

Moço, esse documento, dizem que ficava na mão de finado Jerônimo, um chefe velho, antigo, que tinha aqui, diz que ele é que tinha esse documento e outro por nome de Estevão. [...] Esses homem era do Brejo, lá no Brejo mesmo. Só que o tronco mesmo desse... esse tronco mesmo aqui do... dessa área é lá no Brejo, Brejo Mata-Fome. [O tronco mesmo do povo era lá?] Era lá, era e é tá até hoje. [...] Era chefe, era o chefe dos outros, dos caboclo, dos índio... da nação, chefe da nação. [...] Eles rodava fora, saía fora, em Brasília, eles foi que encaminhou esse papel pra esses mais novato que ficou aí, deu pra andar. [...] Se tinha alguma dúvida de um com o outro, né, sobre trabalho, eles vinha acertava tudo direitinho. [...] Desde antigamente, eles faziam isso. [...] Aquelas família que tinha alguma dúvida um com o outro, eles controlava tudo e deixava tudo certinho e ia embora lá pro ponto velho. [...] Era uns homem respeitado. [...] Era os dois é que rodava, que tinha o conhecimento, que combatia tudo. (Benvindo – Norte)

O Brejo Mata Fome, dentro da Área Xakriabá, é apontado como lugar onde estão os "tronco velho": "ali no fundo do Brejo era o lugar que tinha mais esses caboclo velho, antigo, tinha... mas, acabou a metade" (Leandro – Norte). Essa aldeia, onde foi instalado pela FUNAI o Posto Indígena, é citada, naquele documento de doação de 1728, como o local de produção agrícola por excelência ("o brejo para trabalharem"). Ali, como nas comunidades próximas, se concentrava, tradicionalmente, grande parte da população, espalhada pelas terras férteis da margem do Rio Itacarambi e pela área de "mata":

Itapicuru, Morro Falhado, Terra Preta, Santa Cruz, São Domingo, Riachão, Brejo do Mata Fome... Aí o povão tá tudo aí nessa margem, beirando... quase beirando o Itacarambi, direto. Agora, pra cá pra cima é terra que não tem muita cultura, então o povo tá aqui mais nessa margem de terra de cultura. (Bidá – Norte)

Antigamente, algumas dessas áreas agrícolas eram exploradas coletivamente, em especial, aquelas de brejo, onde era plantado o arroz através de sistemas de irrigação, sendo o produto das lavouras armazenado também em conjunto:

O povo era mais unido, era mais unido... agora, o povo só sabe ficar assim meio com medo de um ao outro. [...] Trabalhava tudo junto, um vizinho, assim, ó... trabalhava tudo junto, quando eles plantava o arroz, eles tudo alegre, eles fazia uma casa, ajuntava tudo fazia uma casa, assim, que nem essa aqui, um ranchão, que nem esse aqui. Esse arroz ia guardado tudo dentro dessa casa, desses vizinho tudo. Eles enchia aquela sacaria de trem, botava tudo lá dentro da casa. Aí, agora... e a porta não era porta de tranca, não! Era uns pauzinho, pegava uns pau, botava na porta e agora, ali, todo que queria ia lá e tirava, era assim. Não tinha falta nenhuma! Nem ninguém mexia nesse tempo, não tinha... não tinha ladrão! [...] Era de regradio... [...] Tinha o olho d'água, parava a água nos regro... [...] Fazia aquele terrenão! Agora, ali, todo mundo plantava. [...] Cabou! Secou tudo! Hoje, nem parece que foi brejo. [...] Se quisesse plantar roça também junto, plantava. Plantava, botava a roçona, cada um plantava um pedaço daquela roça. Por isso que eu digo que demudou muito, né. (Ricarda – Norte)

Outras áreas situadas no "gerais" e no "pantamo", ambientes menos favoráveis para a agricultura, eram pouco habitadas, ou só recentemente tiveram seus primeiros moradores:

> O mais velho que tem aqui é eu nessa comunidade do Riacho dos Buriti. [...] Nasci aqui, criei aqui, tou até hoje! Pai nasceu lá embaixo [...] Itapicuru. [...] Eu acho muita diferença, porque quando eu era criança, assim, aqui não existia.. aqui só tinha quatro morador, aqui nessa região. (Benvindo – Norte)

> Fui o primeiro morador que veio pr'aqui [Peruaçu] [...] [O senhor veio morar aqui, já tem quantos anos?] Já tem uns... moço, deixa eu ver... [...] Ah, é, 21 ano. [...] Sapé, primeiro nascimento meu: Sapé. Mas ali, Brejinho é encostadinho no Sapé. [...] Nascemo e criemo lá. [...] Nós viemos assim: viemo que aqui tinha brejo e lá a água... esse tempo foi um tempo de uma seca esquisita. [...] Foi... quase dois ano, aí, a água lá era apanhada... lá onde nós tava, no Sapé, era panhada numa cacimba... numa cacimba [...] (Aqui, não, aqui, o senhor vê que a água é franca, né). (Leandro e Senhorinha – Norte)

O aumento da população nas melhores áreas da "mata", junto com fatores ambientais, foram obrigando a parte da população a ocupar terras consideradas inferiores e mais distantes dos locais identificados com os "tronco velho". É comum encontrar, entre os Xakriabá, famílias que já moraram em mais de um lugar dentro da área da Reserva, ou até fora, alguns se mudando por diversas vezes, como declarou um entrevistado, um dos que mais aldeias percorreu:

> Tem hora que a gente dá uns pulo fora, mas a minha residência é aqui mesmo. [E aqui, dentro da área, o senhor já morou em vários lugares?] Iche, um bando de lugar! Um bando de lugar... Acho que se eu for contar as tapera que tem, não conta. (risos) Não dá pra contar as tapera que já tem, onde eu morei. [...] Aqui, o lugar nosso, é o seguinte: graças ao nosso bom Deus, aqui não tem esse negócio de eu morar aqui e dizer: eu vou pra acolá e o outro dizer: não, você não mora aí, não! Não, um atalha na frente do outro, faz ele morar, todo lugar... tem um bocado de tapera aí, aí tudo tem tapera, pra todo lado aí, tem tapera que eu morei e ninguém nunca disse que eu não morasse, não. [Essas taperas que o senhor está contando aí, o que que virou elas?] Ah, isso, outro já tomou conta, já virou... já é cercado dos outro aí... [O senhor não liga, não?] Não, não, não... Que nós não tem documento dessa terra, a terra é nossa, mas não tem documento dela, nós mora aqui, mora acolá, mora acolá, mora acolá e damo graças a Deus que nós aqui não paga imposto, não paga nada. [O senhor já morou aonde aqui dentro da Reserva?] Iche, já foi todo lugar! Foi pro Sapé, Morro Falhado, lá pra baixo, Defuntos, pra aí tudo, Forges, pra aí tudo, eu já morei nesse trem tudo aí, pra todo lado! Peruaçu. [...] Aqui, tou mais tranquilo, mais sossegado. [...] Já tá com a base dum... mais ou menos, uns nove ano que eu tou aqui. (Domício – Norte)

Nenhum dos moradores da Reserva possui "documento" da área em que mora e trabalha, há apenas o "documento" comum, a doação feita em 1728, assegurando a terra para os Xakriabá como povo e confirmada pela sua demarcação recente. Hoje, o plantio de roças em conjunto é mais raro, mantendo-se as lavouras e outras formas de apropriação dos recursos naturais por famílias nucleares. Essa apropriação se dá sob certas regras, que permitem o acesso, em diferentes pontos daquele território, aos Xakriabá, possibilitando tais mudanças de moradias e áreas de cultivo. Essa forma de acesso à terra é uma das marcas da identidade tradicional de "caboclo", pois aquelas regras sancionam esse direito só aos "parentes", cabendo aos representantes dos "tronco velho" realizar o seu cumprimento.

> Nós como caboclo, nós tinha uma separação do branco, porque nós já tinha... nós já não pagava imposto, nós já não comprava terra, isso nós já tinha regalia dentro da nossa terra. Era uma terra que nós já conhecia como de caboclo, mas já com esse direito de trabalhar aonde nós quisesse, mas não tinha direito de comprar terra, nem vender, isso nós já respeitava de toda vida. Sempre, todo lugar, às vez, já tinha uma pessoa mais velha, que quando... no causo, eu moro lá no Itapicuru e eu queria vim pra aqui, aí, a minha obrigação era de chegar aqui e procurar, com ele aqui, que é o morador mais velho, eu chegar aqui e falar: moço, eu tou... lá, eu tava precisando de vim trabalhar aqui, eu gostei do mato ali e tal, ou queria vim pra aqui, e aí? Ele falava: não, agora, você escolhe um lugar aí e faz sua casa, vai trabalhar, era assim, toda vida. Você marca aí, umas braça aí na frente do meu cercado aí, pode fazer sua casa e sua roça aí. E foi assim que foi, que a gente conhece de toda vida, aí, quando veio... [Mas sempre trocava assim?] Sempre trocava, às vez, tava num lugar, outra hora, tava em outro, outra hora, tava em outro, era assim. Às vez, o índio, o caboclo, saía daqui... às vez, saía até fora da Reserva, como sai até hoje, mas continua ali. Vai lá, fica um ano, dois, dez, depois: opa, eu sou é daqui, chega aqui, ninguém pode dizer que ele não é mesmo, ele é e... Como é aí, parente, aonde é que eu vou fazer aqui? Os outros parente mesmo ajunta, fulano chegou aí, nós tem que arrumar um lugar pra ele. (Rosalvo – Norte)

A venda da terra é proibida por ser parte de um direito comum, se ninguém tem o "documento" do seu pedaço, estando todos sob um mesmo "documento", não há como separar o seu terreno dos demais. No entanto, ao abrir uma área, construir sua casa, fazer seu cercado, cada um constituía uma "posse", a partir do seu trabalho de se apropriar daquele terreno:

> Antes, a gente não vendia nada mesmo, mesmo tendo a casa de telha, que a gente tivesse aqui. A gente saía, tinha que acabar... deixar acabar ali mesmo, não vendia nada mesmo, aquilo largava lá, conheci muitas casona assim, de telha, velha, lá abandonada, não vendia nada. Aquilo é um... é o documento da pessoa. Saiu, aqui é uma posse de fulano, era respeitada. [Se ele quisesse voltar depois...?] Tava ali. [E se o outro quisesse entrar?] Aí, tinha que combinar com ele, mesmo ele lá fora: moço, lá, você saiu, deixou aquela posse

lá, você não vendeu, tá pensando em voltar pra lá? Não, você quer ocupar lá, pode ocupar, quando eu for, eu ocupo outro lugar que teja desocupado. [...] Dava a ordem. (Rosalvo – Norte)

Certamente, esse abandono das moradias e cercados era mais comum no passado, como se verá adiante, quando eram simples "taperas" e a própria madeira do roçado servia para fechar as lavouras. Hoje, as casas são cobertas de telhas e os cercados feitos de arame, materiais comprados e não retirados da natureza, portanto, passíveis de comercialização quando se muda daquela área, onde estão instalados. Mas essa venda não significa a perda do direito sobre a terra, esta só ocorre quando a pessoa "vende um direito de posse", no entanto, essa comercialização está restrita aos parentes, únicos incluídos no direito comum.

Se um dia ele der de sair daqui e falar: eu vou vender esse direito de posse aqui pra outra pessoa, se ele vender essa casa do jeito que ela tá aí, com esse cercado, vai tá vendendo um direito de posse. Agora, se ele descer essas telha pra o chão e arrancar esses arame, não tá vendendo o direito de posse. [Mas se eu chegar aqui e eu quiser comprar, eu sou de fora...?] Não, não pode, aí não pode, tem que ser outra pessoa do lugar. [Quer dizer que ele vende só a posse, a terra, não?] Não, ele só vende as telha, né, ele não pode fazer... não pode assinar papel nenhum e nem colocar a pessoa do jeito que a casa tá aí, com esse quintal aí dentro, não, que aí diz: vendeu a posse. Ele tem que descer elas... mesmo o companheiro querendo, não pode, tem que descer as telha e arrancar o arame, aí enrola, aí o outro também já evita de comprar, pode comprar as telha, mas aí ele não vai... aí se vale dois mil, três mil, aí ele: não, eu vou comprar essas telha, essas telha só vale cem, duzentos reais, vou te pagar é isso. O arame só vale cinqüenta, eu vou te pagar cinqüenta. Ah, mas aqui, não... Eu vou fazer minha casa aqui, agora, eu não tou comprando a terra, porque a terra é minha, você tá saindo... Ele também saiu, mas o dia que ele voltar, ele não vendeu posse: ah, não, ali tá desocupado, eu vou fazer minha casa é ali, ele faz, não vendeu posse. Agora, se ele vender assim, aí ele vendeu a posse, aí... Portanto, foi cortado esse direito da gente vender pra não dar mais confusão, pra diminuir as confusão, foi isso. [...] Se ele vender as madeira com... é... a casa, aí, ele vendeu o direito. [Aí se ele saiu, ele não pode voltar mais?] Não, não, ele perdeu o direito, ele vendeu uma posse, um direito de posse. Agora, se ele vender as telha e os arame... [É como se ele vendesse a herança dele aqui, de...?] É, exatamente, é... é como diz, ele vendeu a herança dele, vendeu... desistiu, né. Mas se ele desce as telha... desce elas, vende e o arame, ele enrolou e vendeu, ele não vendeu o direito de posse, não. (Rosalvo – Norte)

Não vendendo, o seu direito como "parente" permanece e ele poderá reivindicá-lo junto à comunidade, que tem por obrigação acolhê-lo, assim como deve fazer com as novas famílias que se constituem:

Eu tenho um parente lá fora, eles saiu daqui sem problema nenhum, 10 ou 20 ano, ou 30, ele não vendeu nada, saiu, não brigou com ninguém, ele vai, fica lá.

O dia que ele chegar aqui, ele vai informar, eu digo: tudo bem eu vou conversar com a comunidade, a comunidade dá de apoio: olha, o rapaz chegou, é nosso parente, eu coloco ele aí num lugarzinho. Aí, eu pra confirmar ele, ele ter um direito igual ao meu, pra não ter dúvida nenhuma, a gente vai procurar o cacique: olha, parente chegou aí, tá morando lá, de repente ele vem aqui, você não vai se assustar pensar que ele é de fora, não, que ele é nosso, tá morando lá. Tudo bem, não tem problema, continua, os parente é quem puxa ele. [Mas de vez em quando não dá uma confusão de acertar para entrar uma pessoa, não aperta assim, porque hoje já está mais apertado?] É, por isso é que tem que ter o apoio da comunidade, que de repente vem uma pessoa... é meu, quer localizar aqui, mas vai ver, a comunidade tá apertada, não dá, aqui, não dá. Mas, nós mesmo, tem pela obrigação, de chamar ele e procurar dentro de outra comunidade, vamo ver onde é que tá mais folgado que ele cabe lá. [E quando casa um filho, também é assim?] É, quando casa um filho, esse, ele já tem aquela liberdade, ali, sempre localizando perto, agora quando tá apertado... (É direito de pai, ele já pode encostar ali, fazer a casa.) Agora, no causo, se tiver apertado, ele tem pelo direito procurar o cacique aonde é que tem um direito mais folgado, onde é que ele pode... pra não entrar, assim, de qualquer jeito. (Rosalvo e Amaro – Norte)

Hoje, após a criação da Reserva Indígena, a administração das regras de acesso à terra está sob a responsabilidade dos "representantes" eleitos em cada aldeia e, acima deles, os possíveis conflitos são resolvidos pelo cacique e o "chefe do Posto da FUNAI. No passado, os depoimentos relatam uma certa autonomia dos "caboclos" para dirimir seus conflitos a partir da autoridade dos membros mais velhos da comunidade, que também eram respeitados para decidir sobre outros assuntos ligados às relações entre diferentes famílias:

No tempo do pai nosso, compadre, aqui, não vinha polícia aqui, não. Tinha os velho do lugar que era a polícia. Ali, quando ele queria arrumar uma questã, chamava aquele mais velho, tinha sempre os que eles chamava, chamava eles, aí, ia lá, combinava tudo ali mesmo e acertava, não vinha gente de fora, não. Os velho, aqueles mais velho que era a autoridade. (A autoridade do lugar era esse pessoal mesmo, eles que fazia o acerto, qualquer acerto quem fazia era eles. Até a moça pra casar com o rapaz era eles quem escolhia, não é a gente quem escolhia, não. Eles escolhia: é aquela ali, tinha que ser! (risada) É, era assim... (Amaro e Rosalvo – Norte)

O respeito à autoridade dos mais velhos e aceitação das regras era parte da cultura dos "caboclos", socializados desde a sua infância segundo essas tradições, porém, como foi visto no Capítulo 3 do Volume I desde o período colonial, os Xakriabá não se constituíram como uma sociedade fechada, mas interagiam com outros grupos e permitiam casamentos interétnicos. As grandes secas ocorridas no final do século XIX e no início do seguinte contribuíram para a chegada de migrantes baianos, acolhidos pelos Xakriabá, motivo pelo qual explicam a denominação adquirida pela sua principal aldeia:

Brejo do Mata Fome, esse nome, ele é... ele foi um nome criado de muitos e muitos anos, porque na época que a gente conhece... porque a gente descriminou, porque foi criado assim, esse nome... os antigo, se já vinha esse nome de toda vida ou não. Eles chegaram a falar pra nós que esse nome foi quando existiu um tempo aí de uma seca e veio muita gente do norte pra cá, correndo. Veio muita gente do norte e eu acredito que é porque ainda existe esse pessoal, muitas família desse povo. Eles vieram correndo de lá pra cá e quando chegou aí dentro dessa mata, encontrou esse lugar, eles todos com fome, né, viajando, não tinha nada e por aí, eles arrancharam, pousaram. Inclusive, ficou, colocou aí e ficou, colocaram o nome de... [...] Colocou o nome de Brejo do Mata Fome. E esse pessoal combinou com aqueles índio mais velho que existia antes, né... [...] Eles ficaram aí, alogiou e foi casando, teve essa mistura. Aqui hoje, dentro, tem essa mistura por conta desse pessoal que vinha de fora, chegaram e casaram aqui com as índia aí, foi misturando. Existe esse pessoal, tanto que nas Vargem, você vai só tem mais é eles, localizado ali. [...] Vinha da Bahia. Inclusive, eu acho que tem... não sei, acho que é descendência do meu avô pra um lado também foi assim, nessa época também. (Rosalvo – Norte)

Ao que parece, no passado, a incorporação de "gente de fora", muitas vezes identificados como "baianos", conseguiu ser administrada sem maiores problemas, mas essa "mistura" foi apontada como uma das principais causas dos conflitos pela terra, que ameaçaram os Xakriabá até recentemente:

[Nesse tempo que a senhora era menina, não tinha muita gente de fora aqui, não?] Tinha, não, tinha, não. [Era só...?] Era... tudo era conhecido de uns aos outro, era custoso aparecer e quando aparecia um, ele aparecia, saía logo, sumia. De uns tempo pra cá, foi que deu pra aparecer um bando. [...] Foi misturando, foi... Nesse tempo, só casou com gente de fora aqui, esses índio daqui, só foi dois. [...] Apareceu uns baiano aqui, casou dois, daí, não casou mais, mas foi misturando, foi misturando, misturando e agora, já tem um bando! [...] Daí pra cá, o povo foi pegando assim, umas conversa meio errada, uns fuxico, esse negócio de terra e foi pegando e ficou bem... bem ruim! (Rosalvo – Norte)

A "mistura" com "gente de fora" resultou na tentativa, por parte dos novos moradores, de imposição de certos valores, em especial no que se refere à apropriação privada da terra, o que se opunha aos costumes daqueles considerados como "índio apurado":

Foi acabando mais, rebaixou mais um pouco, sabe, por causa de negócio de mistura. Então, foram misturando, foi misturando, aí mesmo, dentro, apareceram pessoas aí, os próprio índio botaram a perder e enterraram um bocado que era índio mesmo, apurado e colocaram... tem pessoa aí, tinha pessoa aí, de primeiro, que não tinha nem um pinguinho de sangue de índio. E eles tirou os índio, botou pra fora e tomou o lugar. As pessoa velha quando tava... quando tava começando isso aí, eu lembro, os mais velho clamava, chorava, falava por causa disso aí, desse sistema, mas não teve jeito. Foi misturando, foi misturando, foi fazendo assim, aquela (?) até virou briga. (Brasilina – Norte)

Já no início do século XX, a memória coletiva registra um dos graves conflitos entre índios e fazendeiros, quando estes, por volta de 1927/1928, construíram um curral na Rancharia, povoado próximo a São João das Missões, área que mais tarde ficaria fora dos limites da Reserva e hoje é reivindicada pelos Xakriabá. O curral, símbolo da tentativa dos fazendeiros de se apropriarem das terras, foi destruído pelos índios, resultando em uma violenta reação por parte dos primeiros, num dia de Folia de Reis:

> Tem um lugar em riba da Missão, tem um lugar que chama Curral de Vara...
> [...] Aí ele disse, que um dia, juntaram os índio tudinho, diz que foi fazer essa batucada dessas caixa mesmo e tava... diz que tava tum que tum, tumtumtum, daí chegou os pistoleiro, menino! Ele diz que o avô dele sumiu... sumiu mais nunca! Correram tudinho, sumiram, um bocado... (Era avô de pai, era meu bisavô. O policiamento... os invasor, né, chegou o policiamento e os pistoleiro em cima, invadiu a sala deles, eles tava na diversão deles, esparramou esse povo tudo! Um bocado apareceu, dos que saiu correndo, outros correu, não apareceu mais nunca! O avô dele mesmo, que era avô de pai, diz que saiu dessa ocasião e sumiu no mundo, nunca apareceu mais! Não sabe se mataram, ou se... [...] Tem, tem muitos ano, eu não alcancei isso, pai contava isso. [...] É negócio de terra, os branco invadindo as área indígena, as terra dos índio). (Joana e Benvindo – Norte)

Os conflitos se acirrariam, no entanto, já na segunda metade do século XX, com a maior valorização das terras e a venda de áreas por índios e, principalmente, por "pessoas de fora", incorporadas às comunidades através do casamento interétnico.

> Fazendeiro começou a entrar aqui desde de... isso já desde 65, tinha... já começou pintar fazendeiro aqui dentro, entrando aí, afastando o índio, comprando um direitinho do índio, tomando o direito do outro, mas, ali, ainda nunca tinha levado em conhecimento. E aí, a gente foi perdendo os direito, os próprio índio foi afastando, porque não tinha mais como ele vivesse. Até que, Deus ajudou que a própria lei tomou essa decisão e... é... os próprio índio tomou a decisão de dizer assim: não, a terra nossa! Por que nós tamo afastando da nossa terra e deixando os outro tomar conta? Nós vamo ter que tomar uma decisão com isso! [...] A gente ficou sem trabalhar, aí que apelaram com os fazendeiro, eles tava tomando as terra, né... do povo e distiorando, aí... [...] O que aconteceu a gente sente que surgiu essa... essa revolta aqui dentro, porque, às vez, comprou um direito de um e cercou de dez. (Rosalvo – Norte)

A ameaça de perder a terra mobilizou as lideranças indígenas, resultando no processo de reconhecimento pela FUNAI e na instalação de um Posto Indígena, mas os conflitos continuaram em diferentes pontos da Área da Reserva onde ocorreu a penetração dos fazendeiros. Durante a Pesquisa de Campo, muitos foram os depoimentos sobre as violências cometidas pelos fazendeiros, pistoleiros e a polícia, bem como dos mutirões de resistência realizados pelos Xakriabá na busca de plantar suas lavouras nas áreas de conflito:

> No Poção, nós coloquemo uma roça lá com vinte e poucas pessoa, plantemo a roça, aí... Foi assim: primeiro, nós colocou a roça, aí, tinha o gado, o capim deles tava lá, nós colocou a roça, aí, quando a roça tava madura, ele pegaram, trouxeram o gado, comeram a roça nossa. Aí, nós ajuntemo uns oitenta homem... nós coloquemo outra, eles plantaram. Aí, quando foi na época, eles trouxe o gado e comeu a roça. Depois, no outro ano, nós ajuntemo... eles derrubaram outra roça, aí nós já não deixou plantar também, não. Aí, eles trouxe uns oitenta gado e colocou aí. Nós arrumemo uns oitenta homem lá do Sapé... oitenta índio, lá e veio, lá, Brejo, Santa Cruz, veio bastante, mesmo, e juntou um bocado daqui, deu uns oitenta, né. Aí, nós foi lá cortemo os arame dele tudinho, cortemo os arame e soltou o gadão dele, oitenta cabeça de gado, soltou tudo, soltou pro gerais. Aí, nós falou que se ele viesse pra prender o gado, que nós ia pegar ele. Aí, eles ficaram com medo, mandaram outras pessoa vim pra prender o gado. Foi pegando o gado, pegando o gado, devagar, devagarzinho, até que carregaram o gado tudo pra Itacarambi. [...] (E veio a liminar, que o juiz deu a liminar pra todos os índio que botou a roça, plantar. Acabou, eles ainda vieram aqui, atravessou eu num corredor com dois revólver 38, botou em mim e falando que eu não entrasse mais lá, não, que eles tinham devolvido a liminar que o juiz deu. Eu fui, falei pra eles assim: moço, vocês devem procurar outra direção, porque eu muito me admiro dois homem igual a vocês, devolver o que o juiz de direito faz! [...]! Aí, eles baixou os revólver deles. Aí, eles só falou assim pra mim: é... eu só quero que você não faz rastro lá mais nunca! Eu digo: eu não faço! E vocês, vai procurar a justiça, se vocês ganhar, não faço rastro lá, não, mas se meu direito me assistir, eu vou plantar minha roça! Aí, eles foi embora, não voltou mais nunca!) (risada). (Bidá e Benvindo – Norte)

Em meio a essa situação, os órgãos fundiários tentaram realizar uma regularização das terras, em confronto com a iniciativa da FUNAI de transformá-las em área indígena. A vitória jurídica assegurou a propriedade definitiva das terras da Reserva aos Xakriabá e determinou o despejo de todos aqueles que, anteriormente, haviam se declarado como não-índios, ou por serem realmente posseiros, ou por não acreditarem na vitória de seus "parentes" e se aliarem aos fazendeiros, entre eles o prefeito de Itacarambi:

> O INCRA entrou fazendo um trabalho, que a gente tinha que pagar aquela taxa pra poder ter o direito aqui. Depois foi que a FUNAI requeriu o documento lá e a gente sabia que a terra era da gente mesmo, foi anulado aqueles documento do INCRA aqui dentro e aí, a FUNAI chegou pra retornar a terra dos índios, foi quando surgiu a demarcação das terra, das área. [...] (E teve aquele alevantamento, também, compadre, quando eles fez de posseiro e de índio. Aqueles que não queria... acompanhou ele [o fazendeiro], pegou como

posseiro, acompanhou ele e os que foi índio...) É, já era índio mesmo, fez a ficha de índio, muitos que era índio, não queria ser índio, fez a ficha como posseiro. [...] Inclusive teve até reunião e a gente pediu a reunião dentro do Posto, finado Rosalino pediu pra eles, explicou pra eles, pra muitos índios, que não deveria fazer aquilo que aquilo era pra pessoas de fora, que não era índio, que tavam fazendo aquele trabalho, mas pra quem não era índio e eles como índio, não deveria fazer. [...] Depois que eles receberam... como diz, a liminar de despejo pra eles arretirar, aí eles disse: a terra é minha, eu não vou sair, não! É onde surgiu esse problema... Aí, os que era, que tinha feito como índio, encontrou o direito de dizer: bom, eles só fica se vocês quiserem, eles não tem mais direito na terra, eles já receberam a indenização deles, fizeram lá... [...] Aqueles que saiu numa boa, foi indenizado, os que brigou, perderam... saiu, perdeu. [...] Mas quem expulsou eles pra fora não foi a própria lei, não, quem expulsou eles foi os próprio índio, que quando os próprio índio tomou o conhecimento que eles tinha feito a ficha contra eles e quem ganhou foi a maioria, e que é eles que tava trazendo... unindo lá com as pessoa de fora pra correr com eles, aí, a maioria disse: não, vocês já não vive mais... não pode viver mais no meio de nós, já receberam o seu, vai embora. Foi a guerra que foi criado foi assim. [...] 120 famílias. (Rosalvo e Amaro – Norte)

Essas famílias acabaram se alojando, precariamente, em uma área na cidade de Itacarambi, conhecida pelo sugestivo nome de "Funainha". Aquelas que optaram pela identidade de Xakriabá, hoje, não são mais ameaçadas no seu direito à terra e, ao contrário, lutam para ampliar os limites da demarcação feita em um momento de conflitos e de risco de desintegração do seu sistema tradicional de acesso à terra.

Mais do que qualquer das demais áreas pesquisadas, foi aí que se encontrou não só formas tradicionais de apropriação dos recursos naturais do Cerrado, mas também ricas representações simbólicas referentes à interação do ser humano com a natureza, como se poderá ver nas comparações adiante. No entanto, mesmo guardando algumas diferenças significativas em vários aspectos, é possível encontrar pelo menos um ponto comum entre essa área e a que foi pesquisada no Noroeste de Minas: ambas pertencem ao Vale do São Francisco, embora se integrando a dois pólos regionais distintos e concorrentes no século XX, como foi visto no Capítulo 7 do Volume I. A primeira se vincula à Januária, porto tradicional do Norte de Minas, enquanto a última tem laços comerciais e culturais com Pirapora, ponto de junção entre o transporte fluvial e ferroviário daquele Vale.

- **Região Noroeste: Comunidades de Santana da Caatinga (Município de João Pinheiro) e Cercado (Município de Brasilândia de Minas)**

Localização:

Apesar de situadas hoje em municípios distintos, as duas comunidades são vizinhas e pertenciam, até recentemente, a João Pinheiro. Santana da Caatinga, ou simplesmente Caatinga, é um povoado na margem esquerda do rio do mesmo nome, no ponto onde este se encontra com o Rio Paracatu, pela sua margem direita. O seu afluente seguinte, pelo mesmo lado, um pouco mais acima, é o Ribeirão do Cercado, distribuindo-se sua população ao longo de suas margens em sítios e fazendas, bem servidos por estradas de terra, incluindo a MG-408, que liga Brasilândia de Minas a Pirapora. Também foi visitada por duas vezes a comunidade das Pedras, formada pela divisão da antiga Fazenda Buriti.

Entrevistados:

Comunidade do Cercado

- Sebastião Clemente de Souza: 36 anos – herdeiro de um dos mais antigos moradores da Colônia Agrícola de Paracatu (CAP) (foto p. 304)
- Josefa Santana de Souza: 66 anos – mãe do Tião
- Antônio Ferreira da Silva: 71 anos – vaqueiro da Fazenda Buriti, por mais de 40 anos, padrasto do Tião (foto p. 302)
- Maria de Lourdes Clemente Barbosa – irmã do Tião
- Aristeu Severino Barbosa: 50 anos – natural de Curvelo-MG, mudou-se com o pai para a região em 1960, pois este era agregado em uma fazenda inundada pela construção da Barragem de Três Marias, cunhado do Tião
- Negrinho – irmão do Tião
- Aureliano Barbosa dos Santos – natural do município de Santa Fé de Minas
- Joel Rodrigues da Silva
- José Pereira da Cruz (Zé Preto) – agregado do Tião, natural de Capelinha/MG, vindo para a região como um dos migrantes temporários daquela região do Vale do Jequitinhonha, que vinham cortar lenha no Noroeste de Minas
- Alberto – agregado do Tião, natural de Curvelo/MG e irmão de Aristeu (foto p. 315)

Santana da Caatinga

- Erasmo Mendes Pereira – vaqueiro da Fazenda Buriti, onde morou por 33 anos
- Claro Pereira dos Santos – lavrador e vaqueiro, trabalhou na travessia da balsa em Caatinga por 37 anos
- José Maria dos Santos – pescador profissional

Comunidade das Pedras

- Sandoval Mendes Rodrigues: 51 anos – neto e um dos herdeiros de Bertoldo Mendes Rodrigues, antigo dono da Fazenda Buriti
- Manoel Santana – agregado de Sandoval Mendes Rodrigues

Brasilândia

- Agenor Leme do Prado: 83 anos – ex-morador de Santana da Caatinga e fazendas da região, onde trabalhou como vaqueiro, tio do Tião

História:

A ocupação das barrancas do Paracatu por fazendas de gado data do início do século XVIII, conforme foi visto no Capítulo 5 do Volume I, destacando-se, como um dos primeiros a adquirir terras nessa região, o Capitão João Jorge Rangel, cuja primeira sesmaria, na Fazenda Sta Ana, naquele rio, foi doada em 17 julho de 1727[5]. Um ano depois, ele recebia nova sesmaria na mesma região, expandindo seus domínios para a outra margem do Rio Caatinga, até a barra do Rio da Prata, incluindo as áreas das duas comunidades pesquisadas:

> Faço saber aos que esta minha carta de sesmaria virem que tendo respeito ao Capitão João Jorge Rangel me representar em sua petiçam que elle he Sr. e possuidor de huma fazenda chamada de S. Joseph sita na Ribeira do Paracatu, a qual fazenda descobriu povou, e cultivou com escravos, e gado vaccum, e cavallar, tudo com grande despesa de sua fasenda, e de presente conserva, livrandoa da invasão do gentio, que continuamente a esta invadindo, a qual ditta fasenda lhe serve de demarcação o veyo da agoa chamada o da Catinga, que mete, e fas barra no Paracatú, e por este acima athe a barra do Rio da prata pedindo o Supp.^te tres legoas de pastos uteis e capazes de crear não fallando nos pestiferos, e menos nas enseadas, e voltas do Rio, e pello Rio da prata acima athe a ultima nascença, cortando desta a ultima do Rio do Somno com todos os riachos, e logradouros que se acharem entre os dous Rios [...] (RAPM, 1900, p. 185)

O Capitão João Jorge Rangel já era possuidor de terras junto ao rio Paraopeba, desde de 1720, e recebeu novas sesmarias no caminho novo dos Goiases (1737), na margem do Rio das Velhas (1738) e no Curral del Rei (1741) (RAPM, 1988) e sendo solteiro, no seu testamento de 1742, apontava:

> Declaro que sou senhor e possuidor de nove fazendas de gados na Ribeira do Paracatu, da freguesia da Manga a saber São José, Maravilha, São Jerônimo, avereda (*sic*), Cana Brava, Mandacarú, Santa Ana, Rio do Sono, Sacra Família meus testamenteiros não tomarão conta delas porque tenho feito doação dela (*sic*), por escritura, à capela de Santa Ana [...] (*Apud* PAIVA, 1995, p. 182-183)

A área pesquisada, assim como uma parcela significativa do Médio Paracatu foi, desta forma, doada, provavelmente, à Capela de Santa Ana, construída, em Paracatu, por volta de 1736, pelo padre Antônio Mendes Santiago, famoso pela sua

---

[5] O documento mostra os limites dessa primeira doação nas margens do Paracatu: "Carta de sismaria, a qual deve principiar na barra do Rio chamado do Sonno q.' mete no Rio do Paracatú athe a barra do Rio chamado Catinga q.' poderá ter de pastos capazes de crear e uteis duas legoas pouco mais, ou menos q.' os mais são pestiferos e pello Rio do Sonno assima athe a ultima nascensa, e pela parte de sima pello ribeyro da Catinga athe a ultima nascensa, com todos os riachos, logradoiros, testadas, e mais pertenças as dittas duas extremas q.' servem de divisa p.ª efeito de com ligitimo titulo as possuhir e defender, e sem controversia ou opposição de qualquer pessoa [...]" (RAPM, 1899, p. 204).

participação nos motins do Sertão. Talvez estivesse aí a origem do arraial de Santana da Caatinga, surgido em torno de uma capela criada como filial daquela do mesmo nome da que existia em Paracatu. Ou, por outro lado, é possível supor, também, que o testamento do Capitão se referisse mesmo à Capela de Santa Ana do Rio Caatinga, encravada no meio do território por ele doado, mas, infelizmente, ignora-se a data de sua construção. No entanto, não é esta a versão corrente na região sobre a doação da terra onde se situa Santana da Caatinga. Também em 1728, outra sesmaria, doada a Inácio de Oliveira, faz referência ao Riacho da Catinga:

> Faço saber aos que esta minha carta de Sesmaria virem que tendo respeito a Ignácio de Oliveira me representar em sua petição que elle está Senhor e Possuhidor da fazenda chamada Serra a qual principia do Riacho da Catinga correndo pello Paracatú acima athé onde fas extrema em hum Riacho com a fasenda da Barra do Rio preto do dito, e para o Sertam athé as vertentes do Sitio chamado a Santa Cruz e dellas buscando o Curral das vacas pello riacho athé a nascença do Riacho da Catinga donde fas extrema com João da Costa Ferreira com todos os seos logradouros, cujo Sitio descubrio e povoou com gados seo Irmão Bras Soares Paços e elle Suppe. O houve por compra, e aly está vivendo e defendendo a sua custa do Gentio da terra [...]. (*Apud* RIBEIRO; GUIMARÃES, 1956, p. 104)

Esse "Riacho da Catinga", ao que tudo indica, trata-se não do Rio da Caatinga, às margens do qual se situa Santana da Caatinga, mas do Córrego da Catinga, afluente bem menor, da margem direita do Paracatu. Assim, as sesmarias de Inácio de Oliveira e João Jorge Rangel estavam localizadas em margens opostas deste rio, que se constituía em limite entre ambas por um longo trecho. Inácio de Oliveira, natural da Cidade da Bahia, era genro do Antônio Rodrigues Velho (o "Velho Taipa"), possuidor da melhor parte do morro do Batatal, famosa lavra de Pitangui, citada no Capítulo 5 do Volume I. Seu filho, Inácio de Oliveira Campos, herdou além dessas lavras, aquelas terras da beira do Paracatu, incluindo as fazendas da Barra do Rio Preto, Cotovelo, Novilha Brava e Gado Bravo (RIBEIRO; GUIMARÃES, 1956), tornando-se, como foi visto naquele mesmo capítulo, um dos principais responsáveis pelo comércio de gado verificado pelo Registro de Pitangui no final da década de 1760. Tantas posses não o impediram de buscar mais riquezas no Sertão, descobrindo ouro na cabeceira do Rio das Velhas, nas nascentes do Araguari, em 1771, dando início ao arraial do Desemboque, quando também atacou os quilombos da Serra Negra (BARBOSA, 1971).

Em 1795, adoeceu gravemente, sofrendo de paralisia e impedido de gerir seus negócios, assumidos pela sua esposa, a conhecida Joaquina de Pompéu, uma das figuras mais romanceadas da história do Sertão Mineiro. Os moradores de Santana da Caatinga atribuem não a João Jorge Rangel, mas à sua doação as terras pertencentes àquele povoado:

> Essa [Fazenda] Invejosa, eles falou que era daqui do patrimônio, que a Joaquina de Pompéu que adoou essa terra. Essas terra tudo foi Joaquina de

Pompéu que adoou. [...] Essa terra ia até lá pro Cercado... como é que é? Perto do Tronco... Me contaram.. de primeiro... eu ouvi contando... [...] Diz que era aqui, era no Brejão, esse mundão tudo era dela. Muita gente tem livro dela. [...] Nós aqui não tem, não. [...] Ela mexia com os negro, os negro se... qualquer coisa que fazia, caía no chicote, ou se não, mandava matar. Tinha muita manga, aí eles tinha que comer manga, que o leite era pouco, não dava pra repartir, falava que o leite fazia mal (risada) [...] Que faz mal que nada! (S. Erasmo – Noroeste)

No tempo de eu menino, eles falava muito: havia o cativeiro, contava o caso, como que o cativeiro era, como é que fazia, como é que não fazia... [Contavam o que do cativeiro?] Assim, que o cativeiro sofria demais, né, que quem trabalhava... tinha aqueles... forte, que era os dono, que era os rei mandava aquilo, quando era de noite, os cativeiro dormia era preso. O Compadre Sandó tem a peia até hoje, ele tem uma peia, que peava eles pra não fugir e o tronco de prender as perna deles, pra amanhecer o dia deitado lá. Isso tudo tinha, contava muita gente que o cativeiro era ruim demais! [...] Tinha a tal Joaquina de Pompéu aqui, foi ela que libertou esses povo que vivia de cativeiro, que cabou com esses cativeiro, foi essa Joaquina de Pompéu, que era dona do mundo todo aqui! (risada) [...] Aquilo é ruim demais! (risada) Aquilo pra mim... a gente vê os cativeiro trabalhava só pra comer... mal! (Antônio Ferreira – Noroeste)

Essa transformação de Joaquina de Pompéu em uma espécie de "Princesa Isabel do Sertão Mineiro" é particularmente interessante quando se observa uma forte presença negra entre os antigos moradores da Caatinga e vizinhanças, incluindo os dois entrevistados acima. No povoado, excetuando-se alguns comerciantes que ali se instalaram em meados do século XX, a maioria da população era formada de negros pertencentes a suas famílias tradicionais. Esses moradores, por não possuírem terra, trabalhavam nas fazendas que cercavam o povoado, cujos proprietários, em geral, não eram membros dessas famílias, alguns residindo em Paracatu e João Pinheiro:

Aqui, na Caatinga, nessa época, tinha pouca gente clara, mais era quase tudo moreno, a cor, preto. [...] Os mais claro aqui, comerciante aqui era o Seu Abdala, que era um turco que tinha aqui, era Hafi, e o Sem, que era os mais claro e o Velho Canuto. Depois, passados uns ano, veio o Niguito... eram as pessoas mais claras, tinha umas mulher por aí assim, que era mais clara, mas era esses que era mais claro, o mais era tudo moreno escuro, mais moreno, mais escuro. [...] Tudo, quase tudo parentado! Tinha pouca gente que não era parentado, era pouco. [...] Tudo unido, não era gente... unido assim... [...] Eles trabalhava na terra do Bertoldo. [...] [Esse miolo era só...?] Só de negro. (Antônio Ferreira – Noroeste)

Essa identidade negra associava Santana da Caatinga a certos estereótipos ligados aos africanos, especialmente no que se refere à feitiçaria, temida mesmo pelos moradores negros das proximidades:

Até hoje, aqui, ainda aparece alguns tipo de coisa, tá muito debaixo de sete chave, mas ainda aparece, o nego tem que ficar meio velhaco aqui que aqui ainda tem esse tipo de coisa. Mas aqui, antigamente, no tempo de eu menino, isso aqui era brabo... eu vou falar pra você que era brabo por isso: porque a primeira vez que eu vim aqui dentro dessa Santana da Caatinga, minha mãe me mandou eu aqui, sozinho, de a cavalo, ela falou comigo assim: meu filho, toda gente que você ver na porta, você toma benção, se não dá problema pra mim! Mas, sô, mas parecia um castigo! De lá da ponta, lá, até chegar aqui, você via só velho na porta, cada negro preto, do beiço ...! (risada) Eu tou rindo de mim, que eu também sou preto, tenho que falar isso...[...] Tinha que saber, tinha que saber chegar. Não é conversando fiado, nem querendo fazer vantagem, eu tou te contando uma coisa que foi acontecido e... [...] Isso aqui era feio, rapaz, isso aqui era feio, mas hoje, não, hoje, tá bom, mas debaixo de sete chave ainda aparece alguma coisa esquisita ainda, aparece! [...] Aquilo é malandragem, é mulher querendo tomar marido das outra, aquelas coisa assim... Se o sujeito fizesse alguma coisa errada, dava uma dor de barriga na pessoa, é isso, fazia esses trem tudo... [...] Tinha tudo isso, a gente ficava velhaco, porque... [...] [Esse negócio de feitiço tinha aqui?] Tinha, aqui, tinha. [Tinha ou tem ainda?] Não... hoje, às vezes, pinta, mas... (Risada) [...] Naquele tempo, era mais forte. (Antônio Ferreira – Noroeste)

A forte presença negra é uma identidade local percebida em outras partes da região, possuindo semelhança também no mais importante núcleo histórico da região, cuja origem remonta ao período da mineração de ouro em Paracatu:

Falava mais era os preto, porque de uns ano pra cá que fala assim: pessoal mais moreno, mas, antigamente, era aqueles preto. Falava: os preto da Caatinga... [...]. Eles tinha medo, falava os preto da Caatinga: ah, aquilo é um povo... a gente tem que respeitar aqueles negro, aqueles negro é uns negro que a gente tem que respeitar mesmo, é uns negro duro mesmo! (risada)[...] Quando eu cheguei pra aqui era menino, né, era igual era em Paracatu, que em Paracatu, era... tinha muita gente preto, demais na época, era mais preto do que branco. Hoje, tem mais branco do que preto, mas era preto, em Paracatu, era preto mesmo! (Antônio Ferreira – Noroeste)

A origem da maioria negra em Santana da Caatinga não pode, no entanto, ser associada à mineração, pois não há registros expressivos dessa atividade ali, nem é apontada nos depoimentos realizados na pesquisa. Não há também informações para caracterizar aquele povoado como um quilombo, embora, como foi visto no Volume I, havia em 1778, um quilombo na Serra do Rio do Sono e Gaitas (APM SC cod. 220, p.3; cod. 223 p.6v e 7), bem como, alguns outros na mesma região, em torno de Paracatu. As denominações locais guardam a memória do tempo do cativeiro e dos locais onde escravos, ou ex-escravos, se abrigavam isolados do convívio de outras pessoas:

Eles fala que ele morou lá dentro dessa barreira muitos ano, esse Zé Lasca Velho. [...] Morando... mas não é escondido... já tinha libertado a escravidão...

ele parece que saiu... como diz, o preso, quando ele sai, fica com medo, né... acho que ele ficava, assim, meio.... acho que já tava liberto, já, não tinha nada, não. Eles fala aqui é a Grota do Velho Zé Lasca. (Sandoval – Noroeste)

As lembranças da escravidão, apesar de passados mais de cem anos, surgiram nos depoimentos de alguns entrevistados, envolvendo inclusive alguns parentes:

> Diz ele que quando era menino, ele foi escravo. [...]. [Ele era seu tio por parte de...?] Por parte de minha avó... [...] Daqui da Caatinga mesmo. [...] Morava aí, o pai dele... eles tinha... [...] Papai falava que era vinte e tantos filho que o pai dele tinha. [...] João Crisóstomo, acho que era o mais velho. [Que falava que era escravo era só ele?] É, que tinha... era só ele. (Sandoval – Noroeste)

A imagem do surgimento ou consolidação de Santana da Caatinga como fruto de uma doação libertadora de Joaquina de Pompéu, fundindo-se e antecipando o mito semelhante da Princesa Isabel, tem um significado importante para uma população negra, cuja memória do cativeiro ainda permanece viva. E há, na verdade, uma doação feita por Joaquina de Pompéu a Capela de Santana da Caatinga, no entanto, não se trata da terra, mas de cem bois, como se observa em documento transcrito pelos seus biógrafos Coriolano Pinto Ribeiro e Jacinto Guimarães:

> Ao amostrador desta q. he o sr. José Coelho de Menezes, dará o sr. Agostinho Gomes da Costa cem bois nas mas. Fazdas. q. tenho na Ribeira do Rio Preto, os quaes os dou de esmola pa. a Capella da Snra. S. Anna da Catinga, os quaes vão a presso de dois mil reis, preço taxado no Paiz, em portam em duzentos milrs., e por firmeza de tudo mandei passar o pres. Por mim somte. assignado. Fazda. do Pompéu, 26 de Agosto de 1806.
> Joaquina Bernarda da Sa. de Abreu Catello Branco
>
> Nota: – O documento está com o recibo dos cem bois no seu verso. (RIBEIRO; GUIMARÃES, 1956, p. 91)

Seguramente, em 1806, o povoado de Santana da Caatinga já existia há muitos anos, pois, José Joaquim da Rocha, em sua *Geografia Histórica da Capitania de Minas Gerais,* de 1780, já apresentava uma *Tábua dos Destacamentos Militares de que tem a Capitania de Minas Gerais*, onde registra, na Comandância do Paracatu, a Guarda da Caatinga. Também no seu *Mapa da Capitania de Minas Gerais com a divisa de suas comarcas* e no *Mapa da Capitania da Comarca de Sabará*, ambos de 1778, está assinalada a Capela de "S. Anna da Catinga", na confluência do rio do mesmo nome com o Paracatu (ROCHA, 1995). Em 1836, já havia se tornado uma "Pequena Povoação cõ o numero de 26 fogos", possuindo, o Distrito de "S. Anna da Catinga", um movimento comercial razoável com três "Lojas de fazedª seca, e armazéns" e mais outras três "cazas em q. se vende agoardente simples ou benificeiada", no entanto, não existindo quem ali fabricasse essa bebida (APM SP/PP 1/6 Cx 06). Em 1865, o *Almanak Administrativo, Civil e Industrial da Provincia de Minas-Geraes* listava 11 "Fazendeiros que cultivão canna", em Caatinga (MARTINS; OLIVEIRA,

1865, p. 246). Embora 94% dos habitantes fossem livres, certamente, parte dessas propriedades contava com mão-de-obra escrava, que, em 1876, somava 133 cativos em Santana da Caatinga, representando apenas 5 % do total de escravos do município de Paracatu (RAPM, 1979, p. 293).

O Distrito, pertencente a este município, foi elevado a paróquia por lei n° 909 de 8/6/1858, mas foi logo suprimida por lei n° 1.993 de 13/1/1873 e incorporada à paróquia dos Alegres, hoje João Pinheiro (COSTA, 1970, p. 180). O *Almanak Administrativo*, de 1865, explica as razões da curta duração desta paróquia: "tendo o bispo de Pernambuco negado seo concurso a creação desta freguezia está ella sem poder produzir todos os seus effeitos" (MARTINS; OLIVEIRA, 1865, p. 246). Apenas alguns cargos administrativos, como o de subdelegado e delegado de instrução, se encontravam preenchidos, em 1870, enquanto o de professor se achava vago e não havia notícias sobre os juizes de paz (MARTINS, 1870, p. 246), evidenciando as dificuldades da freguesia e do distrito de funcionarem plenamente. Ao longo de todo o século XIX, a Caatinga perde importância em relação à vizinha Santana dos Alegres, até ser incorporado ao município de João Pinheiro (ex-Alegres) por lei n° 556 de 30/8/1911, quando da sua criação.

O Recenseamento de 1920 aponta o distrito com uma área de 4.209 km² e uma população de 1.073 pessoas, ou seja, 0,25 habitantes por km². Este número, que indica uma presença humana muito esparsa em seu território, representava cerca de um terço do que é encontrado nos outros distritos de João Pinheiro. Essa população se distribuía pelas suas fazendas, pois o povoado não reunia condições econômicas de concentrar aí um número significativo de habitantes, possuindo, segundo o Censo de 1950, apenas 150 moradores (FERREIRA, 1959). É provável que esse número indique o processo de decadência vivido pela Caatinga, por volta do final dos anos 1940, resultando em perda de população, como ainda se lembram moradores mais antigos da região:

> Aqui, tinha muita gente, aqui pra lá tudo era uma povoada, aqui tudo cabou, virou mato, foi desleixando, foi largando, isso tudo aqui era... tinha rua aqui, morava muita gente aqui, ó.. [...] Vinha até aqui, tinha muita casa adiante, aqui, tinha muito morador aqui, ó. (Antônio Ferreira – Noroeste)

Aquele povoado teve parte de sua história associada à navegação do rio Paracatu, que, como foi visto no Volume I, na década de 1920, começou ser a desenvolvida por vapores entre Pirapora e Porto Buriti[6]. Se este era o ponto de embarque e

---

[6] Mesmo antes dos barcos a vapor, já havia um trânsito comercial entre o Rio Paracatu e cidades do São Francisco, como Januária, como informa na sua entrevista Agenor Leme do Prado, de 83 anos, cujo pai era barqueiro e conheceu sua esposa nesta cidade: "[Seu pai conheceu ela em Januária por que? Ele morava lá?] Não, ele viajava pra lá. [Levando gado?] Não, canoa, era barqueiro lá. [...] Não era dele, ele viajava com um barqueiro, que era de Januária. Carregando tudo quanto há, diz que fazia... subia aqui arriba toda vida. [...] Levava pano, trem de comida,

desembarque de pessoas e cargas da cidade de Paracatu, a Caatinga desempenhava o mesmo papel em relação a João Pinheiro, recebendo as mercadorias vindas de Pirapora e destinadas a essa cidade.

> O vapor era o seguinte: eles iam lá compravam mercadoria e enquanto não desse a lotação, não vinha, não. [...]. Tinha uns depósito aí, aí depositava a carga do pessoal daí. Agora, daqui pra João Pinheiro, era no pescoço do boi. (Vinha oito, dez carro de boi lá de João Pinheiro, buscar. [...] Tinha, saca de café, arame... (Claro e Erasmo – Noroeste)

> Agora, eu alembro assim: aquele João Pinheiro nosso ali, saía de lá de carro de boi pra pegar trem aqui na Caatinga pra levar pra lá: sal, querosene, açúcar, arame, café... era buscado daqui pra lá, pra João Pinheiro. (Antônio Ferreira – Noroeste)

Nessa época, se estabeleceram ali comerciantes vindos de Pirapora, passando a Caatinga centralizar o comércio com as localidades e fazendas das vizinhanças, que, na volta, algumas vezes, enviavam, pelo vapor, a produção local excedente (carne de porco, toucinho, queijo, arroz, etc.). Também para aquela cidade da beira do São Francisco e estação final da Estrada de Ferro Central do Brasil se dirigia o gado produzido na região, mas as boiadas se deslocavam por terra, não havendo uma produção regional significativa para carregar o vapor na descida do rio.

> O vapor, quando ele vinha só até aqui, eles enchia de lenha aí. Mas eles sempre passava daqui, até Porto Buriti. [...] Lá eles descarregava, agora, eu não sei o que que eles levava de volta. Mas quando não tinha nada, eles levavam lenha. Nesse tempo o vapor era tocado a lenha. [Consumia muita lenha?] Muita, muita lenha. [...] Carga mesmo, não tinha, não. (Erasmo – Noroeste)

O vapor também realizava o transporte de passageiros em uma viagem difícil mesmo para os de menor calado, como o Paracatuzinho:

> Aqui, quando era na seca, o Paracatuzinho gastava mais de quinze dia pra chegar no Porto Buriti. [...] De Pirapora até chegar no Porto Buriti gastava mais de quinze dias. [...] Aí tinha as cachoeira tinha que baldear. Tinha aquelas

---

tudo isso tinha, sal, café, rapadura, isso tudo eles tinha, né. [Ia até no Buriti?] Ia.[...] Mexia pra Januária. [...] Quando ele trouxe mamãe, já tinha cabado, ele parou com essa viagem. Ainda tinha barqueiro, mas ele não mexia mais, não" (Agenor – Noroeste). Esse depoimento reforça o que foi dito, no Capítulo 7 do Volume I, sobre a importância dessa cidade como centro comercial e porto fluvial na navegação do Rio São Francisco. Só com a chegada da ferrovia a Pirapora, Januária passou a dividir com essa cidade sua relevância comercial no Sertão Mineiro. É possível que parte da carga, transportada pelo Paracatu abaixo e depois pelo São Francisco, incluísse, entre o final do século XIX e início do seguinte, a borracha de mangabeira, pois, como foi visto naquele capítulo, Januária recebia esse produto também da região de Paracatu.

canoa de reboque, chegava na cachoeira que tava raso, aí tirava aquela carga, passava na... botava na canoa, botava pro lado de cima da cachoeira, até a lancha levantar mais. Agora, quando passava aquela cachoeira, tornava a botar aquela carga dentro da lancha, outra vez, de novo. Chegava em outra cachoeira, fazia o mesmo processo. (Claro – Noroeste)

Até hoje, os moradores mais velhos se lembram, com saudade, do nome de cada vapor, pois a sua chegada, uma vez por mês, era carregada de expectativas, de novidades:

O menor era o Paracatuzinho. [...] Mas tinha o Fernão Dias, tinha o Afonso Arino... o Afonso Arino também não era muito grande, não, né Claro? Tinha o Mauá, o maior era o Fernão Dias e o Mauá. [...] Os que mais andava aqui era o Fernão Dias e o Mauá... e o Paracatuzinho. [...] (Quando o rio baixava, esses maior não vinha, não, vinha o Paracatuzinho. (Erasmo e Claro – Noroeste)

Paracatuzinho... [...] Esse vapor cabou, em Pirapora, não vi nenhum lá mais. [...] Tinha Chico Bispo [...] ... a gente esquece, né... Tinha Curvelo. Tinha mais... eu esqueço o nome... (Agenor – Noroeste)

No começo da segunda metade do século XX, desapareceram os últimos vapores do Paracatu: o Afonso Arinos virou ferro-velho depois de naufragar próximo a Itacarambi; o Fernão Dias, construído em 1929, sofreu um naufrágio em 1945, recuperado, navegou até 1972, quando foi incendiado acima de Pilão Arcado e o Paracatuzinho naufragou, em 1960, na Cachoeira Três Irmãos, no Rio Paracatu (SILVA, 1985). Mas a navegação a vapor deste rio já tinha começado a afundar bem antes, quando o transporte rodoviário passou a dominar a região.

Eu lembro quando vapor vinha aí, tinha duas casa lá de depósito na beira do rio, entregava nos vapor, pegava os trem colocava lá dentro, levava coisa de cá pra lá. [...] Trazia as coisas de roupa pra cima, trazia e levava pra João Pinheiro. Depois saiu o caminhão, aí, fizeram umas ponte aqui, essa estrada aqui descia... pra João Pinheiro era aqui, não tinha outra estrada, não. Aí, depois, foi aumentando o tráfego de caminhão, aí foi... (Sandoval – Noroeste)

Em 1955, João Pinheiro possuía apenas 3 automóveis, mas já contava com 17 camionetas, 23 caminhões e um ônibus, embora mantivesse linhas de passageiros com cidades próximas (Paracatu, Unaí e Presidente Olegário) e com a capital do estado (FERREIRA, 1959). Entre o final dos anos 1940 e a década seguinte, a Caatinga passou a contar com uma balsa para a travessia do Rio Paracatu, inicialmente só para o transporte de pequenas cargas, mas com o passar dos anos o trânsito foi aumentando:

Aqui, nós atendia aqui e na barra do Rio Caatinga. [...] Nós pegava carro lá e pegava aqui, passava aqui pra lá e passava aqui pra cá e passava lá também e levava pra lá também, era um transporte danado. Nesse tempo, não existia Brasilândia, não, Brasilândia era fazenda quase. Quando começou Brasilândia, o movimento era passado tudo aqui, ó, Brasilândia, Bonfinópolis... [...] Aí, passava tudo quanto há: passava carro, passava boiada, de todo tipo, de porco, de gado, de cabrito, tropa... [...] A balsa passava um caminhão, desses mais pequeno, carregado. (Claro – Noroeste)

Nas décadas seguintes, a Caatinga iria perder sua hegemonia econômica e política[7] nas barrancas do Paracatu para Brasilândia, que de simples sede de fazenda passaria à cidade em cerca de 50 anos, através de uma precursora tentativa de "reforma agrária" no Sertão Mineiro. A cidade surgiria em torno da sede da antiga Fazenda da Extrema[8], terras que pertenceram aos herdeiros de Joaquina de Pompéu e destes formam adquiridas por terceiros, que as venderam, em 1913, à Brazil Land Cattle and Packing Company, empresa com sede no estado americano do Maine. Segundo Maria Morais, em seu livro *Brasilândia: sua história e sua gente,* aquelas terras seriam desapropriadas com base em uma medida nacionalista, típica do período de guerra, na qual o Governo Vargas exigia que "todo estrangeiro que tivesse bens imóveis no Brasil se naturalizasse brasileiro" (MORAIS, 1998, p. 73) e assim, a Brazil Land iria se transformar em Brasilândia.

Mais tarde, com a constituição da Comissão do Vale do São Francisco (CVSF), em 1948, os 470.448 hectares, que pertenciam àquela empresa, foram entregues a esse órgão federal com vistas à criação da Colônia Agrícola de Paracatu (CAP). Só em 1952, os funcionários da CVSF tomaram posse da terra em nome do governo federal para iniciar uma experiência pioneira de colonização no Vale do São Francisco (MORAES, 1998). As dificuldades de se instalar um projeto desse tipo em uma região ainda mal servida de transportes eram grandes e o estudo sobre o Médio São Francisco, feito para aquele órgão, em 1957, considerava que "seria prematuro opinar sôbre a colônia de Paracatu, da própria C.V.S.F., onde ainda não se delinearam as tendências dos adquirentes de terras" (ENGENHEIROS E ECONOMISTAS CONSULTORES, 1957, p. 127).

Os colonos deste projeto, na verdade, em sua grande maioria, não eram trabalhadores rurais sem-terra da região, mas pessoas vindas de outras partes do estado,

---

[7] Um dos marcos da perda dessa hegemonia é a transferência do cartório de Caatinga para Brasilândia: "[Naquele tempo, o povo aqui em volta vinha muito na Caatinga?] Vinha, tudo era aqui. Tirar documento, todo mundo vinha era aqui. [...] Aqui era cartório... [...] Depois, foi fraqueando, tiraram o cartório. [O cartório daqui foi para onde?] Foi pra lá, Brasilândia, a política brava tirou o cartório daqui. [Aí o movimento foi saindo daqui e foi indo para lá?] É. [...] [O comércio também foi indo pra lá?] Os comércio também... comércio veio... colocando comércio lá e... comércio foi tudo pra lá" (Erasmo – Noroeste). Uma reação a esse fato foi, recentemente, a votação maciça dos eleitores da Caatinga contra a emancipação de Brasilândia, permanecendo vinculada ao município de João Pinheiro, apesar de estar muito mais próxima daquela cidade.

[8] Alguns ainda se lembram da antiga sede da fazenda e são a memória viva das transformações que ali se processaram: "Essa Brasilândia aqui, eu conheci ela só com umas três casa. Tinha a casa desnatadeira, a casa do chefe, tinha uma casa... tinha umas três casa" (Agenor – Noroeste).

algumas até abastadas, pois a "vastíssima fazenda da ex-Brazil Land foi dividida em grandes glebas, lotes de muitos hectares [...]" (MORAIS, 1998, p. 97). As terras da Colônia vinham até nas proximidades da Caatinga e envolviam boa parte da outra comunidade pesquisada, o Cercado:

> O Cercado dividia a Colônia com as fazendas antiga [Do lado esquerdo do Cercado é a Colônia?] Sim, e direito é fazenda quase na barra do Cercado, que aí tem alguns lotes ainda. Antigamente, quando era bem divido, acho que não daria nem uns dez lote, seria uns quatro beirando ele, depois alguns que já margeavam mesmo o Rio Paracatu.[...] Na época, o lote era lote grande, lote de 150... aí tinha lote até de 300 hectares, seriam fazendas em tamanho... 200 hectare... (Tião – Noroeste)

Alguns colonos vieram de avião: "Trouxeram alguns contos de réis. A vista do dinheiro lhes foram cedidos bons lotes [...]" (MORAIS, 1998, p. 101). No entanto, a maioria chegava com dificuldade, mais tarde, chegaram agricultores atingidos pela barragem de Três Marias, todos trazendo a esperança de uma vida melhor em uma nova terra, surpreendendo os moradores da região:

> [O senhor lembra quando começou esse movimento aqui, quando foi criada a Colônia?] Eu lembro, só que eu não compreendia muito o que que era esse negócio de... eu via o povo tava só indo, mas que eu lembro... eu lembro demais. Eu que atravessava o pessoal lá, lá em casa nós tinha o rio Caatinga, né, eles travessava era lá. [...] E vindo gente, direto.[...] Vinha do Paineira, de... como é que chama? São Gonçalo do Abaeté, de Biquinhas, de tanto lugar, você precisa de ver. [Vinha muita gente?] Vinha, mas veio foi muitos. [E vinha de que, de caminhão?] Não, é carro de boi.. [...] Vinha a família, pousava lá em casa, de lá pousava aqui, daqui travessava o rio. [...] Vinha muitos de uma vez, assim, dois, três carro de uma vez. [...] Eles vinha, tirava o lote, ia lá e já vinha pra mudar, já vinha mudando. [...] [E era gente pobre?] Ah, é, gente que tinha terra pra lá, um bocado a água... foi na época de Três Maria, né, a água invadiu; outros ficou sabendo, e de certo, que não tava bem lá, vendeu, veio embora pra cá, né. (Erasmo – Noroeste)

Muitos moradores da região, alguns vivendo como agregados nas fazendas próximas, não foram, no entanto, beneficiados com um lote, talvez porque não fossem o tipo de colono "ideal" para o projeto, mas certamente porque eram desestimulados pelos fazendeiros, que não queriam perder sua mão-de-obra:

> [O senhor não sabia o que que era?] Eu sabia que era, tinha essa colônia, mas eu não compreendia, não sabia como é que era. Eu dei o nome lá pra tirar terra, também, mas não veio... não veio chamada pra mim. Eu fiquei esperando vim chamada, não veio. E fiquei sem, todo mundo tirou e eu fiquei sem. [...] [Do povo que morava aqui o senhor conheceu alguém que pegou lote lá?] [...] Muitos tirou, muitos tirou... Esses aí do Cercado mesmo, muitos aí tirou essa terra de lá... [...][O que que o povo falava nessa época quando chegou a Colônia?]

> Eles ficava assim, sem raiva, fazendo medo, não, muita gente tinha medo. [Tinha medo por que?] Não sei, não vai, fica trabalhando aqui. O trem tava bom, tinha gado, tinha tudo e a gente ficava com bestagem, não pulava de riba, não.[...] Achava que era uma coisa que ia vim dividir... não sei, não, não sabia que era pra trabalhar, pra... que se fosse hoje que esse povo... não sei... muita gente não foi aqui por causa de burragem... burragem mesmo. Nós era bobo... É... (Erasmo – Noroeste)

Se muitos trabalhadores rurais da região não se inscreveram, os fazendeiros, no entanto, procuraram conseguir o seu lote, algumas vezes usando dos seus próprios agregados para obter mais de um, vendendo logo a seguir a terra:

> Aí foi assim: eles foi tirando e vendendo, né. Aí teve muita gente que não comemorou um ano no lote, ganhou o lote, foi vendendo. [Na época que eles estavam tirando esses lotes para o povo aí, o senhor não interessou, não?] Eu interessava... interessei, mas não pude, porque eu tinha passado... esse homem tinha passado um lote dele no meu nome. Aí, quando foi pra mim tirar, eu não pude tirar, que eu já tava com esse do... desse homem no meu nome. [...] [O senhor deu o nome para ele apanhar o lote?] Dei o nome pra ele, dei o nome pra ele. [Por que ele apanhou dois?] Ele apanhou dois. [...] Nessa época, a gente não passava... um sozinho não tirava dois, a administração aí, não aceitava. Passou um com o nome dele, outro com o nome meu. Aí eu fiquei aí... [...]. Aí eu trabalhei com ele 24 ano. Aí ele deu de ir embora pra Brasília, vender tudo aí, aí comprei um pedaço do lado de cá. [...] [O senhor trabalhava com ele à meia?] Nada! Nem acertar a conta, ele não acertava! (risada) Ele me dava sorte do gado, em bezerro, né. [Como é que era isso?] Era de dez, um.[9] [...] Aí ele vendeu tudo e eu comprei esse terreno lá, mas muito, muito ruim d'água, lugarzinho bom, mas ruim d'água. Foi preciso de eu comprar motor pra puxar água, jogar pra casa. [...] (Agenor – Noroeste)

A CAP pretendia "servir de modelo para todos os criadores da região", introduzindo melhorias técnicas através de reprodutores, como cavalos Percherons, jumentos espanhóis e tourinhos holandeses destinados ao "cruzamento com fêmeas pertencentes aos colonos e à própria CAP" (ENGENHEIROS E ECONOMISTAS CONSULTORES, 1957, p. 48). O gado da Brazil Land foi repartido entre os colonos: "Além da terra que era quase só cultura, recebiam às vezes 20, às vezes 24 novilhas, 1 touro, bois de amansar para carro ou arado, com 20 anos de prazo para pagar, quando recebiam título de 'donos da terra'" (MORAIS, 1998, p. 97). Para muitos fazendeiros e comerciantes da região a terra não tinha muito valor, mas a venda desse gado recebido pelos colonos poderia resultar em lucro imediato. Ao abandonarem as terras, permitiram, dessa forma, que um ou outro trabalhador rural da região conseguisse ficar com um lote:

---

[9] Nota-se que esse sistema havia piorado muito para os vaqueiros, pois, como foi visto no Capítulo 5 do Volume I, antes era uma cabeça para cada quatro nascidas sob seus cuidados.

O povo da região mesmo, não foi, falou que era comunismo, aquela coisa toda. Tem muito fazendeiro que tirou, punha no nome do vaqueiro. Os pobre mesmo da região, a maioria não pegou, não. [...] Nós já conseguimo, porque meu pai foi ser vaqueiro lá na fazenda que eu moro. Aí um por nome Pedro Ferrão, morava aqui, não sei se era farmacêutico, não quis a terra, depois que pegou esses trem o gado, essas coisa de valor, o terreno ele largou. O meu pai já tava lá, ele conseguiu ficar. [...] Acho que era 22 cabeça de gado que a Colônia dava, sem falar, que tinha gado demais, esses cara esperto que veio, tá rico aí hoje, metia a mão, roubando gado. [...] Mas a minha família podia tá todo mundo rico aí, morava aqui perto, poderia ter ido no início, pegado as terras melhor, esse tanto de gado... dava gado, não sei quantos cavalo, dava até o martelo pra fazer a cerca, o grampo, naquela época não dava dinheiro, igual é hoje essas coisa, dava era isso. [...] Naquela época, chovia pra daná, o cara pegava um lote, bom, 20 cabeça de gado, um pouco de arame lá, porco e tudo, era... [...] Não precisava fazer pasto, essas coisa, o trem era nativo, pasto já tinha, roça era pra comer, dava com fartura, também, só não ficou rico quem não quis mesmo. (Tião – Noroeste)

É interessante notar como em uma região de alta concentração fundiária até as experiências como essa não beneficiam a população local sem-terra. De todas as áreas pesquisadas, foi na do Noroeste de Minas onde mais entrevistas foram realizadas com vaqueiros, agregados e outros segmentos de não-proprietários. Aí as histórias de vida narram as relações com os fazendeiros e uma trajetória vinculada ora a longos períodos de convivência com o mesmo patrão, ora as mudanças por várias fazendas. A modernização da agropecuária, principalmente, a partir dos anos 1970, contribuiu para excluir essa população das grandes propriedades em direção aos povoados e cidades da região, engrossando hoje um dos mais fortes movimentos de ocupações e de luta pela terra do estado. Nesses vários aspectos essa região se aproxima muito da realidade encontrada na quarta e última área pesquisada: o Triângulo Mineiro.

- **Triângulo Mineiro: Comunidades de Laginha e Brejãozinho (Município de Monte Carmelo)**

Localização:

As comunidades vizinhas de Laginha e Brejãozinho estão situadas próximas à cidade de Monte Carmelo, o que permite aos seus moradores irem até lá a pé, ou em menos de 30 minutos de carro, pois são servidas de estradas de bom tráfego.

Entrevistados:

Comunidade da Laginha

- José Diniz de Oliveira (Zé Diniz): 70 anos (fotos p. 299, 303, 309 e 316)

- Pedro Diniz Sobrinho – ex-presidente do Sindicato de Trabalhadores Rurais de Monte Carmelo e filho do Zé Diniz

- José Evangelista (Zé Coletinha) – primo de Zé Diniz e sogro de Pedro (fotos p. 299 e 309)

- José Eustáquio Rodrigues – genro José Diniz (foto p. 315)

Comunidade do Brejãozinho
- Aurora Rosa Rocha
- José Mário – seu esposo
- João dos Reis da Silva (foto p. 303)
- Maria Rosa de Jesus (tia do João dos Reis da Silva) (foto p. 303)

Monte Carmelo
- Antônio Rosendo de Oliveira: 95 anos – antigo morador da Laginha
- Alberto Nogueira, natural de Formiga/MG – trabalhou na construção de ferrovias na região entre 1933 e 1939
- Iermack Silivich – professor e pesquisador da história de Monte Carmelo
- Vasco Mundinho da Costa: 90 anos – membro de uma das mais tradicionais famílias de Monte Carmelo
- Osmar – presidente do Sindicato de Trabalhadores Rurais de Monte Carmelo
- Antonio Rosendo Pereira – feirante em Monte Carmelo

História:

Eschwege, em sua viagem ao Triângulo Mineiro, em 1816, com o encargo de estabelecer os limites entre Minas e Goiás, depois de passar pelo arraial do Patrocínio, formado, então, por cerca de 20 casebres, relata a sua passagem por uma das fazendas da região:

> Alcançamos a fazenda de Monte Carmelo às 6 horas. Ela pertencera outrora a uma velha senhora, que a legara a Nossa Senhora do Carmo, em cuja homenagem se erigira uma capela.
>
> Nessa fazenda, de poucos casebres, morava um cirurgião, ou passava a sê-lo pela simples razão de possuir alguns livros de medicina e alguns remédios. (ESCHWEGE, 1996, p. 115)

Certamente, tratava-se da fazendeira Clara Chaves que doou o primeiro terreno, na extensão de uma légua, àquela santa e "nesta área, começaram a ser erguidas as primeiras construções que deram origem ao povoado." (FERREIRA, 1959, p. 129). Na memória dos entrevistados, também ficou gravada essa origem para a cidade, embora o nome da fazenda fosse outro e esta se estenderia até a área de algumas das comunidades pesquisadas:

> O pai falava que Monte Carmelo foi ela que adoou a terra da cidade. [...] Aí fizeram o patrimônio, já tá, né... você vê quantos anos faz isso, viu gente. [...] Eu já vi falar no nome dela parece que eles deu uma mudançazinha, que é muito falada essa criatura, viu, muito falada. Essa terra foi dela, acho... eu não sei bem, que é por isso que chama Fazenda Lambari, essa terra. Que o Lambari é grande

demais. [...] por exemplo, as minhas terra aqui é Capão do Gato, sabe aqui...
Lajinha, mas lá no cartório não tem... pode falar Lajinha, mas Fazenda Lambari.
[Aqui tudo era Fazenda Lambari?] Fazenda Lambari, tudo, tudo.[...] Isso é
antigo, é antigo. (Zé Diniz – Triângulo)

O povoamento da região só viria a crescer, em 1840, com a descoberta dos
garimpos de diamantes na Bagagem, atual Estrela do Sul e Água Suja, hoje Romaria.
A região atraiu diversos emigrantes de São João d'El-Rei, de Tamanduá (hoje Itapeci-
rica) e de outros pontos da Província "em procura daqueles afamados garimpos,
attendendo ao clima amenissimo e á boa água, aqui deixaram sua famílias e foram
procurar garimpos que, ficam a poucos kilometros distantes. Data dahi a fundação
desta localidade (antigo Arraial do Carmo da Bagagem)" (CAPRI, 1916, p. 285).

Monte Carmelo só se tornaria paróquia em 1870, e município em 1882, separan-
do-se de Bagagem, cujo território também englobou a paróquia de Santana da Aldeia
da Barra do Rio das Velhas. Neste aldeamento, como foi visto no Capítulo 3 do Volume
I, foram assentados os Bororo e Xakriabá, trazidos para combater os Kayapó e permitir o trânsito entre São Paulo e Goiás. A presença indígena deixou marcas na região,
como relatou em sua entrevista o professor Iermack Silivich de Monte Carmelo:

> Os kayapós eram daqui, eu achei muita coisa deles aí. [...] Achei machado,
> potes, esqueletos dentro do potes. [...] Não tem mais nada, eu trouxe ali para
> o Colégio, os meninos estragaram tudo. Deixei lá para poder ensinar e eu saí,
> eles acabaram com tudo. (Iermack Silivich – Triângulo)

Também nas lembranças da infância de um dos entrevistados pode-se resgatar
a convivência com índios remanescentes na região e as representações em torno das
diferenças culturais, embora não tão marcadas como no passado:

> Os índio, os bugre, nós via falar em bugre, bugre, bugre... Nós tava junto com
> eles ali, ó... eles junto com nós, não sabia... nós não sabia o que que era bugre!
> [...] Eles vivia morando nos campestre, né. [...] Eles morando com nós, nós não
> sabia, daí que fiquei sabendo que era bugre.[...] O bugre é uma família parada,
> não importava com nada e comia sem sal, vivia matando bicho pra comer... é.
> Fazia panela, fazia aqueles forno... tem uma certidão deles, fazia panela de
> barro pra cozinhar os trem. E os bugre, punha eles no serviço, eles não parava.
> Tudo bom de serviço, mas não interessava no ganho. É só café e comer na hora,
> mais não sabia de nada. [...] Eles moravam nos rancho, na beira dos córrego.[...]
> Eles era os terno, assim de quatro, cinco, num lugar, noutro. Se chamasse eles
> pra trabalhar, eles vinha, não parava, bom de serviço, mas dava de comer eles,
> eles guardava a colher no bolso, que comia com pá, pá feita de... pá feita de pau.
> [...] [Eles trabalhavam fazendo o que?] Uai, era serviço de roça.[...] Qualquer
> serviço... [...]. [Pagavam eles com dinheiro ou com comida?] Com mil réis, é...
> quando eles queriam o dinheiro, quando eles queriam uma trama, levava banha
> do porco, levava arroz, outra coisa, é. [Eles não plantavam, não?] Não, não.[...]
> Nada, eles não importava com nada.[...] Eles queria esse no dia. Pito e cachaça!

[Fumavam muito?] É, cachimbo. [...] Feito de barro. [...] Eles gostava é disso. [...] E uma pinga e café, mais eles não importava... trabalhava, se deixasse, ficava. [...] Eles vivia comendo carne de bicho, né. [Que bicho que eles comiam?] Era o que achasse. Tatu, era tamanduá, é de tudo, comia carne sem sal, é... Um povo sem responsabilidade! É...[...] [Esse tempo que o senhor conheceu esses bugres, o senhor era menino, era rapaz?] Era menino. [Menino de uns dez anos, essa base?] É, é [...] Daí, eles foi morrendo, foi cabando, é... [...] Cabou os bugre. Um povo sem responsabilidade! [...]. [Eles tinha a terra deles mesmo?] Não, não... eles vivia de qualqu... [Nos campos?] É, de qualquer maneira, não importava de comprar nada, vivia com a roupa do corpo. [...] É roupa de algodão, feita na roça. [...] Eles mesmo que fazia, é... [...] Ficava, pra aqui, pra acolá, eles não tinha responsabilidade nenhuma! [Aonde mais que tinha esses bugres por aqui?] Uai, era aqui, junto com nós, aqui, na Tijuca, na beira do Rio das Perdizes. Daí, um bocado foi mudando, foi lá pro Bró, foi até acabar... [...] Lá pro Bró, na beira dos Dourados, foi até acabar, foi morrendo, aquele povo... é... [...] Eles trabalhava pra nós tudo lá, prá todo mundo, pros vizinho... Mas não tinha assunto, nós não tinha assunto. [...] Não, conversava, perguntava eles, as coisa, eles não tinha assunto, como nós aqui, não. [Eles falavam outra língua?] Não, é a nossa, mesmo. [Nem entre eles, conversando um com o outro eles falavam a mesma língua?] É, a mesma língua, a mesma língua. [Eles eram católicos?] Ah, naquela época, eles não importava com isso, não. Ninguém... não importava com religião nenhuma. Era selvagem de tudo! É... [...] Morava nos campestre, nos campestre [...] Campestre é a cultura por roda e campo naquele meio, ali eles moravam.[...] Os bugre matava era tatu, é tamanduá, é... eles não passava sem carne, porque tinha muito bicho. (Antônio Rosendo – Triângulo)

O depoimento é rico de percepções sobre a noção do "outro", do bugre, "um povo sem responsabilidade", não porque não trabalhasse com afinco, pois "punha eles no serviço, eles não parava", "tudo bom de serviço". A sua irresponsabilidade estava no seu modo de vida; "de qualquer maneira, não importava de comprar nada, vivia com a roupa do corpo"; "não plantava"; "não interessava no ganho"; "não importava com nada e comia sem sal, vivia matando bicho pra comer". Em resumo, a sua irresponsabilidade está associada à imprevidência de um povo que vivia sem se preocupar em acumular: "é só café e comer na hora, mais não sabia de nada". Apesar da proximidade ("eles morando com nós, nós não sabia") e de uma certa integração, principalmente, através do trabalho e das trocas, com a chamada "sociedade envolvente", mantinham um modo de vida próprio, que os diferenciava e quando se ia "entrando em contato", se descobria.

É interessante lembrar o que foi dito no Capítulo 3 do Volume I, na carta, escrita em 1833, por Inácio Ferreira de Meireles, juiz de paz do Distrito de Dores do Campo Formoso, na qual descreve um grupo Kayapó como "não inteiramente indomitos para os fazer recolher nas selvas, nem totalmente domesticados, como são os que aldeiados se acham em Santana, Santa Maria e São José". Mantinham, assim, muito de sua cultura, pois viviam "aldeiados sim, mas na forma de seus costumes, entrando todos os anos pelas povoações a passeiar, a buscar ferramentas novas e concertando as velhas e surtirem-se de algumas roupas". Quando não conseguiram mais receber essas benesses, "voluntariamente foram para a roça, os homens quebrando milho e as mulheres ajuntando, o que resulta o rendimento de dois carros por dia; com interesse de eu mandar concertar as ferramentas [...]" (COSTA, 1941, p. 64-65).

Quase cem anos depois, ainda haviam, no Triângulo Mineiro, grupos indígenas que se ofereciam como mão-de-obra nas fazendas, mantendo, no entanto, parte do seu modo de vida tradicional. Essa perpetuação era possibilitada pela ocupação de áreas não apropriadas pelas cidades ou fazendas: "Morava nos campestre"; "eles vivia ali, naqueles subúrbio". Esses ambientes, embora não fossem favoráveis à agricultura, como se verá adiante, permitiam o uso de recursos naturais para a confecção de moradias, ("capim rancado no cerrado[10], tinha as moita, sapé, fazia o rancho") e para obtenção de alimentos como frutas nativas e caça. Esse modo de vida próximo do mundo natural e o fato de que eles "não importava[m] com religião nenhuma" é que os tornava "selvagem de tudo!".

Essa vinculação do índio com o "selvagem", com o "indômito" é muito presente na cultura sertaneja: na região de Monte Carmelo, como em outras partes do Sertão, muitas pessoas se referem a sua remota origem indígena. Invariavelmente, repetem uma expressão que indica a forma como são vistos esses antepassados e a sua integração no "mundo civilizado": "Essa história de índio... não... quer dizer, deve que tinha, porque tem umas pessoa aqui que fala: ó, *minha avó foi pegada a laço*, não sei o que..." (Zé Diniz – Triângulo).

Essa percepção, embora mais viva no que se refere ao índio, não lhe é exclusiva, pois pode ser observada em relação a outros grupos sociais que, igualmente, se mantiveram distantes do modo de vida considerado aceito na cultura sertaneja. "Viver no mato" aproxima as pessoas da condição de "bicho", ao mesmo tempo, o fato marca a memória coletiva por longos períodos, como pude ver em vários depoimentos sobre os lugares em que viviam:

> Capão do Negro: no tempo da escravidão, escondeu um negro aqui e tinha os patrão, né, patrão, que, às vezes, era ruim demais, o negro ficou com medo de apanhar muito, foi e escondeu nesse capão, aqui. Depois, acabou a escravidão, ele ficou morando aí no capão, depois, o povo foi e descobriu que o negro morava aqui, foi pegar ele, mas foi um trabalho danado! Ele tava igual uma onça, pegou no laço, igual laça uma criação. (Zé Coletinha – Triângulo)

A escravidão é parte da memória coletiva também nessa região, embora nos seus últimos anos não fosse expressiva a sua importância no conjunto da população.

---

[10] O Cerrado escrito com letra maiúscula designa o bioma, porém, com letra minúscula, se refere a uma paisagem específica aí inserida, marcada por características que serão analisadas no Capítulo 2.

O número de cativos representava, em 1876, 11% dos 27 mil habitantes do município de Bagagem (Silva, 1997), ao qual pertencia, então, o Distrito de Nossa Senhora do Carmo da Bagagem, que possuía apenas 508 escravos (Rapm, 1979). É possível que, apesar do investimento representado por cada escravo, a Abolição não tenha se constituindo em um abalo mais significativo para a economia regional, mas, certamente, jogou ao abandono os libertos. O depoimento do mesmo entrevistado, discutido acima, revela, em relação a estes, muito mais simpatia e proximidade do que com os "bugres":

> [Ele tinha escravo?] [...] Meu bisavô tinha. Meu bisavô tinha quatro: João Camilo, Pedro Crioulo, Antônio Zé e Gilmana. Sabe quanto valia um escravo? De primeira? Quatrocento réis. O escravo de primeira. O senhor sabe o que é isso? Quatrocento réis. [...] Os escravo, eles foi liberto... quando eles foi liberto, eles saiu pro mundo, sem nada! Saiu pro mundo! Agora, nós gostava deles, eles era bom! João Camilo foi fazer cinza pra vender a mil réis, a quarta, pra poder comprar trem, o tal de João Camilo... O Pedro Crioulo sofria da vista, ficou andando pra baixo pra riba, ficou junto com nós. [Ele fazia cinza como é que é isso?] Uai, pra fazer dicoada pra fazer sabão, é, o tal João Camilo. [Fazia o sabão de que?] Fazia o sabão de manteiga de porco, era de porco. [...] Agora, uma coisa que eu não perguntei, se o meu bisavô bateu neles, acho que não. Porque tinha senhor mau! Batia até... o escravo perder a vista! (Antônio Rosendo – Triângulo)

As opções de sobrevivência devem ter sido pequenas para aqueles libertos em uma região onde a economia era, sobretudo, rural, limitando suas possibilidades de trabalho a oferta dos fazendeiros, muitos deles seus ex-senhores ou seus vizinhos. No início do século XX, a cidade de Monte Carmelo possuía apenas 1.200 habitantes, representando 4,8% do total do município, cuja população se distribuía por vastos espaços, com oito pessoas por quilômetro quadrado. A vida urbana e o comércio não eram expressivos, e mesmo as cidades maiores da região eram muito distantes e pouco acessíveis:

> [Naquele tempo a cidade maior que tinha aqui era Uberaba, o comércio mais forte era lá?] Era, era no Uberaba. [...] Monte Carmelo era pequeno. [Não tinha muito comércio, não?] Não, ó, ovos... nós, quando virou a vender ovos, a duzento réis a dúzia, não tinha comprador. O frango, quatrocento réis, mas não tinha comprador. Feijão não vendia. [...] O milho era... os carro cheio de milho por sessenta mil réis, é... [E vendia bem?] Não, algum comprava, mais todo mundo enchia os paiol, ia engordar porco. [...] Aí vendia o capado. [...] Nem Uberaba, nós tinha que ir de a pé, quem era? Não tinha condução. (Antônio Rosendo – Triângulo)

Monte Carmelo, porém, sofreu as influências progressistas do Triângulo Mineiro e, já no início do século XX, recebeu melhorias urbanas que outras cidades sertanejas só mais tarde conheceriam. Nesse particular, é destacada a administração do Coronel Olímpio Rocha, presidente e agente executivo da Câmara Municipal, figura típica do mandonismo local da Primeira República:

> Foi o primeiro prefeito quando aqui emancipou. Ele é que trouxe a luz, fez uma usina aqui no rio, ele é que trouxe a luz. Era carborete. [...] Um pau assim, punha a tocha e ligava com carborete. Nalgum lugar a cidade era escura, daí o Olímpio Rocha é que trouxe a luz. (Antônio Rosendo – Triângulo)

> Esse homem era homem progressista, botou força e luz aí, telefone, mas era meio inacessível... (Ele mandava, era coronel). (Vasco Mundinho e Iermack – Triângulo)

> Ele era brabo, né, diz que era, o povo falava. (Zé Diniz – Triângulo)

Os trilhos da Companhia Estrada de Ferro Oeste de Minas alcançaram Patrocínio, em 1918, mas só nos ano 1930 avançaram para chegar em Monte Carmelo, daí se interligando com Goiás. Um dos entrevistados aponta detalhes sobre a construção da ferrovia e os seus impactos em termos de consumo de madeira e destruição das matas da região:

> Eu vim de Formiga pra Patrocínio, fiquei lá no Patrocínio tirando madeira pra o avançamento da ferrovia até 37, 37, mudaram o escritório da construção pra aqui, eu mudei junto com o escritório. [...] Ali em Patrocínio, tinha ali um depósito. [...] Ali, tinha ali, mais ou menos, de 80 a 100 mil dormente, que era pra aplicar na construção, eu que entalhei tudo. [...] Com a enxó e trado pra furar os buracos. [...] Uma enxó grande, de cabo grande, que eu trabalhava em pé. [...] [Qual que eram as madeiras que usavam para fazer...?] O avançamento não tinha qualidade, é o que dava grossura. [...] [E achava muita madeira?] Muita, muita... não tinha qualidade, era qualquer madeira. Agora, depois da ferrovia construída, era madeira classificada, né, tinha as madeiras de primeira, as madeiras de segunda e a de terceira. [...] Ipê, jacarandá, bálsamo, pequi, que ninguém dá valor nele, era a mais preferida, ninguém dá valor no pequi... sucupira-amarela, sucupira-preta, viu, tudo isso era enquadrado na primeira e pereira. [...] De segunda vinha o tambu, vinha a peroba... o jatobá nem classificação não tinha, é o pau preferido hoje pra por nas casas aqui, no madeiramento, é o jatobá, nem classificação, na ferrovia, não tinha. [...] Tinha imensidade de madeira de segunda: o gonçalves, a peroba, o tambu, o pau-terra, tudo era na segunda. [...] Tinha muita madeira. [...] Esse chapadão era tudo cerrado, cerradão de pau-terra. [...] Tinha os capões de mata, toda cabeceira, geralmente, dava um capão de mata, muito rico de madeira. [...] Tinha hora que você pegava um capão de mata aí de quatro, cinco alqueire, ali dava madeira à revelia. [...] Nós tirava ela e serrava na mão. [...] Ia lá no mato derrubar o pau, meter o machado, lavrava, arrumar ele, arrumadinho. [...] De lá vinha, punha na beira da ferrovia, naquele tempo, tinha só o leito, não tinha trilho ainda, punha na beira da ferrovia, aí vinha o recebedor de madeira da ferrovia receber a madeira. [...] Nós serrava muito, nós com esses trinta homens, nós serrava uma média de 8, 10 mil dormentes, todo mês. [...] Eu sei de árvore aqui na beira do Quebra Anzol, o senhor talvez não acredita, o senhor podia... cada metro que o senhor

media nela dava dois metro cúbico de madeira. Serrei muita árvore aí, que o senhor podia... depois do pau deitado, o senhor podia medir dois metro, assim, e dois, assim. Não foi uma árvore nem duas, não. [...] O senhor podia observar aonde tivesse um capão de mata bonito, podia observar que tinha água ali dentro. (Alberto Nogueira – Triângulo)

O avanço das ferrovias e da agropecuária foi mais expressivo nessa área e em toda a região do Triângulo do que nas outras três, resultando, como se verá adiante, em maiores impactos para o meio ambiente. Visitando algumas comunidades de Monte Carmelo e percorrendo a região, nota-se muito poucos remanescentes da vegetação nativa e vários espaços modificados para o plantio de lavouras ou pastos. Nesse sentido, a comunidade de Laginha é uma espécie de "oásis", com algumas poucas áreas com cobertura florestal e com a presença de agricultores familiares em meio ao um "deserto" de grandes propriedades e monocultura de café, maracujá, capim, etc. Nesse sentido, essa e outras comunidades ali pesquisadas, apesar das diferenças regionais, se aproximam daquelas investigadas em outras áreas e, ao se analisar cada um dos diferentes aspectos de suas relações tradicionais com o Cerrado, se encontrou vários pontos em comum, conforme se procurará demonstrar a seguir.

Capítulo 2

Assim na terra como no céu

A Pesquisa de Campo, ao se propor a investigar os usos, manejos, conhecimentos e representações simbólicas das pessoas e das comunidades do Cerrado Mineiro analisadas, deparou-se com um universo amplo e rico de questões e de interrelações, muitas delas não originalmente previstas, ou, pelo menos, subdimensionadas. Nesse sentido, alguns temas foram surgindo no decorrer do processo e sendo incorporados e melhor trabalhados em etapas seguintes e/ou em outras regiões. É claro que esse tipo de procedimento possui limites e, em determinados casos, foi preciso se sujeitar a eles, não sendo possível avançar mais, deixando-se, no entanto, questões para serem abertas em estudos futuros, não só meus, como de outros pesquisadores.

Perdeu-se, assim, algumas vezes, em profundidade de abordagem de vários aspectos, mas, por outro lado, há um ganho importante de se tentar manter um dos pontos fundamentais dos usos, manejos, conhecimentos e representações simbólicas de populações tradicionais: a sua característica holística. Só assim se pode explicar por que um estudo sobre as relações atuais entre comunidades indígenas e camponesas e o Cerrado Mineiro iniciem como uma discussão sobre astronomia popular, ou etnoastronomia, ou até, se preferirem algo mais específico, sobre "agro-astronomia", principalmente, por ser este um campo ainda pouco explorado, mesmo no conjunto das etnociências (TOLEDO, 1995).

Havia, inicialmente, uma pequena preocupação com a questão relacionada à discussão de como era percebida a influência dos astros sobre mudanças climáticas no ciclo anual, mais especificamente, a identificação de "sinais de chuva" no céu. No entanto, ao longo das entrevistas, muitas vezes, surgiram, espontaneamente, questões que forçaram-me a elevar os olhos acima da linha do horizonte. Desta maneira, passei a voltar minha atenção também para onde apontavam meus informantes e a perceber que, para eles, o que se passa no cosmos interfere aqui no nosso "mundo sublunar", se integrando num mesmo universo de relações complexas. Ainda que de forma precária, tive de me dedicar à questão, aceitando o alerta que Victor Toledo apontava em seu texto tantas vezes, empregado aqui como uma referência na etnoecologia:

> En pleno contraste con el sistema occidental de conocimiento ecológico, los saberes campesinos de numerosos grupos culturales integran la observación e interpretación del cielo a su praxis productiva. Para darle significado simbólico y práctico a los cielos, estos grupos sociales consideran tanto su cinemática (sus movimientos) como su dinámica (sus interrelaciones) [...]. De esta forma el tránsito del sol, la luna, las estrellas, los planetas y las constelaciones, es registrado de manera detallada por los observadores campesinos y correlacionado con eventos de tipo climático, agronómico, biológico, productivo y ritual. (TOLEDO, 1995, p. 80)

É instigante notar que, talvez pela minha pouca atenção, as estrelas nunca surgiram, nas várias horas de entrevistas e conversas, com diferentes pessoas nas quatro regiões, como um tema de interesse[1]. Em uma das poucas vezes que insisti no assunto, recebi respostas vagas, não me animando a persistir por esse caminho:

> [Você olhava o céu?] É, olhava muito. [Viajando?] É, viajando, a gente olhava muito. Mas hoje, a gente já perdeu mais... assim, tem que... tinha um povo mais velho, também que informava a gente, explicava tudo. [Eles conheciam as estrelas tudo?] Conhecia tudo... [Davam o nome?] É, dava o nome. A cova de Adão, ali é a cova de Maria, ali é.. o cruzeiro... ia explicando as coisa tudo pra gente, né, as coisa era mais fácil da gente entender. Hoje, a gente, também, não teve mais contato com esse povo mais velho, que ficou difícil, não tem tempo... [...] [Quais as que eram mais faladas?] Estrela-d'alva... cruzeiro, sete-estrela, [...] A estrela-d'alva, porque a boca da noite, ela já tá ali, tá lá já entrando. Madrugada a gente vê que ela... ela aponta. (Rosalvo – Norte)

Se as referências às estrelas foram pouco expressivas, o mesmo não se pode dizer da lua, constantemente mencionada, especialmente pela sua influência em vários aspectos da vida dos entrevistados. Vários deles, nas quatro regiões pesquisadas, usaram a mesma expressão para retratar a sua importância: "a lua governa", seu poder sobre a terra e os homens só é inferior ao divino: "a lua regula tudo, abaixo de Deus, a lua manobra tudo, regula tudo, a lua" (Domício – Norte). Certamente, essa não é uma opinião unânime, mas mesmo aqueles que, por crenças religiosas, se mostraram céticos no que se refere a influências mágicas no cotidiano, discordaram dos que não acreditavam na sua interferência na terra: "eu tinha um tio, que dizendo ele, que a lua só servia pra alumiar... alumiar à noite. Mas, eu sou contra essas idéia. A lua, ela tem muita influência no globo terrestre" (Adão – Jequitinhonha).

Não se pode, no entanto, esquecer, especialmente entre os mais velhos, que estamos tratando com pessoas que nunca ou muito poucas oportunidades tiveram

---

[1] Na pesquisa já mencionada que participei na área atingida pela Barragem de Irapé, no Vale do Jequitinhonha, o tema também pouco apareceu nas entrevistas e conversas. Numa das tentativas de provocar o assunto recebi de José Ribeiro, um lavrador de 62 anos, residente na comunidade rural de Mandacaru, no município de José Gonçalves de Minas, a seguinte resposta: "Eu conheço duas qualidade de estrela: a da manhã e do começo do escurecer. Duas estrela que eu conheço certo mesmo..."

de freqüentar os bancos escolares. Assim, não se deve pensar que a Lua vista pelos sertanejos seja o mesmo satélite que a ciência descreve como circulando em volta da Terra e, juntamente com essa, também em torno do Sol, pois os astros e seus movimentos, assim como todo o universo, são vistos por eles de outra forma:

> A lua... agora, pouco tempo, chegou um moço aí, que criou lá em São Paulo e tal, ativo, falou comigo: ó, Seu Zé, lá na lua, já tem muita gente, tem um terreno... fazendo terreno pra plantar... Eu falei: ô, rapaz, o senhor vai desculpar, o senhor é um homem antigo, compreendido, você não tá vendo que não tem isso? O que Deus deixou pra nós saber, nós sabe, o que Deus deixou pra nós não saber, nós não sabe. (risada) Você não vê que a terra... a lua nasce dali e entra de cá, quando ela entra, entra de lá outra vez. Esse movimento de terra, você não tá enxergando? É uma coisa que ele dizia, já fez muito aparelho pra verificar a lua, mas não pode, porque chega numa altura, diz que dá frio, dá... dá muita coisa, não tem jeito. O que Deus deixou pra nós compreender, nós compreende, o que não deixou, não tem jeito. O senhor não acha? Pois justamente. (José Cardoso – Jequitinhonha)

Entre os mistérios de Deus que a "lua governa", um dos mais significativos é a noção de tempo, se constituindo em uma descontinuidade do contínuo da existência humana. Além de ser parte, juntamente com o sol, da dualidade dia X noite, que funciona como uma espécie de ponteiro de segundos do relógio natural, ela é o próprio ponteiro médio, a registrar períodos regulares dentro do ciclo maior dos anos. É através dessa repetitiva passagem de uma fase a outra que ela, distante lá no céu, exerce sua força sobre o mundo cá na terra, determinando, aos humanos e a natureza em geral, o tempo certo de cada coisa.

Da mesma forma que os sertanejos não compartilham com os "homens da ciência" uma mesma visão do universo, também estes não atribuem ao poder lunar a mesma força que aqueles percebem sobre aspectos tão diversos, incluindo aí prática da agricultura. Uma publicação de largo alcance na difusão de tecnologias e novidades agrícolas para o grande público, o *Guia Rural Abril*, afirmava em 1986:

> Raros são os agrônomos que não assumem uma expressão de desprezo quando se fala numa possível influência da Lua e da posição das constelações sobre o desenvolvimento das plantas. Para a maior parte das pessoas de espírito científico, isso cheira a uma mistura de superstição com charlatanismo. No campo, porém, raro mesmo é encontrar um agricultor que não tenha o seu calendário agrícola balizado pelos astros e seguido escrupulosamente. As normas desses calendários variam de região para região, e algumas chegam a ser contraditórias. Mas, para sustentá-las ao longo de séculos, nunca faltaram testemunhos de experiências bem-sucedidas. (*Guia Rural Abril*, 1986, p. 9)

Tem havido, porém, muito interesse de se buscar explicações científicas para tais experiências, principalmente, entre os defensores da agricultura orgânica e, em particular entre aqueles ligados à biodinâmica. Em se falando em experiência, o mais velho entre os entrevistados da Pesquisa de Campo resumiu assim a influência da Lua sobre o plantio: "O que dá na terra, é plantado na lua minguante e o que dá fora da terra é plantado na lua nova" (Antônio Rosendo – Triângulo). Ou seja, quando o produto que se obtêm daquele cultivo é uma raiz, batata, bulbo, ou outras partes da planta que ficam enterradas, o plantio deve ser durante o quarto minguante. O exemplo mais típico desde caso é a mandioca, cujo plantio, nesta fase da lua, foi o mais recomendado por diferentes informantes de várias regiões, bem como foram avaliados os resultados negativos obtidos nas demais:

- **minguante:** "se quiser um mandiocal bom é plantado na minguante" (Zé Diniz – Triângulo; Adão – Jequitinhonha; Antônio Ferreira – Noroeste);
- **cheia:** "a manaíva cresce muito e a mandioca cria pequena" (Adão – Jequitinhonha);
- **nova:** "não presta, dá só pau" (Antônio Ferreira – Noroeste);
- **crescente:** "dá muita... a rama cresce muito, dá raiz, mas é pouca" (Antônio Ferreira – Noroeste).

No segundo caso, se o produto se constituir em partes áreas, como caule, folhas, flores e frutos, ele deve ser plantado na lua nova, como é o exemplo o arroz:

> Agora, o arroz tem que ser na nova, na nova que é bom. O arroz na nova, eu vou contar pra você, aí, é vantagem, tanto ele nasce igual e cacheia igual também. (Antônio Ferreira – Noroeste)
>
> O arroz, nós usa plantar na nova, porque o arroz da nova, ele solta bem o cacho, não fica resto dele misturado na palha, viu. Agora, o da minguante, ele solta o cacho a mesmo coisa, mas fica um pedacinho de cacho assim, dentro da palha, viu. (risada). (Zé Diniz – Triângulo)

Analisando os depoimentos colhidos percebe-se, em vários deles, uma certa confusão ao se referirem ao começo e o fim de cada uma das quatro fases da lua, sendo claro apenas as duas situações extremas: cheia e nova. Muitos nem se quer usam as expressões "crescente" ou "minguante", mas indicam somente que o período se dirige ou para um ou para outro daqueles extremos. O princípio básico é a identificação entre lua cheia como "forte" e auxiliando a "força dos alimentos" e a lua nova como "fraca", responsável por uma produção "fraca"; assim, à medida que a lua cresce, se fortalece, e, ao contrário, ao minguar, enfraquece:

> A lua fortalece... quando na força da lua cheia, ela fortalece mais qualquer movimento de planta. [...] Mas na força da lua nova, da lua nova... fica aquele trem de nova, ela já vai enfraquecer, é fraca, vai fortalecer quando dá a cheia outra vez. (José Cardoso – Jequitinhonha)
>
> A lua tando muito fraca, tando novinha, assim logo ela passa, vem dois... três dia, o mantimento que o senhor planta sai fraco, naquele intervalo daqueles dois dia ou três, ele nasce fraco. Da hora que a lua passa, ela vai pra aqui, de três

dia em diante, vai pro lado da cheia, todo mantimento que o senhor planta, vem reforçado, porque a lua ajuda (risada). (Benvindo – Norte)

Uma das explicações de base científica para a "força" da lua residiria na sua luminosidade, alcançando a sua intensidade máxima durante a cheia. Dessa forma, esse fator influiria de forma diferente "o que dá na terra" e "o que dá fora da terra" de acordo com a fase da lua em que são plantados esses cultivos.

Essa luminosidade, afirmam, embora menos intensa do que a solar, penetra mais fundo no solo e pode acelerar o processo de germinação das sementes.

Dentro dessa linha de argumento, as plantas que recebem mais luminosidade lunar na sua primeira fase de vida tendem a brotar rapidamente, desenvolvendo mais folhas e mais flores. Assim, elas podem realizar a fotossíntese com mais eficiência, gerando frutos melhores. É claro que a maior exposição à luminosidade lunar, durante a fase de germinação, acontece com plantas semeadas no quarto crescente, pois, logo em seguida, terão pelo menos quinze dias tendendo a cheia.

> Já as plantas semeadas no quarto minguante passam os primeiros quinze dias sob luminosidade lunar que tende a zero, e por isso atravessam um período vegetativo mais longo. Dessa forma, antes de brotar, fortalecem as raízes – e dão flores e frutos mais tardiamente. (*Guia Rural Abril*, 1986, p. 9)

Outra explicação para a influência da Lua sobre a agricultura está relacionada com a atração que este satélite exerce sobre os líquidos da Terra, como é cientificamente aceito no fenômeno do movimento das marés. "Mas muito pouco se estudou a possível ação lunar sobre a circulação da seiva nas plantas ou do sangue nos mamíferos" (*Guia Rural Abril*, 1986, p. 9). No entanto, um dos entrevistados apontou claramente essa relação ao explicar as interferências das fases da lua nas suas estratégias de extração seiva do pau d'óleo, realizada para uso medicinal:

> Agora, vou esperar essa nova de setembro, eu vou furar ele, que na minguante é bom, mas o óleo dá grosso demais, né. Vou deixar na nova de setembro, eu vou furar ele pra tirar um óleo mais fino. Ele escorre lá na galha assim, tá escorrendo até quase encostar assim. [...] Que na minguante, o óleo sai grosso e na nova, assim, ou na crescente, ele sai mais fino, né. (Antônio Ferreira – Noroeste)

O óleo sofre a atração lunar mais forte no período da lua cheia e, inversamente, na nova, estaria mais sujeito à força da gravidade da Terra. "Na lua nova, a seiva se concentra no caule e nas raízes, no quarto crescente flui em direção às folhas, na lua cheia alcança a maior penetração, e, na minguante, reflui em direção ao caule e às raízes" (*Guia Rural Abril*, 1986, p. 10). De forma semelhante, seria a sua ação sobre o desenvolvimento das plantas cultivadas, como é o caso daquelas voltadas para a produção de raízes, como a mandioca, pois ao serem plantadas na minguante, quando a seiva se concentra nessa parte do vegetal, impulsionam seu crescimento para baixo. O mesmo raciocínio é válido no sentido contrário para os cultivos do "que dá fora da terra", pois seus brotos receberão mais seiva nos seus primeiros dias, fortalecendo o seu desenvolvimento.

A observação das fases da lua não se limitam, porém, ao plantio, mas são observadas também em outras etapas do processo de cultivo. Para a capina da mandioca, baseando-se nos mesmos princípios, é recomendada a fase inversa do período de plantio, para permitir o fortalecimento de sua parte área:

> A mandioca, se planta ela na lua nova, tem que limpar ela na lua cheia, que se plantar ela na lua fraca e limpar na lua fraca, a raiz é fraquinha, quase não dá, não. [...] Se plantar ela na lua fraca, pra limpar ela tem que limpar na lua boa e chegar terra nela, aí, agradece, mas se plantou na lua nova e limpar na lua nova, é fraca toda vida. (Domício – Norte)

A Lua também "governa" a colheita de grãos para se evitar o ataque do caruncho ou gorgulho, durante o armazenamento, sendo recomendada a sua realização na minguante.

> No colher, é a mesma coisa: se o senhor colher uma roça, quebrar um milho com a lua fraca, no claro, quando ela tá de cá. [...] Novinha, né, pra cá, a lua é fraca, tudo que faz é fraco, até o milho é fraco, não güenta muito tempo pra carunchar, é, tem que deixar... [...] Aí a... ela passa para cheia, que vai entrando lá pro escuro, até o quarto minguante, aí é um tempo bom de colher roça, conserva. (Benvindo – Norte)

O ataque de pragas pode influir também na própria escolha do período de plantio, podendo contribuir mesmo para uma alteração naquela fase que seria considerada ideal para o desenvolvimento da planta. Lozenil Rodrigues no seu *Relato sobre a influência da lua na agricultura*, onde revela as experiências recolhidas junto aos agricultores de Boa Esperança/ES, aponta que: "Alguns agricultores plantam feijão, milho, ou mesmo frutíferas na minguante para evitar ataque de brocas, lagartas, etc. Muitos usam este método mesmo sabendo de uma possível queda na produção" (RODRIGUES, 1998, p. 8). Nas comunidades pesquisadas, é possível encontrar um comportamento semelhante, como apontam vários depoimentos:

> Milho, também, eu gosto de plantar é na minguante, não gosto de plantar milho na crescente também, não, porque ele cresce muito. Na nova, quando você... é bom, porque nasce ligeiro, mas dá caruncho demais, quando você vai quebrar a roça, já tá muito carunchado. (Antônio Ferreira – Noroeste)
>
> O mantimento plantado na lua nova, o senhor vai colher o milho já tá furando lá na roça, foi plantado na lua nova... (Domício – Norte)
>
> Se você planta uma roça de milho na lua crescente, ela dá muita broca, dá muita lagarta no olho do milho, quando vem qualquer ventinho, o milho tá brocado, ele quebra demais. E se você planta ele no minguante, ele quase não dá lagarta de olho, ele quase não quebra... não quebra os pé. (Adão – Jequitinhonha)

O mesmo princípio se observa na extração de fibras para diversos fins, onde a sua retirada durante a minguante evita o ataque de pragas:

> A palha de buriti é tirada na minguante, porque na minguante, ela não caruncha pra rebuçar casa. (Fia – Jequitinhonha)
>
> Palha é minguante... [...] É, pra rebuçar casa... [...] É minguante. Se for na nova, a lagarta come tudo! (Antônio Ferreira – Noroeste)

Na Lua minguante, aproveitam do refluxo da seiva nas fibras, o que as torna mais resistentes ao ataque das pragas e, ao mesmo tempo, mais resistentes e aptas para serem trabalhadas pelos artesãos[2]:

> Ó, o fator de balaio, na lua nova, o bambu não... não abre que presta, quebra, na lua nova. E na lua minguante, o fator de balaio abre o bambu, a taquara estala aí até sair lá, ó. O fator de adobo, na lua nova, ele mexe, mexe, a água fica correndo, quando seca, ele racha, na lua minguante, não acontece. (Antônio Rosendo – Triângulo)
>
> Você conhece balaio, né? Feito de bambu. Se você for fazer ele no minguante, na passagem da lua minguante, ele é facinho de você trabalhar, ele não quebra, ele não tem ressecamento nenhum. Se você for fazer ele na época do... da força do crescente, você não consegue fazer, que o bambu tá vidrento, que você não enrola... que você for fazer uma curva numa taquara, em vez dela fazer a curva, ela faz é quebrar. Se você for fazer um trabalho amarrado com cipó, no minguante, todo cipó é maciinho, não fica vidrento, ele não quebra de jeito nenhum e, no crescente, é difícil pra você amarrar uma cerca, uma coisa qualquer com cipó. (Adão – Jequitinhonha)

A retirada da madeira segue o mesmo princípio, e os depoimentos, unanimemente, nas quatro regiões investigadas, assinalam que o melhor período para o seu aproveitamento é a minguante:

> Toda madeira... toda madeira e palha, a minguante é a época certa de tirar pra não carunchar, porque nas outras fase, na cheia, a madeira tem muita água, então caruncha e na minguante, não, ela dura muito mais. (Fia – Jequitinhonha)
>
> Tirar madeira é minguante, palha é minguante... (Antônio Ferreira – Noroeste)
>
> Madeira é a mesma coisa: ela tá verde lá no mato, se você corta ela, derruba aquela árvore, a lua fraquinha, quando é de repente, ela caruncha. (Benvindo – Norte)

---

[2] Uma exceção no que se refere a fibras surgiu no seu uso para confecção de cordas, quando elas são destrinchadas em "sedas" para serem depois trançadas, como é o caso do croatá: "Tira essa imbira, depois você põe ela pra secar e trança as corda, do jeito que tá aí, da grossura que... Faz cabresto, cabeçada, assim, qualquer tipo de corda. Agora, tem lua, isso depende da lua. Quando a lua é nova, a seda é fraca. Quando a lua tá do crescente pra cheia, a seda é forte" (José Nunes da Mota – Norte).

> Uai, o mato, as árvore... você vê: na minguante... que tem a lua, na minguante, às vez, não caruncha e às vez é madeira boa, na nova, caruncha tudo, não vale nada, rebenta, racha... é tudo ela governa... (Zé Diniz – Triângulo)

A influência lunar sobre a madeira é, em geral, mais amplamente aceita, sendo, inclusive, o conhecimento popular nesse campo reconhecido já há bastante tempo. Ao analisar, historicamente, a devastação de nossas matas, Teresa Urban apresenta um exemplo desse reconhecimento, ao reproduzir um trecho do estudo, realizado em 1906, *O Brasil, suas riquezas naturais, suas indústrias – Tomo 1 – Introdução – Indústria Extrativa*, solicitado pelo ministro da Indústria, Viação e Obras Públicas do governo Rodrigues Alves, Lauro Müller, ao Centro Industrial do Brasil:

> O conhecimento sobre as madeiras tropicais, acumulado ao longo de quatro séculos de crônicas, viagens, estudos de naturalistas e muita derrubada, transformou os europeus em consumidores especializados. Algumas recomendações datadas do século passado bem o demonstravam: "a extração das madeiras, para conservarem a sua perfeita sanidade, depende da época em que é feita, devendo-se preferir quando a planta se acha em estado de sono, fora do tempo das seivas ascendentes e em determinada lua, tão sabida pelos derrubadores. O tronco que não é derrubado na minguante estoca ao cair ou é perseguido pelos insetos destruidores, até pelo cupim. Muita gente denega esta influência do luar sobre a vegetação, porém é um fato conhecido no país e que não deixa nenhuma dúvida; e aquele que deixar de observar esse preceito popular, será vítima de sua intransigência." (URBAN, 1998, p. 44)

Se, de acordo com esse preceito, o poder da lua é exercido sobre a água, a manipulação de quase todas as matérias-primas acaba sendo afetada pelas suas diferentes fases, pois muitas são as que, em maior ou menor proporção, contêm este líquido. Assim, a sua presença na argila, empregada crua na confecção de adobes ou no reboco das casas e levada ao forno para a fabricação de telhas e vasilhas está, igualmente, condicionada pela força da atração da lua:

> Pau-a-pique, marrado, as vara e barreava barro e daí, passava o reboque. [...] Era amassado o barro lá... é do jeito que eu tou falando, na nova, não ligava, corria água. Na lua minguante, o barro misturava e barreava tudo certinho. (Antônio Rosendo – Triângulo)
>
> A telha, também, ela governa até o barro. [...] No crescente não pode... não presta, a telha não presta, pra fazer a telha, a panela, na lua crescente, quebra muito. É melhor que seja no minguante, lua minguante. [...] Pra fazer a telha, mesmo, amassar e enformar, na lua minguante é melhor. (Adão – Jequitinhonha)

O sangue dos animais criados pelos sertanejos também sofreriam as mesmas influências da lua e, de maneira semelhante, o "quarto minguante também é uma boa fase para a castração de animais, que sangrariam menos" (*Guia Rural Abril*, 1986, p. 10). Entretanto, outros fatores podem ser considerados na escolha do momento de se realizar essa tarefa:

Pra capar é mais melhor na minguante... na crescente, na minguante, na... na... porque o porco mesmo, pra ele engordar, o porco pra ele engordar, você tem que capar ele é na nova, porque se não, o toucinho fica fino. Na minguante, o porco só engorda das apapa... dos meio pra frente, dos meio pra trás, o toucinho fica fino e o porco engorda só pra adiante, pra trás, não. [...] O prestígio dela pra nova é só mesmo pra capar porco pra engordar, que não incha muito, agora, na cheia, incha demais! (Antônio Ferreira – Noroeste)[3]

A observação de alguns informantes sobre as influências da lua atinge também a reprodução de suas criações, afetando o seu comportamento nas "passagens de lua":

Até as criação, a lua governa. [...] Porque até os bicho, nas passagem de lua, sempre tem a produção... as produção mais forte, passagem de lua, tanto na cheia como na minguante, tudo isso ela governa. (Adão – Jequitinhonha)

Deu o sal a vaca, ela abrevia o cio. Então, se salitrar na minguante, certamente, ela vai parir mais é bezerro macho. Agora, se der for na nova, certamente, vai ser fêmea. (Zé Diniz – Triângulo)

Nós criava o gado solto, eu possuí, uma vaca, berrava baixinha, essa vaca, na passagem de lua, ela largava o bezerro lá e vinha berrando, precisava caçar o bezerro... na passagem da lua... [...] Mas passava a passagem de lua, a vaca tava com o bezerro, eu observava isso. (risada). (Antônio Rosendo – Triângulo)

As fases da lua, segundo a observação de alguns entrevistados, afetam também o comportamento de alguns animais silvestres: o mocó (foto p. 305), por exemplo, sai mais de seus esconderijos durante o quarto minguante, sendo este período o preferido para a sua caça. O veneno das cobras é considerado mais perigoso nas passagens de lua, e esse efeito continua a se registrar no veneno acumulado no corpo daqueles que foram picados por animais peçonhentos:

Pessoa que vai ofendido de bicho ruim, toda lua tem a diferença no corpo da pessoa, o senhor vê o movimento do corpo, deferença tudo, nas lua, aquelas passagem de lua... (Benvindo – Norte)

Eu fui ofendido de cobra, jaracuçu e cascavel! Ê trem! Eu tenho dó quando eu vejo uma pessoa falar que tá ofendido! A dor que é! Eu vi a morte! A perna virou um mundo, ó, o enxume vai subindo para aqui, ó, uma dor que só o senhor vendo, até hoje! Ó, a passagem da lua é amanhã, não é? Já a ofensa ferrou, não precisa olhar lá [na folhinha], não, cá acusa! (Antônio Rosendo – Triângulo)

---

[3] Lozenil Rodrigues indica o mesmo tipo de procedimento adotado pelos agricultores de Boa Esperança/ES: A castração feita no animal na lua minguante dá pouco sangramento, pouca inchação e cicatrização rápida, mas observa-se que o animal engorda mais a parte anterior (dianteira) do que a posterior (traseiro). Já na lua nova e crescente, provoca sangramento, inchação e o animal corre mais risco de vida, porém observa-se que o animal engorda mais rápido. Na cheia, não se recomenda a castração porque o animal corre mais risco de vida, sendo que em alguns casos poderá levar o animal à morte (RODRIGUES, 1998, p. 9).

Os efeitos das mudanças das fases lunares, segundo os depoimentos colhidos, atingem também as pessoas acidentadas ou doentes:

> Quem tem vários acidente no corpo, também, que já levou acidente... a hora que a lua é nova... às vez, tem dez ano ou vinte que ele teve aquilo, a hora que a lua é nova, ainda dá remoço naquele lugar do acidente. (Anízio – Norte)
>
> A lua governa tudo, viu, até nós! [...] Você pode observar: o doente tá doente, então, quando a lua vai ser quarto... como é que é? Toda passagem da lua, às vez, até morre, quando não morre, adoece mais. (Zé Diniz – Triângulo)

Mais atentos às diferentes fases da lua do que a maioria de nós, moradores das cidades e outros ambientes iluminados artificialmente, alguns observam seus efeitos sobre os seres humanos, incluindo eles mesmos. Assim, a lua nova, considerada "fraca", também enfraquece as pessoas, tanto física como mentalmente, alterando o seu comportamento:

> Que a lua manobra muita coisa! Até o corpo da gente ela domina, a lua... [...] O corpo da gente, o senhor vê a diferença no corpo da gente: Uma murrinha ruim no corpo, assim, qualquer um motivo de o senhor... na luta do corpo, o senhor pode tirar a experiência que o senhor vê. A lua governa muita coisa! [Quer dizer que quando a lua está mais para nova, está fraquinha, o corpo da gente também dá...?] A gente dá fraqueza no corpo, também. (Benvindo – Norte)
>
> É... Tem umas pessoa que, às vez, passagem de lua fica assim... aquela pessoa que não tem a cabeça muito boa, naquelas passagem de lua, ele costuma ficar assim, meio... meio leve assim da cabeça... [Em qual passagem de lua assim?] Nova, a nova sempre que dá isso, é mais... essas pessoa mais atacada, assim, ainda mais essas coisa, é nova... (Antônio Ferreira – Noroeste)

A Lua, em resumo, "governa" sobre diferentes esferas do mundo natural, que ao ser apropriado também afeta o fazer humano na agricultura, na pecuária, na extração vegetal e mineral, na caça, etc.; bem como, influi sobre as próprias pessoas, percebidas como integrando um mesmo cosmos. As diferentes fases lunares criam ciclos que regulam e regularizam a natureza e a vida humana em períodos sucessivos, os quais a experiência vai indicando e ensinando a respeitar para melhor se harmonizar com o universo. Se é possível alcançar pela observação do céu a regularidade de suas tramas, ele também reserva-se o direito à surpresa, ao imprevisível, à desordem com iguais conseqüências para o mundo natural e os homens nele inseridos.

O astrônomo francês Jean-Pierre Verdet (1987) afirma que se trata de um "costume universal", presente em culturas dos vários continentes, abrangendo desde as grandes civilizações da Antigüidade até as sociedades tribais contemporâneas, a percepção dos eclipses do Sol e da Lua como elementos perturbadores da ordem. Entre nós, Câmara Cascudo destaca que os "eclipses, inexplicáveis para os sertanejos, importam sempre conseqüências calamitosas" (CASCUDO, 1972, p. 363). Nos depoimentos colhidos na Pesquisa de Campo, uma série de conseqüências foi apontada, principalmente no que se refere às plantações e, em particular, às hortaliças:

> Esse eclipe ofende essas coisa, queima. Queima horta, queima... todo plantio que... incluindo bananeira, só não tem eclipe pra laranjeira. [Quer dizer que o eclipse afeta umas coisas e outras, não?] É, outras, não. Sei que horta seca tudo. (S. Benvindo – Norte)

> Diz que ele tem uma natureza que atrapalha as planta, né, Zé? Diz que atrapalha demais as planta. (Zé Coletinha – Triângulo)

> Diz que o ano que dá eclipe, como lá diz, não sei se é couve que não presta e feijão, né? (Zé Diniz – Triângulo)

Entre os mais velhos, as lembranças dos impactos provocados pelo fenômeno são ainda mais "calamitosas", chegando a apresentar resultados irreversíveis:

> O eclipe? Nossa Senhora! 1944, teve um eclipe bárbaro, o senhor alembra dele? 1944, foi um eclipe que escureceu o sol com a lua, escureceu e... e depois, o sol ficou piscando o dia inteiro! Dessa ocasião pra cá, o sol aquentou, o sol não era quente assim, não! Era bom, o sol, maravilhoso e do eclipe pra cá, o sol aqueceu... aqueceu e quentou mais ainda. Nessa época hortaliça acabou, algodão secou a maçã, vaca que tava mojando, pôs o bezerro fora, mulher grávida, muitas abortou, ô eclipe bárbaro! 1944, é... (Antônio Rosendo – Triângulo)

As suas conseqüências atingem também as pessoas, afetadas pela interrupção irregular da energia representada pela luz daqueles astros, embora as tentativas de explicar os seus efeitos sobre a Terra sejam carregadas de interrogações:

> O ano de muito eclipe não é bom, não, é cheio de problema. Nós tudo recebe aquele aço, é... [E o que que acontece com as pessoas com esse "aço"?] Uai... fica cheio de... cheio de fraqueza, cheio de problema, né... eclipe não é bom, não! Eclipe é um aço muito forte, eu não sei que temperatura tem o eclipe... é... (Antônio Rosendo – Triângulo)

Nas entrevistas, o eclipse surge como um enorme "apagão" natural, causando tanta perturbação e apreensão para os sertanejos como a sua versão moderna de interrupção da luz elétrica:

> O eclipe, ele apaga a lua, uma parte da lua escurece tudo, só fica uma bandinha, o dia que a lua é cheia. Outra vez... já deu aquilo duas vez, deu elipe, escureceu a lua tudo, aí vai, passa, passa, passa, ela vai limpando, limpando, devagarzinho, outra vez, até limpa tudo, outra vez. [...] E sol também dá, essa coisa no sol... eclipe no sol. (Benvindo – Norte)

> Chegou a escurecer, foi brabo mesmo, viu! Chegou ficar bem escuro. (Zé Diniz – Triângulo)

O fenômeno provocava ameaças às pessoas e exigia cuidados na sua observação, incluindo-se alguns recomendados pelos cientistas:

Então foi isso: encheu a bacia d'água e ficou olhando o eclipe mais a lua, viu. [Na bacia d'água?] É, na bacia d'água e ficou olhando. (risada) [Não olhava direto, não?] Olhava é na bacia, ó, e via tudo que tá acontecendo ali, isso eu lembro. (Zé Diniz – Triângulo)

Diante dos prejuízos provocados pelo eclipse, era preciso encontrar meios de se prevenir da sua ocorrência, em primeiro lugar, antecipando-a pelo aviso dos almanaques e aprontando "remédios pra defesa", "contra eclipe", mesmo que alguns, por suas novas crenças religiosas, duvidem de sua eficácia (foto p. 314):

A gente põe remédio, faz cruz, assim de cinza, diz que defende, põe chifre de gado, põe cruz de algodão, quando a gente vê que começa lá... diz que defende, abate mais. [...] Naquela época, de primeiro, você vê que tinha aqueles almanaque, não era? Naqueles almanaque marcava o dia, a hora, isso tudo marcava, a gente preparava remédio pra defesa, né, daquilo. [...] De algodão, fazia uma cruz, assim, um pau feito uma cruz, enrolava algodão e ponhava lá na frente, do lado que o eclipe vier... vinha o sol ou a lua, que saísse. E fazia a cruz no chão, assim, dentro das horta, de cinza, essa cinza do fogão, fazia uma cruz, assim... Ponhava chifre de gado, assim, também. [...] O povo ponhava assim, pra defesa... defender mais o eclipe nas horta ou na lavoura que fosse possível. Tem as experiência. (Benvindo – Norte)

Isso é superstição, isso serve pra não dá... é contra eclipe. [...] Aquele negócio que dá na lua, dá no sol, que diz que aquilo estraga as planta, então, o povo tem essa superstição de colocar um litro, de colocar um chifre, uma coisa assim, isso é superstição, não acredito nisso, não. [...] Você pode ver que quase toda horta que você vai ver tem um chifre, tem um litro. O chifre diz que é por conta dos olho ruim, mas tudo isso é idolatria, bobeira. (Adão – Jequitinhonha)

Esse costume é antigo e encontrado também na África, de onde possa ter chegado até nós. Richard Burton, viajando, em 1867, nas proximidades de Pirapora apontava: "Diante das roças, as mulheres fincam, no alto de uma estaca, como na Terra de Harar, um chifre de boi, para espantar o mau olhado" (Burton, 1977, p. 168). Talvez possa ser mera coincidência, mas alguns dias antes ele relatava a ocorrência de eclipse lunar, observável naquela região do Sertão Mineiro. Seja como for, é interessante notar o aproveitamento de "remédios" usados para outros fins também na "defesa" do contra o eclipse. Donald Pierson em sua pesquisa, datada dos anos 1950, sobre o *Homem do Vale do São Francisco*, ao analisar as técnicas empregadas contra "pragas e outras causas de prejuízo" na agricultura de Rio Rico, situado na parte ocidental média deste vale, menciona que: "Um dos meios usados no local para combater formigas, insetos, capivaras e eclipses consiste em armar no campo cruzes envolvidas em algodão." Tal procedimento seria "'Prá o eclipse não queimá as prantas' disse um informante" (Pierson, 1972, p. 476).

AS ÁGUAS DO MEU FUTURO

O acesso aos almanaques e o uso de mecanismos consagrados, empregados contra prejuízos provocados por causas já conhecidas (pragas, mau-olhado, etc.), se constituíam em tentativas de prever e se defender das conseqüências de um fenômeno celeste percebido como marcado pela irregularidade e pela catástrofe. O eclipse, no entanto, é, na verdade, um encontro aparentemente irregular e imprevisível de duas trajetórias vistas pelos sertanejos como perfeitamente regulares: aquelas percorridas pela Lua e pelo Sol.

Essa, embora de maior duração, é, igualmente, acompanhada por eles em suas várias fases, com as respectivas conseqüências para a natureza e sua vida cotidiana, assim como fazem com o ciclo lunar. O sol, ainda de forma mais viva que a lua, além de definir a sucessão dos dias e noites, em sua trajetória anual, estabelece, através das influências climáticas, a repetição de períodos, marcados por atividades características, cujo encadeamento é a própria seqüência da vida no Cerrado. Dois entrevistados, pai e filho, traçaram, com seus nomes e aspectos específicos, como dividem o ano a partir das diversas etapas climáticas identificadas, iniciando-se por setembro, período quando foi colhido o seu depoimento, momento também em que se iniciam as chuvas na região:

- **Chuva da flor:** "Dá uma chuva, que essa chuva, nós chama ela chuva da flor, né, pai? Aí, logo vem o sol da cigarra" (Pedro – Triângulo).

- **Sol da cigarra:** "Todo ano, nessa época agora, tem o sol da cigarra, dura aí, 15, 20 dia. [...] A gente passeando pelo campo, você já pode ver que vê alguma, né. Daqui uns dia tá um barulhão doido aí pra os mato!" (risada) (Pedro – Triângulo).

- **Sol escalda pé:** "Depois desse sol da cigarra, nós ainda tem o sol que chama escalda pé, que se você sai a pé, vai queimando a sola do pé. Aí, depois, chove pra valer, aí entra as água. [...] Mas o sol de escalda pé, acho que é mesmo assim tipo de linguagem, é mesmo emendado com esse da cigarra" (Pedro – Triângulo).

- **Chuva de planta:** "Aí, chove, entra o tempo das chuva de planta, que nós chama. Aí, quando começa a chover, pode plantar, não perde planta mais fácil, não. Aí, dá lá pros dia 15 de outubro, dia 10..." (Pedro – Triângulo).

- **Sol da tanajura:**

  A tanajura, a hora que a terra molha, que ela fica molhadinha, então, dá um veranico e as tanajura sai. Tempo de plantar arroz. É, planta boa de arroz... ah, milho, também, que no dia que a tanajura sai... a gente plantava milho, de primeiro, os tatu rancava muito, nesse dia, eles tá entertido na tanajura, com isso não poder matar! (risada) Você vê: a bunda de tanajura é muito mais gostosa que um bago de milho! É, não ranca milho, não, nesse dia, não ranca milho de jeito nenhum! [...] A tanajura... como é que é? Nós tá em setembro, né, começa a chover, ela vai sair em novembro [...] É... novembro, dezembro, a tanajura. Que a hora que a terra molhar bem agora... que essa chuva, agora, já vai molhar, agora, ela sai. (Zé Diniz – Triângulo)

- **Inverno:** "Aí depois do sol da tanajura, é inverno. [...] Aí, agora, inverno de... inverno tempo mesmo" (Zé Diniz – Triângulo).

- **Veranico de janeiro:** "Depois do inverno, chove aí, novembro, dezembro, tem o veranico de janeiro O veranico de janeiro dá aí, às vez, 20 dia de sol, costuma até perder planta, costuma perder lavoura, né, de arroz, arroz tá emborrachando, soltando cacho. Se o milho tiver embonecando em janeiro, costuma perder" (Pedro – Triângulo).

- **Chuva de fevereiro:** "Aí, vem as chuva de fevereiro, né. Aí, vai pegar as planta... o arroz emborrachando, o milho já de boneca... muitas planta, que essa chuva de fevereiro e março, ainda acode, né" (Pedro – Triângulo).

  "E, às vez, até, a de março já pega algum frio, né. [...] A chuva fria" (Zé Diniz – Triângulo).

- **Chuva fria ou inverno de março:** "Março, sempre costuma dar algum inverno também, igual o inverno de dezembro" (Pedrinho).

  "Pois é, mas costuma ser frio, né. Você vê: tem muitas fase de tempo, a gente que não observa, né. [...] A chuva, geralmente, ela despede... como é que é? É em março, Pedrinho, quando que dá aquela chuva, aquela chuvosa?" (Zé Diniz – Triângulo).

  "Vai até lá pelo dia 3 de abril... é março, mas até lá pelo dia 3 de abril é as últimas chuva, né, dia 3, 15 de abril é as última chuva" (Pedro – Triângulo).

- **Seca:** "Depois da chuva fria, o que que é, Pedrinho? Entra a seca, né?" (Zé Diniz – Triângulo).

  "É, aí já começa a fazer frio. Aí, lá pelo dia 15 de abril em diante já é frio pra valer! Aí, já pode... as chuva já despediu também, agora, não chove mais, não, é só fazer frio mesmo. [...] É difícil dar uma chuva. Igual esse ano, lá pelo dia 15 de março, comecei panhar café, venho panhando café, março, abril, maio, junho, julho, não deu uma chuva! Choveu agora, esses dia" (Pedro – Triângulo).

É possível que em cada região, comunidade, família, ou até para diferentes pessoas dentro dessas, se possa obter uma periodização, ou uma denominação diversa, mas importa destacar o encadeamento temporal e a correlação de aspectos climáticos, ecológicos e agrícolas. Se houvesse insistência e dedicação no exercício de sistematizar o conhecimento acumulado sobre cada período desses, poderia se aprofundar várias informações e melhorar tanto esse encadeamento como tal correlação, no entanto, os limites da Pesquisa de Campo não o permitiram, ficando o desafio para investigações futuras.

Uma outra observação importante sobre as etapas apresentadas se refere ao seu maior detalhamento relativo ao período chamado das "águas" em comparação com a "seca". Este período, abrangendo cerca de metade do ano, aparece quase como um contínuo climático, enquanto a primeira se subdivide em uma sucessão de etapas de chuva e sol bem caracterizadas. Por se tratar de um período onde são produzidas as culturas anuais (milho, feijão, arroz, amendoim, etc.), atividade tradicional e mais generalizada na estratégia de reprodução social das comunidades indígenas e camponesas do Cerrado Mineiro; as "águas" se subdividem em etapas minuciosamente observadas. A essa atividade básica soma-se, no mesmo período, também a plantação de culturas perenes (mandioca, cana, café, frutíferas, etc.), o cuidado com os pastos e outras tarefas da pecuária, a coleta de frutos nativos do Cerrado, bem como, uma série de outras específicas de cada região.

Assim, o que é produzido neste período é fundamental para assegurar alimentos e parte da renda monetária, ou seja, as condições para vencer a "seca", cujas atividades dependem, em geral, mais do mercado do que dos fatores naturais, como será melhor analisado adiante. Portanto, cada uma daquelas etapas, marcadas por indicadores naturais próprios, a serem cuidadosamente observados, resultam em providências das quais depende o sucesso das lavouras e do conjunto das estratégias de sobrevivência. Dentro da regularidade cíclica, existe a irregularidade anual, como expressa um daqueles entrevistados que esboçou a seqüência de etapas apresentadas:

> Mas vareia o ano, não é todo ano assim, não, né, pai, a estação muda. Às vez, faz plano aí, chove, planta as roça, perde tudo, devido a mudança do tempo. Tem ano que janeiro também, não dá muitos dia de veranico, a estação ela muda. [E muda assim, por que?] Ah, é um fenômeno que a gente não entende, né. Uma coisa que a gente não entende porque que muda, porque a gente faz plano, fala: esse ano, deve que esse ano, deve que em janeiro não vai dar o veranico... mas o veranico de janeiro, ele... todo ano, tem ele. O que a gente pensa é assim: talvez, ele vai ser mais curto, não vai estragar tanto as planta e ele vem com muitos dia e estraga as planta tudo! Tem ano que ele é curto, nem chega estragar as planta. (Pedro – Triângulo)

Para as populações tradicionais do Cerrado, "adivinhar a chuva", ou "profetizar o tempo", como vários depoimentos se referem às tentativas sertanejas de se fazer previsões meteorológicas, é o mesmo que antecipar o futuro: sabendo-se a hora certa de colocar a semente na terra, evita-se prejuízos com secas e enchentes.

> Interessante, né, moço, antigamente, tinha muitas profecia, os profeta profetava muito os tempo, né, hoje em dia, quase não tá tendo ninguém mais... ninguém nem importa com isso. [Profecia do que?] Muita gente pesquisava o tempo. Aqui, tinha um velho, aqui, quando ele via que tava perto de chover, ele plantava o milho no pó, ele não perdia roça, não. Quando ele falava vai chover logo, ele plantava o milho, plantava roça. [Quer dizer que ele já sabia...?] É, parece que ele adivinhava os tempo, né, moço. (Alberto – Noroeste)

Essa verdadeira ciência, hoje em dia, por vários motivos, já se encontra, muitas vezes, desacreditada, mas a Pesquisa de Campo revelou um enorme conjunto de sinais de chuva observados pelos entrevistados, muitos deles comuns a duas ou mais regiões investigadas, alguns também observados na literatura como parte de tradições muito antigas, de origem remota. Tais sinais são encontrados tanto nos astros, como nas águas, na terra, no ar, na flora, na fauna e até nas próprias pessoas, evidenciando uma espécie de conjunção cósmica a indicar as mudanças climáticas.

Ninguém sintetizou melhor essa conjunção do que João Guimarães Rosa, pesquisador e profundo conhecedor da cultura e da alma sertaneja. No seu conto "A hora e a vez de Augusto Matraga", no qual conta a história de Nhô Augusto, filho de um coronel do Sertão Mineiro, que depois de uma vida de arbitrariedades e desregramentos, se vê pobre e a beira da morte, diante da violência dos homens de um desafeto de seu pai. Recolhido por um casal de pretos, fugiram para "o sertão mais longínquo", onde ele se arrepende de sua vida pregressa de pecador, afirmando: "P'ra o céu eu vou, nem que seja a porrete!..." Escondido e transformado em homem bom, sua verdadeira figura hibernava como o Cerrado na seca, a esperar as chuvas para revirá-lo pelo avesso:

> Até que pouco a pouco, devagarinho, imperceptível, alguma cousa pegou a querer voltar para ele, a crescer-lhe do fundo para fora, sorrateira como a chegada do tempo das águas, que vinha vindo paralela: com calor dos dias aumentando, e os dias cada vez maiores, e o joão-de-barro construindo casa nova, e as sementinhas, que hibernam na poeira, esperando na poeira, em misteriosas incubações. Nhô Augusto agora tinha muita fome e muito sono. O trabalho entusiasmava e era leve. Não tinha precisão de enxotar as tristezas. Não pensava nada... E as mariposas e os cupins-de-asas vinham voar ao redor da lamparina... Círculo rodeando a lua cheia, sem se encostar... E começaram os cantos. Primeiro, os sapos: – "Sapo na seca coaxando, chuva beirando", mãe Quitéria!... – Apareceu uma jia na horta, e pererecas dentro de casa, pelas paredes... E os escorpiões e as minhocas pulavam no terreiro, perseguidos pela correção das lava-pés, em préstimos atarefados e compridos... No céu sul, houve nuvens maiores, mais escuras. Aí, o peixe-frito pegou a cantar de noite. A casca de lua, de bico para baixo, "despejando"... Um vento frio, no fim do calor do dia... Na orilha do atoleiro, a saracura fêmea gritou, pedindo três potes, três potes, três potes para apanhar água... Choveu.
>
> Então, tudo estava mesmo muito mudado, e Nhô Augusto, de repente, pensou com a idéia muito fácil, e o corpo muito bom. Quis se assustar, mas se riu:
>
> – Deus está tirando o saco das minhas costas, mãe Quitéria! Agora sei que ele está se lembrando de mim... (Rosa, 1996, p. 29)

Vários desses sinais se apresentam nos depoimentos colhidos durante a Pesquisa de Campo, numa verdadeira conspiração pela chuva. Porém, procurou-se dividi-los e ordená-los esquematicamente, para se ter uma noção da sua riqueza e da variedade de elementos naturais onde são buscados:

a) Nos astros:

- "Faz um círculo em volta do sol ou em volta da lua; círculo longe, chuva perto e círculo perto, chuva longe" (Fia e Ademar – Jequitinhonha; Zé Diniz e S. Antônio Rosendo – Triângulo)[4].

- "Sol entrar com barrado. [...] Quando ele entra, tem uma nuvem cobrindo ele" (Josefa e Tiãozinho – Noroeste).

- "A lua nova, quando sai torta, é sinal que no outro mês vai ter muita chuva" (Tiãozinho – Noroeste).

- "Quando é no tempo mesmo que inicia a chuva, quando a lua vem, a lua é nova, que ela vem pendida pra cá, nós fala: ó, vai ser bom de chuva, a lua tá bem pendida pra cá, [...] ela joga a parte de baixo [...] Agora, quando ela pende é o outro lado, de cima, aí nós diz: é vento, esse ano... esse mês não é bom de chuva, só vem vento ali. E sempre costuma ser assim mesmo, a gente tem aquelas pesquisa tudo, aquele costume, ser assim" (Rosalvo – Norte).

- "Quando a chuva começa na lua minguante, continua bastante tempo chovendo" (Anízio – Norte)[5].

b) Nas águas na terra e no ar:

- "Quando o tempo tá evaporando, também, quando tá querendo chover, a gente sente o vapor subindo... [...] Destampa a cisterna, o vapor sobe. Fura um buraquinho no chão, assim, a gente sente a terra morna. O vapor tá subindo, evêm do centro da terra, vêm... começa no centro da terra, embaixo, água amorna, tudo" (Zé Preto – Noroeste).

- "Mormaço é de chuva, né" (S. Agenor – Noroeste; S. Benvindo e Rosalvo – Norte).

- "Temperatura que muda, o calor, né, quando muda a temperatura, que tempo frio não é sinal de chuva" (Antônio de Fia – Jequitinhonha).

- "Se você carpe essa terra aqui, tá formando chuva pra depois de amanhã, essas raiz que fica na terra, elas tudo começa a chorar, elas tudo começa a sair água e quando não tá pra chover, isso não acontece. Parece que a caloria da terra esquenta e aquelas raiz começa minar água e isso a gente tem prestado atenção que é um sinal de chuva" (Adão – Jequitinhonha).

- "Neblina na baixa, sol que racha, neblina na serra, chuva na terra" (Tiãozinho – Noroeste).

---

[4] Este é um dos sinais mais comumente apontados, sendo apresentado por Alceu Maynard Araújo, dentro da sua "meteorologia popular", baseada na cultura caipira de São Paulo: Rifoneiro da chuva Há uma série de sinais que o caipira cita como indicadores da chuva. É rico o rifoneiro caipira. Há rifões que remontam séculos. [...] "Lua com circo (círculo), água traz no bico" (ARAÚJO, 1973, p. 163).

[5] Alceu Maynard Araújo também apresenta uma versão deste: "Quanto a chuva começa na mingoante vai até o mês entrante" (ARAÚJO, 1973, p. 163).

- "O vento, se tá pra chover, aqui pra nós, o vento vira de rio abaixo" (Adão – Jequitinhonha).

- "Quando chove, as beira da casa continua pingando, é sinal que a chuva vai continuar" (Tiãozinho – Noroeste).

- "As água, também... até a água aumenta... As água... qualquer córrego, quando começa... que tá armando chuva, a água aumenta, que a umidade sobe, né" (Antônio de Fia – Jequitinhonha).

- "A água, também, quando a água dos rio, às vezes, tem uma aguinha e ela diminui é sinal que a chuva tá perto. [...] E quando ela aumenta a chuva tá distanciando" (Adão – Jequitinhonha).

- "As nuvem começa a mudar o gesto de... as nuvem, umas nuvem grossa, começa haver barrado perto, fazer perto da nuvem. [...] A nuvem começa a engrossar, fazer barrado, então a gente acha... [...] Ela começa a fazer uma torre de nuvem grande, aí, nós trata barrado. [...] Então, as diferença que... pra nós aqui não tem dúvida, às vez, se a chuva tá próxima mesmo pra chover, assim, a gente sabe, né" (Rosalvo – Norte).

c) Nas plantas:

1) Plantas que florescem para chover:

- "A cagaiteira não cai na poeira, quando ela enflora, vai chover, quando ela dá, só cai nas terra molhada" (Tiãozinho e Alberto – Noroeste; Zé Diniz – Triângulo).

- "Belardona cheinha de flor" (Pedro – Triângulo).

- "A macaúba quando ela tá soltando cacho também. E de fato tem muita macaúba soltando o pendão" (Zé Diniz – Triângulo).

- "As flores do balão, né, o pé de balão... (Fia) Você vê ele floradinho, só cai na lama, tá perto de chover, ó. Ele advinha chuva" (Antônio de Fia e Adão – Jequitinhonha).

- "Fruteira, quando ela carrega mais, no meu entender, é quando o ano é melhor de chuva. Aí, a gente vê a fruteira carrega mais, a gente diz: esse ano vai ser bem bom de chuva, olha as fruteira como é que tá. Aqui, nós tem, assim... são previsto com essas árvore que tem bagem, é... nós fala: esse ano vai ser bom, pode plantar bastante feijão, que o feijão vai carregar bem, ó como é que tá as fruteira, isso a gente tem... simpatia assim, os mais antigo sempre fazia isso, dava... prestava atenção nisso e dava certo" (Rosalvo – Norte).

2) Plantas que brotam para chover:

- "O senhor olha nas arvorezinha, o senhor já vê... aquelas árvore que cai as folha, já começa brotar, aqueles brotinho, o capim peleja pra brotar, mas não sai, porque o gado tá com fome" (Zé Preto – Noroeste).

- "Pequizeiro dá sinal de chuva, tem essa... o café, a mesma coisa. [...] Cai a folha, né, cai a folha, vem outras nova, brota novamente, as folha nova, agora, já dá botão e as flor já vem. [...] A chuva tá perto, pode plantar sem medo" (S. José Cardoso – Jequitinhonha).

- "Quando a chuva vai embora, aqui, a gente conhece, quem mora na mata, é facinho de conhecer quando a chuva tá... às vez, tá chovendo, aí abre um sol, se a aroeira começar a cair a folha, não espera mais chuva, não, que não chove mais naquele ano. Depois que a aroeira começar a cair a folha não chove mais, só vai chover nas próxima água. Esses pau do gerais, eles cai as folha e brota sem chover, já na mata é mais diferente, é algum pau que brota antes de chover. Tanto que... por isso que o gerais é rico, na hora que na mata tá pelado, aqui já tá tudo enfolhado, já tem comida pra gado, já tem coisa verde, sombra... Os pau do gerais brota sem chuva e da mata brota mais é com a chuva" (Anízio).

- "Na mata, só o pau, que brota antes da chuva, é braúna. [...] Joá, joá-de-boi também reforma antes da chuva vim. [...] Quando a chuva vem, ele tá verde" (S. Benvindo – Norte).

- "O miroró, também, quando o miroró... quando você vê o miroró todo enfolhadinho, aí a água pega direto. Quando o miroró tiver pelado, agora quando você vê que ele enfolhou tudinho, a água desce" (Alberto – Noroeste).

- "Esses pau começa a brotar de cedo, logo começa a enverdecer, cair aquela folha velha e sair aquela nova, aí, nós apercebe que a chuva vai ser cedo, vai chover logo, que os pau já começou a brotar, tá brotando, a gente acha que a chuva tá chegando. [...] Quando o tempo é bom pra chuva, também, a gente percebe, assim, que os pé de pau flora bem, coloca bem bagem, aí, a gente fala: esse ano vai ser bom de chuva que os pé de pau como é que carregou! Vai chover, vai chover bom!" (Rosalvo – Norte).

3) Plantas que "choram" ("soltam escuma"):

- Chorão: "É uma árvore que... a árvore assim, ela dá uma escuma lá em cima e fica pingando" (Pedro – Triângulo).

- Assa-peixe (foto p. 304): "Olhava esses assa-peixe, você alembra, né, escumar, sol quente, escuma que a água pinga lá no chão, é um sinal de chuva" (D. Maria Rosa – Triângulo).

- Mata-cachorro: "Tem um pau, que quando era assim de agosto pra setembro, ele sai aquele escumeiro, no campo tem ele, falava: esse ano vai ser chuva pra valer. (risada) [...] Chama... mata-cachorro" (S. Agenor – Noroeste).

- "Uai, os capão virgem, saía fumaça no meio do capão, aquela fumaça era a hora da chuva vim vindo, não é?" (S. Antônio Rosendo – Triângulo).

d) Nos bichos:

"Esses bicho que advinha chuva" (Antônio de Fia – Jequitinhonha).

1) Pássaros que cantam:

- "Todos pássaro, quando... às vez, entra a época da seca, eles canta, mas não é igual quando tá aproximando pra chover. Quando eles percebe que tá perto de chover, aí, eles alegra. Então, a gente conhece, assim, que... pra nós aqui, nós sabe que tá perto de chover é assim, é de acordo os pássaro" (Rosalvo – Norte).
- Saracura (Zé Diniz – Triângulo; Tiãozinho – Noroeste e Antônio de Fia – Jequitinhonha).
- Três-pote (Adão e Antônio de Fia – Jequitinhonha)
- Galinha-d'água: "Um pássaro que tem assim, chama galinha-d'água, que fica no rio, eles começa cantando, nós fala: tá advinhando que vai chover" (Rosalvo – Norte).
- Anu-branco: "Aqueles anu branco tava bravo: tchau, tchau, falei: isso é sinal de chuva" (Zé Diniz – Triângulo).
- Acauã (Antônio de Fia e Adão – Jequitinhonha) "Acuã, ela canta... quando ela canta no pau... como é que é? [...] Se ela cantar no pau seco, é sol, se for no verde, chuva" (Tiãozinho – Noroeste).
- Sabiá (Antônio de Fia – Jequitinhonha).
- Seriema (foto p. 305) (Antônio de Fia – Jequitinhonha).
- Jaó (Tiãozinho – Noroeste).

2) Outros bichos que cantam:

- Perereca (Triângulo, Tiãozinho – Noroeste e Fia – Jequitinhonha).
- Gia (Fia – Jequitinhonha; Anízio – Norte).
- Sapo (Antônio Rosendo – Triângulo; Anízio e Rosalvo – Norte).
- Cigarra (foto p. 304): "Ela canta tem vezes que dá uma chuvada primeiro, em setembro, aí quando começa o princípio de outubro é que ela começa a cantar, entendeu? Fim de setembro, princípio de outubro... Se as chuva der uma chuvada mais cedo, muitas veze, ela age mais cedo um pouco; se a chuva tardar, muitas veze, ela tarda mais um tiquinho. [...] Quando ela canta, é tempo de chuva, ela não canta no tempo da seca, não, só no princípio das água: outubro, até uns dia de novembro, 10, acho que de 15 pra trás, tão encerrando é tudo. De 15 de novembro pra trás, tão encerrando é tudo" (Aureliano – Noroeste).

3) Bichos alvoroçados:

- "Ó, as guariba tá urrando a chuva envêm" (Antônio Rosendo – Triângulo).[6]
- Lobo urrando (Antônio Rosendo – Triângulo).

---

[6] Alceu Maynard Araújo também informa o urro do guariba ou bugio como indicador de chuva: "Bugio ronca na serra... chuva na terra" (ARAÚJO, 1973, p. 163).

- "Tucano tá alvoroçado, vai chover esses dia" (João dos Reis – Triângulo).
- "Pato d'água, paturi, quando eles sobe pr'arriba, diz que vai buscar enchente, é sinal de chuva" (Tiãozinho – Noroeste).
- Cobras: "Você lá vai para estrada, de vez em quando vê uma cobra, pode saber: a chuva tá perto, se tiver de sol. Agora, se tiver chovendo, de inverno, você saiu assim, tá vendo cobra no caminho, então, agora, vai estiar" (Zé Diniz – Triângulo).
- "O tiú, na seca, ele some, quando tá pra chover, ele começa andar. Quando a terra tá quente, que o ar esquenta muito, ele deixa só um trilhinho no chão, ele anda na pontinha dos dedo, só passa no chão. o cabo. Quando você ver ele passar no chão, rastando a barriga no chão, demora a chover, agora, quando ele deixar um trem bem fininho, nas época de chuva, pode esperar, que naqueles dois dia, chove" (Anízio – Norte).
- "Peixe tá pulando, as piabinha tá pulando, quase pula fora d'água, é o sinal da chuva" (Zé Preto – Noroeste).

e) Nas criações:
- "Quando o gado tá assim, correndo, brincando era sinal de chuva" (Josefa – Noroeste; Antônio Rosendo – Triângulo).
- "Agora, animal [brincando], diz que é sol" (Josefa – Noroeste).
- Galo: "Quando tá chovendo, assim, muito galo pega a cantar, vai estear (Josefa – Noroeste).

f) No próprio corpo:
- Dor no corpo: "A diferença quando tá pertinho de chover, eu vejo minha diferença é no corpo. É uma dorada no corpo que só vendo! Eu digo: ê, mas do jeito que eu tou, garanto que vai chover e... com pouco, naqueles dois dias, começa a mormaçar, vem um mormaço, eu digo: ó, não falei que diferenciou, que tava pra chover!" (S. Benvindo e Bidá – Norte; Zé Preto – Noroeste).
- Moleza e esmorecimento: "O dia que tá vespando pra chover, o corpo da gente dói, a gente esmorece no serviço, tudo que tem na gente... [...] Dói, começa desmaiar, aquele corpo ruim, assim, aquela moleza, a gente olha pro serviço, não tem coragem pra ir no serviço, é a chuva. Ela faz tudo com a gente, é faz tudo com a gente" (Zé Preto – Noroeste).
- Não alimenta direito: "Tem um calorão, a gente não pode alimentar direito, se alimentar muito, adoece, tudo isso tem. Agora, depois que chove, não. O freguês dá vontade de comer, amanhece o dia ele tá perguntando comer trem gostoso é aquilo, tudo isso conta" (Zé Preto – Noroeste).
- "Verteção de água, eu posso beber água e pode não beber, quando tá pertinho de chover, dá uma... uma mijadeira danada!" (S. Benvindo – Norte).

g) Nos dias santos:

- Dia da Festa de Nossa Senhora da Abadia em Romaria: "Dia 8 de setembro, dia de chuva, podia contar, meu pai, muita gente, plantava a roça, podia esperar pra ir na Romaria, já deixava a roça plantada, que dia 8 de setembro a chuva vinha" (D. Maria Rosa – Triângulo).

- Dia de Santa Luzia: "Tem pessoas aí que faz previsão de chuva até assim, nas véspera de Santa Luzia, de São João, de acordo que o tempo tiver, os mês tal, vai chover" (Tiãozinho – Noroeste).

- Dia de São João: "Ah, uns fala de um jeito, outros fala de outro... Tem muita gente que conhece o tipo do planeta do céu, outros não conhece, eu mesmo não conheço. [O que que eles falavam do céu?] É... esse ano é bom de chuva! Na eca de... São João, no mês de junho, né, sempre tem uns que conhece que tem um sinal se o ano é bom de chuva no outro ano, ou se não é" (Agenor – Noroeste).

> É porque as profecia, aqui, a gente tem assim: antes das fogueiras, a gente conta seis dia... seis dias, agora, a gente conta assim: outubro, novembro, dezembro, janeiro, fevereiro, março. Aí, ali é a profecia de São João. Agora, de acordo os dias, a gente marca o mês, vamo vê se aquela enevoação começa. Vamo supor, o início, que é outubro, se ela começa cedo, a gente apercebe que o mês de outubro vai ser bom de chuva. Novembro, se ela começa do meio dia pra tarde, ela pode dar uns dia de chuva, mas o mês não é todo bom. Esses é as visão que nós tem, assim... das... dos mês, a gente faz a parceria com os santos, quando tem as profecia com os santos. [...] É, e aí vem as profecias de Santa Isabel, de São Pedro... começa de Santo Antônio, desde Santo Antônio, a gente já vem fazendo as pesquisa nas profecia. [...] Outros faz simpatia no sal, né, ali com o sereno, pra ver os mês. Eles pega o sal lá e marca... como é que é, meu Deus? Eu sabia, mas distraí como é que é... o sal lá no sereno. (Rosalvo – Norte)

O que Rosalvo não conseguiu se lembrar trata-se de uma antiga tradição do Sertão do Nordeste, descrita por Euclides da Cunha em seu famoso livro:

> É a experiência tradicional de Santa Luzia. No dia 12 ao anoitecer expõe ao relento, em linha, seis pedrinhas de sal, que representam, em ordem sucessiva da esquerda para a direita, os seis meses vindouros, de janeiro a junho. Ao alvorecer de 13 observa-as: se estão intactas, pressagiam a seca; se a primeira apenas se deliu, transmudada em aljôfar límpido, é certa a chuva em janeiro; se a segunda, em fevereiro; se a maioria ou todas, é inevitável o inverno benfazejo. (CUNHA, 1973, p. 146)

Câmara Cascudo também apresenta uma variante deste esforço de "profetar os tempo" semelhante ao do relato acima, apenas se observando, no dia santo e nos seguintes, as condições climáticas: "Outra experiência de S. Luzia exclui as seis pedrinhas de sal. Basta reparar se chove no dia 13 de dezembro, porque choverá em janeiro; 14 de dezembro é fevereiro; 15 de março, 16 de abril, 17 de maio, 18 de junho, mês clássico do inverno brasileiro" (CASCUDO, 1972, p. 279). Da mesma forma, não apenas no dia de Santa Luzia se realizava tal experiência, mas também no de São João, tradições que parecem nos terem sido legadas pelos portugueses. Câmara Cascudo reproduz um trecho do livro *O povo português*, de Teófilo Braga, onde registra o mesmo tipo de procedimento para este santo: "Em Beja, pelo São João, também se põe doze montinhos de sal em cima de uma tábua que se passa pelo lume, com o mesmo intuito de prognóstico do ano" (CASCUDO, 1972, p. 279).

A fundamentação "científica" de tal experiência, assim como de vários dos sinais aqui apresentados, o próprio autor de *Os Sertões* nos revela:

> Esta experiência é belíssima. Em que pese ao estigma supersticioso, tem base positiva, e é aceitável desde que se considera que dela se colhe a maior ou menor dosagem de vapor d'água nos ares, e, dedutivamente, maiores ou menores probabilidades de depressões barométricas, capazes de atrair o afluxo das chuvas. (CUNHA, 1973, p. 146)

Seguindo a mesma linha de raciocínio, pode-se encontrar, em vários dos sinais acima, evidentes indícios do aumento da umidade do ar, como o surgimento do "mormaço", a ocorrência de "neblina na serra", na "nuvem [que] começa a engrossar", ou "quando o tempo tá evaporando". É a refração provocada pela sua presença que forma o "círculo em volta do sol ou em volta da lua", como se observa também no arco-íris. O incremento da umidade também é percebido na terra, quando "essas raiz [...] tudo começa a chorar", pois o "vapor tá subindo, evêm do centro da terra". A evaporação está claramente associada à elevação da temperatura, "que tempo frio não é sinal de chuva", observando-se também mudanças nas correntes de ar: "o vento vira de rio abaixo". O calor, num primeiro momento, evapora "a água dos rio, às vezes, tem uma aguinha e ela diminui é sinal que a chuva tá perto", para logo a seguir, esquentando ainda mais, quando já "tá armando chuva, a água aumenta, que a umidade sobe, né". A relação com a maior ou menor presença de umidade também pode ser apontada nas plantas que "choram", ou na "verteção de água", ou mesmo quando o "corpo da gente dói".

A observação da maior concentração da brotação e floração de diversas espécies do Cerrado no final da "seca" é parte de suas estratégias de reprodução. Assim, como afirma Paulo Eugênio Oliveira, em seu estudo, *Fenologia e biologia reprodutiva das espécies de Cerrado,* para algumas delas "mudanças de pluviosidade, temperatura, fotoperíodo e ocorrência de fogo devem funcionar como 'gatilhos' ambientais sinalizando a ocorrência de floração" (OLIVEIRA, 1998, p. 178). No que se refere à brotação, temos as espécies "brevidecíduas", que apresentam uma "troca concentrada no final da estação seca [que] é precedida ou acompanhada por caducifolia (sincronização entre caducifólia e brotação, varia de espécie para espécie, entre indivíduos da mesma espécie e entre diferentes anos para o mesmo indivíduo)" (OLIVEIRA, 1998, p. 182). Assim, há espécies, como a "cagaiteira [que] não cai na poeira" porque sua frutificação ocorre em novembro-dezembro, ou seja, no auge do "inverno", pois ela "não somente germina rapidamente como perde viabilidade em 150 dias" (OLIVEIRA, 1998, p. 176). Já o pequizeiro é uma "planta semidecídua, cuja floração ocorre logo após a emissão de folhas novas" (ALMEIDA *et al*, 1998, p. 109), frutificando em dezembro-janeiro (OLIVEIRA, 1998).

Da mesma forma, o "canto" de várias espécies animais, particularmente aquelas que vivem em ambientes aquáticos, como a "perereca", a "gia" e o "sapo", está associado ao período do acasalamento no início da "águas", para que ovos e filhotes se desenvolvam em riachos, poças e outros locais úmidos (CARAMASHI, 1993). O mesmo tipo de comportamento ocorre com as "aves insetívoras e frugívoras [que] se reproduzem na primeira parte da estação chuvosa, quando estes alimentos são mais abundantes" (ROCHA *et al*, 1993, p. 416).

Em síntese, a reprodução de várias espécies de plantas e animais no Cerrado, assim como as estratégias sociais dos próprios seres humanos, estão relacionadas com o início do período chuvoso, pois é quando se acumulam energias para vencer a situação adversa da "seca". Assim, esses observam o comportamento daqueles, por saber que plantas e animais mais facilmente "advinham" a aproximação das "águas". Todos os seres vivos parecem estar atentos aos mesmos sinais vitais para a sua sobrevivência e reprodução como espécie. Tais sinais, como foi apontado nos depoimentos da Pesquisa de Campo, nos remetem à maior influência do Sol sobre a Terra, com a elevação da temperatura intensificando o processo de evaporação, resultando na maior presença de umidade no ar, capaz de desfazer "o sal lá no sereno"; porém, o que tudo isso tem haver com o dia de São João ou de Santa Luzia?

Essa tradição, como foi visto, provém de Portugal, onde, como em todo o Hemisfério Norte, entre 21 e 23 de junho, ocorre o solstício de verão, sendo esse último dia dedicado justamente a São João. "Dia de Santa Luzia, 13 de dezembro, é a aproximação do solstício de inverno (no Hemisfério Norte), passando a 21" (CASCUDO, 1972, p. 279). Esses dois solstícios, além de corresponderem ao início das mesmas estações, representam, respectivamente, o dia mais longo e o mais curto do ano. Desde as eras mais remotas em "várias partes do Mundo, culturas separadas no espaço e pelo tempo alinharam seus monólitos e alguns templos segundo os nascentes solsticiais e equinociais" (FARIA, 1987, p. 59). Também muitos são os ritos primitivos a celebrar a passagem dos dias iniciais das duas estações de climas extremados na Europa, como assinala James G. Frazer na sua obra clássica, *O ramo de ouro*:

> O solstício de verão é o grande momento na carreira do sol, quando, depois de ir subindo dia a dia, cada vez mais alto no céu, ele pára e, a partir de então, faz de volta o caminho celeste que havia trilhado. Esse momento não podia ser visto senão com preocupação pelo homem primitivo. As fogueiras do solstício de verão existiram em toda essa região do globo, desde a Irlanda, no oeste, até a Rússia no leste, e da Noruega e da Suécia, no norte, até a Espanha e a Grécia, no sul. (FRAZER, 1982, p. 218)

Essas fogueiras eram parte de antigos rituais ligados ao culto da fertilidade, buscando-se acender, na passagem futura do sol, um ano de prosperidade ligada ao sucesso das lavouras e a prodigalidade da natureza:

> [...] acredita-se que o fogo promova o crescimento das plantações e o bem-estar do homem e dos animais, seja positivamente, estimulando-os, seja negativamente, evitando os perigos e calamidades que os ameaçavam, como o trovão, e o raio, o incêndio, a peste, os parasitas, as pragas, a esterilidade, a doença e a bruxaria, que não era o menos temido deles. (FRAZER, 1982, p. 224)

Também no Brasil e no Sertão Mineiro são acesas fogueiras em junho, durante as festas dedicadas a São João, no entanto, essa festa, assim como a comemoração do Natal em 25 de dezembro é, na verdade, uma apropriação de rituais muito mais antigos ligados aos solstícios de verão e do inverno no Velho Mundo:

> Embora se possa considerar como certa a origem pagã do costume, a Igreja Católica lançou sobre ele um véu cristão, declarando ousadamente que as fogueiras eram acesas em sinal de regozijo geral pelo nascimento do Batista, que oportunamente veio ao mundo no solstício de verão, exatamente como fez seu grande sucessor, no solstício de inverno, de modo que se podia afirmar que todo o ano girava em torno desses dois eixos dourados dos dois grandes aniversários. (FRAZER, 1982, p. 218)

A tradição das fogueiras do início do verão, no hemisfério norte, vai além da Europa e sua apropriação pelas grandes religiões não se limita ao Catolicismo. Assim, "entre os povos muçulmanos do norte da África, como entre os cristãos da Europa, a festa do Solstício de Verão é totalmente independente da religião professada publicamente, constituindo um resquício de um paganismo muito mais antigo" (FRAZER, 1982, p. 218). Frazer mostra que os povos maometanos, mesmo seguindo o calendário lunar, realizavam tais festas típicas do ano solar:

> O costume de acender fogueiras na noite do solstício de verão, ou no próprio dia, é generalizado entre os muçulmanos do norte da África, em particular no Marrocos e na Argélia. É comum tanto aos berberes como a muitas das tribos árabes, ou de língua árabe. (FRAZER, 1982, p. 218)

As "fogueiras", como foi visto nos depoimentos acima, são também a época de se verificar as previsões do tempo para os seis meses seguintes no Sertão Mineiro, ainda que nesta parte do globo estejamos no solstício de inverno. As festas de São João, muito populares em todo o Brasil, assim como a essa tradição de "profetar o tempo" são um legado da nossa colonização portuguesa. Câmara Cascudo, baseando-se em Joaquim Pires de Lima, autor de *Tradições populares de Entre-Douro-e-Minho*, aponta a possibilidade desta tradição ser de origem árabe, cuja cultura muito influenciou toda a Península Ibérica pelo seu longo período ocupação. "Na noite de 23 para 24 de ramadã ficará determinado tudo quanto há de acontecer no ano seguinte, por ter sido nesta noite de Alcadir que o Alcorão foi revelado a Maomé" (Cascudo, 1972, p. 279).

Câmara Cascudo também assinala a presença das mesmas experiências com o sal, ou apenas examinando-se o tempo, entre os espanhóis e em Porto Rico, sendo, possivelmente, "vestígios do rito judáico da Festa dos Tabernáculos, celebrada ao ar livre nas sinagogas, ao começar a semeadura e ao findar a colheita" (Cascudo, 1972, p. 280). Da mesma forma, encontrou prática semelhante no calendário bretão, ou seja, é possível que a tradição de se "adivinhar" o tempo nos solstícios de verão, e também de inverno[7], tenham a mesma origem tão remota, quanto às fogueiras dos ritos de fertilidade. Não só se buscava estimular o sucesso das lavouras, mas também auscultar os sinais do tempo, no ano agrícola vindouro, em dias muito particulares, quando a Terra recebe maior ou menor influência do Sol, extremando-se seus períodos diurnos e noturnos.

Estudando o céu, a conformação das nuvens, os sinais dados pelas plantas e animais, ou até as manifestações no próprio corpo, foram se configurando, ao longo das gerações, alguns indicativos, relativamente seguros, sobre a previsão do tempo: "Porque a gente tá acostumado, vive na roça, conhece quando... pelo tempo, né, acostumado... já conhece muito bem como é que funciona" (Rosalvo – Norte).

Essa busca por uma regularidade, por ciclos mais ou menos constantes, onde os anos de chuva, de seca ou de outros fenômenos climáticos se repetem, afetando a produção agropecuária e a vida do sertanejo, se constituíram em uma antiga preocupação e muitas são as tentativas feitas pela sabedoria popular de entender os desígnios dos céus ou os caprichos da natureza. Antonino da Silva Neves, em sua *Chorographia do municipio de Rio Pardo*, datada de 1908, nos dá um interessante exemplo de uma dessas tentativas:

> No alto sertão as grandes seccas são um phenomeno natural, repetindo-se decennalmente.
>
> A "casa dos nove" ou o "anno dos nove" é fatidico para o sertanejo. No seculo passado os annos de 1809, 1819, 1839, 1849, 1859-60, 1879-80,

---

[7] Não apenas o dia de Santa Luzia, mas também o Natal era usado, no Hemisfério Norte, para se estudar o tempo do ano seguinte. O astrônomo francês Jean-Pierre Verdet estudando a "meteorologia popular" além de assinalar as tradições sobre o dia de São João afirma: Mais que qualquer outro, o Natal é eminentemente um dia "prenunciativo". A observação do tempo que fez nesse dia permite (ou permitiria) prever o tempo até o Natal seguinte.
Os dias entre o Natal e o dia de Reis
Indicam o tempo dos 12 meses.
Doze dias do Natal ao dia de Reis
O tempo dos 12 meses.
Olha como foram
Os 12 dias desde o Natal,
Pois conforme esses 12 dias,
Os 12 meses terão seu curso. (VERDET, 1987, p. 179)

1889-90, 1899 foram enormente seccos , havendo forte penuria em 9, 19, 60, 90, 99, para só se fallar nas mais celebres.

A terra sertaneja, após as grandes estiagens produz dum modo verdadeiramente maravilhoso.

Embora não possa systematizar infalivelmente:

O "anno de 1" é o da fartura. Assim é que em 1821, 1841, 1861, 1891, 1901 houve abundancia pasmosa.

O "anno de 2" é feralmente sadio, avonde, uniformente chuvoso.

O "anno de 3" é ás vezes secco havendo grande mortandade de gado, e boas colheitas de algodão.

O "anno de 4" é regularmente pluvioso, continuando ainda as doenças do gado. Nos últimos vinte annos a mortandade do gado vaccum foi espantosa em 1883-4, 1893-4. Já na famosa prophecia de Bandeira se lia ha muito tempo: "Em noventa e quatro muito pasto e pouco rasto".

Nos "annos de 5" e "6" reapparecem as epidemias e as epizootias diversas, e ha boas invernadas e transbordamento de rios. O inverno de 1876 tornou-se celebre. Choveu continuamente de 10 de dezembro de 1876 a 13 de fevereiro de 1877.

No "anno de sete" a mortalidade cresce de uma maneira espantosa e vem o apparecimento da "mundicia". Os gafanhotos, as lagartas, tatus, passaros, devastam as roças. É o prenuncio da fome.

O tempo se torna fumacento.

Os coqueiros dão cargas estupendas e as abelhas selvagens são em quantidade prodigiosa: "fartura de mel e de côco é signal de miseria" dizem sentenciosamente os sertanejos velhos.

No "anno de 8" as chuvas são ora fortes, grossas copiosas, ora escassas acompanhadas de trovoadas rudes, e o tempo admiravel. O inverno de 1888 durou quarenta dias (janeiro-fevereiro).

No "anno de 9" vem a secca, acompanhada sempre de escasseamento de viveres. Então se fazem na primavera e no verão, rezas pelas estradas, irrigam-se os cruzeiros solitarios, trocam-se santos... O clima é sadio, o ceu admiravelmente bello, o vento árido.

O algodão produz estupendamente nos annos de – 1 a 5. O anno de – 1 é por assim dizer o anno do feijão de arranca "sestroso" para dar em certas epochas. Em 1891 essa papililionacea, em diversos logares, deu alqueire e meio de colheita por um prato de planta.

Depois das grandes seccas não é so a terra que se mostra de fecundidade prodigiosa; tambem os animaes.

Em 1901 os casos de vaccas com duas crias foram numerosos

É bom ficar registrado mais o seguinte:

Entre 1899 e 1904 foi notavel a mortalidade de creanças e a fecundidade das mulheres. Nesse periodo as chuvas foram desusadamente irregulares. A estação de 1889-90 foi extraordinariamente esteril, e a grande fome dos Noves está gravada indelevelmente na memoria do sertanejo. Novecentos foi o "anno do algodão"; novecentos e um o "anno do milho", notando-se que num e n'outro a epidemia de febres foi terrivel. Em Novecentos e tres as cousas não correram muito bem lá muito bem, e 1904 foi enxuto, carestioso, anormal. Novecentos e cinco foi o anno das enchentes e marca o regresso ás "éras boas".

Em 1906-07 rara foi a mulher que não se tornou mãe; mesmo as infecundas de muitos annos conceberam. E os partos de duas, tres e mais creanças foram sem conta. Os "mambaças" jamais foram raridade no sertão nem tão pouco foram tão abundantes como nestes dois ultimos annos

> Vejam agora os sabios na escriptura,
> Que segredos são estes da natura. (NEVES, 1908, p. 52-53)

Antonino da Silva Neves teria, trinta anos depois, uma confirmação desses seus segredos da natura, pois o fatídico "ano dos nove" se repetiria na famosa seca de 1939, cuja lembrança ficou marcada na memória popular do Sertão Mineiro, até entre aqueles que nem eram nascidos então:

> O que eles sempre conta, esses antigos, é que a gente se mantinha mais é com caça do mato, com mel de abelha, era assim, porque, às vez, não tinha outro meio de conviver. Era comendo raiz de umbu, arrancava pra fazer a farinha, né. [...] Isto, eles contavam muito, vivia... procurava viver assim. Você sabe que esse povo, os índios mais velho comia a mucunã, a fruta da mucunã? [...] E a raiz, eles comia muito isso, existia vários tipo de coisa aqui que eles tinha como alimentação pra passar, né, que eles vivia, que na época diz que a seca foi muito assim... abalou muito, né, não tinha outro meio, então, eles fazia isso pra viver. (Rosalvo – Norte)

Esses recursos naturais usados contra a fome, em períodos de seca, são para o sertanejo uma espécie de compensação da providência divina ao sofrimento imposto por essas intempéries:

> A batata dela... tira a goma dela e dá um mingau muito nutritivo, muito gostoso. [...] Eu, mesmo, nunca comi, não, mas dizendo o povo que é muito bom. [...] Dizia mamãe que no tempo que não tem falta, ela não dá goma, não, que ela é igual coqueiro. Você já ouviu falar em farinha de coqueiro? [...] A farinha de coqueiro, também, o cara só consegue farinha de coqueiro no ano... naqueles tempo que... isso é coisa de muitos ano, que tinha aquelas falta, aquelas fome e não vinha nada de fora pra esses lugar, então, o povo derrubava coqueiro e conseguia tirar farinha, tirar a massa dele pra fazer farinha. [...] Desse coqueiro macaúba. Porque, hoje em dia, já não existe mais esse tipo de coisa, porque se tá faltando alguma coisa aqui, ela vem lá... até dos Estados Unido. Se bem que ainda tem muito lugar que o povo passa fome. Um lugar terrível é a África, né? Esses dia mesmo, tava mostrando uma reportagem da África, faz tristeza de ver, viu! Aqueles menininho só os esqueletinho, quase que é só cabeça! (Adão – Jequitinhonha)

A seca só resultava em fome porque o Sertão ainda não se encontrava integrado no mercado nacional ou internacional, de onde se poderia importar alimentos para abastecer sua população, no entanto, a natureza reservava recursos alimentares especiais, talvez hoje inexistentes. De outras regiões podia não vir comida e outras ajudas para vencer a fome, mas sempre vinham flagelados, com histórias de uma seca e de uma situação de miséria ainda maior: "Os baiano saía da Bahia de a pé, passava por aqui afora, com a mala na cacunda, os baiano... [...] Ia pra São Paulo, de a pé. Tinha baiano que morria no caminho de fome e sede, cansado" (Antônio Rosendo – Triângulo).

A migração dos "baianos" era o sinal da seca no Sertão, a ameaça que vinha do norte, prenúncio de tempos difíceis:

> Passava aqui, foi acontecido assim, que os mais velho sempre falava que foi acontecido assim. Até, lá tinha uma história de falar: ó, meu filho, aqui, a gente... pode chegar um tempo... surgir um tempo de... que a chuva aqui diminui, seca as terra e meus pai sempre falava isso, que quando a chuva aqui diminuísse, que vesse esses nortista tomando conta aqui da Minas, correndo de lá, então, muitas vez, a chuva aqui pode diminuir. Quando a chuva diminuir aqui, vocês procura o lado do sul, não fica aqui, procura o lado do sul, cansava de falar isso pra gente. [...] Tinha que ir procurando o lado do sul, que vinha o pessoal do norte, vinha vindo e a seca ia acompanhando. Eles falava que eles fazia muita bramura lá, a dúvida do povo é que diz que eles fazia muita bramura lá e corria. (risada) Mas não tinha, às vez, nem fazia nada, mas a era mandava era assim, então, ia acontecendo. (Rosalvo – Norte)

Se a memória sertaneja é marcada pelas grandes secas, ela também tem presente um passado em que a chuva era mais abundante, um tempo de fartura de alimentos, como se vê em depoimentos colhidos nas quatro áreas pesquisadas:

> De primeiro chovia mesmo, Ricardo. [...] Ah, também, estrada, ninguém não passeava nesses dia, não, porque era chuva, mesmo. (Zé Diniz – Triângulo)
>
> Chovia, antigamente, chovia. Antigamente, chovia o mês inteirinho, né, eu conheci, mês inteirinho... Hoje, se dá três dia de chuva já é muito, né. O povo também, quando dá dois, três dia de chuva: ih, já tá demais, já tá demais... (risada). (Agenor – Noroeste)
>
> Chovia mais antigamente. Eu lembro que antigamente... eu sei que eu tou com 51 anos, eu lembro que tinha época de você ficar aí 8, 10 dias, você não podia sair no terreiro que a chuva tava... noite e dia, direto! É o inverno, né. Hoje, você fala em inverno, o povo acha é graça. Que inverno! (Antônio de Fia – Jequitinhonha)
>
> O negócio é o seguinte: que, de primeiro... deixa eu contar pro senhor a história, de primeiro, a fartura era mais, todo mundo tinha fartura, uns güentava colher, outros não güentava, dava na meia, perdia na roça, é por isso, é porque o tempo, os anos chovia bastante, a terra era terra sadia e os mantimento criava sadio. (Domício – Norte)

Historiadores, antropólogos e outros pesquisadores, muitas vezes, ao trabalharem com história oral, discutem a tendência de nos depoimentos colhidos se idealizar o passado frente a um presente adverso. Os dois anos nos quais se desenvolveu a Pesquisa de Campo, 1999 e 2000, embora houvesse um ano considerado melhor de chuvas, ocorreu dentro de uma seqüência de anos secos, e alguns entrevistados falaram se tratar de uma estiagem jamais vista por eles. Assim, não seria improvável se pensar na idéia de algumas das falas acima estarem carregadas de uma percepção mais favorável em relação ao passado como um tempo bom que não volta mais.

Na sua dissertação *Cerrados e camponeses no Norte de Minas: um estudo sobre a sustentabilidade dos ecossistemas e das populações sertanejas*, Carlos Eduardo Mazzetto Silva discute a presença das chuvas naquela região do Cerrado Mineiro, ao longo do século XX, a partir de dados apresentados no quadro abaixo:

Quadro 2 – Médias de precipitação pluviométrica, mensais e anuais em Montes Claros, na década de 1910 até a década de 1990 (mm)

Década	MESES DO ANO												
	JAN	FEV	MAR	ABR	MAI	JUN	JUL	AGO	SET	OUT	NOV	DEZ	TOTAL
1910	261,1	148,4	124,6	55,4	19,5	2,3	2,0	6,7	30,5	123,5	150,1	235,5	1160,00
1920	181,1	181,2	169,1	35,5	8,8	5,7	1,3	8,3	16,9	85,5	169,7	226,5	1089,70
1930	118,7	85,2	67,9	30,1	3,1	3,8	0,8	0,0	10,6	44,9	128,5	193,3	686,90
1940	194,2	131,4	123,5	72,0	11,6	0,2	5,9	2,5	23,3	116,0	298,8	384,1	1363,60
1950	176,0	150,2	172,4	48,5	0,9	14,7	11.9	1,9	26,7	31,9	289,7	371,4	1296,20
1960	397,2	194,2	130,0	35,6	7,0	8,2	8,5	1,2	8,8	84,6	203,7	370,3	1449,20
1970	165,2	157,2	103,7	36,2	15,1	0,9	4,3	3,6	20,4	141,9	299,0	196,2	1143,90
1980	243,9	79,3	158,1	40,9	6,7	7,5	1,8	2,9	25,1	77,2	159,5	264,1	1067,00
1990	202,4	100,6	112,5	36,0	4,6	2,3	6,2	1,5	25,3	64,4	248,3	241,0	1044,30
1910-1998	215,6	125,3	129,1	43,3	8,6	5,1	4,7	3,2	20,8	85,5	216,4	275,8	1144,50

FONTE: INMET (Instituto Nacional de Metereologia), CODEVASF, DNOCS, SUDENE, 1998 (MAZZETO SILVA, 1999, p. 158).

Considerando esses dados, ele conclui: "Esse quadro não nos permite afirmar que esteja havendo uma diminuição importante da precipitação pluviométrica regional, embora a curva seja descendente de 1960 a 1990". Mais adiante, ele observa que "o senso comum que atribui as dificuldades climáticas atuais a uma diminuição da chuva na região, não encontra respaldo total nestes dados coletados" (MAZZETO SILVA, 1999, p. 157-158).

Se considerarmos que grande parte da população no Norte de Minas e na região do Cerrado Mineiro tem até 60 anos, a memória sobre um tempo "antigo" em que chovia mais se refere, conforme os próprios dados acima, ao período das décadas de 1940 a 1960, quando as médias anuais de precipitação pluviométrica eram praticamente sempre acima de 1300 mm. Caindo sucessivamente nos três decênios seguintes, embora de forma não muito significativa, embora entre a década de 1960 e a de 1990 se tenha uma perda de 28% nas médias anuais.

A percepção do "senso comum" em relação à diminuição das chuvas no Norte de Minas e nas demais regiões do Cerrado Mineiro, no entanto, parece não se assentar apenas no volume total das precipitações anuais, mas na sua distribuição ao longo dos dias e meses do ano. O tipo de chuva preferida pelo sertanejo é a chuva fina, que dura muitos dias e molha a terra:

> No inverno fininho de aumentar as água, também, esse tal de inverno que nós fala de novembro, dezembro, pra trás, ele... vinha uma chuva fininha, durava muitos dia, né, pai. Agora, ultimamente, nós não tá vendo esse inverno mais, ele... ele vem fraco, uns dia pouco. (Pedro – Triângulo)

É possível que, se analisássemos os dados de distribuição das chuvas ao longo dos dias e das horas, se poderia constatar essa percepção que a chuva se dá, atualmente, através de pancadas intensas, com grande volume de precipitação em pouco tempo. Essa chuva, somada ao desmatamento, que desnuda a terra, não contribui para a sua infiltração no solo, mas para a formação de enxurradas e de erosões. A água chega rápido e vai embora na mesma velocidade, não contribuindo para alimentar o lençol freático.

Outro aspecto dessa percepção sertaneja na diminuição das chuvas está na mudança do mês em que elas se iniciam, sempre relacionado com o período de plantio das lavouras a ele associado. Alguns entrevistados, ao se referirem a essa diminuição, especialmente aqueles de mais idade, se recordam que o período das "águas" começava mais cedo e se distribuía ao longo de metade do ano:

> Ó, chovia os seis mês, direto. [...] Começava em agosto, daí foi jogando pra setembro, de setembro foi jogando pra outubro, a chuva. [...] [Quando o senhor era menino era em agosto?] É... não, pra trás da minha época, na minha época foi em setembro. Batia setembro, a chuva chovia os seis mês. Às vez, abria o solinho, quatro dia, o resto: chuva. [...] Setembro, outubro, novembro, dezembro, janeiro, fevereiro, aí parava, seis mês. Seis mês de chuva direto, não parava. [E as roças, naquele tempo, davam bastante?] Dava, mas perdia muito roçado, porque não abria sol pra queimar. Plantava as palhada, é... plantava palhada. (Antônio Rosendo – Triângulo – 95 anos)

> A eca de chuva em setembro já foi muito pra trás, eu ainda era menino, ainda, rapazinho novo. Chovia, assim, papai plantava... tinha uma roça na beira do córrego por nome Fincada, plantava todo ano em setembro. Papai morreu no mês de agosto, já deixou a roça prontinha pra plantar. [...] Já, foi mudando, chovia em outubro, né. Sempre dava certo plantar em outubro, que o milho de

outubro é bom, né. Foi cabando, foi cabando, hoje tá plantando quase em novembro. (Agenor – Noroeste – 83 anos)

Alcancei ainda, nós já plantamo muita roça aqui na entradinha de outubro, muitas... em setembro, já plantemo roça aqui e colhemo. É certo mesmo, agora em agosto, agosto pra setembro já chove, mas aí nós fala assim... aqui pra nós, nós fala chuva de rama: choveu agora a chuva de rama. Aí, ainda não planta a roça, mesmo chovendo grosso, a gente não planta. Agora, em outubro, quando chove grosso, tinha costume, antigamente, a gente plantava as roça, hoje, nós planta é em dezembro, fim de dezembro! É que a gente percebeu que a chuva diminuiu, mudou o tempo de chover, né. Porque ela chovia... começava no início de outubro e aí, ela chovia até... muitas vezes, até o mês de maio, tava chovendo. Hoje, às vez, chove, mas não é igual antes chovia, não. (Rosalvo – Norte – 55 anos)

Os dados do quadro apresentado por Mazzeto Silva, apesar das possíveis diferenças regionais, confirmam, em grande parte, essa percepção em relação à mudança no início do período das chuvas:

a) Nas décadas de 1910 e 1920, as precipitações do mês de agosto são mais do que o dobro da média de todo o período abrangido pelos dados relativos a esse mês para o restante do século. Além disso, na década de 1930, agosto mostra uma média mensal igual a zero, não recuperando as precipitações anteriores em nenhuma das décadas seguintes. Certamente, foi a partir de então que se passou a plantar a partir de setembro.

b) Esta última década apresenta um resultado atípico em relação às demais, sendo toda ela de pouca chuva, segundo os dados, mas é possível que nos anos 1940 e 1950, se tenha firmando o início do plantio em setembro, pois a média desse mês, nesses vintes anos, é superior ao dos dois decênios anteriores, chegando mesmo a ser o dobro da década de 1930.

c) Apesar de apresentar a melhor média anual média de precipitações, os anos 1960 possuem, no mês de setembro, uma queda de cerca de um terço em relação às duas décadas anteriores, empurrando, provavelmente, o costume de se iniciar o plantio para outubro.

d) No decênio seguinte, setembro praticamente recupera seus índices anteriores, mas outubro se mostra mais chuvoso, provavelmente consolidando, esse mês como ideal para o plantio.

e) Esse fato não se repete nas décadas de 1980 e 1990, quando as médias caem a menos da metade dos anos 1970, para este mesmo mês, contribuindo, possivelmente, para se adiar o plantio para os seus últimos dias, ou para novembro e até dezembro, conforme o ano.

Em resumo, a percepção entre os habitantes do Cerrado Mineiro de que a chuva diminuiu estaria assentada na combinação de uma queda nas médias de precipitação pluviométrica, nas últimas três décadas, com a redução do número de dias chuvosos e com o que consideram o atraso no início do período das "águas", relacionado com um plantio das roças cada vez mais tardio. Com tantas mudanças, alguns entrevistados começam a por dúvida nos sinais que antes eram percebidos como indicadores da chegada das chuvas: "Hoje esses sinal de antigo, não tá dando, não. [...] Não, não tá valendo, nada, não. O que passou, passou, como se diz. [...] Não vale nada, não. Quando Deus quiser que chove, chove" (Maria Rosa – Triângulo). Assim, vários acabam por acreditar que "sinal de chuva é enxurrada" (Zé Preto – Noroeste). Outros já começam a adaptar seus sinais de chuva aos novos tempos, mais integrados, pelos meios de comunicação às outras regiões:

> Eu fico incrível com esse negócio da previsão, eles falar sobre a marcação de chuva. E costuma... quando eles fala que em Belo Horizonte... a gente pega aqui, eles fala: chuva em Belo Horizonte, essa noite choveu muito, pois vem aqui, vem aqui. [...] Quando eles fala que choveu muito hoje, pode esperar que ela vem. (Agenor – Noroeste)

Esse tempo passado, quando os sinais de chuva "valiam", em que ela era bem distribuída e em quantidade, trazendo fartura para as lavouras, é lembrado com saudade. É o tempo da infância, da casa do pai, quando as terras eram maiores e mais férteis e o trabalho era compensado por largas colheitas. Podia-se não ter riqueza, porque, ao contrário de hoje, as coisas "não tinham preço" e a produção se perdia, mas era o "tempo da fartura", como se pode observar em muitos depoimentos dos entrevistados nas quatro áreas pesquisadas:

> Tinha, tinha mais fartura, viche! Era uma fartura, era uma fartura sagrada que um mantimento alcançava o outro e ainda ia pro mato. Meu pai era um homem muito trabalhador, um caboclo trabalhador, que trabalhava dia e noite, plantava de tudo! Eu vi fartura de tudo! Graças a Deus! Nós tinha... nós morava aqui no Sapé e tinha um brejo lá, lá no Brejo do Mata Fome, nós trabalhava nesses dois lugar. Mas era uma fartura beleza que eu alcancei! Até hoje eu alembro, quando eu alembro daquela fartura, eu digo: eu não vivo mais! (Ricarda – Norte)
>
> O meu pai mesmo era... ele era... na época da seca, a gente fabricava rapadura. Tinha os canavial, fazia rapadura, dava ração pro gado. Nós tinha lá média de umas trezentas cabeça de gado, assim, pertinho. Fazia, assim, oito, dez queijos por dia. Tinha animal, gente naquela época não tinha negócio de pensar ni carro, não, é só no animal, mesmo. Tinha uma média ali duns cinqüenta animal pra viajar. E fazia rapadura e moía... tinha farinha, engordava porco, né, engordava porco... Tinha toda fartura nessa fazenda. Tinha movimentação grande. Nós fomo criado assim na fazenda. (Antônio de Fia – Jequitinhonha)
>
> Meu pai era uma pessoa direita demais, muito trabalhador, mas muito direito, então ele vivia era mesmo dos braço. Tinha fartura, né, em casa, tinha, era muito ovo, fazia biscoito... Companheiro, punha... que ele tocava muita roça mesmo, é... tinha dia que ele tinha trinta companheiro, mas nós tinha que

fazer comida pra esse povo tudo e lutar... Tinha fartura, lá em casa, tinha. Rapadura, fazia rapadura era uma carga por dia, mais... (Aurora – Triângulo)

Uma vez eu colhi uma roça de um compadre meu, até ele é negociante aqui, hoje. Ele colheu feijão que perdeu. Quando ele... um dia ele bateu um bocado, e deixou lá pra... veio uma chuva carregou metade! (risada) Nesse tempo tinha fartura que eu falo hoje com essas mocidade daqui: vocês nunca teve fartura, nunca viu nada, né, fartura nenhuma, acostumado a tá comendo meio quilinho das coisa. (Agenor – Noroeste)

Nas entrevistas, o "tempo da fartura" no passado era marcado pela união da comunidade, solidariedade no partilhar o possuído com os parentes e compadres, em caso de necessidade. Se produzia de tudo, pelo menos um pouco, para abastecer a casa e, às vezes, sobrava, pois não tinham a quem vender. Não se podia confiar no mercado para garantir as faltas, mas a fé em Deus assegurava a chuva na hora certa e a mesa farta, ao contrário de hoje, em que domina a "vaidade" e o "dinheiro", um "tempo da riqueza", buscada por cada um individualmente:

De primeiro o plantio que nós plantava mais era arroz, era mandioca, feijão catador, feijão de arranca, batata, mandioca mansa, taioba, inhame... era essas coisas. E tudo produzia que era um farturão! Hoje, o senhor cansa de plantar e não dá nada! É o merecimento do povo que voltou, o povo esqueceram de Deus, perderam a fé de Deus. O povo tá confiado só em dinheiro e gado e fazenda e pêpêpê e casa boa e carro bom e esquece de Deus! Então, Deus disse: vocês quer ficar correndo assim, então, você fica. E vai tocando assim, desse jeito. A fé de Deus que o povo perderam, a metade do povo perderam a fé de Deus! Não tá tendo a fé de Deus mais, não, que, de primeiro, todo mundo ajoelhava, rezava, alembrava de Deus, jejuava, tudo isso, ele pratica-va. E Deus, Nosso Senhor ajudava que aquilo era um pessoal unido, pessoa forte, gordo... [...] Mas hoje, tá uma vaidade doida! (De primeiro, ó, nego remendava, bem remendadinho, camisa bem remendadinha, limpava, ia farre-ar a noite toda! E ninguém reparava!) Ninguém reparava, não. Mas, hoje, o povo enricou tudo e você olha e não vê a riqueza, só vê a tabulagem do povo! Você não vê a riqueza deles, não, é só a tabulagem, a prosa! Mas você vai caçar a riqueza dele, não acha. (Domício e Marciano – Norte)

O "tempo da fartura" era uma época mais próxima do ideal de autonomia camponesa, quando não era preciso ter muito dinheiro, porque não se dependia tanto do mercado, quase tudo, através do trabalho árduo, era retirado da natureza:

De primeiro, quase que ninguém comprava nada de despesa. As despesa era tudo produzida das lavoura mesmo. Também não existia... aqui pra nós, não existia esse negócio de óleo, não existia banha, não existia nada, o povo só comia gordura de porco e de gado. [...] Nem sabão, naquela época, o povo não comprava, não. Não comprava sabão, não comprava querosene, não compra-va óleo diesel. [...] Sabe o que que fazia pra alumiar? Conhece mamona? Fazia azeite de mamona, tirava o óleo da mamona pra alumiar. [...] Fazia tudo em casa mesmo sem depender de dinheiro. (Adão – Jequitinhonha)

Atualmente, os entrevistados percebem, especialmente entre a nova geração, uma perspectiva diferente de "ganhar a vida", onde aquela autonomia não se apresenta mais tão claramente como um modelo, pois percebem na inserção no mercado a capacidade de adquirir vários bens industrializados. Estes vieram a substituir uma série de artigos, antes produzidos por seus pais, mas também representaram novas necessidades de consumo, antes inimagináveis e completamente fora da sua capacidade de produção local.

Hoje em dia, a juventude não é como antigamente, não. [...] Eu acho que, no caso, se tiver um modo de ganhar dinheiro sem ser na agricultura, porque aqui a nossa agricultura é apenas de subsistência, né, que não dá pra... só de consumo, não dá pra tirar pra fora, então, a juventude não interessa, porque hoje em dia o dinheiro fala mais alto, então se a pessoa planta, não dá pra vender pra fora, então não dá pra tirar o dele. Então, se aparecer uma forma de ganhar dinheiro, eles deixam a agricultura. [...] E com o tempo também, às vezes, a pessoa planta e não colhe... [...] Vai só perdendo, não vai tendo mais incentivo. (Doralina – Jequitinhonha)

O "tempo da fartura" era, portanto, sinônimo de uma dependência do mundo natural, que, com a "benção de Deus", tinha chuva na hora certa, quando uma colheita "alcançava" a outra e ainda sobrava, gerando pessoas "fortes", dispostas ao trabalho, e comunidades "unidas" pelo respeito e a solidariedade. A "riqueza de hoje" está assentada na idéia de possuir individualmente, em ter dinheiro para adquirir bens, que, muitos deles, a terra já não pode dar, por isso é preciso abandonar a "agricultura", ou seja, confiar mais no mercado do que nos recursos naturais. Perdeu-se a fé na capacidade da natureza em suprir o necessário a vida, ela não "funciona" como antigamente, nem os sinais de chuva não estão "valendo" mais, ela própria diminuiu, o trabalho do sertanejo já não é mais recompensado pelas fartas colheitas. Mas entre o "tempo da fartura" e a "riqueza de hoje", cabe a pergunta, respondida de forma diferente por pai e filho:

[Mas por que que o tempo mudou?] Eu que sei, ué? (O povo fala que foi o desmatamento, que foi devassando, que a chuva foi diminuindo, que a chuva chove com o florestamento que puxa a chuva.) É capaz de ser isso mesmo. (Quando tinha muita mata é que puxava a chuva, agora a mata foi acabando...) Você sabe que é mesmo? (Zé Diniz e Pedro – Triângulo)

A noção, difundida por "pessoas de fora", de que as mudanças ocorridas no ciclo hidrológico estão associadas ao desmatamento e outros impactos ambientais provocados pela ação humana tem sido cada vez mais aceita, especialmente quando acompanhada de experiências práticas confirmadoras:

Hoje a gente percebe que por conta do desmatamento das mata, né, então, a gente percebe que as vertente... as nascente das água diminuiu muito! Diminuiu muito! De dois ano pra cá que a gente sempre evêm conservando mais... que as nascente que a gente sempre conheceu, que antes era... não era desmatado, parece que a água tá voltando, tá chegando de novo. Como aqui mesmo, pra nós, antes, a água era bem rasinha, naquele tempo era mata, então, ninguém ainda não tinha derrubado aquele mato, então, a água era rasa. Aí, o pessoal entusiasmou que a mata era bom pra plantar, derrubaram tudo, plantou, a água sumiu. Agora, a gente foi ver, com as pesquisa que teve, as informação que o pessoal colocou na cabeça da gente que é porque derrubou as mata, então, deixamo criar de novo... conservar o mato, a água tá chegando de novo, a gente tá aprendendo que seja certo isso mesmo. (Rosalvo – Norte)

Ao se discutir o desmatamento e o uso de recursos naturais no Cerrado, é preciso clarear melhor de que ambiente se fala, pois, como já foi apresentado no Capítulo 1 do Volume I, esse bioma é na verdade constituído de um mosaico de paisagens diferentes e, conseqüentemente, com possibilidades de uso e manejo distintas. Esse aspecto também foi objeto de investigação durante a Pesquisa de Campo, pois considerava-se fundamental para entender as formas de exploração do Cerrado saber como os entrevistados dividiam e classificavam os ambientes das quatro áreas em estudo.

AS MUITAS CARAS DA NATUREZA

Utilizando-se dos mapas da vizinhança, comunidade ou região feitos por alguns entrevistados, de visitas de campo e de perguntas específicas sobre o tema, conseguiu-se montar os quadros de ambientes relativos às áreas pesquisadas, encontrados nos Quadros 7 a 10 do ANEXO. Estes quadros revelam a classificação feita, considerando uma tentativa de "definição" do ambiente, os tipos de vegetação ali presentes, relacionando-as com o solo e os possíveis usos dos seus recursos naturais. Não se pediu explicitamente uma "definição" aos entrevistados, quando se solicitava a eles que falassem sobre os "tipos de natureza" daquela área, mas procurou-se retirar das falas os trechos nos quais surgiam algumas qualificações dos ambientes. No que se refere ao solo e a vegetação, ou, mais especificamente, à flora, as perguntas foram mais objetivas, pois esses dois fatores foram muito utilizados nos depoimentos para caracterizar os ambientes. Quanto aos usos, foram considerados aqueles atuais, pois há, especialmente, na área do Noroeste e do Triângulo Mineiro, importantes mudanças recentes em termos de ambientes utilizados para a agricultura e pecuária, como será discutido no Capítulo 5 deste livro. Outros usos, ainda que, às vezes, já pouco freqüentes, foram mantidos para ilustrar sua significação em passado recente, como será esclarecido adiante.

É muito difícil se conseguir uma classificação de ambientes dos moradores do Cerrado, pois, em primeiro lugar, cada região tem uma divisão própria, fruto da sua paisagem específica, mas também da cultura local. Por outro lado, há certas particularidades na descrição de cada ambiente que podem apresentar diferenças até entre vizinhos. Não há uma necessária correspondência entre a classificação científica geral, apresentada no Capítulo 1 do Volume I, e a obtida na Pesquisa de Campo. Em geral, os nomes são diferentes, embora, algumas vezes, os entrevistados tenham tentado se utilizar de designações que, só recentemente, incorporaram ao seu vocabulário, trazidas por "pessoas de fora". Na sua complexa diferenciação dos ambientes, é difícil distinguir tipos "puros" daqueles que seriam meras áreas de transição ou sub-divisões dentro do mesmo ambiente. Muitas vezes, resolvem esse problema dividindo-os, considerando a fertilidade do solo, em "de primeira", "de segunda" ou "de terceira": "Tem o cerrado de primeira, de segunda e de terceira, não é isto? Agora, esse aqui, já deve ser o de terceira" (Zé Diniz – Triângulo). Tendo-se em vista essas dificuldades, procurou-se apresentar uma classificação de ambientes, o mais fiel possível, do que foi obtido a partir de diferentes depoimentos em cada uma das áreas investigadas (fotos p. 289, 292 e 299).

A primeira grande distinção observada, neste sentido, é a separação entre ambientes com possível uso agrícola ou não. Geralmente chamado de "mata" ou "terra de cultura", ou simplesmente "cultura", eram esses ambientes florestais usados tradicionalmente para a colocação de vários tipos de lavoura e o plantio de pastos, nas quatro áreas pesquisadas:

> Agora, um lugar desse aqui mesmo, já é terra de cultura, tem mato e produz lavoura. (Antônio de Fia – Jequitinhonha)
>
> E tem a terra da mata, que você bate a enxada devagarinho, ela emboca, aquela que é a boa: cresce o feijão, cresce milho, produz moranga, tem delas que dá até arroz, depende é chover, aqueles lugarzinho mais baixo, você planta arroz, fica do tamanho desse menino aí, ou maior, moranga, abóbora, milho, feijoa... (Anízio – Norte)
>
> Na cultura, planta milho, plantava muito feijão, [...] e se for uma cultura baixa, planta até arroz." [...] "Toda essa região aonde que é cultura era mata antigamente. (Tião – Noroeste)
>
> A terra varia, a terra de mata sempre é boa, sempre é cultura, é boa. (Alberto – Triângulo)

Esse ambiente caracteriza-se não só pela presença de uma vegetação de maior porte e pela fertilidade do seu solo, mas pela disponibilidade de água próxima, nos rios e córregos. Assim, "terra de cultura" reúne condições ideais para ser o espaço de outras atividades do sertanejo: ali ele constrói sua casa e em volta dela o paiol, a despensa, a horta, o pomar, o chiqueiro, o galinheiro[8], as cobertas onde ele vai assentar a fábrica de

---

[8] Mesmo que não construa abrigos ou cercados para esses animais, eles são criados em volta da casa e circulam por esse ambiente, principalmente, em busca de comida.

farinha ou o engenho e, às vezes, até um pequeno curral ou um cercado para quando é necessário prender o gado e os animais, assim como, outras construções conforme as suas posses e atividades desenvolvidas. Dessa forma, como o próprio nome indica, esse ambiente é o território por excelência do "fazer humano" e, conseqüentemente, é bastante modificado, aí se concentrando grande parte do desmatamento, acima referido, mas sendo também perturbado pela própria presença humana constante.

Esses ambientes transformados também recebem denominações próprias, considerando-se, algumas vezes, os estágios de sua regeneração, estes, porém, não foram incluídos nos quadros apresentados. "Capoeira" é um termo muito conhecido e empregado, nas diferentes áreas investigadas, e refere-se a algum ambiente florestal em regeneração: "É onde já foi mato e foi cortado, ou foi roça ou não foi, mas tá aquele mato fraco" (Tião – Noroeste). Assim, a vegetação ainda não recuperou a sua situação anterior, apresentando árvores finas e de porte não elevado: "Uai, a capoeira é um mato de golpe. Mato grosso era virgem, tinha pau de toda grossura!" (Antônio Rosendo – Triângulo). "Quando é uma capoeira muito rala, aí, a gente só roça, já não fica quase madeira de machado, de derruba" (José Nunes – Norte).

Essa descrição coincide com a realizada pelo botânico escocês George Gardner, no começo do século XIX: "são formadas por pequenas árvores e arbustos que brotam em terras já cultivadas ou preparadas para o cultivo, depois de destruídas, geralmente por queimadas, as matas virgens. As árvores que assim brotam são sempre muito distintas das que constituíam a vegetação original" (GARDNER, 1975, p. 196).

Já o termo "Bró" é especificamente usado na área pesquisada do Triângulo Mineiro e se refere a trechos de vegetação não desmatados (foto p. 298): "Bró é assim quando é um mato, assim, vai roçando e deixa um tanto, assim, uns quinze, vinte metro sem chegar a roça até no campo. Fica aquelas árvore mais grossa assim, pra baixo, né, e vai baixando, as árvore, pra adiante, mais pequena. (Então, quer dizer é resto da mata.)" (Zé Coletinha e Zé Diniz – Triângulo). Sua função seria proteger a lavoura a ser formada nas áreas desmatadas próximas: "você roça e larga aquilo ali pra bró, ali, proteger fogo, proteger vento... é o bró" (Zé Diniz – Triângulo).

Além da "terra de cultura", outros ambientes também foram apontados como de uso agrícola tradicional, especialmente aqueles locais mais baixos e próximos aos córregos e rios, "lugar molhado", como a "vazante" ou o "brejo", utilizados para o plantio de arroz, nas quatro áreas pesquisadas (foto p. 296). Da mesma forma, outros ambientes com menor fertilidade que a "terra de cultura" podem ser empregados para o plantio de lavouras menos exigentes, especialmente a mandioca, cultivada no "gerais misto" (Norte de Minas) ou na "caatinga" (Jequitinhonha).

Esses ambientes, assim como outros apresentados nos quadros, em relação à "terra de cultura", tradicionalmente, são pouco modificados, aí se concentrando dois tipos fundamentais de uso: a pecuária extensiva que se aproveita das espécies forrageiras nativas e as variadas formas de extrativismo (caça, aproveitamento do mel e da cera, coleta de frutos, flores e plantas medicinais, extração de madeira e lenha, etc.).

Os depoimentos obtidos na Pesquisa de Campo, especialmente nas áreas do Norte e Jequitinhonha, ao se referirem a esse "tipo de natureza", mencionam e o associam a vários termos, todos eles empregados para identificar as paisagens savânicas do bioma Cerrado. Alguns destes nomes tradicionais já eram encontrados nas descrições feitas pelos naturalistas do século XIX, se aproveitando de designações empregadas pelas populações locais, pois também são observadas em fontes históricas anteriores, como já foi apresentado no Capítulo 1 do Volume I. Esses termos podem provocar alguma confusão, pois misturam descrições de relevo com a caracterização da vegetação, bem como reproduzem designações tradicionais lado a lado com nomes recentemente incorporados ao falar sertanejo. Nesse sentido, a palavra "cerrado" é considerada nova e é usada como sinônimo de "carrasco":

> Agora, tem o carrasco, que eles fala aqui, carrasco, como também entende que carrasco é gente ruim, vamo dizer assim, cerrado, que o nome certo é cerrado, mas eu vou falar do jeito que o povo fala aqui. (Anízio – Norte)

> Carrasco, aí fora, é gente brabo: o cara é carrasco de tudo! Aqui é cerrado. (Antônio de Fia – Jequitinhonha)

> O povo falava, antigamente, mais era carrasco, mesmo, porque o cerrado já é mais moderno. (Adão – Jequitinhonha)

O uso do termo "carrasco", como já foi assinalado no Capítulo 1 do Volume I, é, de fato, mais antigo e está registrado entre os vários naturalistas que percorreram o Sertão Mineiro no século XIX, como Saint-Hilaire, Spix e Martius, D'Orbigny, Burmeister e outros, enquanto a expressão "cerrado" é muito menos utilizada em seus relatos e, principalmente, quando definiam o quadro geral da vegetação mineira. O uso dos dois ternos, porém, sofre do problema de se tornarem designações muito genéricas para paisagens que possuem diferenças internas, facilmente notadas, pois estão relacionadas com o porte da vegetação. A necessidade de distinguir, através de denominações próprias, tais diferenças faz com que os dois termos apresentem, algumas vezes, distinções sutis, como se observou em algumas entrevistas no Jequitinhonha: "O carrasco é um mato mais pequeno, aonde as árvore são pequeninha e o cerrado é aonde as árvore cresce mais, tem mais tamanho, tem mais madeira, é o cerrado. [...] Mas a diferença é mínima, é pouca coisa, só porque as árvore cresce mais no cerrado" (Antônio de Fia – Jequitinhonha). Recurso também utilizado, quase dois séculos antes por Spix e Martius: "Chama-se também aqui o mato baixo de *cerrado*; quando baixo e sem árvores, é *carrasco*" (SPIX; MARTIUS, 1981, p. 52).

Saint-Hilaire e outros que o seguiram, como D'Orbigny e Burmeister, também descrevem o "carrasco" da mesma forma: "espécies de florestas anãs, compostas de arbustos de três ou quatro pés aproximados uns dos outros". Mas preferem não usar o termo "cerrado", empregando no seu lugar "carrasqueiros": "mais elevados que os carrascos, formam uma espécie de transição entre eles e as caatingas" (SAINT-HILAIRE, 1975a, p. 232). Essa denominação não foi usada nas entrevistas, mas, no

Norte de Minas, a necessidade de diferenciação introduz uma outra designação para se referir a essa vegetação de maior porte em relação ao "carrasco":

> Tem o gerais e tem o carrasco, é o mesmo gerais, só que os pau... tem muito pau, mas não presta, é algum que presta. [...] Fica fininho, fininho, eles não engrossa, dessa grossurinha, porque a terra é tão ruim que só dá aquele... [...] O nome aqui é carrasco, madeirinha, mato baixo, assim, bem fechado, que você entra assim, com uma roupa dessa, sai lá dentro, tá tudo rasgado. (Anízio – Norte)
>
> O gerais é alto, inclusive, a gente pode trabalhar, pode derrubar roça, fazer o plantio de mandioca, milho, feijão catador, né, essas coisa. E o carrasco, mesmo, a parte de carrasco é que não dá nada, inclusive, só... pau, tudo, é mesmo só pra criação, pra solta, pra gado, pra caça, melada, essas coisa, só. (Bidá – Norte)

O "gerais", assim como o "cerrado", conforme descrito no Jequitinhonha, e os "carrasqueiros" de Saint-Hilaire, são, em resumo, áreas entre o "carrasco" e os ambientes florestais do bioma Cerrado, a serem analisados adiante. O "gerais", por outro lado, é também empregado como uma designação genérica, se referindo a uma região específica do Sertão Mineiro dominada por formações savânicas e campestres. Saint-Hilaire comenta o uso do termo "matos gerais", "quando se deseja indicar vastas regiões cobertas de matas" (SAINT-HILAIRE, 1975a, p. 232). Martius, por sua vez, opõe essas àquelas formações: "A extensão dos campos em comparação com as florestas é tão vasta, que os habitantes os designam com o nome de *Campos Gerais*" (MARTIUS, 1943, p. 260).

É dessa denominação que surge o termo empregado para se referir aos planaltos do Sertão Mineiro, mais especificamente, do Norte de Minas, que se distinguem da depressão do São Francisco, originariamente coberta de matas. Spix e Martius opõem as duas regiões ao falarem da insalubridade das margens deste rio: "De fato, a parte alta do sertão (*os Gerais*) é muito mais saudável do que os arredores próximos do Rio São Francisco" (SPIX; MARTIUS, 1981, p. 86). Essa identificação do "gerais" com a vastidão dos campos dos planaltos também está presente em alguns depoimentos colhidos em duas áreas vizinhas ao Norte de Minas:

> Aqui, toda vida, o povo dá o nome de gerais aí fora por conta dos campo, que é mais gerais, campo mais...mais campina, porque, aqui, é mais serra, mais tipo mata, tipo cerrado. (Adão – Jequitinhonha)
>
> O gerais é muito parecido como o campo e a vargem. Geraizão, é um lugar que você avista longe, distância longe, lá no gerais. [...] É região plana, onde você vê longa distância, sem vereda no meio, as vereda dá no gerais, também. Não tem muita vegetação, muita árvore. (Tião – Noroeste)

Carlos Alberto Dayrell, em interessante estudo recente (*Geraizeiros e biodiversidade no Norte de Minas: a contribuição da agroecologia nos estudos de agroecossistemas tradicionais*), demonstra que em uma área dessa região (Riacho dos Machados), situada entre os biomas Caatinga e Cerrado, aquele termo é empregado como associado a este último: "Os gerais são os planaltos, encostas e vales das regiões dominadas pelos cerrados, com solos normalmente ácidos e de baixa fertilidade natural" (DAYRELL, 1998, p. 73). Desta forma, ele aponta que "Geraizeiros" são os habitantes dessas regiões, denominação empregada, contrastivamente, pelos "Catingueiros", ou seja, aqueles que residem nas áreas próximas de Caatinga. Haveria ainda os "Barranqueiros" ou "Vazanteiros", "os que vivem e produzem nas barrancas ou vazantes do rio São Francisco" (DAYRELL, 1998, p. 72).

Os "Geraizeiros", segundo ele, utilizariam tanto as margens dos pequenos cursos d'água como as áreas de "chapadas, tabuleiros e campinas". Estas seriam outras expressões, utilizadas muitas vezes nas entrevistas da Pesquisa de Campo, associadas aos ambientes não florestais do Cerrado, sendo colocadas como sinônimos de outros termos aqui analisados:

> Chapada que nós conhece aqui é aonde produz pequizeiro, pananzeira, é aonde tem monjolo, aonde tem o massambé... a gente conhece por... chapada, carrasco... [...] É a mesma coisa. (Jaoquim Ferreira – Jequitinhonha)

> Chapada, quer dizer, é o carrasco, chapada, capão, tudo é considerado... campestre, tudo como gerais. (Anízio – Norte)

> O gerais aí, eles fala tabuleiro. Aqui, nós trata: mata , tabuleiro. [O tabuleiro, então, fica sendo o mesmo gerais?] É, é o mesmo gerais. (Benvindo – Norte)

Estas também são expressões antigas e empregadas mais para designar o relevo do que a vegetação, mas como há uma forte associação entre ambos, acabam por se referir ao conjunto da paisagem. Os dois termos, "chapada" e "tabuleiro" foram usados como sinônimos por alguns naturalistas, mas Saint-Hilaire, sempre minucioso em suas descrições, informa em sua passagem pelo Alto Jequitinhonha: "São morros pouco elevados, separados por vales, cujo cume apresenta uma espécie de pequena planície. Na região dá-se a esses cumes bizarros o nome de tabuleiros, que significa planalto, e chamam-nos chapadas, quando tem maior extensão" (SAINT-HILAIRE, 1975a, p. 201).

Essas "chapadas" e "tabuleiros", muitas vezes, também são cobertas por formações florestais que se situam próximas ou em meio às áreas savânicas ou até campestres. No Norte de Minas, essa área de transição é, algumas vezes, chamada de "gerais misto": "É gerais que produz, gerais encostado na mata. [...] Daqui pra cá é mata, pra cá é gerais, aqui é um gerais misto, que produz qualquer... (Ele dá milho, ele dá capim, madeira mais ou menos... [...] Aqui é terra mista, já é considerado terra boa, ó o tamanho da grossura das árvore aí, ó)" (Bidá e Anízio – Norte).

Já um ambiente florestal situado no meio do "gerais" tem a denominação de "capão", assim definido por um dos entrevistados:

> Capão é bem encostado mesmo, entre a mata e o gerais, mas o capão... é porque o capão pertence mais uma parte de gerais, é quando a mata fica mais distante e lá cria um lugar, assim, que às vez sai aroeira, sai algum pau que é mesmo da mata, sai naquele gerais, então, aquele lugar é chamado de capão, aquela terra, ela é forte, produz alguma coisa. [É como se fosse uma ilhazinha?] Como fosse uma ilha, exatamente. (Rosalvo – Norte)

Essa imagem está associada à própria origem do termo, como observou o naturalista George Gardner em visita a esta região em 1840: "A estas matas isoladas dão aqui o nome de capão, designação altamente poética, porque se deriva do vocábulo indiano caapoam, que quer dizer ilha. Estas ilhas de mata constituem uma feição peculiar dos altos e ondulantes campos abertos da Província de Minas Gerais" (GARDNER, 1975, p. 196).

Este, como Martius, Saint-Hilaire e outros naturalistas, em visita ao Sertão Mineiro, no século XIX, ao mencionarem as "caatingas", se referem à vegetação típica do bioma característico do interior do Nordeste do Brasil, pois sempre apontam que elas se distinguem, sobretudo "porque perdem fôlhas todos os anos" (SAINT-HILAIRE, 1949, p. 1287). No entanto, o zoólogo alemão Hermann Burmeister, que estudou, principalmente, a região de Lagoa Santa, em 1851, aponta um outro uso desse termo: "Os brasileiros chamam 'catinga' a essas florestas dos campos, palavra de vários sentidos, que indica inclusive o cheiro peculiar aos negros como o de qualquer animal." Ele descreve-a como uma "floresta bastante extensa" e afirma também: "Não havia nessa mata nenhuma árvore de porte maior, nem tampouco os troncos apresentam uniformidade de tamanho." E em nota ao pé da página esclarece, diferenciando-se do observado por outros naturalistas:

> Saint-Hilaire assinala como característica da "catinga" o fato de seus arbustos perderem as folhas durante todo o ano. [...] Mas, nessas paragens de Minas, isto apenas em parte é o caso; não se vê aí, como em nossa terra e nas Minas Novas, florestas despojadas de folhas no inverno, mas sim apenas arbustos secos e sem folhas, especialmente mimosas e da espécie Bombax. (BURMEISTER, 1980, p. 254)

Quando os depoimentos colhidos no Norte de Minas e, principalmente, no Jequitinhonha, falam em "caatinga", se referem a um ambiente que se aproxima da descrição de Burmeister. Na área pesquisada nesta última região, há uma área de cerca de 30 alqueires de mata, conhecida como "Caatingão" (foto p. 293), e um dos entrevistados apontou também a existência deste ambiente na chapada situada entre as vertentes dos rios Jequitinhonha e Araçuaí, cortada pela estrada que liga as cidades de Diamantina e Araçuaí:

> Aqueles mato ali da casa do Toni, aquilo o povo dá o nome de caatinga. [...] Mais no alto. Inclusive, ali, perto do... daquele entroncamento daquela estrada de terra de Turmalina, sabe lá aonde, ali pra baixo do Vicente, ali chamava

até Caatinga do Canuto. [...] Ali era... eu não andei lá mais depois... ali era um matão enorme. (Adão – Jequitinhonha)

Definida como um ambiente florestal, a "caatinga" apresenta características, como se pode ver no quadro de ambientes do Jequitinhonha, que são semelhantes ao "Cerradão", descrito por Ribeiro e Walter. Esses dois pesquisadores apresentam a seguinte definição sintética dessa formação: "Do ponto fisionômico é uma floresta, mas floristicamente é mais similar a um Cerrado" (RIBEIRO; WALTER, 1998, p. 114). De forma semelhante, no Norte de Minas, esse ambiente é classificado como intermediário entre paisagens florestais e de cerrado: "Caatinga é a mesma mata, só que caatinga é o seguinte, ela fica mais aproximando o gerais, mas é mata, que tem o pau que chama caatinga-de-porco, aí o povo fala caatinga" (Anízio – Norte).

Um outro tipo de ambiente, com características bem distintas dos até aqui apresentados, é o "pantamo" ou "pantamal". São expressões usadas nas áreas pesquisadas do Norte e Jequitinhonha (fotos p. 289, 292, 293 e 295), se tratando, certamente, de corruptelas, na fala popular, de pântano e pantanal, correspondendo à "vereda" dos estudos sobre fitofisionomias do Cerrado (RIBEIRO; WALTER, 1998). Essa designação também é usada, se confundindo, algumas vezes, com a "vargem", mas esta se distinguiria do "pantamo" por ser um pouco mais alta e menos úmida, conforme os depoimentos colhidos:

> É, a área mais molhada, nós falava brejado, pantamo, outros... tem vários tipo que o pessoal fala, a área mais molhada. [...] A vargem é misturada no pantamo mesmo, lugar que tem as beira do córrego. [E vereda?] Vereda é a vargem, mesmo. [...] [Antigamente, usava os dois nome vereda e vargem, como é que é, ou qual nome que é mais antigo aqui?] O mais antigo era vargem, a vargem, de primeiro, era conhecida: vargem. [...] É porque mudou, que através do pessoal que vinha de fora que conhecia por outros nome, falava: vereda, então, o pessoal também foi mudando a falar: vereda. [...] [Mas usava vargem e pantamo, tem diferença?] Tem, pantamo é lugar molhado. [...] As vargem não são todas molhada, mas quase a mesma altitude. (O clima é o mesmo. Só que a vargem fica num lugar mais seco). (Antônio de Fia e Adão – Jequitinhonha)

A espécie característica deste ambiente é a palmeira buriti, embora possa encontrar também a pindaíba, o buriti-mirim, ou outras árvores: "Pântano, brejo, tem muito buritizeiro... tem dois buriti: tem o buriti que dá fruto e tem aquele que faz ripa, eles trata de patim, outra hora de buriti-mirim. [...] Pantamo é só onde você olha e vê água muito longe, aí não..." (Anízio – Norte).

Entre os naturalistas da primeira metade do século XIX, a palavra vereda é usada mais para designar "caminho estreito", como faz Pohl, em várias passagens[9],

---

[9] Em uma delas, ele aproxima os dois significados da palavra: "Ao longo dos pântanos há uma elevação do terreno, chamada Vereda, por ser o único caminho através região pantanosa" (POHL, 1976, p. 303).

mas Martius também se refere às "varedas" como "várzeas brejosas" (MARTIUS, 1943, p. 263). No entanto, é mais comum se referirem a um "grande pântano com buritizais" (GARDNER, 1975, p. 183); ou de "pântanos [que] são orlados de buritizeiros" (POHL, 1976, p. 303), ou ainda, destacam que "grupos de buritis erguem-se em meio do pântano" (SAINT-HILAIRE, 1975a, p. 334). Assim, certamente, a palavra "pântano" deveria ser mais usada para denominar esse ambiente, sendo a sua designação mais antiga e sobrevivendo até os dias de hoje na classificação sertaneja.

O "campo", assim como foi visto para outras designações relacionadas com formações savânicas, pode ser usado, em alguns casos, como contraponto para os ambientes florestais do bioma Cerrado, conforme já foi discutido no Capítulo 1 do Volume I: "[Antigamente, não falava cerrado aqui?] Não, senhor, aqui, não. [Era o que? Era campo?] Era campo e cultura, campo e cultura, você não lembra, Zé? [Esse negócio de cerrado é novo?] Esse negócio de cerrado é de uma época pra cá" (Zé Diniz – Triângulo). Saint-Hilaire também se refere à mesma polaridade: "Toda a região se divide em matos e campos [...] A palavra campo indica um terreno coberto de ervas, ou, se quiserem, tudo o que não é nem mata virgem, nem capoeira, nem capoeirão, nem caatinga, nem carrasco, nem carrasqueiro" (SAINT-HILAIRE, 1975a, p. 232). A descrição sucinta de um entrevistado também vai na mesma direção: "O campo não dá árvore, quase, digamos é limpo" (Pedro – Triângulo). Se esse ambiente se caracteriza pela presença de gramíneas, não deixa de apresentar alguma vegetação arbustiva: "É o capim chato, outro capim, barba-de-bode, que eles falam e alguns raminho atoa: murici, mangaba, tingui, algum que aparece" (Tião – Noroeste).

O "campo" apresenta-se também associado aos planaltos, às "chapadas", algumas vezes também chamadas de "serras": "Tem algum lugar igual aqui, tem muito campo, também, mais em baixo também, mas não é lá grande coisa, não, mais é na serra" (Tião – Noroeste). No entanto, não se deve confundir essa designação com a que está presente nos depoimentos das áreas investigadas no Triângulo Mineiro e no Jequitinhonha, ou é mencionada, algumas vezes, no Norte de Minas, onde ela se refere efetivamente a grandes formações rochosas (fotos p. 289, 292, 293 e 295): "Tem a serra, o pessoal fala serra, uma rocha, um monte alto. [...] Pura pedra e capim. [...] Dá árvore também" (Pedro – Triângulo).

Cada um desses ambientes está relacionado a uma ou várias atividades econômicas que compõe as diferentes estratégias de reprodução social das famílias sertanejas. Essas atividades estão ligadas a usos e manejos particulares desses ambientes, associados a uma gama de conhecimentos e representações simbólicas, cujas origens nos remetem a toda a trajetória da convivência humana no Cerrado, discutida no Volume I. Veremos a seguir cada uma destas atividades a partir dos depoimentos obtidos na Pesquisa de Campo e em comparação com essa trajetória anterior, começando pelas primeiras a surgir: a caça, a pesca e a coleta vegetal.

Capítulo 3

É preciso caçar um jeito de viver

A caça foi abordada no Volume I como uma atividade presente no Sertão Mineiro em diferentes momentos históricos. Os seus restos foram encontrados em sítios arqueológicos, documentando sua ocorrência entre os primeiros habitantes do Cerrado. Os índios se valiam dela para vários fins, passando aos bandeirantes várias de suas técnicas. No século XVIII, além de contribuir para a sobrevivência de quilombolas, vagabundos, garimpeiros e outros grupos sociais que encontravam no Sertão Mineiro, o abrigo para fugirem das perseguições das autoridades coloniais se transformou em atividade comercial, com a exportação de peles. Peles estas que eram mostradas, no século XIX, nas exposições industriais realizadas em Ouro Preto, Rio de Janeiro e até fora do Brasil. Para onde também iam as coleções reunidas por naturalistas luso-brasileiros ou estrangeiros com centenas de exemplares de nossa fauna, a ser exibida nos museus para atender a curiosidade e o interesse científico do Velho Mundo. Os naturalistas, como vários outros que se aventuraram antes em expedições pelo Sertão, também caçavam para fins menos nobres, conforme relata Gardner: "raramente, porém, passávamos mais de uma quinzena sem provisões frescas de uma espécie ou de outra, sob a forma de veados, macacos, tatús, grandes lagartos ou aves de várias qualidades" (GARDNER, 1975, p. 184).

A caça comercial, no início do século XX, foi descrita por Luís Flores de Morais Rêgo, no seu trabalho *O Vale do São Francisco – Ensaio de monografia geográfica*, abordando essa atividade em diferentes ambientes dessa região:

> Caçam, para aproveitar as peles, lagartos, camaleões, jacarés, onças, jaguatiricas, gatos do mato, veados e o guará, habitantes das vazantes e caatingas, salvo o último, peculiar aos campos onde também se encontram os veados.
>
> A procura das peles nos mercados consumidores oscila ràpidamente. Em certas épocas há grande animação para as peles de lagarto e similares destinados à confecção de bôlsas e calçados de senhoras. Pouco depois, essas mercadorias

> não merecem o mesmo interêsse, são mais procuradas as peles de felinos. As peles de raposas, animais relativamente abundantes nas caatingas e vazantes, têm reduzido valor para a exportação.
>
> Infelizmente, perseguem tenazmente às emas dos campos gerais, para obter plumas.
>
> Constituem objeto de comércio em algumas épocas aves vivas: papagaios, araras, etc. (RÊGO, 1945, p. 226)

Donald Pierson também registra o comércio de plumas de aves, no mesmo período: "Em 1939, por exemplo, foram exportados na área do Médio São Francisco, pelo porto de Pirapora, 1565 quilos de penas de pássaros. Em 1940, 907 quilos foram embarcados em Januária, Barra e Barreiros" (PIERSON, 1972, p. 374).

A caça era uma atividade largamente praticada no Sertão Mineiro, região onde ainda havia uma fauna abundante, pois, como já alertava Nelson de Senna, em 1926, em outras partes de Minas, ela já escasseava:

> A caça e a pesca sem methodo nem epocha fixa barbaramente destruindo aves, animaes selvagens e peixes, a ponto de já se notarem factos como estes: muitos estão extinctos ou, quando menos, já sómente existem em florestas e pontos afastados de logares habitados, tal é a furia com que o homem os accommette a tiros de chumbo, a pedradas e pelotadas de bodoques e fundas, ou os persegue em laços e armadilhas (mundéos e urupucas). (SENNA, 1926, p. 280)

Essa denúncia dos impactos da caça, especialmente com fins comerciais, atingindo algumas espécies específicas, trinta anos depois, levaria às primeiras restrições a essa atividade, como observava, Eurico Santos, em uma pequena publicação do Ministério da Agricultura: "certas espécies estão escasseando, já não sendo mais permitido caçar o veado bororó e o cervo" (SANTOS, 1955, p. 12). Essa proibição era parte de uma série de iniciativas da Ditadura Vargas, ao estabelecer toda uma legislação que regulava a exploração dos recursos naturais, incluindo o Decreto-Lei nº 5894, de 1943, conhecido como Código de Caça. No entanto, essa atividade só seria proibida completamente, mais de trinta anos depois, durante a Ditadura Militar, através da Lei de Proteção à Fauna, de 1967.

Hoje, passados outros trinta anos de sua vigência, apesar da presença e fiscalização dos órgãos ambientais, em particular da atuação da Polícia Florestal de Minas Gerais, com batalhões em todas as regiões do estado, a caça ainda é praticada. É verdade que ela diminuiu muito, tanto em termos do número de praticantes, como na sua intensidade, mas protegidos pela clandestinidade que as vastidões do Cerrado lhes oferece, muitos de seus habitantes ainda se arriscam a capturar animais para diferentes fins. É justamente nessas motivações que se deve buscar as razões para a continuidade de uma prática tão proibida e perseguida pelas autoridades.

Durante a Pesquisa de Campo, apesar do temor de ser enquadrado em crimes ambientais, muitos entrevistados falaram, ainda que com alguma relutância, sobre esta atividade, fornecendo um rico conjunto de informações sobre os animais caçados, sistematizadas no QUADRO 11 (ver ANEXO) que reúne 83 "espécies", (sendo 47 de mamíferos, 30 de aves e 6 de répteis). Trata-se de um levantamento preliminar, pois, especialmente entre os últimos, a listagem poderia ser muito maior, caso houvesse a preocupação de esgotar a grande diversidade de animais silvestres, de uma forma ou de outra, perseguidos pelos sertanejos.

A caça só é possível devido a uma grande variedade de conhecimentos inter-relacionados em torno da fauna do Cerrado, passados de uma geração a outra e fruto de uma cuidadosa e cotidiana observação daqueles que se dedicam ou não a essa atividade. Alguns desses conhecimentos combinam a identificação das "espécies" e das várias "qualidades" de bichos aí incluídos, a partir de detalhes de suas características físicas, dos hábitos alimentares próprios, dos distintos ambientes específicos e outras particularidades que compõem uma espécie de "ficha" de cada um, registrada apenas na memória dos sertanejos:

> Uai, o papagaio que nós conhece aqui é desse papagaio legítimo, que eles fala bico preto, né, é o que tem aqui. [...] Tem outro, é conhecido como papagaio-galego, ele é um papagaio todo do bico branquinho, ele tem um bico branco, o olho dele é branquinho, o olho... é chamado papagaio-galego. [...] [Eles comem o que?] É fruta do mato, todo tipo de fruta do mato, eles come. [...] Periquito tem o periquito-jandaia, tem o... [...] O jandaia é um que é verdinho, com uma pintinha amarela na asa e o periquito-da-cabeça-amarela tem a cabeça amarelinha. E tem periquito-tiriba, o tiriba é mais encardido, mais cheio de raja, é o tiriba, é da mata, aqui tem ele. [...] A jandaia é mais no quintal, nos coqueiro, gosta de coco, roer coco. [...] O cabeça-amarela é mais pro arrozal, gosta muito de arroz. [...] O periquito-jandaia é mais é no campo, gosta mais do campo, agora, o tiriba é mais da mata. [...] É três qualidade que eu conheço [...] Tem um miudiquinho, mas eu não sei o nome dele, não, ele é pequeninho, bem miudinho, ele é verdinho, bem miudinho, ele é pouco mais do que um tico-tico, é bem miudinho, mas eu não sei o nome dele, não. (Jequitinhonha)

Muitas vezes, a caça exige conhecimentos ainda mais detalhados sobre os deslocamentos, entre os vários ambientes, realizados por cada espécie segundo períodos diários ou estacionais, associados a hábitos alimentares, de reprodução, estratégias de fuga, etc.:

> A hora mais melhor de achar ele [mocó] é assim, de manhã cedo, né, bem cedinho, o dia que não tá ventando, que o dia que tá ventando, também, não consegue achar ele, não, eles tá tudo debaixo das gruna, o dia que tá muito frio. E sol quente, também, eles não sai, só sai quando é de manhã cedinho e de tardinha a base de... quase essas hora, assim, base de cinco hora, três hora, que eles sai. (Jequitinhonha)

> A gente sabe, a gente sabe qual é o mato que eles gosta de comer. Gosta de periquiteira, esse capimzinho novo que brota e frutas do mato, que essas

frutas que tem no gerais, é propriamente pra eles e a gente, também, várias delas a gente também come. [...] E as flor que eles come, a gente conhece, por exemplo, como a flor de caraíba, a flor de pau-d'arco... [...] Veado... veado, caititu, tudo come. (Norte)

Um dos conhecimentos mais importantes sobre a fauna são os rastros deixados por cada espécie que permitem ao caçador identificar sua presa a partir de pegadas, de excrementos, do cheiro característico, das marcas que deixa na vegetação e nas trilhas ao comer ou passar e vários outros sinais percebidos apenas por sentidos treinados para tal fim:

A gente sabe tudo quanto é rastro! Veado, eu sei distinguir... pelo rastro, eu sei qual é a fêmea e o macho. O macho, ele pisa na ponta do casco, assim, ó, e a fêmea, não, apóia bem apoiadinho, o pé. Eu sei distinguir... (Norte)

Pelo esterco, a gente conhece, pelo esterco dele, a gente conhece que bicho foi que fez aquele serviço lá, soltou esterco: caititu, porco... (Norte)

O caititu, o porco, por exemplo, eles passa mais... furando mais, que eles fazem a trilha, vai pisando, igual porco, né, vai pisando, aquilo vai fundando mais. (Noroeste)

Todo esse acerco de conhecimentos sertanejos sobre a fauna do Cerrado permitiu o desenvolvimento de um conjunto de técnicas de caça, algumas delas dirigidas a espécies particulares, como pode ser visto no QUADRO 11. As técnicas utilizadas incluem desde de armadilhas de origem indígena a práticas trazidas pelos europeus, como o uso de cães e armas de fogo. As informações obtidas nesse sentido, durante a Pesquisa de Campo, podem ser sintetizadas nas seguintes técnicas de caça:

1) Caça com cachorro: São usados cães do tipo americano, "curraleirinho" ou "pé duro" e perdigueiro para perseguir a caça.

2) Caça de espera:

a) Espera: em locais de maior presença do bicho como trilhas, fontes de alimento e água.

b) Ceva: uso de frutas, grãos e raízes para atrair e acostumar a caça a freqüentar certo lugar.

3) Armadilhas:

a) Mundéu: mata o animal atraído com a isca com esmagamento de um tronco pesado.

b) Chiqueiro: prende em um estacado a caça atraída por uma isca.

c) Arataca, arapuca e alçapão: armadilhas que desarmam, deixando preso o bicho, que buscava comer a isca.

d) Quebra-Cabeça: pequena armadilha que emprega coco buriti, feijão-de-corda e outras iscas para atrair passarinhos e pequenos mamíferos.

e) Armadilhas com espingarda (foto p. 306) e clavinote: arma de fogo acionada por um fio colocado nas trilhas costumeiras.

f) Jequi ou gaiola de tatu (foto p. 306): funil cuja base é enterrada na saída da sua toca, fincando preso pelo seu estreitamento.

g) Anzol para jacaré: iscado com carne fresca e jogado nos locais onde eles se concentram.

h) Chama da palha: Assobio feito de palha de milho para imitar o piado do mocó.

4) Caças ocasionais com espingarda: Em suas caminhadas ou em tentativas em locais próximos, os sertanejos levam consigo, muitas vezes, sua espingarda, ou facão e podem ter a companhia de cães treinados para farejar e acuar a caça.

Os conhecimentos sobre a fauna e as técnicas de caça são, ainda hoje, elementos vivos da cultura do Sertão Mineiro. É verdade que algumas espécies, atualmente, são mais "vivas" na memória dos entrevistados mais velhos do que na realidade e muitos jovens só as conhecem de nome, ou através de fotos e outras formas de representação semelhante. No QUADRO 11 sobre a caça, estas espécies, pouco encontradas presentemente, foram destacadas, assim como aquelas que constam das listas de animais ameaçados de extinção. Apesar de constatarem o desaparecimento de várias espécies e de temerem a "vexação" de serem punidos por essa prática, muitos afirmaram que ainda caçam clandestinamente. Ao se analisar o mesmo quadro, nota-se que a principal razão para a sua continuidade está na possibilidade de várias espécies de fornecer carne, embora avaliadas de forma diferenciada pela sua qualidade, bem como, algumas vezes também combinadas com outras motivações.

A facilidade de obter carne sem ser necessário criar o animal incentiva a sua prática eventual ainda hoje, mas, antes da sua proibição, se constituía em uma importante fonte de proteína animal. A criação de pequenos animais, em especial, porcos e galinhas, não apresenta um volume de produção que permitia o seu consumo diário e, mais excepcional ainda era o acesso à carne bovina, cujos grandes rebanhos se concentram nas mãos dos fazendeiros.

> Nesse tempo, a perseguição era muita, que só comia carne de mato, né, era difícil comer carne de vaca... era difícil! [...] Porque não... era os fazendeiro mais forte, que, às vezes, matava pra... tocar serviço, dar peão pra comer... Mas, aquilo, freguês, fraco, às vez, arranjava um pedacinho ali, mas aquilo, acabou, acabou, né. E do mato, não, do mato era a diária. (Noroeste)

> Ele era um caboclo velho, trabalhador, mas pra caçar era uma coisa linda! [...] Ele não passava sem comer carne. Ele também criava um gadinho, criava porco... [...] Ele caçava só uma vez porque a vez que ele saía pra caçar, dava pra comer duas semana. Era carne com fartura. (Norte)

O consumo cotidiano da carne de caça era assegurado pela sua conservação, quando secada ao sol, permitindo o seu melhor aproveitamento e a menor necessidade do abate constante de animais:

É, botava no sol pra secar, moço, pois é de fartura. (Tinha é varal de carne assim...) É, moço, nós ia pro mato caçar, ó, nós ficava lá uma semana, levava era os cargueiro, quando vinha, era os fardão de carne, tudo seca, ó. Era de porco, era de caititu, era de catingueiro, era de ema, era de anta...! [...] Ah, era uns fardão, como enfarda peixe, só de carne seca! Era um farturão! [...] Era, quase diária, era só ir, trazia! Era só ir, trazia... tinha demais, tinha fartura demais! Tinha muita criação... [Comia mais carne de caça do que de gado?] Era, ai, ai, ai! Não envolvia quase com carne de gado, não! Negócio de tatu, meu amigo... negócio de tatu, meleta, cotia, vinha era nos terreiro assim, ó! Quando nós tava lá sentado, invernado, chovendo lá, bem chupando melancia, com pouco, tatuzão brolhava no terreiro, nego passava a mão! Ia no terreiro assim, ó! Hoje, não ficou difícil, acabou! O povo comeram tudo! Vinha no terreiro, farturão, o povo era pouco. (Norte)

Por outro lado, a carne de caça não é objeto de comércio, mas é comum ela ser repartida entre os parentes e vizinhos, partilhando com os mais próximos aquilo que a natureza lhe concedeu:

Geralmente, assim, quando a pessoa mata, normalmente, ele divide com os vizinho, aquela coisa, não sobra muita carne assim, não. (Noroeste).

A caça não parte, não. Essa ainda é assim até hoje. [Não parte?] Não, matou, quem tiver presente ali, os vizinho, a gente dá, isso aí é dado, a gente dá um pedaço pra cada um, isso não usa partir, não... não usa vender, não! Essa é dado. (Norte)

Antigamente, esse hábito se estendia, entre os Xakriabá, também à carne de gado, como foi apresentado no trecho do relato de viagem de George Gardner, ao visitar um aldeamento desses índios em Goiás, citado no Capítulo 3 do Volume I. Até recentemente, esse tipo de partilha ocorria também no Norte de Minas, mas foi alterado pela pressão de novas relações, baseadas no comércio da produção.

O povo tá achando que tá melhorando uma coisa, mas outras tá piorando, porque naquele tempo, a gente não percebia que as coisa aqui era tudo bem mais fácil, as coisa tudo fácil, né. Não tinha aquele negócio da gente matar um gado: Ah, uma arroba de boi vale vinte e tantos reais, não. Você tá precisando? Tou, eu tinha o gado pra matar... ah, compadre, como é? Moço eu tou precisando de uma carne lá, não tenho, a vaca ainda vai parir tal tempo e eu... Ah, não, compadre, eu mato aqui, tiro uma banda pra você, quando sua vaca parir lá, que você matar, ou você... lá você tira outro pra mim. Era assim, toda vida era combinado dessa forma, né, a gente tinha controle com o outro. Hoje, o povo mudou, já vai procurando logo quanto que é, vamo combinar logo...

antes não tinha nada disso, não. (Até esses tempo ali, a gente matava um gado, partia tudinho com a vizinhança e não cobrava nada.). (Norte)

Independentemente da quantidade e da disponibilidade de carne de gado e de outros animais domésticos, a de caça é considerada de melhor qualidade. Ela é tida como mais "forte" e, principalmente, mais "sadia" que a das "criações":

> Aquilo é muito mais forte do que carne de gado. A carne do mato é uma carne muito mais forte... (Noroeste)

> De primeiro, as coisa era muito fácil meu amigo, hoje, tá difícil! Eu acho que é por isso que eu sou sadio até hoje, porque eu não comi pouca caça do mato, não! Eu não comi pouca carne de caça do mato, não! Graças a Deus! (Norte)

> A carne mais fazedeira de mal é a carne de galinha e de porco. Agora, a carne de caça não é tão fazedeira de mal. (Jequitinhonha)

A carne de caça é considerada superior à do gado, em especial, nos dias de hoje, quando sua produção é feita às custas de remédios, vacinas e rações:

> Carne do mato é mais sadia que a da... fazenda. Eles não toma vacina... não toma vacina, ninguém nunca pôs a mão neles, sabe por onde é que pega, aquele lá que é criado com a natureza, aquele lá... tem caça do mato que serve até de remédio. (Norte)

Por todas essas qualidades, as pessoas mais idosas são consideradas mais "fortes" por terem se alimentado com esse tipo de carne: "Tem o bandeira, carne boa, forte. (risada) Matei muito bandeira de porrete. [...] O povo fala que é muito forte, por isso é que você vê que os velho tudo é mais forte que os novo, é porque comeu foi as coisa boa, né (risada)" (Noroeste). E são justamente elas que mais se queixam da sua falta e da proibição da caça:

> Até hoje a gente tem saudade, não pode comer mais. Se matar uma capivara aí... só se ninguém ver, nem sonhar, porque se sonhar vai pra cadeia! (risada) E tem ela! Esses pescadores que tão misturando mais elas, elas tá bem no pouso deles, não pode matar, que a Florestal veve aí, diária, olhando... diária, olhando e ela mora aí. É diária, eles de canoa: zuuuuum! (Noroeste)

Apesar de ser avaliada positivamente, várias pessoas entrevistadas apresentaram restrições alimentares em relação à carne de caça, pois alguns não aceitam ingeri-la, outros apontam limitações a algumas espécies e há também impedimentos relativos a certos períodos do ano. Esse último caso parece estar relacionado ao período de reprodução de alguns bichos, no qual a sua caça deve ser evitada:

> É, seriema é mais braba [do que a ema]. [Seriema, come também, não come?] [...] É, tem gente que come, agora, diz que esse mês de agosto, agora, ela não é boa, não. [Por que?] Acho que tá chocando, né. [Aí, não presta para comer, não?] É, diz que não. (Noroeste)

Algumas espécies parecem possuir mecanismos de defesa que dificultam a ingestão da sua carne, e só poucos apetites mais atrevidos aceitam ingeri-la, mas aqueles que o fazem têm sua companhia evitada:

> (Tem algumas caças que tem mês que a carne amarga, fede... é assim.) O galheiro mesmo, mês de janeiro, se você comer a carne dele... se matar... ele fede direto, né, mas se comer... aquele... O galheiro, mês de janeiro quem comer ele, fica longe, né? (Noroeste)

> O galheiro macho, o galheiro velho, tem um tempo que ninguém pode comer a carne, é forte, mesmo. [É que época?] Acho que deve ser no tempo do broto, de agosto pra setembro... é forte, os macho, agora, as fêmea, não. (Norte)

O zoólogo Ladislau Deutsch e o veterinário Lázaro Puglia confirmam a ocorrência desse odor forte nos machos, relacionado-o também ao período de reprodução:

> A glândula odorífera entra em atividade nos jovens machos por volta de dezoito a 24 meses de idade, quando seus chifres se desenvolveram. Nos machos mais velhos, essa atividade está ligada à atividade sexual, que se acentua nos meses de verão. O odor se espalha por todo o corpo do animal, sendo originário das glândulas interdigitais das patas traseiras. (DEUTSCH; PUGLIA, 1988, p. 101)

É possível que uma pesquisa mais exaustiva levantasse mais exemplos nos quais a própria natureza cria, em certas espécies, mecanismos de defesa capazes de permitir sua reprodução e o conhecimento sertanejo sobre a fauna passasse a delimitar períodos de caça compatíveis com o consumo de sua carne. As restrições alimentares relativas à carne de caça entre os sertanejos têm também outras razões, fundadas em aspectos morais e/ou religiosos:

> Tem, tiú tem. [...] Já comi, hoje, eu não como aquilo mais. [...] É, porque aquilo... aquilo é o seguinte: o pessoal tem modo de comer essas coisa que anda arrastando pelo chão, a cobra, o cascavel, mesmo, o pessoal comia o cascavel, a jibóia e o tiú. E eu não como essas coisa, porque, hoje, se a gente olhar, examinar uma Bíblia, você não come essas coisa. Qualquer réptil que anda pelo chão... arrastado pelo chão não pode comer, eu não como, não. [...] É porque aquilo é... não é as coisa que Deus deixou pra comer, não, que Deus não deixou todos os animais, todos bicho como mantimento... (Jequitinhonha)

> No evangelho tá escrito, que... como é que é? Acho que todo bicho é de comer, Deus deixou pro pobre comer. [...] Nós, aqui, é o seguinte: cobra a gente nunca comeu. [...] Tem um povo, que diz que come cascavel feito não sei o que, viu (risada). (Triângulo)

A fundamentação bíblica dessas restrições alimentares está no Levítico 11 – "Animais puros e impuros", onde há uma série dessas proibições aos cristãos, ente elas se destacando: "Todo animal que se arrasta sobre a terra vos será abominável: não se comerá dele [...] tanto os que se arrastam sobre o ventre como aqueles que andam sobre quatro ou mais pés" (Levítico 11:42). Essa abominação sobre os répteis também está relacionada, na cultura popular, à imagem da serpente associada ao pecado original e ao fato de possuir veneno, cuja ingestão da carne pode trazer também efeitos indesejados: "A pessoa que come cobra, assim disse o pai, ele tira o chapéu da cabeça, o cabelo dele fica mexendo, sozinho, sabe. (risos) Assim o pai falou, viu, você vê que tem um veneninho, né" (Triângulo).

Essa percepção dos répteis se estende também a outros animais, tanto alguns que também se arrastam, como as lesmas, quanto outros, igualmente possuidores de sangue-frio e com aparência semelhante, como os anfíbios, especialmente os sapos.

> Moço, do jeito que eu vi um [tiú] fazer com um sapo! Eu tenho nojo de sapo demais! Eu evinha da roça um dia e eu tou vendo tá batendo: tof, tof, tof! Eu tou vendo assim na beira da estrada, quando eu vou olhar, rapaz, um teiú, bem grande, chupando um cururu assim, só tava... até ficou a pela! (risadas) Ih! Cruz credo! [Você não come tiú, não?] Deus que me livre! O senhor também, não?] (Eu comia ele também, mas ele me contou esse causo, eu também... então, não dá pra comer mais, não). (Norte)

Já a rã ou gia, embora também seja repelida como alimento por muitos, é bastante apreciada por outros, apesar de ser considerada "impura" na *Bíblia*: "A gia é a mesma coisa que tá comendo frango! Ela é mais gostosa que frango. A gia... ela tem a cabeça feia demais!" (Noroeste). Não é difícil encontrar quem já comeu até mesmo cobra, que para outros contamina até a panela na qual é cozida: "Sucuri: um dia, eu trouxe, tapeei aqui a velha, que ela não queria me dar as panela, eu mais o N., nós comemo, eu pus uma pinga nela... (risada)" (Noroeste).

Há restrições alimentares, por outro lado, que não estão incluídas explicitamente no Levítico, mas têm uma forte inspiração moral assentada na idéia da proibição do canibalismo. Assim, animais com alguma semelhança humana, como os primatas, são recusados como comida:

> Mas, falar a verdade, quem come guariba, come gente! (risos) Come, come gente! É... Ave Maria! [...] Vai falar que a cara duma guariba, dum soim não é duma pessoa! A mão! Aquelas levosia! Ah! [...] Ave Maria! Uma pessoa que tem coragem de matar uma guariba e comer, tem coragem de comer gente! (Norte)

> Ah, não, Ricardo, é meio sem jeito de comer a carne dele, porque... como é que é, gente, que eu vi falar? Ah, o trem é ativo demais, né. Você vê: tirar um couro de um macaco, é a mesma coisa de ver uma criança pelada! (Triângulo)

Essa semelhança não impede que alguns acabem comendo esses bichos, embora procurem "disfarçar" esse fato, pois a identidade com os humanos permanece presente:

> Macaco é bom. [Já comeu?] Já, é gostoso. [...] Ah, faz a mesma coisa de galinha, assim, a carne até parece carne de galinha. Quem olhar a cara dele assim, não come ele, não! (risos) Eu já comi... Que ele parece gente! [...] Eu já

113

comi macaco umas três vezes. [...] Daquele grandão, tem uma carne gostosa, a mesma coisa de tá comendo frango. Mas se o sujeito reparar a carinha dele, bem reparado, não come, não! (Noroeste)

Essa semelhança com as pessoas não só é percebida fisicamente como pelo fato de serem considerados "inteligentes" e "ativos", capazes não só de escapar das armadilhas, como fazem outros bichos, mas também de ter atitudes tipicamente humanas:

> Pai contava caso que, antigamente, nessas mata que tinha essa bicha, quando o caçador ia atirar, se ela tivesse criando, ela tirava o leite na palma da mão e mostrava o caçador, essa bicha, ó, guariba. Aí, a pessoa que tinha dó não atirava, né. Pai cansava de contar... (Jequitinhonha)

> A pessoa atira nele, ela vai tira uma folhinha, mastiga, mastiga, quando acabar, com a mãozinha, ó, passando no lugar, ó! Aquilo é o remédio dela. (Norte)

Essa atitude surpreendente não só foi relatada em outras áreas da Pesquisa de Campo, como também já havia sido observada pelos índios séculos atrás, como noticiou o Pe. Fernão Cardim (1549-1625), um dos nossos primeiros cronistas do período colonial: "dizem os naturaes que alguns destes [bugios] quando lhes tirão uma flecha a tomão na mão e tornão com ella atirar á pessôa; e quando os ferem buscam certa folha e a mastigão, e mettem na ferida para sararem" (CARDIM, 1978, p. 29).

Com tanta inteligência não admira que alguns acabem usando suas lições para identificar os recursos naturais a serem usados:

> A fruta pro senhor era estranha, o senhor não conhece... não conhece, mas o senhor olhou, o macaco tá comendo, pode pegar e comer, também. (risada) Pode pegar e comer. Mas, olhou, a fruta tá lá, o macaco tá passando por ela, não olha, não come, não! Não come, não, porque já me aconteceu com um menino, trabalhava comigo, carreando madeira... [...] Uma fruta lá cheirosa, mas uma beleza! O menino pegou e foi comer, eu falei: não come! Não come! Ah, mas tá muito cheirosa. Não come, José! Não come que isso pode fazer mal. Ó, o macaco tá lá, nem não liga pra essa fruta, você ainda vai comer? Se o macaco não quer comer é veneno. Ele comeu. Dali, daquele lugar, até chegar na ferrovia, pra despejar o dormente, tinha, mais ou menos, três quilômetro, ele já chegou na ferrovia com a calça na mão.(risada) [...] O menino passou mal a semana inteira, viu, quase morreu! (Triângulo)

Se os macacos e guaribas, para a maioria, não servem para comer, muitas vezes são caçados, a exemplo de outros bichos, acusados de causarem danos aos humanos. Essa é a segunda principal motivação para a caça no Sertão Mineiro, se referindo tanto às ameaças às próprias pessoas, como às suas criações e lavouras.

Alguns carnívoros, como as onças, foram muitas vezes abatidos por serem considerados perigosos para a vida das pessoas, conforme será mais discutido adiante. Outro tipo de animal perseguido por se constituir em risco à vida humana inclui aqueles que possuem veneno, destacando-se aí as cobras, tidas como um dos mais perigosos.

> O pessoal fala que a cobra... que nós conhece aqui, as mais perigosa é o cascavel e o jaracuçu e a jararaca, e tem o coral, também, que é perigoso... tem o coral, também, que é perigoso. Agora, bravo, mesmo, é o cascavel e a jararaca e o jaracuçu, porque esses são terrível, venenoso. Aquela cobra que tem a cabeça chata e despontadinha, aquelas são brava, mesmo. (Jequitinhonha)

A cobra, quando é encontrada, é muitas vezes morta a golpes de pau ou de alguma ferramenta que esteja à mão. Porém, muitos preferem recorrer a um método "mais ecologicamente correto", procuram afastá-las através da benzeção, feita pelo mesmo especialista local em tratar dos casos de ofensa de cobra, conhecido como "benzedor" ou "curador":

> Meu sogro, mesmo, é curador, meu sogro curava. Cobra pegou ele dezesseis vezes. [...] Ele fazia o remédio. Ele fazia a oração, benzeção... falava benzeção e fazia o remédio. Se benzesse... no ele benzer quem tava ofendido, que tivesse... se errar três vezes, o vivente não escapa, o que tá ofendido. [...] Aí, não precisa... tanto ele curava como ele benzia em volta de qualquer um pasto, onde é que a cobra tivesse pegando criação e tirava a cobra daquele lugar, mandava ela pra outro canto, patetava ela. [...] A partir daquele dia ela não mordia mais nada e ele mostrava a cobra, também, chamava ela e ela vinha. (Jequitinhonha)

> Tinha um curador lá, falou pro fazendeiro: ó, eu vou fazer essas cobra descer aqui, vai passar tudo aqui no seu terreiro, mas não fica com medo, não! Diz que ele chegou na cabeceira da fazenda, assim, deu um assobio e desceu, falou: eu vou fazer elas passar aqui dentro do terreiro pra vocês ver. Ih, mas passou diversas qualidade de cobra! Passou uma atrás da outra no terreiro, assim, da fazenda do fazendeiro. Falou: aí, ó, não precisa bater, vai tudo pra outra fazenda! Diz que tirou as cobra tudo da fazenda desse homem, só na benzeção. (Noroeste)

Alguns entrevistados, no entanto, criticaram esse método de combater as cobras por considerarem que ele prejudica os vizinhos:

> Usa o tal benzeção, acho que isso esparramou as cobra, eu tenho na cabeça, não sei. [...] Uai, porque aqui tem... ali, naquelas cultura de lá, é muito cobrenta. Agora, existia as pessoa que diz que benzia cobra. Aqui, no Capão Alto, também, é muito cobrento, cascavel. Então, diz que eles arranjou, não sei quem é lá, pra tirar os cascavel de lá. Agora, o seguinte: acho que o benzedor, ele manda é pra outra banda, né, esparramou. Eu tenho isso na cabeça, agora, não sei... agora, isso eu não sei... esparramou as cobra, viu. (Triângulo)

> Eu não acho que isso tá muito certo, porque eu acho certo afastar do lugar da gente transar, passar, mas se eu tirar ele, se eu mando benzer no meu quintal pra afastar ele dali, ele pode sair do meu quintal e vim pro quintal do meu irmão. A cobra tem que ter o lugar vasco pra ela, se eu só defender no seu passar, no seu trabalhar e a cobra tem que ter... ser instantânea a vontade dela, porque até a cobra serve pra alguma coisa. (Norte)

Estes, ao reconhecerem uma importância para a cobra, como se verá adiante, preferem apenas pedir em oração para que ela se afaste do seu caminho, evitando o encontro indesejável entre elas e os humanos:

> Nós aqui... nós... usa, assim, algumas pessoas pra entrar no lugar perigoso, a gente usa uma oraçãozinha pra poder passar, ou trabalhar. [...] No lugar perigoso, que é uma oraçãozinha do São Bento que a gente faz pra defender sempre dessas coisa. [...] A gente reza ela: São Bento e água benta/Jesus Cristo no altar/ Bicho mau peçonhento/ Que tiver na beira do meu caminho, / Desarreda e deixa eu passar, por três vez e faz o Em Nome do Pai. (Norte)

Esse tipo de oração não impede, porém, o prejuízo causado pelas cobras junto ao gado, também ameaçado pelos carnívoros maiores, mas são, sobretudo os porcos e, principalmente, as galinhas que são mais vitimadas por várias espécies da fauna do Cerrado. Além das onças, um bicho que apareceu em depoimentos em várias áreas pesquisadas como atacando os porcos é o jacaré, motivando a perseguição desses animais até por quem se declara pouco afeito à caça:

> Toda vida trabalhando, gosto muito é de serviço, não gosto... nunca gostei de caçar, mas o negócio da bicha pegar as criação da gente, porco ela pegou... [...] Pegou uma porção de porco meu. Jacaré, também pega, só que jacaré é dentro d'água. (Norte)

> Aí tem ele, bastante... pega até porco aí do velho, leitão, eles pega leitão dele aí, come. Aí tem o jacaré. (Jequitinhonha)

> Antigamente, criava muito porco solto, eles pegava. [...] Porco pequeno, leitão, mas aqui tinha jacaré grande de primeiro, tem uns que tentou pegar até novilha, lá pra riba. (Noroeste)

As espécies que se alimentam das galinhas e outras aves domésticas são muitas e incluem desde pequenos carnívoros, aves de rapina e até répteis, que caçam desde pintos até os galos, possuindo hábitos que já são conhecidos dos sertanejos:

> Pássaro é gavião e carcará. Agora, tem muitos... vários bicho, gato-do-mato, raposa, aquele... já ouviu falar no gambá? É... outro dia mesmo, ele foi lá em casa, minha menina acordou, com ele gritando, o franguinho, franguinho de molho... [...] Agora, o gato, tem gato de vários tipo. [...] O gato pega de dia, mesmo, pega mesmo! Tem muitos bicho que vai mais é à noite... Raposo, o lobo, ele só vai à noite, agora, o carcará... tem muitos bicho que não. (Noroeste)

Há também todo um conjunto de diferentes espécies predadoras dos ovos, resultando também em prejuízos, que precisam ser evitados:

> Gralha. [...] Come ovo, aquilo come ovo, fura eles tudo! Esse precisava de um estilingue pra derrubar ele, não pode viver, não, viu! (Triângulo)

> Eu achei graça foi do tiú, vi galinha gritando, eu fui olhar, cheguei lá, ele furou um buraquinho no ovo, aí eu fiquei pondo sentido no ovo e ele: [imita o ruído

do tiú chupando o ovo] Eu falei: que danado, que inteligência daquele bicho! Furou o ovo na pontinha, chupou o ovo e deixou a casca direitinha lá no ninho. Aí, eu joguei uma pedra nele, ele correu. (Noroeste)

As incursões desses bichos pelos quintais são vistas como uma espécie de "invasão" do território humano e são imediatamente rechaçados ou mortos pelos cachorros e/ou por tiros:

Gavião... mas pega mesmo, rapaz! Nossa Senhora! [...] Carcará, ainda agorinha, ele passou aqui, eu dei um tiro nele, outro dia, ele tá velhaco, não quer sentar mais aqui na porta. O gavião aqui é uma coisa horrorosa! Pega, tá pegando franguinho assim! (Noroeste)

O bicho que mais enguiça aqui é raposa, pois até esses dias até o galo do terreiro, ela veio e carregou, o galo! [...] Aí passou, eu prendi as galinha no galinheiro, falei: minhas galinha não vai carregar mais, não. Prendi essas galinha aí, uns dois meses. Porque que agora, esses dias... deve tá com uns dez dias, mais ou menos, apareceu uma, aqui, no terreiro, de tardinha. Aí, o A. viu e falou: uma raposa! Aí, panhou... só gritou os cachorro, quando gritou os cachorro, esse tal Perigo que eu tou falando com o senhor, esse cachorro, ele gritou, ele deu uma carrerinha nela aí, que chegou ali assim, eles pegaram ela, fizeram dela, cinco raposa, cinco pedaço, assim. (Rasgou ela toda) Fizeram dela, cinco raposa e quanto mais eles pegavam, mais eu mandava eles rasgar! Eu falei: paga meu galo, infeliz! Isso é pra pagar meu galo, infeliz. (Jequitinhonha)

Mesmo aqueles que concordam com a proibição da caça, prevista na legislação, percebem nesse tipo de "atrevimento" uma justificativa para abater, ou pelo menos molestar esses carnívoros, pois não aceitam se submeterem aos prejuízos por eles causados: "A raposa precisa matar, ela perturba demais, pega galinha. [...] Essa até hoje, é o seguinte: tá bom, sair caçando, não, mas ela ficar no terreiro amolando, pegou pau, né! É o jeito, como é? Há de criar galinha pra elas?" (Triângulo). O mesmo tipo de atitude pretendem frente aos animais que atacam suas lavouras e pomares, pois também provocam sérios danos à produção:

A sussapara, não, ela anda dentro do pantamo. Ela vai comer abóbora lá na ilha, no brejo, come arroz, cana, abóbora, abóbora tando lá no pé elas tira assim e come tudo. E cana, quando a cana tá nova, faz um arraso. (Norte)

Nós tinha uma roça bem pra cima aí, num canto aí, pertinho do morro, bem em cima aí. Nós tinha a roça, caititu comeu ela quase toda. [...] Roça de milho. (Jequitinhonha)

No Rio Perdiz, lá em baixo, enche de capivara até hoje. Lá pra baixo do asfalto, planta arroz lá, elas come arroz tudo. (Triângulo)

Além de atingirem a colheita, vários animais, especialmente as aves, também comem os grãos semeados, inviabilizando a lavoura, exigindo, algumas vezes, toda uma série de cuidados, nos primeiros dias, para permitir seu desenvolvimento, como acontece, por exemplo, com as lavouras de arroz: "Tem que ter quem vigia. Eu mesmo não plantei porque não tinha menino pra vigiar, meus menino tá tudo pequenino. Eu não podia parar pra... porque se você plantar, você tem que parar é... quase um mês, pra ele nascer e crescer um pouquinho, se não os passarinho ranca tudo, pássaro preto" (Norte). Alguns entrevistados, no entanto, ao contrário do que sucede com as criações, se conformam em dividir com os bichos parte de sua produção agrícola: "Macaco tira até milho no paiol, eu não importo, que a fome é triste, a gente tem que deixar" (Triângulo). Muitos gostam de alimentar os pássaros e observá-los rondando o quintal:

> Aqui, tem seis juriti, agora, elas deve tá chocando. Elas é mansinha, elas vem aqui na porta. Joga arroz limpo, milho, semente de laranja, é a coisa mais bonitinha. Haja quem dá uma pedrada nas minha juriti! Mansinha, o trem mais bonitinho. [...]. Os passarinho, tudo quanto é passarinho, eu tenho um papagaio aqui, eu ponho comida pro papagaio aí, tem hora que precisa tampar, que eles não deixa o papagaio comer, é sanhaço, tico-tico, tudo em cima do prato de comida, cada um dando bicada. (Jequitinhonha)

Essa admiração pelos pássaros e outros animais silvestres, o interesse em mantê-los em proximidade, faz com que alguns sejam capturados vivos e mantidos em cativeiro, especialmente para o entretenimento das crianças, encantadas com um bicho de estimação:

> Pássaro de pena, criava uma série de coisa aí. [...] Os tatu amansou ai, criava solto aqui mesmo. [...] O menino fez um chiqueiro, assim, cheio, tava cheio de pássaro, de cadorna, de tudo quanto é pássaro, tinha esses tatu aí. [...] Eles ia lá pra um grupo acolá, essa meninada tinha vez que chegava aqui uma turma de menino aqui atrás desses bicho, era cada tatuzão gordo. (Norte)

Nos depoimentos colhidos na Pesquisa de Campo, muitas foram as espécies nativas domesticadas ou criadas em cativeiro (soim, macaco, mocó, quati, seriema, jacu, etc.), porém, sem dúvida, os papagaios e os passarinhos são os mais comuns: "Tem o canário, tem o pintassilgo, tem também o curió, tem o azulão... esses são os tipo de passarinho que o pessoal gosta mais de possuir em gaiola" (Jequitinhonha). Ao contrário destes, os papagaios, maritacas, periquitos, etc. são, em geral, criados soltos, sendo apenas cortada a ponta de suas asas. Estes constituem um verdadeiro chamego de crianças e adultos, se transformando em um membro da família: "Essa papagaia é dum amor que A. tem ela. De primeiro, ele saía assim, ela emburrava, ficava pros mato, agora, já tá vindo, já conversa... ficava sem conversar... agora, já vem. [...] Nós trata ela Rosinha" (Noroeste).

Todo esse amor pelos animais capturados não impede que alguns sejam objeto de comércio, tanto entre vizinhos, interessados em possuir um bicho de estimação diferente, como entregues a compradores dos povoados e cidades próximas, ou a pessoas que realizam encomendas. São justamente os "passarinhos de gaiola" e os papagaios[1] os mais vendidos, no entanto, trata-se de uma atividade praticada por uns poucos e com muito temor da fiscalização da Polícia Florestal:

> Eles velho não acostuma, não, panha novinho. [...] Ela choca, assim, no ninho, assim, no cupim, no oco de pau. [...] Esses era dois, A. vendeu um, ficou esse aí. [...] Esses trem é muito perigoso, que Florestal se vê, né... toma. Ele, agora, não tá querendo mexer com isso mais não. Isso precisa ter muito trabalho... Pega, assim... um, assim, pra criar, pra intertir, mas pegar... [Mas, antigamente, vendia, não é?] Vendia, isso dá dinheiro toda vida! Dá dinheiro toda vida... (Noroeste)
>
> E, agora, pra carregar esse trem? O povo de São Paulo me encomenda aqui pra levar... o senhor imagina pra levar. [Louro?] É. É essas coisa aí, que eles... [...] [O senhor já levou, assim?] Não, eu nem aí [na cidade], eu nunca vendi, eu não tou dizendo o senhor que eu sou muito mofino com essas coisa. Compadre Z. leva, de vez em quando... ele já levou umas duas vez. Eu digo: não levo, não, não vou, não, com medo de chegar lá e entrar numa. [...] Pássaro preto, Compadre Z. leva, esses outro passarinho e aqui tem. (Norte)

Outra motivação para a caça ligada à comercialização é a venda de couros de alguns animais, que, como foi visto, era prática corrente até meados do século XX. Alguns entrevistados se lembram de terem vendido, ocasionalmente, a pele de algum felino, morto mais pelo dano causado às criações do que com fins comerciais. Outros tipos de couro não possuíam a mesma raridade e valor, mas eram vendidos pela sua utilidade, especialmente o do veado mateiro:

> A capivara querendo usar o couro, usa, o couro da capivara serve pra qualquer coisa. Ê carne boa. [Dessas coisas de caça, não aproveitava o couro para nada, não?] A anta, né, o mateiro, o mateiro, o couro dele é de fazer laço pra laçar vaca. Aquilo é caro, né. O freguês que matasse o mateiro, nesse tempo que não vinha fiscalização, dava o couro, enxugava, né, aí agora, cortava, fazia o laço, vendia. [...] Vendia o laço, todo mundo queria, quem tem uma fazenda, todo mundo queria comprar o laço do mateiro, que é muito mais resistente que do gado. [...] O couro da anta, ele tirava pra fora, pra vender. [Vendia, tinha preço?] Tinha, porque o povo tinha muita coisa pra mat... pra tirar pra vender. [Valia mais que um couro de...?] Mateiro? Não, o couro da anta não é mais caro que o do mateiro, não, que o couro de bicho do mato, o couro mais caro era o mateiro. (Noroeste)
>
> O povo já usava couro de veado mais é pra fazer capanga, aquelas mochila de couro, essas coisa assim, é mais fraco... embornal, eles fala... o povo na roça costuma falar embornal (Norte)

---

[1] Em recente publicação coordenada por Ulisses Lacava, intitulada *Tráfico de animais silvestres no Brasil: um diagnóstico preliminar*, o WWF Brasil analisa esse tipo de comércio e, embora destacando a ausência de informações oficiais sistematizadas, afirma que: "Mesmo sendo menos cotado no mercado internacional, devido ao seu tamanho, o papagaio é a ave mais comercializada no país e no exterior" (LACAVA, 2000, p. 21).

O couro do meleta (tamanduá-mirim) é empregado para fazer correias para as rodas de ralar mandioca, sendo considerado, em relação ao de boi, como mais resistente: "Ele é mais forte, ele não quebra, mais difícil de quebrar" (Norte). Porém, é ainda mais utilizado para fins medicinais: "O meleta. [...] O couro dele também é bom... Para aquele negócio... aqueles olho que sai no corpo dele... da pessoa, o couro dele é bom pra torrar e tomar" (Norte). O quadro, no ANEXO, também traz uma enorme variedade de partes dos animais usadas tanto para fins medicinais, como mágicos, as chamadas "simpatias". Os usos de ossos, carne, gordura (também chamada de "banha" ou "manteiga"), órgãos sexuais masculinos, couro, dentes, unhas, etc., principalmente de mamíferos e répteis, são amplamente conhecidos, nas quatro áreas pesquisadas, e sua obtenção motiva, algumas vezes, a caça destas espécies. Nesse sentido, são muitas as receitas trocadas entre as pessoas, não havendo uma fronteira muito nítida entre o medicinal e o mágico, pois uma pergunta sobre um ou outro acaba por trazer processos de cura em que eles se misturam e se combinam:

> [Tem algumas coisa assim de bicho que é remédio, não tem?] Tem, gordura da capivara mesmo, é. [...] Pra asma, bronquite, essas coisa, diz que é bom demais. O povo mais velho mesmo bebia muito, minha mãe usava dar no café de manhã, diz que é bom demais pra expectorar. [...] Só que é ruim de beber, aquilo fede! O bucho da ema, também, diz que é bom pra abrir apetite. (É bom pra curar intestino, intestino inflamado, né.) É. O bucho da ema diz que é bom demais. A gordura do tatupeba também é bom, o povo mais velho usava. [...] Pra gripe, essas coisa. Agora, esses dia, eu vi um cara ensinando o outro, pra coluna, eu não sei como é que faz, a espinha do luis-caxeiro. Só que é tipo... como é que fala? Assim... uma simpatia! Diz que pega um molhozinho dela, não sei quantas espinha, e põe na pinga e deixa uns vinte dia, curtindo ali e bebe. [...] Diz que é bom demais. [...] Pra asma mesmo tem muita simpatia: formiga-cabeçuda, raposa também, acho que é a gordura, né, diz que é bom também. [...] O povo mais velho sabia remédio... fazia muito remédio com bicho assim... (Noroeste)

> Gordura de gato é bom pra ferimento, para queimadura, de gato-do-mato. Gordura de tatu, a gordura de capivara é boa pra bronquite. [...] Gordura de raposa é boa pra gripe. [...] Gordura de melete é boa pra ferimento, também. (Jequitinhonha)

Muitas dessas receitas vêm se perdendo seja porque a caça é hoje proibida, seja porque cada vez mais o sertanejo tem se valido da medicinal oficial, mas elas continuam a ser transmitidas e experimentadas. Muitos guardam em suas farmácias caseiras, ao lado de raízes, cascas, folhas e outras partes das plantas tidas como medicinais, a banha, o espinho, ou o couro de algum dos bichos do Cerrado que possuem poderes de cura. Entre os sertanejos, nenhum animal reúne mais propriedades medicinais e mágicas do que o lobo-guará, por esse motivo, escolhido aqui para se aprofundar o significado simbólico dessa relação entre a caça e a fauna do Cerrado.

LOBO-GUARÁ: O FEITIÇO SE FEZ CARNE

Keith Thomas afirma no seu livro *O homem e o mundo natural*: "Já no início dos tempos modernos, a Inglaterra se distinguia entre países europeus por não ter lobos" (THOMAS, 1988, p. 323). Na França e na Itália, ele teria sobrevivido até o século XIX, sendo perseguido e considerado nocivo pelos seus ataques aos rebanhos de ovelhas, popularizando a sua imagem de animal nocivo ao ser humano.

No processo de colonização do Novo Mundo, os europeus não tardaram a identificar o maior dos canídeos brasileiros, hoje, conhecido entre nós, como lobo-guará (*Chrysocyon brachyurus*), com aquele animal do seu continente de origem. É verdade que os primeiros cronistas, ao se referirem a ele, como o autor dos *Diálogos das grandezas do Brasil* e Pe. Fernão Cardim (1549–1625), no seu *Tratados da terra e gente do Brasil*, encontraram maior semelhança com um cão, no entanto, atribuindo-lhe alguma ferocidade: "*Iaguaruçu*[2] – Estes são os cães do Brasil, são de hum pardo almiscarado de branco, são muito ligeiros, e quando chorão parecem cães; têm o rabo muito felpudo, comem fructas e caça, e mordem terrivelmente" (CARDIM, 1978, p. 30).

Provavelmente, por ser um animal típico das formações abertas da América do Sul, especialmente o Cerrado, não está entre as espécies mais divulgadas pelos que descreveram a nossa fauna nos primeiros séculos da colonização. Entre os cronistas das Minas Gerais no período colonial, José Joaquim da Rocha, na sua *Geografia histórica da Capitania de Minas Gerais*, de 1780, assim refere-se a ele: "O guará é uma espécie de lobo, porém muito medroso; sustenta-se de aves" (ROCHA, 1995, p. 168). Os naturalistas alemães Spix e Martius, em sua viagem pelo Brasil, na segunda década do século XIX, também se mostraram decepcionados com esse nosso lobo: "Do gênero canino conhece-se aqui o "lobo" vermelho, ou guará (*Canis campestris* Neuw.) que em coragem não se compara ao seu parente europeu, [...]" (SPIX; MARTIUS, 1981, p. 95).

O guará nunca correspondeu à expectativa de "lobo" que lhe atribuíram, pois não apresentava a mesma ferocidade como que era visto o "seu parente europeu". Cerca de cem anos depois, o engenheiro Álvaro da Silveira (1867–1945), conhecido pelos seus trabalhos sobre a flora mineira, narra um encontro com esse animal, na região de Dores do Indaiá, no Alto São Francisco, onde apresenta um outro aspecto seu, muito próximo da forma como ele é visto no Sertão Mineiro, nos dias de hoje:

> Nas margens do Veado, tive a occasião de ver um bello lobo, alto, grande, pêlo vermelhado.
>
> Era um lobo pacato, apesar de imponente. Tivesse elle instinctos aggressivos e perversos e eu diria que seria um lobo civilisado.
>
> Ás 2 horas da tarde mais ou menos, passou a uns 10 metros de nós, cruzando o caminho que percorriamos, o bello parente do cão demestico. Estava como

---

[2] O nome de origem tupi Iaguaruçu, de Cardim, ou Aguara-açú, do autor dos *Diálogos das grandezas do Brasil*, tornou-se aguaraçu, aguará, guará ou lobo-guará.

que a passeio, pois a sua marcha era vagarosa, e elle parecia sem agitação de especie alguma.

A nossa aproximação não lhe causou incommodo, visto que junto mesmo da estrada cessou a sua caminhada.

Absorto em contemplar qualquer cousa que fosse para elle mais importante do que nós, deixou que nos approximassemos bastante, sem mudar da attitude contemplativa.

Um nosso companheiro, sacando de um revolver, despejou algumas balas sobre o pobre animal, que, apesar dos estampidos dos tiros, nem ao menos se movia, como um signal de curiosidade siquer.

Estava olhando para o lado opposto áquele em que nos achavamos, e assim ficou, sem nos prestar a minima attenção.

Esteve uns 3 minutos, desafiando, com um pouco caso irritante, a pericia do malvado atirador.

Por fim, depois de haver mostrado que não ligava a minima importancia aos cavalleiros que o incomodavam com alguns estampidos produzidos por tiros de revolver, continuou calmamente o seu passeio, embrenhado-se pela capoeira.

Causou-me especie a fleugma desse animal. (SILVEIRA, 1922, p. 647-648)

Dois depoimentos colhidos na Pesquisa de Campo também nos falam dessa capacidade do lobo-guará escapar dos tiros.

Quer ver que uma coisa mais difícil que tem, aqui, de uma pessoa matar é um lobo. [...] Porque não é todo mundo que atira nele pra ele morrer, não [...] Não é, não, pode ser espingarda boa, aquele ali, se não saber... se ele ver a gente primeiro... tá difícil, se eles vê a gente primeiro, de o tiro pegar nele. A gente tem que ver ele primeiro que ele vê a gente. Aquilo ali tá despercebido, mas se ele enxergar a gente, é... ele cuida lá nas mucuta dele lá, que nem diz o outro, nas coisa lá e é difícil pegar. A espingarda... eu, mesmo, já disparei espingarda umas duas vez: em uma, não pegou um tiro, outra vez, quebrou a espoleta. E ele foi bem embora e ainda correto que só se vendo, nesse tempo. Espingarda boa, danada e falhou. Levava a espingarda nele, fazia o ponto, que puxava... crec! Ele ia saindo, olhando de banda, assim, e porco! Era de tardinha, quando fui dá fé pra olhar, vai o carreiro de urina dele, assim, que ele joga logo a urina, ele joga a urina pra trás, cabou! (Norte)

Ele caminha na fumaça da pólvora. Ele vem topar com o senhor, viu. [...] [O senhor atira nele...?] E ele vem. Então, esse foi aqui, ele tava pegando galinha, o homem morava num rancho... [...] O homem foi lá, atirou o lobo, foi... ele deixou a porta do rancho aberta, o lobo veio, passou por ele, foi entrou dentro da porta e morreu, dentro do rancho. Agora, o seguinte: aí, ele veio, deitou: é, não, errei o danado do lobo, ele foi embora. E ele já tava morto, né, dentro de casa. E deitou... [...] E a mulher vai levantar, de noite, pra ir lá no terreiro, pisa nesse lobo, no escuro, sô, o trem não era iluminado de luz, era escuro, pisou no lobo morto, viu. O trem virou uma gritaiada! (risada) [Ela assustou?] Ah, se ela não assustou! Tá doido! [Quer dizer que ele atirou, ele passou no rastro da fumaça e veio embora para dentro do rancho?] Ele entrou dentro de casa. [Veio morrer dentro do rancho?] Morreu dentro... debaixo da cama. [...] É danado, sô! (Triângulo)

Se ele consegue escapar dos tiros, mais fácil é vencer as armadilhas que fazem para matá-lo ou capturá-lo, quando começa a rondar os quintais roubando galinhas e outras pequenas criações.

Esse tempo, aqui, ele descobriu um galinheiro aqui meu, não deixou... Comeu as galinha quase tudo. Eu tentei foi matar aquele filho duma mãe, mas não consegui, moço, que ele não vai na armadilha, não. Fiz uma arataca pra pegar ele, não queria matar, não, queria só pegar ele, pra mim ver como é que ele era. Mas ele consegue desarmar a armadilha e não pega. (Jequitinhonha)

O lobo também ninguém consegue pegar ele, não. Uma vez aqui, eles fizeram uma armadilha pra pegar ele, na armadilha, eles põe o frango, né, aí, ele vai lá, fica melhor pra ele, aí que ele pega o frango mais fácil! (Noroeste)

Um bicho tão arisco fez-se mágico no imaginário popular do Sertão Mineiro, se tornando o animal mais carregado de significados nas quatro regiões abrangidas pela Pesquisa de Campo. Um entrevistado do Jequitinhonha assim resumia sua percepção sobre o guará: "Ele é mandingueiro"; quase repetindo o que disse um outro no Triângulo Mineiro: "Eu sei que o lobo é todo mandinguento, o bicho todo, viu, ele todo". Quando se refere ao "bicho todo", está afirmando que cada uma das suas partes é carregada de propriedades mágicas, sendo empregadas para "fazer simpatias":

a) Barrigada

Apenas um entrevistado mencionou o seu emprego e de forma secundária:

"Então, ele matou um lobo, diz que aonde arrastava a barrigada dele, cercava a roça, mas dele não cercou, não. [...] Pra criação não entrar na roça, mas esse não adiantou... não funcionou, não" (Triângulo).

b) Osso

Também um único depoimento citou o seu uso, no entanto, de forma eficaz:

"Agora, usei dele uma vez, minha mãe fez pra mim, foi o osso dele. Deu uma dor de dente que nada curava, você já sofreu de dente? Deu uma dor de dente que nada curava... minha mãe rapou um osso do lobo um dia, rapou e fez um chá pra mim, foi uma beleza!" (Triângulo).

c) Dente

Essa é uma parte de seu corpo com mais referências na sua utilização, sendo inclusive apontada junto com o de outras espécies como o jacaré e o dourado, embora o dente de lobo-guará seja ressaltado pelos seus poderes mágicos:

E tem o dente de jacaré que é o troço que eu conheço nos animais, que eu já vi assim de perto, que tem o dente mais bonito, que eu acho, é jacaré. [...] Aquilo também é bom pra criança, você põe lá no pescocinho do menino, os dente nasce, ele não vai sentir problema, não é qualquer gripe que pega nele também, no caso assim dele tá num lugar que tem tempestade, raio não passa perto dele, que aquilo é contra, é contra um bando de coisa. [...] De guará é que é o bom. Todos dois é bom, agora o de guará é especializado mais do que qualquer outro pra usar como simpatia, né. Quem tem dinheiro... quem não tem, não, pode furar ele e deixar todo mundo ver, mas o certo da presa do jacaré pra quem quer responsabilizar uma criança pra não pegar asma, pra não pegar um mal olhado, qualquer doencinha, você encastou... manda encastoar num pedacinho... basta uma pezinha dele, cobrir... (Norte)

É, ali, eles pega um pano, faz um embornalinho e põe aquele dente dentro daquele embornalinho e marra no pescoço da criança. [...] É pra... quebranto, é pra essa doença do ar, é bom. (Norte)

A pessoa fura um dente de lobo... tem aquela árvore, também, a semente de lobo, tudo é lobo, mesmo, o tal capuchinho. Panha uma fruta daquilo e põe no pescoço, o dia que a pessoa tá passando mal, se for pra adoecer, então, vai a aquele mal tudo pra aquela presa. [Põe assim no cordão, como é que é?] É no cordão. (Triângulo)

d) Couro

As utilizações do couro são diversas, algumas vezes, sendo empregado para os mesmos fins de outras partes. As formas de uso variam, desde portar um pedaço, passando pelo contato, a ingestão e até fumar ("pitar"):

"O pelo, torra e bebe, quem não bebe pinga, bebe na água, pra evitar doença. [Para que?] Gripe, asma" (Norte).

"É o couro, o povo aqui usa, pra muita coisa. [...] É mesmo pra doença do ar, pra fazer o menino criar os dente, é uma série de coisa... simpatia pra olho ruim..." (Norte).

É o couro do guará e a unha do bandeira. (Faz o purgante e dá aquele menino, é menino que sofre isso [doença do ar], aí melhora. [...] Faz o purgante com azeite, óleo de rícino. (Faz aquele cozimento e mistura como o óleo e dá a criança, que aquele óleo faz obrar. Dá uma desinteria doida no menino! Quer dizer que ali descarrega e arranca a doença. (Norte)

Diz o povo que pra remédio é o couro, o couro todo, o pelo dele, usa até pra espinha. Pega um pedacinho dele, coloca na carteira, bota no bolso... um pedacinho de couro, bota na carteira. [...] Ou mesmo na cinta. [Para o que?] Espinha, dor na espinha, pessoal que tem problema de espinha. (Norte)

O couro dele também é bom se tiver ofensa... ofendido de bicho ruim, amarrar o couro dele assim no lugar, diz que é bom, e dor de dente... isso é coisa desses mais velho... pitar, diz que era bom... [...] Amarava o couro, às vezes, se tivesse ofensa assim de berne na perna, amarrava, assim, um pedacinho na perna... na perna assim, amarrava um pedacinho do couro, diz que é um remédio, se tivesse com berne com o couro do lobo não tinha perigo. É muito difícil. (Noroeste)

A minha mãe sofria uma doença que... era esse ar, mesmo. Então, ela dormia em cima de um couro de lobo e não podia tirar isso do fundão da cama, sabe. Remédio nenhum curou ela. Pai cuidou em tudo quanto há, remédio de farmacêutico não curou, né, foi só usar esse trem de lobo, que sarou. [Ela sentia como assim?] Esse trem não vale nada, ela dava acho que convulsão. (Triângulo)[3]

e) Carne

Em geral, o consumo de carne de carnívoros é incomum, o mesmo acontecendo com a do lobo-guará, porém, a sua ingestão é atribuída a propriedades mágico-medicinais, embora os vários depoimentos assinalem que ela possui um sabor e um cheiro pouco agradáveis.

O lobo tem, mas... eu matei um, um tempo, tá com muitos ano, eles admiraram dele, mas aqui tem ele. (Tem e é muito, que eles grita a noite inteirinha.) [Aquilo já me falaram que come a carne?] Come, pra remédio come, mas, moço, o que que é... esse que eu matei, se eu dizer que é um causo, é como diz, aquele trem é comido por regra [Como é que?] Por regra, assim, regrado, comido pouquinho. [...] Eu comecei comer, depois o meu estômago não deu, não, moço. [...] Por causa do dizer do povo que ele era bom pra remédio, eu tirei o couro desse coisa, tratei bem tratadinho, aí depois, tirei um bom pedaço, compadre [...] tirou outro pedação, fui cortando esse bichinho, o resto eu joguei pro mato [...]. Esses menino entraram nesse negócio, moço! (Diz que elas pegaram um pedaço, retalharam, botaram sal e foram assar! Comer assado. Aí, não deram certo, quando eu cheguei, eles tava tudo vomitando, disseram que foi da carne. Não foi da carne, não, menino, já sabe como é que é, não assa direito, fez foi sapecar lá e comer.) (Norte)

Porque diz que a carne do lobo, quem come ela, é o seguinte: cobra pode morder, que não faz mal, né. Então, o lugar é muito cobrento, todo mundo tem medo de cobra, mesmo, mataram o lobo e arrumaram. Lá onde é que eles arrumou, você vê, aonde arruma uma criação, sempre sobra uns pedacinho, assim. E lá passava porco... Ricardo, mas porco não pegou um pedacinho assim da carne dele, que ficou lá, foi formiga que tampou ela, de terra. Nada come. (Triângulo)

Uai, eu foi preciso comer a carne do lobo.[...] Porque eu fui ofendido de cobra, jaracuçu e cascavel. E o ofendido de cobra é perseguido are, todo tipo de are.

---

[3] O antropólogo Saul Martins, em seu livro *Os barranqueiros*, relata usos semelhantes para o couro e o dente: "Para não ser mordido por cobra venenosa basta carregar no bôlso um pedaço de couro de jacaré, de gato, ou de guará." Mais adiante acrescenta: "O couro e o dente de guará são os melhores remédios contra a doença de ar. O couro, bebe-se na cachaça e o dente a gente pendura no pescoço e deixa que êle perca por si" (MARTINS, 1969, p. 199 e 211).

Benze, agora mesmo, tá cheio de are, o ofendido de cobra. Os tratador falou: você tem que comer a carne do lobo. [...] Os tratador é raizeiro. Aí, mataram o lobo, eu tive que comer a carne do lobo, uma vez só. O senhor tá comendo ela, a catinga dele sai no nariz. Mas, também, cabou are! [...] Curou mesmo. E as cobra... a gente comendo a carne do lobo, as cobra vê a gente primeiro e elas, ó! (Triângulo)

Pode-se sintetizar os usos das várias partes do lobo-guará, vistas até aqui, da seguinte forma:

a) contra a dor: "dor na espinha", "dor de dente" e para favorecer a dentição;

b) para doenças pulmonares (gripe, bronquite e asma), portanto, ligadas ao "ar";

c) de forma preventiva para evitar doenças, contra raio, mau-olhado, quebranto e ofensa de bicho ruim e para cercar roça;

d) e, tanto o dente, como o couro e a carne são usados para a "doença do ar".

Ao se analisar o que seria essa "doença do ar", entendemos melhor a interligação entre esses quatro tipos de usos associados às propriedades mágico-medicinais daquele animal. Em primeiro lugar, ela estaria associada ao "vento", à exposição da criança a uma corrente de ar, a uma variação brusca de temperatura, com conseqüências danosas para sua saúde:

[Eu vejo falar nessa doença do ar, como é que é assim?] É a criança que, às vez, tá dormindo e vai, acorda, a mãe pega aquela criança sai com ela pro vento, aquilo faz a doença do ar. (No dizer indígena, nós aqui fala teve um ramo.) [Fala o que?] (Nós fala teve um ramo, que saiu quente, saiu pra fora, teve um ramo. Aí, é um tipo de uma doença que lá fora o branco fala que ele estuporou, mas nós aqui fala diferente. Tá quente, saiu pra fora, pegou um ramo. Aí, é isso que ele tá dizendo é a doença do ar.) [Aí, depois sente...?] (Aí, ele sente desmaio, né, avexame, circulação). (Norte)

A "doença do ar" está associada, nos depoimentos, também à dor, ("é nos nervo"), possuindo como uma de suas características afetar o sistema nervoso, provocando desmaios e convulsões, ou seja, estupor:

O senhor já viu gente de ar? Tá bom, o dente dói, aquela dor doida, aquela dor doida, às vezes, é ar. Benze de ar, sara. Agora, o ar... [O ar fica assim, por dentro, como é que é o ar?] O ar: o ar é um trem esquisito, ele é nos nervo, né? (Triângulo)

Ar é uma coisa meio complicada, sabe. Eu tinha uma irmã que sofria ar e é o seguinte: ela dava era acesso, viu. [...] Caía, prostrava, ficava prostradinha. Ar é um trem esquisito, mesmo. [Enrolava a língua também, não?] Enrola, sim. (Triângulo)

Câmara Cascudo também aponta um significado semelhante, destacando, em primeiro lugar, que as "superstições e significações de 'ar' no Brasil são sobrevivências portuguesas". Assim, cita Frei Domingos Vieira (*Dicionário Português –*

Porto, 1871): "Na linguagem vulgar, o substantivo *ar* tem variadíssimas significações; doença ou certa disposição física ou moral, que se crê depender do clima e da temperatura particular a um país; [...]". E depois de outros significados, acrescenta:

> Ar é o sinônimo português da paralisia. *Paralisias, que o vulgo chama ar*, ensinava o velho Doutor Madeira. "Dar um ar, ter um acidente de paralisia; chama o vulgo esse acidente, ar, porque nos corpos humanos causa como que os mesmos efeitos que nas plantas, que a malignidade dos ares faz secar." No Brasil, hemiplegia, estupor, hemorragia cerebral, moléstia de Bell. Ramo de ar, ar-de-vento, um ar, são as causas do derrame. (Cascudo, 1972, p. 95)

É antiga a tradição portuguesa que vincula o "ar" com seus danos aos nervos, alcançado as Minas Gerais com a chegada dos colonizadores e primeiros cirurgiões no século XVIII. No seu famoso tratado médico de 1735, *Erario mineral*, Luis Gomes Ferreyra já assinalava que o "clima da Minas he frio, e humido, e o ar muyto fino, e penetrativo; e como estas cousas todas são inimicissimas dos nervos, e ossos, por isso dizia eu, que houvesse muy grande cautela quando fizesse as curas [...]" (Ferreyra, 1997, p. 344). Nas suas referências para "Parlesias, estupores, ou ramo de ar", remete ao Capítulo IX, "Do remedio para braços, ou pernas, que estiveram com pouco movimento, ou esquecidos, por causa de algum estupor, ou parlezia, ou resfriamento", cuja receita apresenta. Devendo o mesmo ser esfregado nas "partes queixosas", realizando "a fomentação com o mayor resguardo do ar, que póder ser; e depois da parte fomentada se cobrirá com alguma pelle de bicho macia, como de lontra, ou outra semelhante [...]" (Ferreyra, 1997, p. 340). Seria possível, talvez, incluir, entre essas, a do lobo-guará?

Nos depoimentos da Pesquisa de Campo, também temos uma outra percepção de "ar", qualificado como "ar mau", ele também está presente nos "bicho ruim", chamados de "insetos", aí incluído as cobras, marimbondos e escorpiões, que o "vigiam" e o atraem da natureza para si, prestando, desta forma, relevante serviço às outras criaturas:

> Agora, nós não pode ficar sem as cobra! [Por que?] Não, as cobra vigia muita coisa, sô! Vigia o ar mau, né. [...] A cobra, o marimbondo e tem uma planta, se não fosse esses trem morria gente todo dia com ar mau. Você entende o que é ar mau? [Aquela doença do ar que o senhor falou?] Ar, é do ar. [A cobra vigia?] Vigia, sim, ela chama ele pra ela, ela atrai ele. Você... aqueles dias que o ar tá... tem uns dia que ele é mais assanhado, aqueles dia, eu acho que elas nem dorme, puxando pra elas. O marimbondo também puxa. [Quais os dias que o ar fica assim?] Tá bom, isso agora, eu não sei.... isso agora, eu não sei, viu! (risada) Me parece que o pai falou que é mudança de tempo, sei lá, que tem uns dia que a cobra é mais assanhada, não tem? Pois é, deve ser esse dia (risada). (Triângulo)

O "ar mau" parece ser destilado em seu veneno e só a benzeção e o lobo-guará, através de suas partes com propriedades mágico-medicinais, que funcionam

127

como um "ímã", são capazes de vencê-lo e "imunizar" a pessoa[4]. Assim, ele atrai as energias negativas de vários tipos, seja a da "ofensa" de "bicho ruim", seja a do "mau-olhado/quebranto", ou mesmo a das doenças.

> Eu tenho dó quando eu vejo uma pessoa falar que tá ofendido, eu tenho dó! Porque a dor é de morte! Eu escapei por Deus! Agora, hoje, eu posso pegar um escorpião com a mão, tou imunizado, já peguei, ele não ofende... [O senhor está imunizado por que?] Uai, a ofensa da cobra! Eu tive que comer a carne do lobo pra tirar o ar mau, a ofensa da cobra traz ar mau, diária... Benze, caba com ele, quando coisa que não, tem ar, ar estuporo! Agora, tem que comer... os tratador receitou pra comer a carne do lobo, ao menos uma vez, cabou os are! [...] O lobo tem um ímã [...] [O ar mau, esses bichos todos ruim têm ele? Escorpião?] Tem tudo. [Cobra?] Tudo! [Qual outro bicho que tem o ar mau?] Tudo quanto é inseto. [...] [Esse ar mau vem daonde?] Uai, é o sol com as planta e a água. [...] [Formam o ar mau?] Faz o ar... (Triângulo)

A capacidade de servir de "ímã", também atraindo o "ar mau", aproxima o lobo-guará das cobras, pois ambos possuiriam um magnetismo no olhar, que talvez explique por que ele consegue atrapalhar o atirador quando o vê antes do disparo.

> Quer dizer que se a gente for olhar o lobo, fica olhando ele, assim, tem hora que aquele ar, assim, atrapalha a gente. [...] É que nem a cobra, você vê a cobra... você já viu a cobra atrai ar? Não, você já viu a cobra alimentar? Você já viu? [Não, como o senhor fala assim?] Uai, a cobra é o seguinte, quando ela vai alimentar, então, ela olha a caça, assim, ó, e a caça vai andando, andando, enfia dentro da boca dela! Isso eu já vi. E agora, é o seguinte: e nós? Como por exemplo, como nós também... a gente não pode ficar, assim, com os olho arregalado numa cobra, assim, de ar, não, viu. Ela atrapalha o olho da gente. É, ué, com o lobo, às vez, é desse jeito, né. [Eles falam um negócio do lobo no galinheiro, também, o senhor já ouviu falar, o lobo com as galinhas, é do tipo que o senhor está contando aí?] [...] Ah, é, é... é diz que é. Diz que ele chega, debaixo do poleiro e olha a galinha lá e sopra, diz que ela vem na boca dele, né, mas ainda não vi isso, não. [...] Mas o povo fala desse jeitinho mesmo, é, eles fala isso. (Triângulo)

O seu olho, o ar que ele sopra, ou, segundo alguns, a sua urina, são as explicações para a sua enorme capacidade de "caçar" galinhas e outras aves domésticas:

---

[4] A "doença do ar" não é uma exclusividade dos humanos, podendo atingir também as criações, ou seja, os animais que lhes estão próximos. Por apresentar elementos mágicos, ela não pode ser tratada pelas práticas terapêuticas da medicina oficial, exigindo, segundo os entrevistados, em primeiro lugar a benzeção e, num tratamento mais radical o uso do couro ou da carne do lobo-guará: "O ar é um trem... e ele dá em criação e dá na gente e remédio da farmácia não cura, não, não cura, mesmo. [Aí é o couro do lobo?] O couro do lobo, benzeção... [E tem a benzeção certa?] Tem a certa. A mãe tinha cópia... a cópia da benzeção, então, benzia pela cópia. Mas, é... morreu, quando morre as coisas espalha, estrambola tudo, agora, eu não sei benzer de ar, não. Mas, o ar... não, tendo a cópia, qualquer um pode pegar ela e benzer. Eu benzi o cavalo e ele sarou" (Triângulo).

Guará é muito difícil da gente ver ele, né, mas... Esses tempo, aqui, ele descobriu um galinheiro aqui meu, não deixou... comeu as galinha quase tudo. [...] Deve ter comido aqui quase umas 40 cabeça de galinha. [...] Teve uma noite que ele matou 16. [...] Matava e comia, outras deixava morta no galinheiro. (O pior dele é matar, diz que ele entra no galinheiro, mata... se ele conseguir, ele mata todas.) A galinha pode tá em cima de uma árvore, ou qualquer coisa, que ele chega debaixo, dá uma soprada, elas cai tudo. (Jequitinhonha)

Chega no.. as galinha tá de riba dum pau, na dormida, assim, se ele chegar debaixo, perceber que elas tá em riba, ele urina, joga pra riba, vai descendo de uma a uma, é o dito pelos mais velho, o povo que mora nos geraizão, assim, tudo conta. [...] É atraimento, o bicho tem um atraimento danado. (Norte)

Ele chega num puleiro, come as galinha quase tudo. Ele tem uma traição nas vista que vai olhar pra riba... galinha tá em riba do pau, ele vai olhar pra riba, ela cai no chão. (risada) [...] É, atrai, né. (Noroeste)

f) Olho

Esse poder do seu olhar torna essa parte do seu corpo a mais mágica de todas e a que mais o faz conhecido como um mito no Sertão Mineiro. Em todas as quatro regiões investigadas, nas várias entrevistas em que o tema versava sobre o lobo-guará, muitos depoimentos se referem à "simpatia" feita com seu olho:

O olho esquerdo, quem arranjar o olho esquerdo de guará, pronto, se gostar das coisa, não faltaria nunca... gosta de coisa boa, não falta mais nunca. Tem imã, só que você tem que pegar vivo e arrancar o olho esquerdo, porque diz que o imã tá no olho esquerdo. Eu sei que galinha tá lá no olho pau, ele fecha um e abre o outro, desce, puf no chão e ele créu! Derruba... Os outro derruba galinha com chumbo, o guará é com o olho, em riba do pau. [A gente tendo o olho esquerdo, o que que acontece?] Só deixar vivo ele... Acontece muita coisa, você vai fazer um negócio bom, você consegue mais fácil. [Só pra negócio?] É pra tudo, pra muita coisa. [Que outras coisas mais?] Quem gosta de malandragem, assim, conquistador, né? Tendo aquilo, você não precisa nem gastar tempo, anda é a penca atrás (risada). (Norte)

Alguns vinculam esse uso do olho a "fazer macumba" ou a "ter parte com o capeta pra ficar rico", aproximando essa "simpatia" da idéia de "pecado", como se pode observar em uma das entrevistas, onde foi revelado que não bastava possuir o seu olho, mas era necessário ter certos cuidados especiais para se obter sucesso com ele:

A história que eles fala... Ah, tira os olho do lobo, pra ficar rico, não é isso? [...] [Qualquer um dos dois?] Qualquer um, mas tem que tirar com ele vivo e soltar ele, né (risada) [...] Agora, você vê, eu não quero cair, não, quem que dá de tirar os olhos dele? E é pecado, também, tadinho, é pecado demais. [...] Porque diz que há de batizar ele. [...] Batiza os olho dele... o que tá tirado, né. Tira o olho, guarda, assim... assim... falou, eu não fiz isso, não, e nem vou fazer. Agora, é o seguinte: fica com os olho do lobo guardado, o dia que for

129

> batizar uma criança, então, enrola ele no canto da tolha, de pegar o menino e, lá na hora, sei lá que jeito faz, lá, fala que no batizar o menino, batiza os olhos do lobo. Já pensou que cagada? [...] Diz que se tirar os olhos dele só, não adianta, né, o trem é complicado, Ricardo. Eu não quero mexer com isso, não, viu! [...] O menino fica pagão, que é batizado com os olho do lobo. É olho do lobo que recebe. Mas fica danado, é porque olhar daqueles olho, se for uma pessoa que for inclinada a pedir mulher, eu vou falar com você de uma vez, diz que coloca ele lá, diz que é só olhar a mulher, diz que ela vem mesmo, viu. (risada) Se for por modo de ficar rico, vai fazer negócio, deixa ele com fome, sei lá o que, diz que negócio sai bom. [...] Quem tem o olho que tem que tratar dele, de vez em quando, joga um trenzinho lá pra ele, pó de não sei o que. [...] Eles põe um pózinho pra ele, pra sustentar ele. O trem é complicado, Ricardo. [...] Diz que é danado de bom pra pedir mulher! (risada) Diz que vem, mas vem, mesmo! Mas, o negócio também é assim: diz que... acho que tem que colocar ele numa forquilhazinha, né. Pra fazer negócio, também, é a mesma coisa. (Triângulo)

Os homens que possuem sucesso na conquista das mulheres ou nos negócios, às vezes, são colocados sob suspeita: "Eles falam: fulano tem o olho de lobo" (Noroeste). Apesar da grande difusão desta "simpatia", não encontrei ninguém que afirmasse possuí-lo, nem que conhecesse alguém que tivesse tal amuleto, alguns, sem duvidar do fato, colocam a dificuldade na sua realização: "Isso, agora, ninguém sabe, porque... eu acho custoso a gente pegar, pois se um cachorro, a gente pega um cachorro, não dá conta de segurar ele, agora segurar um bicho do mato? Ainda arrancar os olho dele? Isso é muita coisa" (Triângulo). Um caso, ouvido por mais de uma vez, revela a esperteza do sertanejo frente ao rico da cidade, pois a "força" da simpatia está justamente na enorme dificuldade em viabilizá-la:

> Um cara de Belo Horizonte encomendou um rapaz aqui, um olho de guará. Deu ele uma certa quantidade de dinheiro, pagando um carro, naquela época, era dinheiro que dava quase pra comprar... E o cara tinha condições, lá em Belo Horizonte, o cara era rico, falou: eu vou arrumar pra você. Aí matou uma porca, tirou o olho duma porca e ligou pra ele, diz que tava pronto o objeto. Ele veio, chegou, olhou: puta merda! Isso aqui é ele. Pagou ele na hora, deu o checão na hora pra ele, foi embora. Chegou lá, passou um tempo, ele ligou pra ele, o negócio não tá dando nada, não tá resolvendo nada. Ele falou: você contou alguém? Eu contei um amigo meu. Ô moço, então é por isso, não pode contar ninguém. Tinha matado uma capada, uma porca e tirado... (risos). (Jequitinhonha)

Com tantas partes do seu corpo usadas para fins mágicos, o lobo-guará surgiu, na Pesquisa de Campo, como o animal mais carregado de representações simbólicas, porém, não é o único. Situada em um dos pontos mais alto da cadeia alimentar do Cerrado, a onça também apresenta, nos vários depoimentos colhidos, uma forte influência sobre o sertanejo, no entanto, por uma perspectiva diferente. Se o lobo é uma decepção para aqueles que esperavam dele o mesmo comportamento do seu parente europeu, se firmando mais como "mandinguento" do que como "fera" qualidade, ambiguamente, admirada na onça, embora essa também seja marcada pela "esperteza" do gato.

OS AMIGOS DA ONÇA

Duas espécies de felinos recebem, no Brasil, a designação geral de onça: a onça-pintada (*Panthera onca*) e a onça-parda (*Puma concolor*). A primeira é o maior felino do continente americano e, assim, desde o início da colonização, tem despertado a atenção dos europeus, como se pode observar nos relatos de vários cronistas dos séculos XVI e XVII. Gabriel Soares de Sousa (1540–1592), no seu *Tratado descritivo do Brasil em 1587*, já informava: "Têm para si os portugueses que jaguaretê é onça, e outros dizem que é tigre [...]. A maior parte destas alimárias são ruivas, cheia de pintas pretas; e algumas fêmeas são tôdas pretas". Assinala ele "outra casta de tigres", criada no Rio São Francisco, chamada pelos índios de "jaguaruçu", bem como, o "jaguaracanguçu", ainda maior, ocorrendo "pelo sertão, longe do mar" (Sousa, 1971, p. 244-245). Já o holandês Jorge Marcgrave (1610–1644), na sua *História natural do Brasil*, apresenta mais detalhes e diferencia três espécies de onça:

> **Jaguara** (têrmo indígena). Tigre (em nossa língua). Onca (em português) [...] A pele consta de pêlos amarelados, curtos, e possue manchas pretas, dispostas elegantemente. [...].
>
> **Jaguarete** (têrmo indígena). Onca (em português) Outra espécie de tigre da figura do jaguara simplesmente dita; do tamanho de um novilho de um ano. Tem cabelos curtos, lustrosos, pretos com certo sombreado, sendo a pele marchetada de manchas escuras, [...].
>
> **Cuguacurana** (têrmo indígena). Tigre (em português). É uma outra espécie. É do tamanho e figura da jaguara, mas difere na côr.
>
> Os pelos são mais curtos como o jaguarete, da côr de amarelo avermelhado, porém um pouco mais claro; no dorso, porém, é mais carregado; debaixo do queixo ao baixo ventre a côr é branca. (Marcgrave, 1942, p. 235-236)

No século XVIII, José Joaquim da Rocha, na sua *Geografia histórica da Capitania de Minas Gerais,* aponta entre os "animais silvestres" desta capitania: "A onça-tigre é a mais feroz. A pintada da mesma forma e depois a suçuarana" (Rocha, 1995, p. 167). Na sua *Breve descrição geográfica, física e política da Capitania de Minas Gerais*, datada de 1807, Diogo Pereira Ribeiro de Vasconcelos esclarece mais sobre esses felinos, ao analisar a "natureza animal" das Minas:

> [...] começarei pelas feras. Entre elas, a onça tigre, a pintada e a sussuarana são as mais ferozes. A primeira é preta como o tigre [...]
>
> A onça pintada é quase de igual grandeza, a pele manchada de ocelos negros sobre um fundo amarelo, mais ou menos fusco ou claro. Os do sul chamam-lhe

impropriamente tigre, por não conhecerem talvez que o tigre verdadeiro é negro. Da pintada e tigre procede o tigre manchado de ocelos pardos sobre um fundo negro chamado canguçu, cuja cor varia pela diversa pintura ou mistura de uma com outras cores. As peles de maior estimação são de ocelos negros sobre fundo negro, cujas manchas apenas se divisam pela reflexão da luz. [...]

A sussuarana ou onça parda, assim chamada por causa da sua cor, [...]. Do seu coito com o tigre se gera a onça-parda com uma beta negra pelo fio do lombo até a cauda. (VASCONCELOS, 1994, p. 68-69)

O uso do termo "tigre" para indicar a onça-preta também está presente em obras de diversos naturalistas estrangeiros que visitaram o Brasil ao longo da primeira metade do século XIX, como Spix e Martius (1981), Gardner (1975), Maximiliano (Príncipe de Wied-Neuwied) (1989) e outros. No entanto, não é mais encontrado entre os "nomes comuns" dos livros atuais que tratam da fauna brasileira e mineira (CARVALHO, 1981; BASTOS, 1998; MACHADO *et al.*, 1998), ou mesmo das publicações especializadas em felinos (OLIVEIRA; CASSARO, 1999). No nosso mais popular dicionário, o *Aurélio*, o verbete "onça-preta" esclarece que se trata de "variedade melânica da onça-pintada ou jaguar, geralmente mais feroz que o jaguar, recebendo por isso a denominação imprópria de tigre" (FERREIRA, 1975, p. 998).

Imprópria ou não, tal denominação permanece viva nas comunidades das áreas da Pesquisa de Campo, principalmente entre as pessoas mais velhas que puderam conviver com esse animal:

Tinha a pintada, tinha a baia. A baia é a onça que fala ... lombo preto, baia do lombo preto, as canela rajada, ela é perigosa, [...]. Tinha baia, tem a pintada, tinha o tigre. O tigre, nós chamamo leopardo. [O tigre como é que é?] É pretinho. [Todo preto?] É, todo preto.[...]. E o meu pai com esse clavinote matou três, uma pintada e uma baia e o mão torta, o canguçu, que eles fala. Esse a mão dele é torta. Preto e vermelho, marrom, sabe, e meio... preto meio esbranquiçado. Muito bonito! (Jequitinhonha)

Aí, tinha onça verdadeira mesmo, das verdadeira, onça... tinha o tigre, que é preto, o macho é preto e a onça pint... a outra é pintada. [...] O tigre é preto, é preto, mas a verdadeira mesmo... e a fêmea é amarela, né...[...] Era verdadeira... Porque tem aí essa suçuarana, é uma onçazinha pequena, ela pega, mas ela pega veado, pega bezerro, pega porco, porco, ela pega muito. [...] A verdadeira é tigre e a onça pintada. [...] Dessa tigre, verdadeira, o macho... só que é o macho, é preta, ela é preta, só tem uma estrelinha pequenita aqui em cima da testa. (Jequitinhonha)

Tem a onça vermelha, de pinta vermelha e tem a onça rajada, igual gato, né, rajada é tigre, a outra é a onça vermelha mesmo. (Triângulo)

É a trigue [tigre], é da beira do rio, é da beira de rio, aquelas onça que é perigosa, é preta, preta, onça preta, daquelas pretinha, que nem veludo, da beira do rio. [...] É perigosa, valente. (Norte)

132

Tem essa onça pintada e tinha a onça canguçu, aqui tinha uma onça canguçu, aquela melada, lombo preto. [...] Aqui, assim, era melado, assim, duma moda fusca e o lombo, aqui, era preto, até sair o rabo preto. [...] Tinha dessa aqui. [...]Essa onça pintada e tinha outra onça vermelha, que é a suçuarana, essa ainda tem muito aqui, elas transa aí. (Norte)

A onça sempre foi um animal temido, especialmente o "tigre" e a "lombo preto", tidos como os mais ferozes. Gabriel Soares de Sousa já destacava o terror que provocava entre os índios: "salteiam o gentio de noite pelos caminhos, onde os matam e comem; e quando andam esfaimadas entram-lhes nas casas das roças, se lhes não sentem fogo, ao que têm grande mêdo" (SOUSA, 1971, p. 244). O temor das onças também apareceu em vários depoimentos da Pesquisa de Campo, particular-mente, há cerca de 30, 40 anos, quando elas ainda eram observadas com maior freqüência em várias das comunidades investigadas:

Esse povo que chegou primeiro aqui pra região, na época da Colônia, eles conta que onça urrava aí nesses boquete, que as coisa tremia nas prateleira, isso no início da Colônia, hoje, de vez em quando, vê rastro dela, passou, antigamente, chegava urrar aí. (Noroeste)

Dos bicho perigoso? Moço, aqui, quando era pra... aqui, quando tinha muita mata, quando nós era pra andar, que nós conhecia que não podia andar de um só, andava de dois, três... caçando abelha, caçando outras caçazinhas, mas aqui era perigoso andar de um sozinho, até de dois, só andava de três, qua-tro... Acabou tudo. [Era perigoso, assim, por que?] Onça! (risada) Que aqui tinha ela muito! (Norte)

Teve uma que correu atrás da minha mulher e ela tava até grávida, inclusive minha menina tem problema por causa disso, tava no oitavo mês de gravidez. (Jequitinhonha)

Por duas vezes, eu encontrei onça no mato e andei, seguramente, uns cinqüen-ta metro de fasto até chegar na picada mais limpa, né, foi que eu cheguei na picada mais limpa, que eu dei as costa. Porque só tinha... a primeira vez, eu tinha uma foice na mão, a segunda vez, eu tinha um machado. Eu falei: eu tenho que me defender de foice e de machado, não tinha outro jeito.[...] A onça não ataca muito, a onça só ataca quando ela tá com fome, ela não tando com fome, ela não agride a gente, ela tando com fome, ela agride. (Triângulo)

Esses felinos são considerados uma ameaça não apenas aos humanos, mas também aos seus animais domésticos. No Capítulo 5 do Volume I, ao se discutir os problemas enfrentados pela pecuária no Sertão Mineiro, foi destacado como alguns naturalistas estrangeiros noticiavam o ataque das onças e de outros carnívoros do Cerrado sobre as criações das fazendas e sítios daquela região. Muito antes disso, Pe. Fernão Cardim (1549–1625), no seu *Tratados da terra e gente do Brasil*, já apontava: "quando andão cevadas de carne não ha quem lhes espere principalmen-te de noite; matão logo muitas rezes juntas, desbaratão huma casa de gallinhas, huma manada de porcos, e basta darem huma unhada em hum homem, ou qualquer animal para o abrirem pelo meio" (CARDIM, 1978, p. 27). Em Minas, Diogo Pereira Ribeiro de Vasconcelos, em 1807, afirmava que a "onça tigre" se constituía no "o maior flagelo das terras de criar, porque dentro de uma noite leva seus estragos a oito, dez e mais léguas[5]" (VASCONCELOS, 1994, p. 68). As entrevistas também registram a mesma preocupação com os danos causados por esses animais:

> Canguçu é a onça preta, quando começa a pegar gado é a mais perigosa. (Norte)
>
> Minha, ela comeu umas seis cabeça. [...] Pessoal de Terra Branca, tinha um gado solto aí, um dia, pegou nove, só aqui na zona, que eu fiquei sabendo, pegou nove. [...] O bicho dá prejuízo demais! Até cachorro... que ela não queria comer carniça, ela pegava... pegou um cachorro meu aqui na boca da serra. Um dia ela, ela atacou eu! (Jequitinhonha)
>
> Elas tem me dado muito prejuízo. (Triângulo)

Fazem, no entanto, a distinção entre os danos causados pelas diversas variedades de *Panthera onca*, menos comum nos dias de hoje, e os da *Puma concolor*, ainda encontrada, que, devido ao seu menor porte, só ataca as "criações miúdas":

> Essa suçuarana ainda tem ela aí. Ela come bode, só come bode, esses trem. [...] Bezerro, bezerrinho novinho... [...] Porco, é esses trem que ela come. Animal grande, não pega... era essa pintada que pegava, derrubava, comia. (Norte)
>
> Porque tem aí essa suçuarana, é uma onçazinha pequena, ela pega, mas ela pega veado, pega bezerro, pega porco, porco, ela pega muito. (Jequitinhonha)

Os prejuízos causados por esses felinos sempre motivaram a perseguição desses animais, durante várias gerações no Sertão Mineiro: "Tinha onça aqui, meu bisavô matou seis, depois o filho dele ficou morando... ali, naquela tapera do outro lado, era um filho dele, matou três e depois que eu cheguei aqui, ainda matei quatro" (Jequitinhonha). Em se tratando de um animal perigoso e difícil de ser encontrado,

---

[5] Os entrevistados também relatam os hábitos de grandes deslocamentos das onças em busca de alimentação: "A onça gosta de serra, mas a onça é o seguinte: não é só a serra. Ela tem as travessia, porque dizem que a onça anda sete légua numa noite. Agora, o senhor vê: daqui a sete légua, ela foi longe. Assim, meu pai falava" (Triângulo).

"Diz que a onça verdadeira anda até cinqüenta légua, ela não quieta, não, onça come é... e come muita coisa, é grande, né" (Jequitinhonha).

Ainda talvez quantitativamente exageradas, tais observações são confirmadas pelos estudos voltados para a preservação da *Panthera onca*: "Na dependência dos recursos alimentares, possuem grandes áreas de uso, realizam grandes deslocamentos e apresentam baixas densidades populacionais. No Pantanal foi registrada uma densidade de 3,2 ind./100 km² nos ambientes mais favoráveis à espécie [...], sendo que alguns indivíduos ocupam áreas de uso de até 142 km² [...]" (MACHADO *et al.*, 1998, p. 114).

muitas vezes, sua caça era feita usando-se o clavinote, conforme foi descrito em mais de uma região pesquisada. O seu poder de fogo é devassador sobre o animal, como se pode ver no detalhado relato a seguir, do mesmo entrevistado que acima declarou ter sido a sua mulher grávida perseguida por uma onça:

> Clavinote é um cano armado na tábua que atira. [...] É armadilha. Tinha Cinco onça pegando gado aqui. Do meu tio só, pegou 50 cabeça, nosso pegou cinco. Aí, lá... ele comprou esse clavinote lá, eu tenho ele até hoje. [...] Ele é feito numa tábua, né, tem o cordão, puxa, a onça passou, cordão disparou. [...] A onça passa aonde que a gente passa, a onça não tem... se você tem uma estrada dentro de uma mata, ela passa ali, onde é que você passa. Ali sabia que ela tava lá, fez uma porteira pra gado não passar, uma de lá, outra de cá, armou o clavinote lá. [...] A onça era o canguçu, mão torta. Nesse lugar, nós matemo duas, matou essa mão torta e matou uma baia. Isso foi em 50, meu pai morreu em 50 [1950] [...] Tava dando prejuízo demais, era cinco. O V. matou uma aqui [...] Armou uma espingarda lá na armadilha... fez uma armadilha com a espingarda, armou lá ondé que elas tinha pegado uma vaca. Ela veio, essa morreu também. Depois meu tio atirou numa também, à noite e ela morreu lá em cima duma serra. Aí com esse clavinote nós conseguiu matar três. [...] Agora essa primeira pegou nas duas mão, traçou, que a bala é de aço, é que traçou as duas mão dela. Agora a bala de estanho assou no primeiro osso, o osso dela não tem tutano, não, o osso é intiriço. Mas a bala de aço traçou, ainda pegou na lapa do outro lado. Ela na hora, ela mordeu uma pedra que ficou com umas 500 grama de pedra na boca e rapou a unha na lapa que fundou. Eu tinha 15 ano nessa época. Ela foi engruvinhou assim, morreu em pé. [...] A linha fica embaixo pra pegar no peito dela. Agora puxa aqui ó... ela puxou aqui, essa peça aqui desarmou. [...] Punha pólvora, meia cartucha de pólvora e botava até cabeça de prego, agora tinha uma bala de cobre foi que... e de aço, tinha várias bala, porque ele é grosso assim, pra por meia cartucha de pólvora. Cano de ferro dessa grossura. Ele dá uma base de três quarto... três quarto de polegada. (Jequitinhonha)

Na época, estes felinos foram considerados como uma espécie de "inimigo público", e a comunidade se organizou para enfrentar a sua ameaça: "É pra quem matar receber um mil cruzeiro, esse homem aí que fez a lista, porque tava dando prejuízo demais. [...] Quem não podia dar dinheiro, dava um objeto, feijão, café, porco e... aí nós recebemo." (Jequitinhonha). A cabeça do animal era a prova do feito e o couro chegava a ser vendido por outros "mil cruzeiro"[6].

---

[6] O couro era vendido a pessoas dos povoados e cidades próximas, algumas vezes, também trocado com mercadorias para novas caçadas: "Nessa época, ele é que mexia com a venda lá e aí, vendi esse couro de onça pra ele. Ele me deu um quilo de pólvora nesse couro de onça e uma caixa de espoleta... e um quilo de chumbo" (Noroeste). Para se ter uma idéia do valor de um couro desses felinos, abater até um gato-do-mato, menos valorizado, podia significar um bom lucro: "De primeiro, o couro dum dava pra comprar duas novilha boa, ou duas vaca" (Norte).

Abater uma onça exige conhecimento sobre os seus hábitos, não só no que se refere aos caminhos que ela percorre, mas também sobre a sua rotina alimentar. Sabendo que ela retorna para comer a carniça ali pode ser um ponto de "espera" para o caçador, como relata um entrevistado, sobre um dos mais afamados na região, por volta dos anos 1930:

> No tempo que ele era matador de onça aí, começava a comer gado, animal, ele ia, batia no pé delas aí, até matava. Ele matou umas três! Bem cada um trenhão, esquisito! [...] Ela pegava um animal, ou gado, seja o que fosse, ele descobria aonde que ela tinha pegado o gado. E rastava e comia lá um bocado e o resto, ela pegava, enterrava. Eles achava lá onde ela enterrou o resto da carniça, aí eles apreparava as arma e ia pra lá. Ele tinha dois cachorro bom, preparava as arma e ia pra lá. Ficava lá perto, né, panhava os cachorro, ficava lá num canto lá no mato, de madrugadinha. Quando era madrugadinha, eles pisava no pé, chegava na carniça, ela tinha comido. Eles soltava os cachorro, ela tava ali mesmo, pertinho. Soltasse os cachorro, os cachorro dava logo nela, não deixava... não dava folga a ela sair. Aí, com pouco, ela acuava lá, né. Acuava lá, batia lá, os cachorro acuando, ele chegava atirava nela, ela caía. Outra vez... duas foi... uma foi assim, e outras matou ela... botou veneno na carniça. Ela veio, comeu, acabou ela ficou bêbada, ficou besta! Os cachorro chegou, barrou ela, ela não saiu do lugar. [...] Tem muito tempo, eu era menino. (Norte)

Embora não seja, certamente, o principal motivo para a sua caça, as onças, a exemplo de outros animais, também podiam ser comidas. Gabriel Soares de Sousa afirmava, em 1587, que os índios "comem-lhe carne, que é muito dura e não tem nenhum sebo" (SOUSA, 1971, p. 244). Este fato não impediu que os colonizadores europeus também a experimentassem, pois Jorge Marcgrave, no século seguinte, ao descrever as variedades deste felino, destacava a "cuguacurana", provavelmente se referindo à suçuarana: "Sua carne como das precedentes, serve para se comer e eu a julgo melhor" (MARCGRAVE, 1942, p. 236). Possivelmente, dos indígenas, o seu consumo tenha chegado aos bandeirantes, pois Diogo Pereira Ribeiro de Vasconcelos, em 1807, relata que os "paulistas faziam grande estimação de sua carne que é pingue" (VASCONCELOS, 1994, p. 68).

Nas entrevistas realizadas na Pesquisa de Campo, também surgiram alguns depoimentos sobre o consumo de sua carne:

> [A suçuarana o senhor já viu?] [...] Já comi a carne dela. É que nem carne de porco. (Norte)

> Era uma gata criada, rapaz! Gorda! Eu comi a carne dela toda, não joguei nem um pedacinho fora, gostosa! [...] Fritinha, fritinha! Ô trem gostoso danado! É mesmo! Bom, gostoso! Agora, essas outra que come animal, diz eles que não presta, não, que a carne dela tem o cheiro, suor... que a carne dela cheira o suor do animal, diz que essa não presta, não. Mas a que come gado, esses bicho assim, diz que é muito boa a carne e essa era boa, a carne gostosa, boa! (Noroeste)

Matar uma onça é um ato de valentia e os nossos indígenas, segundo Pe. Fernão Cardim, tratavam-na como a um bravo guerreiro: "são os Indios tão ferozes que ha Indio que arremete com huma, e tem mão nella e depois a matão em terreiro como fazem aos contrarios, tomando nome e fazendo-lhes todas as ceremonias que fazem aos mesmos contrarios" (CARDIM, 1978, p. 27). Também entre os sertanejos encontramos atos de bravura para enfrentar esse animal:

> De primeiro mesmo, quando aqui era mata, assim o pai contava, tinha o tal de Catuê, então, eles... o Catuê morava não era aqui, não, como é que é? [...] Perto de Douradoquara. Então, era uma mata grande.. e cabou. Esse homem dava vontade de comer onça... [...] O que que ele fazia? Chamava a mulher dele e pegava a espingarda... a espingarda não é dessa que usa, não, é tal de... como é que chama? Pedreira, sei lá o que, que o pai falava. E saiu pro mato afora, de noite, sem lua nenhuma, o homem via a onça pela lua dos olho. Você já viu do tanto que tem gente que tem coragem? Ele atirava ela, matava, enfiava num pau, arrumava um pau grande e vinha embora. [...] Ia comer. (Triângulo)

Há no Cerrado muitos outros tipos de animal, cuja caça é menos arriscada e, certamente, a carne não é menos saborosa. A sua "vontade de comer onça", sem dúvida, possui motivações simbólicas relacionadas à força e à ferocidade deste felino, a serem adquiridas pela ingestão de sua carne. As onças, exatamente por essas qualidades, despertam tanto a atração, quanto o medo entre os humanos, como observa Curt Nimuendaju, em um trabalho de 1913, quando compara a atitude frente a esses felinos de dois povos indígenas do Sul do Brasil: os Kaingang e os Guarani. Ele afirma que os primeiros consideram-no como um "parente: "O jaguar é kaingang, forte, valente e os kaingang são jaguares. Acontece, porém às vezes que o jaguar fica bravo com o 'parente' e então precisa matá-lo." Como distinguem duas variedades desse animal, vinculadas a grupos indígenas distintos, o membro de um deles faz os preparativos da tocaia e o convite para o jaguar ligado à variedade oposta chegar. "Morto o jaguar, antigamente não tiravam o couro, mas só o decapitavam e às vezes o matador cortava-lhe a ponta do coração e engoli-a crua, para ficar valente e forte como o jaguar, mas sempre com certo cuidado, porque podia se tornar valente demais" (NIMUENDAJU, 1993, p. 72).

Essa atração dos Kaingang por esses felinos, Nimuendaju associa ao seu "caráter mais violento e belicoso", enquanto os Guarani têm um comportamento oposto, marcado pelo "medo e a repugnância". Para estes, "o jaguar é a personificação do mal, da força bruta é estúpida, temível, porém sempre vencido e ridicularizado por qualquer um fraco que dispõe de mais espírito de que ele" (NIMUENDAJU, 1993, p. 71). Para os Guarani sonhar com esses felinos é um mau presságio, os Kaingang, ao contrário, se sentem alegres e bem dispostos e aqueles que o fazem são sempre pessoas de uma certa importância, contribuindo mesmo para que o curandeiro decida o destino dos doentes graves. Os Kaingang crêem que:

Os jaguares têm seu dono no mato migtán (mí = jaguar, g = conjunção, tán = dono). É um ente daqueles invisíveis e imortais que só os rezadores e sonhadores enxergam e visitam nos seus sonhos. Dizem que ele é bem alvo e bonito e que ele aparece às vezes como gente, e às vezes como jaguar mesmo. Mais bonito porém do que ele, é a sua filha migtanfi (mí = jaguar, g = conjunção, tán = dono, fí = feminino). Na sua morada invisível e inacessível, no fundo da mata, migtán e sua filha reúnem os bichos do seu partido e o terreiro está sempre cheio de jaguares, leões, jaguatiricas, macacos, queixadas e outros bichos valentes que lhe obedecem, enquanto que na cumieira da casa sentam as aves de rapina [...]. Migtán e sua filha voltam e recolhem eles como se fossem a sua criação.

Os bichos medrosos e débeis, a anta, o veado, o carpincho, a paca, etc. também têm o seu dono que costuma morar perto das barreiras e que se chama oiôro-tán (oiôro = anta, tán = dono). (NIMUENDAJU, 1993, p. 73)

Os Xakriabá, um grupo indígena do Tronco Macro-Jê, assim como os Kaingang, em vários depoimentos durante a Pesquisa de Campo, também se referiram, muitas vezes, a dois seres míticos, chamados de "encantos", que guardam alguma semelhança com estes dois descritos por Curt Nimuendaju. O primeiro deles também é identificado como uma onça, que protetora dos Xakriabá, igualmente, associada como um ente feminino chamada de "Onça Cabocla" ou "Iaiá"; e o segundo é um protetor das caças, visto sob a semelhança de um homem, conhecido como "Caipora" ou "Ioiô". Em alguns momentos e em algumas falas, os dois chegam a se confundir em um único ente, no entanto, mais claramente, na maioria dos depoimentos, eles aparecem distintamente. A complexidade de cada um desses mitos torna necessário analisá-los individualmente.

A VOVÓ-ONÇA NOS PROTEGE

A origem mítica da Onça Cabocla já foi documentada por outros pesquisadores (MARTINS, 1969; PARAÍSO, 1987) e coincide com a versão obtida em alguns depoimentos da Pesquisa de Campo:

Eu vi dizer, esses mais velho falava lá, meu pai, minha mãe, finado meu avô, falaram que a Onça Cabocla foi virada de uma moça... foi virada de uma moça. Elas... ia ela mais outra mulher, viajando. E aí, lá adiante, a outra disse assim: mas êta que vaca gorda! Olha, moça! Aí, ela disse: você quer comer um pedaço dela? Aí, diz que a outra falou: quero. Como é que você faz? Você é besta, moça, ó, eu vou apanhar esse ramo aqui, lhe dou. Eu vou lá... eu vou ali, a hora que eu voltar, eu mato a novilha e venho de lá com a boca aberta, você põe as folha na minha boca! E ela tirou a folha e deu ela. E ela deu uma volta, assim, lá, acho que fez a manobra lá e veio já feito uma onça e chegou, passou a mão na novilha, matou e veio de lá com o bocão aberto no rumo da outra, modo de botar as folha, modo dela quebrar o encanto dela! A outra: ó, abriu a saia. E aí,

> ficou feito onça, essa dita. Diz, o povo mais velho, que essa dita é essa, que
> era assim, desse jeito, que ficou sempre sendo... a Onça Cabocla. (Norte)

Pode-se, em primeiro lugar, situar esse mito dentro do contexto mais amplo de outros da cultura brasileira, onde um personagem, geralmente uma mulher, ambiciona comer carne de uma vaca ou boi que não lhe pertence, como se pode verificar nas várias encenações conhecidas, genericamente, como bumba-meu-boi, mas que possuem diversos nomes em cada uma das várias regiões em que ocorrem. Ao matar o animal, acaba repartindo a carne entre seus iguais, representando, simbolicamente, a partilha presente nas várias festas populares brasileiras e, em sentido mais amplo, a redistribuição da própria riqueza acumulada por uns poucos.

Câmara Cascudo, em seu *Dicionário do folclore brasileiro*, apresenta um dos verbetes dedicados à Onça Cabocla, baseando-se nas pesquisas do antropólogo Saul Martins, embora não mencione a versão acima para sua origem. No entanto, também cita, em outro verbete, a "Onça Borges", esclarecendo se tratar de "onça fantástica da zona mineira do Rio São Francisco, alargando a área de presença até a região das fazendas de criar", incluindo, portanto, a região tradicional dos Xakriabá. Ele explica o seu surgimento: "Conta-se ter sido uma transformação do misterioso vaqueiro Ventura, não mais voltando a forma anterior pela covardia do companheiro, que não teve coragem de colocar na boca da onça um molho de folhas verdes, indispensável para o retorno ao humano" (CASCUDO, 1972, p. 637). Como se vê, os dois mitos têm algumas semelhanças, podendo-se supor uma influência entre eles, ou até, uma origem comum. Ao contrário do que acontece com o Caipora, como se verá adiante, nas outras regiões investigadas não se verificou nenhuma referência a Onça Cabocla e mesmo entrevistados não-índios da região dos Xakriabá afirmaram ter vindo a conhecer esse mito convivendo com eles:

> E eu nunca... até essa época, eu nunca tinha visto falar de Onça Cabocla, eu
> sabia que tinha outras onça, [...].[Aqui fora, o povo não conhece, não, só aqui
> dentro da Reserva que o povo conhece a Onça Cabocla?] É, só... exatamente,
> pra outras região, se falar em Onça Cabocla, eles vai dizer: e onça também tem
> nação? (risada) Né? Né isso? [...] É daqui do povo, é virado de gentes cabocla...
> [...] [Fora da Reserva (Xakriabá), em Januária, essa região toda, o povo fala
> muito no Caipora?] Fala, exatamente, fala. [Mas da Onça, não?] Da Cabocla,
> não, das outras, fala da trigue [tigre], fala da suçuarana, onça pintada. Agora,
> Onça Cabocla só quem vê ela é os próprio caboclo, ela é encantada. (Norte)

A Onça Cabocla, assim como a Onça Borges, é conhecida pelos seus ataques ao gado na região, conforme contavam os mais velhos, se confundindo, assim, com o modo de agir dos grandes felinos, no entanto, aquele ente mítico tinha características próprias que particularizavam a sua forma de atuar:

> É uma coisa... dizem que ela é encantada. Aí, aonde eu ficava meio em dúvida
> é isso: um trem aí... uma coisa, assim, encantada e depois bebeu sangue de um

139

gado, será que pode ser isso? Digo: moço! A gente tem um dizer assim: quá! Não é Onça Cabocla, não. É essas pintadona que tá aí! (risada) Suçuarana que sangra o gado aí, essas é que bebe mesmo, mas elas come, mesmo, e essa diz que... contava, não sei... eu não acreditava e posso até acreditar, também, tem hora que eu fico, assim, acreditando. Diz que essa... tinha as outra onça, mesmo, que pegava o gado, matava e comia. E diz que tinha essa que não comia. E diz quanto mais... daquele gado que aparecia sangrado, aí, e não comia, o dono daquele gado, se pegasse brigar, xingava, pintava... É, não sei o que é que tinha, brigava, quando chegava na outra... passava uma noite no meio, diz que naqueles malhador de gado, mesmo, aparecia umas três sangrada. E diz que ainda arrastava aquela rês... eles que conta, não sei se era verdade... esse povo velho conta, arrastava aquela rês, ponhava a cabeça assim, a outra, assim e outra, assim e outra, assim. Sangrava quatro gado e botava, assim, as cabeça encontrada, se aquela pessoa ficava brigando por causa desse gado... [Sangrava quatro e punha em cruz assim?] Sim, sim, diz que fazia isso. (Norte)

A antropóloga Maria Hilda Baqueiro Paraíso vincula o mito do surgimento da Onça Cabocla e essas referências posteriores de ataque ao gado[7] dos fazendeiros aos conflitos surgidos entre eles e aqueles índios, com a expansão da pecuária na região:

A compreensão do mito é facilmente perceptível se considerarmos alguns aspectos básicos da história do contacto entre os Xakriabá e os criadores de gado, que ocuparam seu território:

1- a pecuária, ao transformar o campo em pastagens, introduz modificações no habitat indígena, eliminando ou reduzindo, drasticamente, as possibilidades do exercício da caça e coleta, levando a fome às populações indígenas;

2- a saída encontrada em momentos de grande fome era o abate de gado dos fazendeiros, que passavam a substituir a antiga fonte de proteína animal de que dispunham – os animais do mato, que antes eram abatidos em suas caçadas;

3- a reação dos fazendeiros era violenta e conhecida pelos índios. Daí a necessidade de fazer a caçada à noite, quando a guarda aos currais era inexistente e, de preferência, de forma que não permitisse aos fazendeiros identificar os autores do roubo;

4- a reação dos fazendeiros era imediata, usando a intermediação de um membro da comunidade, no sentido de solucionar o problema, pois não conseguiam identificar o autor do ataque (PARAÍSO, 1987, p. 43).

A antropóloga se refere ao fato, várias vezes citado nas entrevistas, de os fazendeiros recorrerem a Estevão Gomes de Oliveira, segundo ela, "o último grande

---

[7] É interessante lembrar que já no documento de doação da área, hoje ocupada pelos Xakriabá, Januário Cardoso alertava, em 1728, que cedia, àqueles índios, "terra com sobra para não andarem para as fasenda alheia" (CERTIDÃO *VERBUM-ADVERBUM* – ver ANEXO).

Pajé" dos Xakriabá, pois sendo ele um dos que "conversava" com a Onça Cabocla, lhe pedisse para não continuar a abater o gado:

> Das coisa, do meu conhecimento, finado Estevão quase não conheci ele, não, mas tinha ele aí que o povo sempre falava, mas eu vi ele uma vez sozinha, nem não tenho uma lembrança das feição dele, era antigo, homem velho. Mas que ele era... lutava, conversava com a Onça Cabocla... [...]. Lá, a Onça... dava preju... começava uns negócio aí, perseguição de gado, diz que aqueles fazendeiro ia lá, falava com ele, pra falar com a Madrinha... não sei como é que era... pra não destiorar criação. Diz que parava! Diz que parava... Diz que só sangrava, bebia o sangue, não comia a carne da rês, não, parecia só sangrado e onde bebia o sangue. Aí, diz que falava, que ele conversava com ela e diz que pedia ela aquilo, parava! (Norte)

O contato com o ser mítico não é flanqueado a todos os "caboclos" e, mesmo antigamente, apenas alguns tinham esse poder de se comunicar com a Onça Cabocla: "Esse tempo, aqui, tinha um bando, tinha um bando que conversava mais ela. [Eram muitos?] Era um bando, acho que eles era uns três ou quatro que tinha fala com ela. Tinha o Germano, tinha esse Estevão, tinha o Salumé e tinha outro aí, que esse, eu não conheci, não" (Norte). Essa relação podia chegar a uma certa intimidade própria do companheirismo: "Meu pai, mesmo, tinha um compadre, que conversava mais ela. Ele vinha de lá, passeava aí em casa, trazia uma viola pra tocar, tocava um toque tão bonito! Acabava, dizia, ô compadre, esse aqui é da Cabocla, esse toque, nós toca lá mais ela, brincando mais ela" (Norte).

Ela, porém, se resguardava com a chegada das "pessoas de fora", os não-índios que pudessem ameaçar a integridade da comunidade, vigiando pelos xakriabá, buscando protegê-los contra as intenções ocultas dos que penetravam em seu território:

> Diz que existia, quando entrava uma pessoa de fora, finado Estevão... finado Estevão acho que comunicava com ela, quando entrava uma pessoa de fora aqui, que ia dormir, a pessoa mesmo contava, chegava a cara de uma pessoa, assim, olhando ele, mirava, mirava saía. (Se tivesse o sangue bom, tudo bem, se não tivesse, caçava jeito de sair) Chegava um trem, ficava mirando, aí, finado Estevão falava: você não sabe quem é, é vovó! (risada) É vovó, foi olhar vocês, hein! [Aí a pessoa ficava ...?] Aí cismava. (risada). (Norte)

Esse tratamento carinhoso vincula a Onça Cabocla como ancestral comum dos Xakriabá, como observa a antropóloga Ana Flávia Moreira Santos: "Chamada pelo vocativo de Iaiá – utilizado para os parentes mais velhos, como avós e bisavós –, a Onça Cabocla é considerada, por aqueles que lhes são próximos, como a *avó de todos nós*" (D. Anália. Brejo do Mata-Fome, 1995)" (SANTOS, 1997, p. 191). E é como uma matriarca que ela zela pela sua descendência, expulsando os indesejados e sondando os de "outro sangue" que se aproximam:

> Você vê que quando chegou... quando eles tava começando a entrar aqui, chegou no Posto, chegou um coronel, inclusive ele fez a casa ali adonde Rodrigão mora, aquilo ali. E ela... não sei o que que eles fizeram lá, moço, ela assombrou um bocado, dessa vez foi que saiu daí um bocado, nessa época! Eles dispararam quatroc... a arma lá, deram um bocado... acho que quatrocentos tiro lá, pra ver se espantava o... quanto mais atirava, mais a coisa arrochava! Foi preciso esses... (risada) Se arrancaram mesmo! (Norte)
>
> Ela pode rodear o senhor a noite toda, que o senhor pode dormir aqui, sabendo que o senhor tá a favor dos índio... (Quem trabalhar a bem dos índio, ela não mexe.) É, ela não mexe de jeito nenhum, o senhor pode ter outro sangue, o senhor pode dormir... eu garanto que o senhor pode dormir aqui. Ela rodia o senhor a noite todinha, não tem nada que trisca no senhor... (Norte)

Ela teria agido, segundo alguns, contra os funcionários da RURALMINAS, responsáveis pela tentativa de medição e divisão em lotes do território tradicional dos Xakriabá antes da regularização da Reserva Indígena: "Pois é, foi nessa mesma quadra, ele foi dividir lá, daí, o povo não queria aceitar, aí, tinha uma velha lá: larga isso pra lá... Tinha uma cabocla velha falou assim: larga ele pra lá, quero ver você medir ela. Aí, todo lado que ele ia, marimbondo montava..." (Norte).

A Onça Cabocla acompanha e protege os seus também em suas viagens fora da Área Xakriabá e resguarda seu povo das más influências dos "de fora", especialmente dos fazendeiros da vizinhança, muitos deles envolvidos nas invasões do território indígena:

> Aí, quando foi esse dia, madrugada, deu aquele assobião! Piador, nós tinha a roda de nós, assim, nós tinha uns 30 ou 40 índio daqui, tudo montado lá. Aí, um levanta, outro levanta, um levanta, um levanta: o que é isso? Outro levanta: o que é isso? Mas moço, você escutou, fulano? E foi levantando tudo. Aí todo mundo levantou, acenderam os fogo, que tava escuro, quando a amanheceu o dia: ô, fulano, você sabe que eu vou me embora? O outro: eu também vou. Dali, o outro: eu também vou. E olhe: não ficou ninguém lá, esse dia, ninguém! Pois ela chamou eles tudinho, mandou vim embora. [...] (Quando ela queria ir atrás da turma daqui, ela ia baixar lá) Ia. (Aí, nego tinha que vim mesmo.) [Mas o pessoal estava fazendo o que lá?] Trabalhando pra Doutor Raimundo... na fazenda de Doutor Raimundo, lá no Grotão. Era um mundão de roça que ele tinha lá, nós ia trabalhar lá, ganhar dinheiro lá. [...] [Ela chamava por que?] Não sei, não... não queria deixar nós lá, não. (É porque é os daqui...) Não queria deixar nós lá, não. (Não queria nós misturado com os branco). (Norte)

A entrada de muita "gente de fora", trazendo o desvirtuamento das tradições indígenas e as disputas internas pela terra, desagradou a Onça Cabocla, a ponto dela se afastar de seu povo: "Aqui, nesse tempo que eu alcancei, tinha gente que era mansa com ela, conversava mais ela, sabia onde ela morava, daí, diz que ela mudou. [Por que?] Não sei porque foi, não, dizem que é porque ajuntou muita gente de fora, mas eu penso que ela não mudou, não, ela tá aí" (Norte)[8]. A sua moradia na Área Xakriabá é em uma das grutas, onde se localizam os "terreiros", locais de realização do ritual do "Toré"[9]: "Ela mora na lapa, ela morava na lapa. Eu não sei, agora, aonde é que ela tá... [...]. [Na lapa da onde que ela ficava?] Diz eles que era aqui, ó, mesmo no Brejo [do Mata-Fome] [...] (Lá onde tem os terreiro.) [...] É onde eles fazia esses terreiro tinha a lapa" (Norte) [10].

Como acontece com outros seres míticos, os Xakriabá também fazem suas oferendas a Iaiá, pedindo proteção e indicando o seu respeito por ela, especialmente, quando se hospeda "gente de fora":

> Essa noite, [...] eu fui dar uma palestra, fui botar um alho lá com uma pinga. [...] Pra ela eu boto, que eu vou lá... [...] Que chego lá, tá o copo limpinho, ela bebeu, quando cabou, rodeou até meia noite vocês ali, mas A. já não tem medo mais, que ele conhece isso aí. A.! A. foi criado entre nós aqui, conhece [...] [O senhor pôs lá o que que foi?] Uma pinga! Um alho, eu trouxe a pinga... [...] Toda vez... quando não é eu, é a mulher. Hoje, mesmo, a mulher vai mandar comprar a pinga dela. Chega lá, bota naquele pé de gameleira, você sabe aonde é, na beira do córrego, o pé de gameleira? Ninguém mexe, sendo pra ela, ninguém mexe, vem aí, tá como que é encantado. (Norte)

---

[8] A Onça Cabocla teria acompanhado os chefes antigos ao Rio de Janeiro para tentar, junto a FUNAI, expulsar os posseiros da Reserva e lá se refugiando no período em que estes se encontravam na Área. (PARAÍSO, 1987, SANTOS, 1997).

[9] O Toré é também visto como uma dança, mas, ao compará-la com outras como a "dança da jibóia, do mergulhão e o ariri", alguns entrevistados procuraram destacar: "É, o toré é diferente, o toré, a gente dança... sempre os homem... a roupa... é arrancada a roupa... não tem... não pode calçar sapato, nada, tudo pé no chão, né. E ele é uma marcha, uma espécie de uma marcha, né. [...] Ela é uma dança que já tem mais, assim, um pouco de ciência, né, simpatia, porque ela é... a gente tem ela como um... é uma dança que ela já tem mais... é... outros exemplo... (É uma devoção, né.) É uma devoção, né, porque ela tem o terreiro, assim, que a gente... Antes, a gente não podia apresentar ela em qualquer lugar, também, ela já tem... coisa que se a gente dançar e não for... não for bem organizado, pode surgir alguma coisa na família da gente, um parente, uma coisa... [É uma coisa de muito respeito?] Muito respeito, então, tem que ser coisa de muito respeito, mesmo. Também tem os encanto daqui que faz parte, né, como tem a Iaiá, né, como os lugar que é... que a gente sabe que ela... ela até hoje, freqüenta, né. [Aonde tem o toré tem ela?] (Tem, tem ela)" (Norte). A antropóloga Izabel Misságia de Mattos recolheu o seguinte depoimento de Emílio, uma das lideranças dos Xakriabá, sobre o significado deste ritual: "O branco fala que nóis faz isso (Toré) que é prá 'atrair' eles. Mas esse trabalho é prá alimentar o nosso povo, de sangue, natureza, comportamento, prá render a família nossa, nóis acha que esse trabalho é prá ajudar nóis a unir" (MATTOS, 1992, p. 24).

[10] Segundo Hilda Paraíso, "a fuga da onça para as grutas refere-se a momentos históricos da tradição Xakriabá. Era nas grutas que eles se refugiavam nos momentos de ataque à Reserva. Era lá, também, que se praticavam, às escondidas, os rituais, quando pela proibição imposta, os índios viviam sob a pena de perseguições e prisões" (PARAÍSO, 1987, p. 44).

143

Após cerca de três séculos da dominação dos primeiros colonizadores e de intensa convivência na sociedade sertaneja, a sua fé nos entes míticos, no entanto, se mistura no conjunto de crenças dos Xakriabá com as devoções do catolicismo popular, subordinando aqueles ao Deus cristão:

> É porque a Iaiá é a rainha nossa, ela é a rainha de andar... nas aldeia toda ela anda. [Ela ajuda a olhar as aldeia?] Ajuda, ajuda, ajuda... Onça só pega um de nós se ela quiser, ela não quer, ela não deixa nada mexer... Pode ir em qualquer canto, ela não deixa as outra pegar. Ioiô, também, não deixa, não, Ioiô também é bonzinho, não deixa, não. [Ioiô é...?] É o mestre. [...]Não deixa, não. [Protege?] Protege. Quando o padre celebra a missa, em qualquer canto que o padre celebra a missa, eles vai, assistir a missa, eles é devoto... É devoto com Deus. Porque, o senhor sabe, se o índio não fosse devoto de Nosso Pai, o senhor sabe que não ficava nenhum? Ficava não, porque eu vejo, não ficava um pra contar o caso, só fica porque Nosso Pai é com eles, Nosso Pai protege a nós. (Norte)

O ZELADOR DOS BICHOS

Algumas vezes, Iaiá e Ioiô se confundem num só encanto, e a Onça Cabocla, além de protetora dos xakriabá, se torna também guardiã dos bichos do mato, com poderes para autorizar ou não o seu abate:

> [Quem é que protege os bichos?] Isso tem os dono deles é lá na mata... na mata. Tinha nego, caçador, que caçava, quando ele ia pro mato, ele pedia, pedia pra modo de ter uma boa sorte. Esse dia que diz que eles pedia, quando cheg... vinha, ficava a coivara de trem morto pra ir lá apanhar. [Pedia para o dono deles?] Sim, uma Cabocla, que tem aí na mata, tinha, não sei se ainda tem. [...] [Essa que eles pedia era...?] Era a dona dos bicho, era a Cabocla. [...] [Quer dizer que era a Cabocla que zelava?] Era. [É a Iaiá?] Era, diz que era, ela que era dona dos bicho. (Norte)

Se a Onça Cabocla pode também assumir a condição de "dona dos bichos", típica do Caipora, este, igualmente, pode ser visto como protetor dos humanos, especialmente, considerados como os próprios índios e seus aliados:

> É o Caipora, o Ioiô, que nós trata, nós trata ele de João do Campo... tem o João do Campo, que justamente, é o mesmo Caipora, é dois nome. Ele roda, direto, o mundo inteiro aqui. [Ele protege os bichos?] Protege os bicho e o pessoal. Você tá aqui, você tá protegido, Deus no céu e ele tá... não mexe com você porque você tá dando valor os índio. (Norte)

O Caipora, ao contrário da Iaiá, identificada, principalmente, na sua forma animal (onça), pode ser representado com um aspecto humanizado:

> O Caipora é companheiro, o Caipora é o índio, o Caipora é o índio. Ele é assim como que é um homem, ele sai... você tá no mato, ele sai adiante da

gente, eu digo: aí tem uma livosia, não é livosia, é ele. É: poc, popoc, poc, popoc, poc! Bate num pau, bate noutro, com pouco: chicóóóóó! É ele, já sabe, é ele! [...] É, um piado, é ele! (Norte)

Ele, porém, em vários depoimentos, surge associado às duas variedades de porco-do-mato, o caititu ou cateto (*Tayassu tajacu*) e, principalmente, o queixada (*Tayassu pecari*)[11]. Este, segundo o zoólogo Ladislau Deutsch e o veterinário Lázaro Puglia, em seu trabalho recente, *Os animais silvestres: proteção, doenças e manejo*, seria "o maior e mais agressivo dos porcos selvagens sul-americanos" (DEUTSCH; PUGLIA, 1988, p. 73), ou no falar sertanejo: "o mais brabo era o queixada, esse...!" (Noroeste). As duas espécies eram vistas, pelos agricultores da região, como uma ameaça às suas lavouras, obrigando-os a cercá-las "bem tampadas", aproveitando as madeiras do roçado, onde eram feitas:

> Nós tinha a roça, caititu comeu ela quase toda. [Roça de milho?] É, roça de milho. (Jequitinhonha)
>
> E fazia contra porco, também, que tinha caititu, sempre entrava em roça, né, punha os varão e picava a madeira, que naquele tempo não tirava madeira, fazia a cerca... contra porco. (Noroeste)

José Joaquim da Rocha apontava, em 1780, que anta "só serve de ruína aos roceiros", pois atacava suas plantações, mas acrescentava que os "porcos monteses são demasiadamente muitos e mais nocivos que as antas, porque não só destroem toda qualidade de plantas, mas acometem os caçadores e toda qualquer pessoa que se lhes opõem" (ROCHA, 1995, p. 168). O engenheiro inglês James W. Wells experimentou, em 1875, no Sertão da Província da Bahia, o medo de um assalto noturno de um bando desses animais, descrevendo, detalhadamente, como resistiram, em cima de suas redes, armadas nas árvores, a seis ou sete de suas investidas. Para ele, seu "ataque parecia mais a valentia cega e temerária dos árabes do Sudão, pois a cada porco que caía guinchando, ferido, dúzias de outros vinham ocupar seu lugar" (WELLS, 1995, p. 111).

A dramaticidade deste relato lembra um depoimento feito na Pesquisa de Campo, quando um bando de porcos-do-mato invadiu o pouso de um grupo de caçadores no Norte de Minas. A única forma deste pequeno grupo fugir ao seu ataque foi "subirem-se os homens nas arvores para lhes escapar" como já relatava o Pe. Fernão Cardim cerca de quatro séculos antes. Já naquela época, como até recentemente, os caçadores se arriscavam a tais perigos, muitas vezes, interessados em abater alguns animais, pois, no que se refere às distintas espécies de porcos-do-mato, "todos se

---

[11] O caititu é referido na bibliografia sob duas nomenclaturas *Tayassu tajacu* (CARVALHO, 1981; DEUTSCH e PUGLIA, 1988; BASTOS, 1998) e *Pecari tajacu* (MACHADO *et al.*, 1998). Já espécie *Tayassu pecari* "se compõe de cinco subespécies, sendo *T. p. albirostris* a encontrada no estado de Minas Gerais" (MACHADO *et al.*, 1998, p. 144).

comem e são de bôa substância" (Cardim, 1978, p. 27), segundo o mesmo jesuíta. Opinião confirmada por Gabriel Soares de Sousa, algumas décadas antes, pois, tais animais "não têm banha, nem toucinho, mas a carne mais gostosa que os outros; e em tudo mais são como êles" (Sousa, 1971, p. 249).

Outro jesuíta, Simão de Vasconcelos (1597–1671), na sua *Crônica da companhia de Jesus*, acrescentava, também nos primórdios da colonização, uma observação sob a organização dos bandos de "porcos monteses", que tanto temor causavam pela sua "valentia cega e temerária":

> É admirável seu modo de marchar; porque andam juntos em manadas, ou varas diversas, e cada uma traz seu capitão conhecido, ao qual no marchar têm respeito, não ousando nenhum ir diante. É impossível vencer uma destas varas, sem que primeiro se mate o capitão, porque enquanto vêem a este vivo, assim se unem animam e mostram valores em sua defesa, que parecem inexpugnáveis: e pelo contrário, em vendo morto o capitão desmaiam, e lançam a fugir. (Vasconcelos, 1977, p. 165)

Esse capitão, segundo a crença entre os Xakriabá e em outras partes do Sertão Mineiro, seria o próprio Caipora, liderando seu bando de porcos-do-mato:

> O Caipora? É o chefe, ele é encantado, ele tem um meio encanto com ele. Então, esse... esse é encantado. Se você tirar nele uma gota de sangue, aí, agora, ele fica que nem um... que nem os outros mesmo, você pode atirar que ele morre, ele cai. Mas, esse é... é o... como é que é? Diz que é o chefe... ele é o chefe dos outro, é ele que resolve os outro. Aonde ele rodear ali... eles vai viajando, né, aonde ele abarracar, os outro arrodeia ele tudinho ali. E esse, ele não enfrenta ninguém, esse chefão, ele não enfrenta ninguém, não, quem enfrenta é os outro, ele fica quieto, lá, ó, ele fica só lá, aí, agora, a hora que ele dá o sinal, aí, agora, os outro acompanha tudinho, a hora que ele sair, os outro acompanha ele tudinho. Bicho é sabido, aquele! (Norte)

A presença deste "chefe" nos bandos de caititu e, certamente, também nos de queixada, é confirmada pelo já citado trabalho de Ladislau Deustch e Lázaro Puglia:

> Os catetos vivem em grupos de cinco a quinze componentes, mas um bando pode ter até cinqüenta indivíduos. São animais nômades e, muitas vezes, viajam vários dias, podendo percorrer grandes distâncias antes de resolver descansar. À frente do bando vai o macho líder, seguido pelos machos mais velhos e experientes, e depois os jovens machos, as fêmeas e suas crias. (Deustch; Puglia, 1988, p. 71)

Além de liderar o bando, esse "chefe" teria cuidados especiais com a sua segurança, organizando o seu pouso e zelando contra o ataque de predadores, em especial, a onça:

> É igual rebanho de porco, né, tem vários macho, agora, o que manobra o rebanho é um só. Quando eles vai dormir ele faz a roda ali, ó.... [...] O Caipora,

que é o chefe do rebanho, no lugar que tem muita onça, se eles pressentir cheiro de onça, os outro vai dormir, ele fica, ali, rodeando. A hora que ele vê o pau quebrar, que a onça vem pra perto, ele dá um baque lá nos outro, acorda todo mundo: vamo preparar pra briga, que a onça envêm! (Norte)

Mesmo entre os que não acreditam no Caipora, o sistema de defesa dos bandos de queixada incluiria um outro ardil contra os seus predadores: "A [queixada] que a pessoa matar, eles não deixa apanhar, eles mesmo estraçalha ela, come ela, rasga tudo no dente, que o caçador não pode panhar" (Jequitinhonha). O autor quinhentista dos *Diálogos das grandezas do Brasil* também comenta sobre a prática dos demais membros do bando atacarem o animal ferido até a morte, no entanto, para ele, não sem uma grande dose de exagero, esse fato acabaria por favorecer ao caçador:

> [Esse] não faz mais que, com agudo dardo, que leva nas mãos, picar um dos porcos, de modo que lhe tire sangue, donde os outros em lho vendo correr, arrematam a morder ao que está sangrando, e êle, por se defender, morde também aos que o perseguem; e assim se vão dessangrando uns aos outros, enganados com o cevo do sangue, que cada um de si derrama, até que travam todos cruel batalha, na qual se vão espedaçando com os dentes até caírem mortos, estando tudo a isto o caçador seguríssimo assentado sôbre a árvore, donde com muito gosto espera o fim da contenda para colher o despôjo, o que faz de muitos porcos, que no mesmo lugar ficam mortos [...] (BRANDÃO, 1956, p. 290)

Maximiliano (Príncipe de Wied-Neuwied) comenta que os índios botocudos apressavam-se "em crivar os animais com o maior número possível de setas, a fim de esgotá-los pela perda de sangue, porque raramente as flechas produzem morte rápida" (WIED-NEUWIED, 1989, p. 300). Seja de uma forma ou de outra, os porcos-do-mato, mesmo atingidos pelo caçador, não se tornariam, inevitavelmente, sua presa, podendo ser "estraçalhados" pelos seus companheiros, ou escapar ferido, mesmo que seja para morrer mais adiante, pois o Caipora não deixa que ele seja apanhado:

> O queixada... eu vejo falar num tal Caipora que tem, que esse, se atirar... esse não morre, assim de tiro e ele pra chegar e o outro tiver atirado ali, ele mete o focinho nele, nem que ele vai morrer lá pra adiante, que o sujeito não acha, mas que no lugar que o outro atirou nele ele não morre... ele não fica, não. Ele chega, mete o focinho nele, que ele levanta e acompanha o outro. (riso) Eles conta esse caso, não sei se era mesmo. (Noroeste)[12]

O Caipora, portanto, além de cuidar da organização e segurança do bando, impediria que os seus membros feridos se tornassem presas fáceis dos caçadores,

---

[12] Câmara Cascudo apresenta várias formas usadas por este ente mítico para fazer reviver os animais abatidos: "O Caipora, com o contato do focinho do porco, da vara de ferrão, do galho da japecanga ou da ordem verbal imperativa, ressuscita os animais mortos sem sua permissão, apavorando os caçadores" (CASCUDO, 1972, p. 225).

especialmente se estiverem feridos. Se este fato é, em geral, observado para o porco-do-mato, também há entrevistas que mencionam o mesmo tipo de "ressurreição" promovidas por pacas, tatus e outros bichos "encantados":

> Teve um outro que foi na espera, chegou lá, diz que ele na espera, apareceu um tatuzinho, debaixo da espera. Ele atirou nesse tatuzinho, matou, quando ele matou, quando deu fé que não, veio, outro de lá, da espécie de um tatuzinho, também. Chegou, meteu o focinhozinho no outro, arribou aquilo pra riba: uai, moço, o que é que você tem que caiu aí? Parece como que tá morto! Levanta, vamo embora, moço! Diz que o tatuzinho meteu os pé, levantou e ó! (risadas) Caiu fora! Acho que... capaz que era o dono do tatuzinho. (Norte)

Se nos bandos de queixada há um líder, que vigia pelo seu grupo, na mesma proporção que avança a percepção de seus atributos mágicos, ele, de "chefe", passa a ser "o rei deles" e, à medida que mais se verifica o quanto ele cuida daquele "rebanho" de bichos, não deixando que outros se apossem deles, se transforma em seu "dono". Da mesma forma que o criador marca seu gado, colocando suas iniciais em brasa no seu couro, ou fazendo cortes nas orelhas, também o Caipora deixa sua "assinatura" nos seus bichos[13]:

> Eu já prestei atenção, não é de hoje, não, desde eu mais novo, duvido se eu matar uma caça, matar uma cotia, pra ela não ser ferrada, marcada a orelha, tirada o pedaço, marcado a orelha que nem o senhor marca a orelha, assim, de um porco, faz aquele marcamento, aquele ferro... [...] Tem um gancho, é feito um gancho... [...] A orelha é isso: todo veado, esses que eu já peguei... todo veado... É tudo quanto é coisa do mato... Eu já tenho assuntado.. se bem que eu assuntei bem foi de porco, caititu, cotia... veado... lebre. [...] Todos eles cortada a ponta da orelha! Meu Deus, quem marcou esse trem? Onde é que vai achar essa faca no mato pra... pra fazer esse sinal? [...] Quando não é na pontinha, é assim, embaixo, assim, ó! Todos vivente que o senhor matar, pertence a Deus, o senhor pode assuntar na orelha, que o senhor vê: tá

---

[13] Segundo o antropólogo Saul Martins, "de três maneiras assinalam a criação os fazendeiros dos vales do Urucuia, Pandeiros e Carinhanha, na região norte-mineira do Rio de São Francisco. Carimbam, e ferram, e incisam os gados com as marcas da fazenda, infligindo-lhes ferros quentes ao couro, ou cortes profundo nas carnes, segundo a idade da rês, as condições atuais do vaqueiro, as preferências do criador." Explicando a "classificação dos sinais de orelhas", ele esclarece: "De tal jeito familiariza-se com o sistema, que, à distância, identifica o homem do sertão a rês dêsse ou daquele pasto e conhece-lhe a era", pois "os sinais ou talhos feitos" em cada uma das orelhas da criação, bovina ou suína, "indicam-lhe a idade e o dono". Assim, aqueles feitos na "orelha direita registram a divisa, ou marca de propriedade, exclusiva de cada fazendeiro, e oriunda de inteligente combinação de cortes básicos, como os chamados bodoques, coice-de-porta, brinco, bôca-de-lagarta, e alguns mais." Essa "escrita do povo", como ele a define, também inclui números, pois os "sinais da orelha esquerda, chamados 'era', são a aritmética do vaqueiro, pois compreendem êles dez marcas distintas representando os algarismos" (MARTINS, 1969, p. 57).

marcado na orelha, só não tem o ferro no quarto, na pá, assim, de ferro, o sinal... [Mas, por que que é marcado assim?] Não, sei meu amigo... [...] (É o chefe, é o chefe, diz que...) É o chefe, esses trem, moço, tem o chefe deles, tem, isso aí tem, tem... (Tudo no mundo tem o seu dono, tudo no mundo tem o seu dono...) Tem, tem... (Você vê na geração de gente, não tem o cabeça? Mesmo, assim, é a geração do mato.) Porque... apesar de que, tem Deus no céu, mas esses trem do mato tem zelador deles, se não morria a metade, que nem a gente cura um bezerro e tudo, já tinha morrido, não tinha quase nada no mundo. Tem o tratador desses trem, isso aí, eu tenho certeza! Essa aí, o dono deve que é a mesma... a dona do mato... (A Iaiá, Caipora.) A Iaiá, a Caipora... tem o chamado Caipora... Aí, sinal é esse aqui, ó. [...] Pois é, o senhor pode reparar. (Norte)

É quando o Caipora tá junto com eles. Aí, o senhor atira nele, o caititu cai, o dono chega, mete o focinho nele, levanta e vai embora. Aí, bate o dia inteiri-nhozinho, não pega um. O Caipora tá ali junto. (Que nem aquele bichinho, que tava ali hoje, o mocó, tem os dono, também. A gente só pega o dia que dá sorte com ele.) Tem, pode olhar, de rato arriba, tudo é assinado, tudo tem dono. (É assinado a orelha dele.) Tudo tem dono, pode ir na orelha de um rato, a hora que pegar, ou uma piriá, o senhor pode olhar que tá o sinal. Saruê, tudo, tatu, tudo é assinado na orelha, cada um daquele ali tem um dono! O zelador dele. Se o senhor tiver no mato caçando... [O zelador de um é diferente do outro?] É, porque, vamo supor, num tem um bando de fazendeiro, um não tem uma fazenda aqui, outro tem outra, outro tem outra, outro cria um porco, um pode criar o tatu, vai criar uma galinha, não pode criar uma galinha, já cria um porco... E com isso, cada qual tem um dono, o rato tem o dono dele, de tudo tem um dono. Então, a pessoa tá no mato caçando, na caçada, se o dono tiver junto, o senhor arrenda o corpo dele todinho, ele cai, ele levanta, vai embora! Agora, se o dono não tiver junto, aí... né? Aí, o senhor mata, mas se o dono tiver junto, mata, não! Não, mata, não, porque o dono não deixa, é o Caipora, não deixa, não. [E como é que faz para poder...?] É, deixar, ir embora, ficar sem nada! O dono tá ali! (Norte)

Curt Nimuendajú afirma que o ente mítico dos kaingang *oiôro-tán*, dono da anta e de outros "bichos medrosos e débeis", também "marca as suas antas com cortes nas orelhas e por respeito dele não se pode dormir ou fazer barulho perto dos barreiros, nem beber água deles, porque se ele favorece os caçadores bons, ele também castiga com febre aqueles que estragam e espantam sem necessidade a sua criação" (NIMUENDAJÚ, 1993, p. 73). Como ele, o Caipora e outros entes míticos, também "donos dos bichos", têm o poder de permitir ou vetar a caça do seu "reba-nho", punindo os maus caçadores, que "judiam" dos bichos ou que caçam além da sua necessidade:

Nesses tempão pra trás, tinha um homem que era muito caçador. E aí, o que é que aconteceu? A espingarda quando era boa, ele matava, quando era ruim, aleijava o bichinho, atirava quebrava a perna ia embora, ia chegar no curral do dono lá, desse jeito. Aí, quando foi um dia, ele saiu, caçando, tocou o cachorro nesses caititu, arribou fogo no caititu, caititu correu, o cachorro embeirou, andou atrás e ele atrás, até que chegou na casa do dono. Ele tum! Chegou, aquela casona lá e o curral. Ele olhou assim, o curral tava cheinho, tava assim, ó, de porco. Aí, ele viu o dono: ô seu moço, o que é que é você tá caçando aí? O que é que é você tá caçando? É, moço... já com medo. É, moço, é que eu tou precisando comer uma carninha, eu saí no mato, os cachorro deu com uns bichinho ali, eu atirei nele, ele correu, eu vim atrás, mas chega aqui, o senhor desculpa. Desculpa que eu não sabia que o senhor era o dono... Ele disse: olha, eu te dou... eu te dou, toda vez que você quiser caçar, você vem aqui, que eu te dou, mas não fica judiando desse jeito não! Ó, que tanto de bicho tudo aleijado, aí, tudo foi você, ó! Judiando com os bichinho, tudo aleijado de tiro, perna quebrada, ó como é que veve isso aí! Tudo é você! Fazendo um arraso desse, moço, como é que você faz com a criação da gente desse jeito? O dia que você sentir precisão, você vem aqui, que eu te dou. Aquilo ficou. Passava de vinte em vinte dia, vinte, trinta dia, ele ia lá. Mandava ele entrar dentro do chiqueiro, ele entrava, o porco: foaá! Pega, patrão, pra mim! Ele disse: não, moço! Quieta! Ó! Ralhava: ó, quieta, quieta! Ralhava com o bichinho, ele chegava, marrava, saía, ia embora. E tinha uns colega. Aí, os colega invejou dele, de vez em quando, ele levava e os outro caçava e não achava. Passava, passava, ele chegava com um, os outro ia caçar, não achava. Aí: mas moço, onde é que você tá achando, onde é? É, moço, isso aí, não posso dizer, não. Então, diga, diga, eu vou mais você, eu vou mais você! Aí, ele disse: em tal lugar, tal e tudo, quando é no tempo, eu vou lá. Eu vou mais você lá! Então, nós vamo... Contou pro outro! Quando foi no dia, passou a mão nele e cortou... remexeu o dia inteirinhozinho, não acertou com o lugar mais nunca!!! (risada)[...] Ele contou o caso, deu pra ele, ele já levou companheiro, o dono trancou! (Ele perdeu por gosto!) Perdeu por gosto! Nunca mais ele achou! Perdeu a viagem! (Norte)

Nessa perspectiva, o Caipora e os donos de bicho do mato não condenam a caça em si, mas os abusos praticados por caçadores que, exageradamente, se utilizam dela. Tais seres míticos controlariam, assim, o equilíbrio ecológico entre predadores humanos e suas vítimas, chegando mesmo a "assombrar" aqueles que insistem em transformar a caça em uma atividade continuada:

O Caipora deve ser o chefe desses trem, criação braba do mato... [...] [O Caipora e a Iaiá é diferente?] É diferente. O Caipora, eu acho que ele é só dos bicho do mato, acho que é, que eu vejo contar o causo desse negócio, também, que persegue esses povo caçador efetivo, diz que tem esse trem aí que persegue esses povo. Pega uma ventania, uma assombração e pega um trem a correr atrás deles e eles não vê o que é. Dizem... aqui já tem um bando que ficou assombrado aí dentro, nesses mato aí, com esse trem. [...] [O senhor não gostava de caçar, então, o senhor não...?] Não, não tenho medo, porque eu não caço. (risada) Mas aqui tem uns que tem corrido arreado nesses carrasco aí, essa história tem acontecido com alguns aí, esses caçador que não sai do mato, efetivo, é matando bicho direto. Aparece umas assombração aí que bota eles devagar. (Norte)

É dentro de uma lógica de colocar restrições sobre as possibilidades humanas de usufruir dos recursos naturais que surge a noção estabelecendo um dia para a caça e outro para o caçador, pois este não pode submeter o mundo natural aos seus caprichos:

> O dia que não é de caçar é o dia do caçador, esse não pode caçar, porque esse é o dia do caçador. Ele não arruma nada, é o dia dele perdido. O dia da caçada é o dia que o senhor é feliz e o dia do caçador, ele vai e não acha nada. Esse que é o dia do caçador! Ele não tem sorte, esse dia. Agora, o dia da caçada, já sabe, pode ir que aquele trás, tem essa diferença. Eu falo porque eu sou acostumado a caçar, eu sei disso aí. Não é todo dia que a gente é feliz, não, não é todo dia, não! (Norte)

Alguns dias são, completamente, vetados às caçadas, aí se incluindo os da Semana Santa, em particular a Sexta-Feira da Paixão, o dia de São Bartolomeu (24 de agosto) e o Dia de Aziago (primeira segunda-feira de agosto). Em se tratando de dias santos, o trabalho cotidiano também não é recomendado, favorecendo, desta forma, a organização de caçadas para divertimento, reunindo vários companheiros, estando talvez aí a explicação para se reforçar sua proibição.

> Aqui, teve um ano aqui, também, um companheiro foi esperar dia de sexta-feira maior... Ele sempre... o povo sempre tava aconselhando: você não vai que faz mal! Ir pra esperar no dia de hoje. Ele foi, falou assim: quá! Faz nada! Eu voe experimentar pra ver! Daí, ele teimou e foi. Chegou lá, subiu na espera, quando ele tá ali, viu as pisada: tchá! Tchá! Tchá! Aquilo por detrás dele. Que ele olha, evinha um veado, rodeou assim, rodeou, rodeou... veio pela frente dele e ele lá do olho do pau, com os olho... quando ele reparou direito, um veado desse tamanho, preto, com uma estrelona assim na testa! Um vinco branco assim na testa, era alvinho! Aquilo, ele desuniou dessa espera, ele saiu que chegou a sair por cima! (risada). (Norte)

O antropólogo Saul Martins, pesquisando "receitas e abusões" no Norte de Minas, também assinala esses e outros dias como proibidos para a caça e apresenta algumas razões para tais costumes:

> O dia de São Bartolomeu (24 de agosto) é logo identificado porque venta muito e tôda caça ou peixe apanhado nesse dia tem os olhos vermelhos como brasa. Também os dias de Santa Luzia, Santo Antônio, durante tôda a quaresma, como a primeira segunda-feira de Agôsto (êste é o dia em que o Capeta nasceu) são dias impróprios para se caçar ou pescar porque são aziagos[14]. E

---

[14] Câmara Cascudo esclarece: "Dia aziago, infausto, agourento, infeliz. As sextas-feiras, coincidindo com o dia 13, são aziagas. O mês de agosto é aziago. Dias ou meses que predispõe a infelicidade. O dia mais aziago do ano é o dia 24 de agosto, dia de São Bartolomeu, quando o diabo se solta do inferno." Mais adiante, citando João Alfredo de Freitas, acrescenta: "É nesses dias que se soltam

ai de quem teimar!, fica sujeito a ver galinha conduzindo manada de leitões, a ver porca à frente de uma récua de pintos, bode prêto com mancha na testa, veado saltar por cima de árvores, anta varada de balas fugir ensanguentada e outras livusias. (MARTINS, 1969, p. 197)

A caçada para os Xakriabá possui um conjunto de regras, uma ética nas relações entre o caçador e a caça, marcadas pelo respeito com o animal abatido e seus "restos mortais". Quando são descumpridas, elas implicam também em represálias ao caçador, que se torna responsável pela sua presa e deve fazer com que outros também as cumpram:

Toda caçada do mato, não pode salgar, não, anta, mateiro, veado, essas coisa, tatu, caititu, ninguém salga a carne, não. [...] Porque se salgar, não acha mais, vai caçar, não acha, só salga a que tá na panela, lá pode salgar. Aí come dez prato! (risada) Pra nós, não pode salgar, não pode saltar os ossos, não pode jogar pra trás...[15] [...] Às vez, acabou de comer aqui, nós não põe o osso no lugar que possa... que salta, não e nem joga pra trás. Aí, nós come, já coloca ele aqui numa vasilhinha e tem que por ela num lugar que ninguém passa por cima, não tem negócio de jogar o osso, assim, não. Meu pai não aceitava, ele era uma pessoa idade, ele não aceitava fazer isso, não. [...] [E salta e...?] Aí, ele tem simpatia, a caça do mato, aí, não pega mais... não pega mais. [Quando fala que não pode salgar, a carne não perde, não?] Não, a caça do mato, não. Pode tirar ela e colocar no sol, não precisa salgar, não, não perde, não. [Eu achava que perdia, é só carne de...?] É, boi, gado, se não salgar, perde, a caça do mato, não. A caça do mato, a gente tem um estilo de... nós pega ela, não precisa salgar, não. [...] Se não souber comer, eles não dão [a carne] também, não. Se puser sal, ou saltar o osso, ou jogar pra trás, eles não dão também, não. Pimenta, também, não pode por. Também, não dão assim, não, só dão aquele outro que sabe como é que come, como é que autoriza aquilo ali. (Norte)

Essas regras não se restringem à carne ou aos ossos, mas também se estendem ao couro: "Quem gosta de fazer bumbo, caixa, pandeiro dele, quanto mais ele

---

as almas. Elas, as prisioneiras que passam uma vida tristonha e macambúzia, sentem o maior dos prazeres, em verem-se livres um momento. Um milhão de idéias invadem-lhes o crânio e, então, quantas pilhérias não imaginam fazer aos habitantes do nosso planeta, que as temem em excesso?" (CASCUDO, 1972, p. 119). Segundo ele, a origem de tais crenças estaria no massacre de São Bartolomeu, ocorrido em Paris, em 1572, quando morreram milhares de luteranos.

[15] Núbia Pereira de Magalhães Gomes e Edimilson de Almeida Pereira, no seu livro *Assim se benze em Minas Gerais*, apresentam o significado popular do ato de "jogar para trás": Outro preceito que se faz marcante nos ensalmos do mineiro é a recomendação de 'jogar para trás' os instrumentos utilizados e 'não olhar para trás' após terminar o processo ritual. Dar as costas a alguém significa desprezo, tentativa de esquecimento, mas também desligamento total, imunidade: o que fica para trás já não é visto e, nesse sentido, deixa de existir. 'Olhar para trás' é reconsiderar, é tornar-se permeável ao passado e uma certa imunidade é adquirida pelo que segue em frente, sem se deter, por não se interessar pelo que passou. (GOMES e PEREIRA, 1989, p. 68-69).

bate, ele corre, o veado corre! (risos) É porque é bum, bum, bum! Ele só tá correndo, com medo. (risos) É por isso que o povo não faz" (Norte). Em outras áreas pesquisadas, mesmo quando perguntados sobre o assunto, os entrevistados não mencionaram cuidados especiais com a carne de caça, podendo até salgá-la, mas, em geral conservando-a de outra forma: "Quando a pessoa mata, normalmente, ele divide com os vizinho, aquela coisa, não sobra muita carne assim, não. [...] [Mas usa salgar, ou não?] Alguns usa, mas muitos faz é pelota... Igual faz de vaca, né. Aí, enlata, igual carne de porco, esse que não reparte logo com a turma" (Noroeste).

Da mesma forma que entre os Xakriabá tais regras foram lembradas por vários entrevistados, o Caipora, citado espontaneamente em vários depoimentos, também é um "mito vivo", mencionado, em diferentes comunidades, como sancionando essas normas de conduta para o "bom caçador". Nas outras regiões pesquisadas, ele não é desconhecido, mas sua imagem parece ter-se já desbotado com o tempo, assim como aquelas regras aparecem enfraquecidas, ou esquecidas. No Noroeste, onde um dos entrevistados mais velhos ainda revelou guardar algumas lembranças de sua atuação com guardião dos bichos, localizou-a num passado já remoto:

> Hoje, eu não vejo o povo contar caso disso, não, antigamente, que eles contava, hoje, não vejo eles falar essas coisa, não. Isso era no tempo do povo mais antigo... No tempo do povo mais velho é que contava esses caso, de minha mãe pra trás, que de minha mãe pra frente nunca vi contar caso disso, não. (Noroeste)

Entre os entrevistados do Triângulo, também há casos de caçadores que são perseguidos por seres encantados pelo fato de irem perturbar o refúgio das matas em dias proibidos:

> Pai falava... meu pai, diz que todo domingo, tinha dois homem falava: vamo caçar! Oia, eu vi rastro do veado, entrou naquele capão. Já ficava marcado pra domingo, a caçada deles, né. Aí, diz que ele falou: ô, compadre, eu vi lá, o veado entrou naquele capão, eu vi o rastro dele. [...] Tocou, tocou... não saía embaixo da mata e não saía em cima! Aí, foi até depois de meio dia, o homem... os caçador ameaçou: o trem não sai mesmo, eu vou entrar lá! Então, eu fico cá, se sair, eu atiro. E o seguinte: o homem entrou lá, o caçador, chegou lá diz que era um treco... preto, pulando com um pé só e fazendo assim pros cachorro! (risada) [...] Entertendo eles, os cachorro corria, pulava num pé só adiante. Aí, o homem falou: mas, você que é o meu veado? Não, o dia hoje é nosso, você quer misturar com nós? Sô, só falou isso, sumiu, também! [O dia era deles, como assim?] O dia é deles, domingo, eles tava atrapalhando ele, por isso ele tava lá envolvendo cachorro. Isso é caso também, viu! (Triângulo)

Tais lembranças são vagas, não trazem a mesma força de um ente mítico, "dono dos bichos", capaz de se impor e de estabelecer regras para a exploração da caça. Nessa perspectiva, a imagem do Caipora se transforma em uma assombração

153

das matas, a atemorizar aqueles que não têm medo dos perigos ali escondidos, que desafiam os seus segredos ocultos:

[E do Caipora, o senhor já ouviu falar?] Caipora? Ah, parece que eu... deixa eu ver... parece que o pai falava, Ricardo... do tal de Caipora. [O que que é o Caipora, o que que é que ele falava?] Ah, como é que era, Ricardo? Acho que é assombração, o que que você acha que é? [Assombração, como assim?] Assombração, porque o pai diz que... porque todas vezes... sempre tem umas pessoa mais resolvida do que outras, não é? Então, o pai trabalhava lá nessa roça nos terreno do tio dele, um tio rico que o pai tinha, então, quando o pai ia pra lá, levava turma. Agora, tinha um que era meio sem medo, dormia sozinho. Agora, ele diz que lá existia um grito, sabe, gritava lá no fundo da mata, daí, um animal gritava lá pra outra banda. E diz que teve um que respondeu, sô! Respondeu e diz que daí ele gritou na porta do rancho! O homem olhou, ele tava do lado de fora, quando o homem olhou outra vez, ele tava de dentro de casa, né, dentro do rancho! E o homem... não sei se... sei lá! De certo, desacordou, sei lá! Diz que ele ficou cochichando com o homem, viu. (Triângulo)

Nas entrevistas do Jequitinhonha, o mito do Caipora surge também ligado aos bandos de queixada como entre os Xakriabá e no Noroeste, mas, já se mistura, ao que parece, com a cultura letrada, através da escola, adquirindo outro nome, "folclorizando-se". Por outro lado, a novas influências religiosas, ligadas às igrejas evangélicas, contribuem para uma certa "demonização" da sua figura.

Diz que ele tem o protetor dele, né, aquele que comanda eles. [Como é que é?] Tipo assim, essas coisa que... eu ia falar assim que tem tipo assim do adomador deles, que comanda eles, que manda eles pra um canto, pro outro, já vi contar assim. [Como é que chama ele?] Não, isso, eu ouvi falar que é um protetor, mas não sei o nome... protetor, né, deles. (Já li isso) Como é que fala o nome, o protetor assim da floresta? Como é que chama? (Diz que se atirar no bicho, ele for embora ele ainda dá nele) (O curupira?) [...] Tem o currupira, né, que se a pessoa atirar no bicho e não matar, que ele pega o caçador e ainda bate ainda, diz que bate. Se matar tudo bem, mas se deixar chumbado ou machucado, que ele bate (Mas isso já é veneno... não é do lado de Deus mais, não, já é do lado...) É coisas... (Imundas, né?) É, não é coisa... não é coisa certa, não. (Jequitinhonha)

Sem um "zelador dos bichos" e sem regras para por limites às caçadas, elas podem se tornar uma prática predatória, como, algumas vezes, os relatos revelam. Se a riqueza de espécies e o grande número de animais parecem indicar um recurso natural de possibilidades ilimitadas, a caça desenfreada pode esgotá-lo rapidamente, assim como a pesca desregrada dos primeiros colonizadores representou uma ameaça a essa atividade, na São Paulo do final do século XVI, conforme foi discutido no Capítulo 3 do Volume I. Também no Sertão Mineiro, a sua prática recente, associada a outros danos ambientais, tem comprometido a abundância do pescado.

O PESCADOR MORRE PELA BOCA

É grande a diversidade de peixes citados nos depoimentos da Pesquisa de Campo, embora não tenha se insistido num levantamento completo de espécies. O QUADRO 12 no ANEXO mostra essa riqueza, relacionando as espécies mencionadas, porém, cabe alertar que pode haver, eventualmente, a repetição de algumas entre regiões, por adotarem nomes populares distintos.

As técnicas de pesca empregadas nas quatro regiões pesquisadas são bastante diversificadas e adaptadas a esta variedade de espécies e aos diferentes tipos de locais de pesca (córregos, ribeirões, rios, lagoas, etc.). A pescaria com anzol e linha é, sem dúvida a mais comum, sendo empregada como isca: minhoca, milho e feijão cozidos, carne, etc. Esta técnica é considerada mais adequada para certas espécies de peixes, devido aos seus hábitos alimentares e até a seu próprio aspecto físico:

> A diferença é que a traíra pra pescar de anzol, a traíra é mais fácil pescar, a piabanha é mais difícil de pegar de anzol e a traíra é mais fácil pescar. (Jequitinhonha)
>
> Aquele timboré não gosta muito de anzol, não, gosta mais é o outro [piau]. É treiteiro, ele pode ser grande, a boca dele é pequena, se o cara não souber ferrar... (Norte)

Como em outras atividades já descritas, também a pescaria é carregada de crenças sobre o seu sucesso ou fracasso. Uma delas se refere ao pescador cujo anzol fisga um cágado:

> Diz que não pega mais... se cágado pegou, não pega mais e agora, o que que eu vou fazer? [...] Não pega, com aquele anzol diz que não pega. Fui lá na areia, lá, areei esse trem, areei, areei... [...] Aí, isquei outra isca: tum! Diz que não pega... Eu fui jogando, com pouco, eu vi, o trem foi, eu falei: se não for outro cágado, é uma traíra grande agora. [...] E aí, vai lá e vem cá, quando sai na flor d'água, outro cágado! Eu falei: não! Rastei pra fora, tornei cortar o pescoço dele outra vez, joguei pra lá, falei: agora, eu vou pegar uma traíra, não é possível, o que que eu vim fazer aqui? Tornei a arear essa bobagem, diz que não pega, tem que pegar, ué, porque não é possível, eu vim de longe, assim! Tornei a iscar o anzol, aí, encafifou o trem: tum! Parece que o trem... parece que não esperou nem o anzol cair lá no fundo, parou e tium! Eu: jap! Falei: isso aqui é peixe, esse é peixe! Aquela carreira tava muito pesada e essa aqui tá maneira, saiu uma trairinha assim, falei: ó! Aí, também, peguei essa bobagem e rapei, fui embora! (Noroeste)

No lugar do anzol, para a captura de certas espécies, outra técnica muito difundida é a pesca com rede: "Dourado, eu peguei bastante na rede e no anzol, eu não peguei, não" (Noroeste). Embora este peixe também seja fisgado com anzol, a rede oferece outras vantagens: "Eu gosto mais da rede, porque com o anzol, eu ficava lá sentado, e a muriçoca fica me futucando, a gente já é um pouco magro e a bichinha ainda fica chupando. Aí eu gosto da rede, porque a rede é boa, porque os pequeno passa e os grande engancha (risada)" (Noroeste). No entanto, nem todos têm essa consciência de pegar apenas os peixes maiores e, mesmo com a fiscalização da Polícia Florestal, há os que usam redes capazes de reter também os de menor porte, ainda não adultos:

> Fazia ela comprida, dez metro, quinze metro, agora, você vai levando ela, na lagoa, no rio... em vez do peixe correr rio abaixo, ele vem nela, vem na rede. [...] Nós tinha uma rede, ela tinha três malho: tinha grossa, mais fina e mais fininha, pegava três tipo de peixe. [...] Até os cara lá falou: ó, essa rede d'ocês aí, eu nunca vi dela, se o Florestal pegar vocês com essa rede, Deus me livre! (Triângulo)

A rede de náilon é apontada, pelos pescadores mais antigos, como de uso recente, sendo, anteriormente, empregada uma de fabricação local:

> Esse tempo não tinha... não existia essa rede de náilon, que tem hoje, tinha rede de pano de algodão, fiava a linha, tecia a rede. Pegava 300 e tanta piabanha de uma vezada. Não tinha bóia, igual as rede tem hoje em dia, era marrado era pedra em baixo e cabacinha em cima (pra boiar). Depois que apareceu essas coisa. (Jequitinhonha)

Vários depoimentos apontam que depois que esse tipo de rede foi introduzida, houve uma diminuição no número de peixes:

> Antigamente, não usava essa rede de malhar, né, que, hoje, todo mundo tem aí, antigamente, não usava, não. E depois que deu pra usar essa rede de malhar, diminuiu o peixe, né, que pega tudo quanto é nação... (Noroeste)
>
> Antigamente não pescava, porque não tinha as rede aqui. Essa pescada de rede aí [...] é nova. Depois que usou as rede, os peixe até diminuiu. (Norte)

A rede, como informaram alguns entrevistados, é muitas vezes empregada em lagoas, formadas próximas aos rios, como no Paracatu e no Dourado, da mesma forma que já foi apontado, no Capítulo 7 do Volume I, em relação ao São Francisco. Aí ela pode ser arrastada, mas também apresenta a vantagem de poder ser armada, como é feito, principalmente nos rios, liberando o pescador para se dedicar a outra atividade incluindo nas proximidades como garimpo, caça, cultivo da terra, etc. Nesse caso, porém, ela pode ser danificada tanto pela piranha, como por animais, eventualmente, aí enroscados, a exemplo da capivara: "Outro dia, nós foi, sô, mas foi sem sorte, capivara deu nas rede, rasgou tudo (risada)" (Noroeste).

Tanto o anzol como a rede podem ser empregados dessas duas formas: seja em uma pescaria de "espera", seja exigindo a ação de captura pelo pescador; outras técnicas já são específicas para uma ou outras dessas modalidades. Entre essas está a tarrafa, um tipo de rede lançada, particularmente, em locais onde os peixes se concentram: "Agora, pescar de tarrafa, assim, até hoje, sendo lugar que tem peixe, se eu achar, eu vou, gosto de pescar" (Noroeste). Nessa modalidade mais ativa se inclui o "chucho", técnica voltada para certos tipos de peixe:

> Pocó é um que enterra na lama e fica só com a rabinha do rabo. É tanto que aonde o córrego é raso que... eu mesmo tinha uma irmã lá [...], que ia com o chucho pra pescar pocó. O córrego a água é dessa fundura, uns lugar dessa fundura, outros lugar raso assim, tudo areia alvinha, corgão largo. [...] Ela ia pescar o pocó, ia dentro d'água, ia, ia, ia, quando ela via, via o cacuruto, olhava cá atrás tava a patinha do rabo dele, ela com o chucho, ó, tium! (Noroeste)

Essa técnica lembra as práticas indígenas de pesca, assim como o emprego do timbó e do tingui, descritos pelos entrevistados, da mesma forma como eram empregados no início da colonização, conforme já foi assinalado, anteriormente, no Capítulo 4 do Volume 1:

> Chama-se tinguizada... (....) Não é a fruta, não, eles tira é a raspa dela. [...] A raspa da madeira. [...] (Tem que tirar ele e por n'água batendo, ele solta uma escuma...) É, ele solta uma escuma assim roxa, o peixe fica... dourado não güenta ver nem o cheiro de tingui, tingui e timbó é tóxico pra peixe. [...] Panha, ele sobe. [...] O timbó, eles corta as madeirinha desse tamanho, machuca de macete. [...] Aquilo é amargo pro peixe. Um bando de gente, às vezes, a lagoa é grande, aí sai batendo, ele solta uma escuma. [...] Se você botar muito, acaba o peixe tudo. Timbó é pior do que a bomba, porque a bomba só mata o que tá perto e o timbó, não, intoxica todos os pintudo logo. Aquilo é proibido (Mata os grande e os pequeno.) Só não mata tudo, sendo muita água, morre mais pouco, mas se a água for pouca, não fica... traíra que é o peixe mais duro que tem, que soca na lama, ela sai pra fora. (Norte)

Essa técnica é, no entanto, pouco utilizada, hoje em dia, sendo inclusive condenada pela grande mortandade de peixes, provocada pela alta toxidade do timbó ou do tingui, cujos efeitos foram explicados de forma muito curiosa:

> Uma certa época, sabe o que que eles fizeram? O pessoal, com muita ambição, foi lá e bateram o timbó. O timbó é um cipó que tem no mato, mas ele é um veneno muito forte, tóxico! O peixe mesmo, só bater n'água... [...] Então, o... até o gado, se beber a água que tem timbó, morre, aquilo é veneno. Diz, Seu Ricardo, que matou tanto peixe, que chegou juntar urubu, nesse lugar, pra comer peixe. E a Florestal foi lá e não conseguiu identificar quem que foi, que se eles descobre, dava cadeia. [...] Corta ele e bate n'água, ali o peixe... o que tiver ali dentro, morre tudo, de peixe, é um veneno terrível! Porque o peixe, ele alimenta com a água e respira, ele vem sai fora da água pra respirar, né, e volta pra água. Então, no ele sair fora pra respirar, ele pega aquele veneno que tá batido na água. E depois disso pra cá... eles não fizeram isso mais, não, mas matou peixe demais, moço, uma coisa terrível! (Jequitinhonha)

Esse tipo de pescaria, quando utilizada, era, em geral, fruto do trabalho coletivo de várias famílias, assim como, alguns tipos de armadilhas, cuja preparação exige o trabalho de várias pessoas e o seu produto é partilhado entre os "sócios".

> Tem um recanto lá, que quando o rio tá cheio, a água cai nesse lugar. Então, eles pega muito peixe com armadilha... [...] Ela é feita de pau, ela é tipo de fazer um caixão grande, com as trava amarrada dos lado, faz uma cama e faz as laterais. Agora, a ponta dela, do lado que o peixe vem, é fechado, feito um... fica parecendo o rabo do peixe mesmo, amarrado. E a frente lá, onde a água cai, que recebe a água, é aberta, aquela boca mais espaçosa. Aí, o peixe pula, pra sair fora... pra voltar água acima, que o peixe, quando o rio tá enchendo, o peixe sobe, a previsão do peixe é subir, quando o rio tá enchendo pra encontrar a enchente. Aí, ele pula na corrida, a água tá muito forçosa, que o rio tá cheio, joga ele, ele cai dentro daquela armadilha, ele vai caindo dentro da armadilha. Aí, agora, quando aquilo enche de peixe, pra não cair, derramar pra fora, eles vai lá com os balaio, tira daquele lugar, descarrega aquela armadilha. Aí, vai caindo peixe... pega muito peixe [...] Lá era muito bonita a pescaria, sabe por que? O pessoal era o seguinte: é uma socie... é uma parceria, sabe? Cada um que tava ali, tirava... dividia aquilo, aquela pescaria ali. Eles fazia sociedade pra fazer a armadilha e quando cai... pegava os peixe, ali, eles dividia, ia colocando... Se fosse dez pessoa que fosse sócio, ali, ele ia colocando dez monte de peixe, tudo numa quantidade só, ele ia dividindo igual. Se fosse um grande, um grande pra cada um, um pequeno, aí vai dividindo igual. Aí, depois ali, cada um pegava aquele que tocou pra ele e carregava. É uma coisa, um colosso, rapaz! Bonito demais! Dava muito peixe, pegava muito! (Jequitinhonha)

Essas grandes armadilhas como o "chengo" ou o "pari" eram, em geral, construídas em ribeirões ou trechos encachoeirados de rios menores e, dificilmente, nos grandes rios, devido ao seu volume de água. Se exigem trabalho coletivo são eficientes com relação à produção obtida: "o... pari, aquilo é danado... é medonho pra pegar peixe" (Noroeste). Por essa mesma razão, são, hoje, perseguidos pela ação da Polícia Florestal e, praticamente, foram abolidos. Uma outra técnica, nessa modalidade de pescaria de espera, é a armadilha individual, chamada jequi, uma espécie de cesto afunilado colocado na água, mais usado na região do mesmo nome: "no Jequitinhonha, tem muita gente que usa pescar de jequi. [...] Põe ele e põe a ração, ceva o peixe, até pegar. Aí, o peixe vai entrando ali, tira ele d'água, tá cheio de peixe" (Jequitinhonha).

A variedade de técnicas utilizadas não deve, no entanto, ser vista como um sinal da importância econômica desta atividade, pois a pesca não possui fins comerciais para a grande maioria dos entrevistados, sendo vista mais como uma diversão, ou uma alternativa de alimentação: "Uma pescada é bom demais, pescada é uma das melhor coisa, uma diversão boa demais" (Jequitinhonha). A atividade, assim como o consumo do peixe, está associada, em alguns lugares, dentro das tradições do catolicismo popular, à proibição de comer carne na Semana Santa: "Aqui tinha a tradição, de primeiro, na Semana Santa, ir pescar lá, ia muita gente... [...] Vinha todo mundo pra lá, 30, 20, 30 homem dentro lá do córrego. Todo mundo pegava, trazia que dava pra comer..." (Noroeste).

A venda eventual podia ocorrer quando, através de pescarias coletivas, ou mesmo individuais, se alcançava um volume maior de pescado, sendo realizada nas vizinhanças ou povoados próximos: "Eles dividia, cada um levava pra sua casa pra despesa, outros vendia... [...] Vendia a dinheiro, trocava em merc... em coisa, café, de arroz, trocava em feira. [...] Limpava ele, salgava e saía vendendo" (Jequitinhonha). Assim, como foi visto para o comércio do século XVIII, esse produto, por ser muito perecível, precisa ser salgado e seco, sendo dessa forma encontrado, durante a Pesquisa de Campo, em algumas casas: "O peixe, a pessoa pega ele, limpa ele, se não comer ele naquela hora, que quando ele vai comer naquela hora, o peixe fresquinho é uma delícia, né, aí salga ele e coloca no sol, põe pra secar, aí fica bom demais" (Jequitinhonha).

A pesca como atividade comercial, nas quatro áreas pesquisadas, somente foi observada em Santana da Caatinga (Noroeste), onde cerca de cinco moradores são "pescadores profissionais", se somando a cerca de 15 a 20 residentes em Brasilândia. Além destes, usufruem da famosa piscosidade do Rio Paracatu, "pescadores de fora" vindos de outras regiões de Minas e até de São Paulo, aí incluídos tanto "amadores" como alguns "profissionais" (foto p. 307): "Eles vêm duas, três vezes por ano. [...] Eles sempre pesca, e ainda fala que os peixe daqui é melhor do que dos outro lugar tudo" (Noroeste). A presença desses alterou a vida no povoado com a compra de casas e lotes e o incremento de alguns serviços, ligados ao comércio e ao trabalho como caseiros, havendo ali, atualmente, cerca de 35 "ranchos de pesca", denominação que não condiz com as construções por eles erguidas, em forte contraste com as casas dos antigos moradores: "Só esse homem que eu trabalho com ele aí, que zelo dessa casa dele aí, tem 22 ano. [...] De 20 ano pra cá é que começou vim. [...] Começou a fazer casa, foi comprando de outros..." (Noroeste).

Esse tipo de "turismo" também contribui para a presença de pescadores profissionais na Caatinga e região, pois "esses amador que vem, esses leva pouco, peixinho" (Noroeste). Assim tanto, esses como os "profissionais" que vêm "de fora" compram parte da sua produção: "Aqui, pra vender, vende aqui mesmo, coisa mais fácil pra vender é isso aí. [...] Tem bastante turista aqui, vem bastante turista aqui e vende aqui mesmo" (Noroeste). Além dessa freguesia, também comercializam o pescado em Brasilândia, João Pinheiro e outras localidades próximas, ou vendem, ocasionalmente, para os donos de restaurantes e peixarias de Pirapora ou Patos de Minas, que vão ali buscar suas mercadorias. Os preços variam de acordo com a "classificação" do produto: "O peixe de primeira é 6 real, o quilo. [...] Pintado e dourado, só. [...] O resto tudo, tudo é segunda. [...] Tudo 3,50 a 4, o pirá e pacumã é 4 real e os outro é 3 real" (Noroeste).

A renda obtida com a "pesca profissional" é, evidentemente, variável, mas a atividade é avaliada positivamente, quando comparada com outras: "Ah, isso não dá nem pra gente calcular assim, tem mês que você vai, tira... ganha um troquinho, tem mês que você vai, já não ganha nada. [...] Dá pra levar, melhor que trabalhar pros outro" (Noroeste). A renda está associada à produção obtida e esta pode oscilar muito: "Isso vareia, tem dia que você vai lá, você pega 20 quilo, 30 quilo, 40 quilo, 50 quilo, tem dia que você vai, não pega 5 quilo, não pega 2 quilo, vareia..." (Noroeste). Embora a atividade seja contínua, a produtividade obtida, assim como a qualidade do pescado, está relacionada com o período da pesca:

> Agora, o tempo esquentando, igual pra curimba, piau, esses trem pega bastante. [...] A água sujou, pega mais é pintado e peixe na rede também. [...] Outubro... outubro, já começa a sujar, setembro, tem época que já começa a sujar... [...] Esse ano mesmo, ele começou a limpar foi em... acho que foi em fevereiro, mais ou menos, que ele começou a limpar. (Noroeste)

As espécies obtidas e as técnicas usadas estão relacionadas também à legislação de pesca que procura regular essa atividade, especialmente, durante a piracema: "Depois que a pesca é proibida também, aí, não tem mais pesca de rede. [A pesca é proibida em que época aqui?] A partir de novembro até fevereiro" (Noroeste). A fiscalização, realizada, regularmente, pela Polícia Florestal, já é parte da atividade destes pescadores profissionais:

> Esse negócio de rede, essas coisa? Não, tem as regra, tem as lei, os lugar que você pode armar, não pode, mas sempre arma só nos lugar que é de lei mesmo e as rede de tamanho certo, mas com a gente, eles não enche muito o saco, eles vai, vê as rede, fala que não pode, nego sabe onde é que pode, onde é que não pode, mas com a gente, eles não pega muito no pé, não. A gente já veve disso, né, como diz o outro, o que tiver errado... o que tiver errado, pode ser qualquer amador, profissional, eles corrige mesmo! (Noroeste)

O pescador profissional da região possui uma carteira que o identifica, assim como suas redes têm uma "placa" própria e está vinculado a uma associação de classe, sediada em Pirapora: "É colônia, é a mesma coisa de sindicato de pescador. Paga mixaria... uns 30, 40 por mês" (Noroeste). Assim, para esse grupo, a ação da Polícia Florestal é avaliada positivamente: "Ô, tem que ter, se não tiver... o negócio vira bagunça. [...] A Florestal? Não atrapalha em nada, sempre ajuda" (Noroeste).

Os outros moradores da região, no entanto, se queixam de não poderem pescar de rede e só ser permitido anzol para peixes pequenos:

> [São só os profissionais que estão pescando?] Só, se os outro pescar, a Florestal... não deixa, não, ferra mesmo! [...] Anzol, não [pode], só de rede. [De anzol não pega muito, não?] Não, só pega peixinho pequeninho. [...] Se por anzol lá no rio se for pra pegar um peixe grande e ele ver, eles toma. [...] Eles tem uma placa... tanto faz nas rede, como na... nos anzol. Se não tiver... (Noroeste)

Também responsabilizam os pescadores profissionais pela diminuição do pescado nos afluentes do Rio Paracatu: "Tinha peixe, aqui tinha peixe! Não sobe mais peixe, esse menino, por causa disso, que esses pescador que tem, de profissão, que tem ali na Caatinga, nas barra do rio, eles fecha de rede, né. Nas água que é o tempo do peixe subir pra cá, tá fechado, como é que fica?" (Noroeste). Estes, assim como vários moradores, acusam o aumento recente de pescadores "de fora" como responsável pelo escasseamento dos peixes: "Há três ano atrás, você saía, falava assim: eu vou buscar uns peixe. Hoje, você não precisa falar isso mais porque você quebra a cara! [...] Antigamente, não tinha movimento de barco dentro d'água... não tinha tanto, hoje tem barco demais! Bastante movimento" (Noroeste).

A seca, porém, é apontada não só no Noroeste, mas também nas demais regiões pesquisadas como um dos principais fatores para a redução do pescado, especialmente, nos ribeirões e córregos:

> Até piabanha tinha mais, ela diminuiu. [...] Acho que ela foi saindo dessas... tempo de pouca chuva, as água diminuiu muito, ela desceu mais pro Jequitinhonha. (Jequitinhonha)

> Tem outra coisa também: a água, também... o rio tá baixando bem, tem pouca água, antigamente, tinha mais água no rio. (Noroeste)

Outros fatores apontados pelos entrevistados estão relacionados com intervenções humanas no próprio curso d'água e nos seus arredores, como a construção de barragens ou o seu assoreamento:

> Esse grande produtor de arroz, que eu tou te falando, ele fez uma barragem no córrego lá em baixo, então isso também contribuiu para que o peixe do rio não subia mais. (Noroeste)

> Antigamente, tinha umas trairinha aqui nesse córrego Itacarambi, já aterrou tudo, cabou os lugar que conservava peixe. (Norte)

No Jequitinhonha, os impactos provocados pelas grandes empresas e garimpeiros mecanizados com a mineração do diamante, nas suas cabeceiras, localizadas nas proximidades de Diamantina, também contribuíram para o seu assoreamento e para uma alteração na suas águas, hoje, constantemente barrentas:

> O Jequitinhonha tinha muito peixe, eu conheci muito no Jequitinhonha. [...] Antes dessa sujeira na água, eu mergulhei de escafandro nove anos. A gente mergulhava de escafandro, lá dentro do fundo d'água, a gente via o peixe passando perto da gente. Bonito, limpinha a água! A gente via o peixe, agora, não consegue ver mais por causa da sujeira da água. [...] Deve de ter uns 36 anos, mais ou menos, que tem a sujeira na água, deve ter uns 34 ano. (Jequitinhonha)

Se, de maneira geral, as várias entrevistas revelam um decréscimo na quantidade de peixes, alguns acreditam que, com as restrições à pesca, possam os rios e ribeirões recuperar-se antigo potencial; outros, porém, se mostraram completamente descrentes dessa possibilidade:

Agora, o rio tá todo velhaco com peixe. Anda pescador demais, o peixe fica com medo. Não tá como era de primeiro, não. [...] De primeiro, dava muito peixe... Agora, hoje, eu acho... eu acho que não vai melhorar mais, não, porque os pescador aumentou, né. [...] Um tempo desse não volta mais, não, daquele que era de primeiro, acabou... (Noroeste)

A sociedade humana, como uma espécie de aprendiz de feiticeiro, ao agir sobre o mundo natural, provoca efeitos impensáveis para o limitado alcance de sua inventiva imaginação. Uma simples alteração no ambiente provoca vários efeitos indesejáveis em cadeia, desequilibrando todo o "castelo de cartas" de difícil reconstrução. Em vários lugares, bastou que houvesse a introdução, muitas vezes ocasional, de uma semente, ou de um casal de animais, para que se afetasse, de forma quase irreversível, a paisagem. O uso tradicional do mel e da cera produzidos por espécies nativas têm sido afetado pela importação de abelhas do Velho Mundo, como revelaram alguns depoimentos durante a Pesquisa de Campo, mas não se sabe que implicações esse fato tem sobre a polinização de algumas plantas do Cerrado e sobre o bioma como um todo.

LEVAMOS UM FERRÃO

A introdução da abelha européia (*Apis mellifera*), em Minas Gerais, como foi visto no Capítulo 7 do Volume I, teria ocorrido em 1845. Mais de um quarto de século antes, Spix e Martius, visitando o Sertão Mineiro, confirmavam que é "desconhecida aqui a abelha européia" (SPIX; MARTIUS, 1981, p. 95). Em 1877, José Joaquim da Silva, em seu *Tratado de geografia descritiva especial da província de Minas Gerais*, contatava a expansão dessa espécie:

> [...] temos também a abelha-da-europa, que se tem aclimatado perfeitamente na província e que, além do excelente mel, produz também a cera, de que em muitos lugares se fabricam velas para o consumo. Esta indústria seria uma das muito lucrativas para a província, se fosse exercida em grande escala. (SILVA, 1997, p. 60)

Os depoimentos colhidos na Pesquisa de Campo revelam que essa espécie não era muito conhecida, em algumas daquelas áreas, até as primeiras décadas do século XX:

> A oropa foi de uns tempo pra cá, aqui não... [Quando a senhora era menina não tinha?] Não, tinha, não, até depois de eu casada, uns três ou quatro ano não tinha, não. Daí, depois, deu pra aparecer aqui, acolá, aqui, acolá... rebentou essa oropa aí, mas o povo não deixa elas ficar velha. (Norte)

> Já existia, a oropa já existia. Era muito difícil, que hoje em dia, tem mais a oropa, ela... parece coisa que antigamente, o pessoal falava que aqui não tinha ela, não, depois que ela apareceu, hoje, existe muito. (Jequitinhonha)

> Pra aqui, não tinha esse tanto de oropa, assim, igual tem hoje, não. (Noroeste)

Essa observação foi, várias vezes, repetida entre os Xakriabá, certamente por se tratar da área de pesquisa mais distante de Ouro Preto, ponto, como foi visto no Capítulo 7 do Volume I, de onde esta abelha teria se expandido para outras regiões de Minas. Um dos entrevistados se recorda da primeira vez em que "furaram" sua colméia, apresentando uma produção excepcional de mel, pois os vizinhos tinham medo dessa abelha com ferrão:

> De primeiro, não tinha ela aqui, não. A primeira vez que essa abelha apareceu por aqui, nós morava nos Defunto e ela... arranchou essa abelha lá, no fundo da casa de Z... [...], naquele morro lá. Lá tinha um morro, assim, e chegou esse bolo de abelha e pregou lá e ficou lá. E evai, evai, evai, foi descendo esse mundão de capa, já tava, assim, pertinho do chão, assim. Aí, o povo ia lá, ela corria com o povo. Aí, Z. disse: moço, tem uma abelha, acolá, nós vamo furar ela de noite. Abelha braba, acho que é oropa, o povo sempre fala em oropa, ela é ela. Aí, nós fomo lá [...] Furemo esse trem [...] Mas... tiremo 30 litro de mel! Foi um farturão esquisito, foi 30 litro de mel! [...] Era rapaz ainda, era rapaz ainda. [...] A base, assim, de uns 15 ano, mais ou meno... (Norte)

Alguns depoimentos atribuem, como conseqüência da expansão dessa espécie, a redução, naquela região, das várias abelhas nativas do Cerrado, expulsas para outras partes, devido à competição por alimento:

> Depois chegou essa oropa, apareceu essa oropa aí, foi aparecendo, foi aparecendo e as outras abelha foi desaparecendo. Acho que essa oropa correu com as outras abelha, foi sumindo, sumindo, mudando pra outros canto. (Norte)

> Jataí, também... que essas outras abelha, quem acabou com elas foi as oropa. É por isso que elas cabou, é difícil achar, quando acha um, não tem nada, as oropa, acho que não deixa elas panhar flor nem pra fazer uma caixeta de mel. Tem delas que faz só ao menos os filho, só, não consegue panhar as florzeira, modo das oropa. Que a abelha que tem mais, aqui, é oropa. Essa, dando a hora, é no chão, é no cupim, qualquer lugar elas arrancha, outra hora é em garrancheira. (Ela tando ali, as outra não encosta). (Norte)

Darrel Posey, investigando a apicultura dos Kayapó, na região do rio Xingu, esclarece que esses índios também observaram a chegada dessa abelha, a partir de 1971, "expulsando e tomando os ninhos das nativas. Os Kayapó dizem que o aproveitamento do mel de abelha nativa caiu muito, por causa da 'invasão' da *Apis mellifera*" (POSEY, 1986, p. 55).

Irineu Fabichak, em seu livro sobre as abelhas indígenas do Brasil, cita Pe. M. N. Martins para revelar a "valentia da jataí" frente ao ataque da abelha-europa:

> Abrimos, por acaso, uma colméia de jataí, rompendo-se umas cápsulas do delicioso mel, o que foi o bastante para atrair uma ou duas abelhas do reino. Observaram-nas as jataís e, voando em roda, espreitaram o momento para darem boa praga às ladras; tomando-as pelo seu lado fraco, inutilizando-nas por completo.

Este lado fraco das européias eram as asas, que as jataís prendiam e amarfalhavam, tornando-as, assim, inúteis para o vôo. Quando, depois, as Apis iam voar, já não o podiam, e ficaram assim, como um barco sem vela, à mercê das jataís, que depois, mais numerosas, oito contra uma, acabaram de inutilizar as duas européias e as outras que ainda sobreviveram a roubar mel. (FABICHAK, [s. d.], p. 37-38)

Os pesquisadores Warwick Kerr, Gislene Carvalho e Vânia Nascimento, no seu estudo *Abelha Uruçu: biologia, manejo e conservação*, não citam a *Apis mellifera* como um dos inimigos dessa espécie de abelha nativa, porém revelam algumas características da competição entre as duas espécies: "Percebe-se claramente a vantagem que a uruçu tem sobre a africanizada[16] na briga, porém, a uruçu perde no sistema de comunicação e no número de operárias por colméia" (KERR *et al.*, 1996, p. 44).

Tanto a jataí, como a uruçu, e outras abelhas nativas do Cerrado se incluem na subfamília *Meliponinae*, caracterizadas pela ausência de ferrão, divididas em duas tribos: *Meliponini* e *Trigonini*. Na primeira, se incluem as várias espécies denominadas popularmente uruçu, mandaçaia, manduri, etc., enquanto a jataí, marmelada, arapuá, tataíra (caga-fogo) e outras se situam na segunda (KERR *et al.*, 1996).

Os naturalistas Spix e Martius foram, provavelmente, os primeiros a listar as espécies de abelhas do Sertão Mineiro, quando da publicação do seu relato de viagem, em 1823[17]. É interessante notar que vários dos nomes populares por eles citados também foram empregados para identificar várias espécies na entrevistas da Pesquisa de Campo, como pode ser visto no QUADRO 13 do ANEXO.

Aqueles dois naturalistas alemães também apontam algumas características dessas espécies e da sua importância para os habitantes do Cerrado Mineiro ao se apropriarem de sua produção há quase de 200 anos:

> É extraordinária a variedade de espécies de abelhas no sertão, que fazem os seus ninhos, ora nas árvores, ora na terra. A produção de mel e cera é tão considerável, que muitos sertanejos vivem exclusivamente do negócio da colheita desses produtos. A cera bruta das espécies (cera da terra) é quase preta, de perfume balsâmico agradável, e merece a atenção do médico brasileiro, que a

---

[16] A abelha existente hoje no Brasil é um cruzamento de duas subespécies européias, a preta alemã (*A. m. mellifera*) e a amarela italiana (*A. m. ligustica*), com a amarela-avermelhada africana (*A. m. adansoni*), esta introduzida aqui em 1956 (BASTOS, 1998). Segundo Warren Dean, ela teria sido importada por um laboratório de São Paulo "para fins reprodutivos, escapara por descuido e por toda a floresta tomava o lugar das abelhas nativas sem ferrão, com efeitos incalculáveis sobre a flora" (DEAN, 1996, p. 369).

[17] Outros naturalistas e cronistas do século XIX também apresentam suas listas como Saint-Hilaire, George Gardner, José Joaquim da Silva e outros. O primeiro compara as informações que obteve com as daqueles dois naturalistas e afirma que: "As abelhas conhecidas no sertão são as mandaçaia, jataí, monduri, uruçu, uruçu-boi, burá-manso, burá-bravo, sanharó, iratí, sete-portas, mumbuca, marmelada chupé, arapuá, tataira, tubi" (SAINT-HILAIRE, 1975a, p. 333).

emprega principalmente para ungüentos e emplastos. Uma libra de cera custa, no sertão, de dois até seis vinténs. (SPIX; MARTIUS, 1981, p. 85)

Saint-Hilaire, na mesma época, revelava que essas abelhas "produzem um mel muito límpido e isento desse travo desagradável que tem o da Europa. Considera-se esse mel como medicinal, e se vende a quatro patacas (8fr.) três garrafas" (SAINT-HILAIRE, 1975a, p. 332). O uso medicinal do "mel de páo" já era apontado, em Minas Gerais, por Luis Gomes Ferreyra, em seu *Erário mineral*, de 1735, como "grande remedio para curar obstrucções" (FERREYRA, 1997, p. 525). Francisco Antônio de Sampaio também incluía, em 1789, as abelhas "oruçú" e "gitai" na sua *História dos reinos vegetal, animal e mineral pertencente à medicina* (SAMPAIO, 1971). Os depoimentos colhidos durante a Pesquisa de Campo, apresentaram, da mesma forma, para várias espécies de abelha encontradas no Cerrado Mineiro, o aproveitamento do mel e da cera, inclusive para fins medicinais, como pode ser visto no QUADRO 14, *Características, habitação, usos e manejos de várias espécies de abelha citadas na pesquisa de campo*, também apresentado no ANEXO.

Embora não seja incomum a venda de mel, principalmente de europa e jataí, extraído no cerrado da região, essa atividade não surgiu como significativa nas áreas da Pesquisa de Campo: "Quando vende... vende o mel, assim, apanha aqui pra vender, é o povo de fora, o povo do lugar mesmo, não vende, não" (Noroeste). A maioria coleta o mel e a cera para o próprio consumo e a exemplo do que relata Saint-Hilaire, para o início do século XIX, num trecho já reproduzido no Capítulo 5 do Volume I, um dos entrevistados revelou que o mel e os produtos do leite eram um ótimo socorro para quando iam campear o gado:

> Mas no tempo que eu era empregado, a gente saía cedo, aí, fazia requeijão, né... Toda vida, eu gostei de um facão, tirava um pedacinho de requeijão desses, assim, punha dentro de uma lata, lata de soda, caía fora, ia campear. Às vez, passava da hora de vim almoçar, achava um jataí, metia o facão no pé do pau assim se fosse um pau fino, cortava em cima, assim... embaixo, assim, no pé dele, em cima, assim e puxava, ele vinha. Quando ele quebrava, descobria aquele mel, você pegava aquele mel, tirava aquele requeijão de dentro daquela lata, enchia aquela lata de mel, o resto do mel que sobrasse, você comia com aquele requeijão e assim, passava o dia. (Noroeste)

James W. Wells, viajando pelo Sertão Mineiro, no final do século XIX, se admirava dessa capacidade dos seus habitantes em localizar os ninhos dessas abelhas do Cerrado:

> [...] raramente se passava um dia em que não encontrássemos uma colméia de abelha manda-saia. É realmente incrível como os homens a descobriam; acredito que eu poderia passar uma semana na floresta sem descobrir uma colméia. Isto se faz observando uma abelha quando ela rodeia um tronco aparentemente sem propósito ostensivo; de repente, ela desaparece, e um olho

habituado pode distinguir um buraquinho no tronco do tamanho de uma ervilha, e batendo no tronco ver-se-á que ele é oco na vizinhança do buraco. (WELLS, 1995, p. 136)

Os entrevistados também apontaram outros sinais indicadores da presença destes ninhos de outras espécies, capazes de facilitar a sua localização pelos "abelheiros":

O pau-terra... o pau-terra, ele era mais jataizeiro. Vai no cerrado aqui assim, tem uma mancha que tem mais pau-terra... o pau-terra, aqueles mais ocado, assim... tinha uns até que era... abelheiro, né, Compadre? De longe: aquele ali tem um jataí. (risos) Ia lá e tinha mesmo. (risos) [...] O borá faz... ele fica mais é no alto, né... [...] Dá mais alto, fica mais na galha do pau, de longe, você via... marmelada, né, você via o pau breado, aí é... ali tem um borá, um... era mais fácil de ver. [...] O cerrado antigo, né, era cheio de cupim pregado nos pau, aí, as pessoa ia andando assim, via o cupim lá... (risos) E aí: ali tem uma cupinheira! Ah, não tem, não! tem pode ir lá que tem. Aí, ia lá... a pessoa conhecia que a cupinheira ela dá um meio formigueirozinho, assim, por baixo do cupim, né, a pessoa que tá mais treinada, assim, de longe, ele via um cupim, igual tá a cabaça, assim, ou mais longe um tiquinho, aí, pode ir. Aí, chegava lá, tinha mesmo. (Noroeste)

Uma outra forma de se ter acesso aos produtos apícolas era capturar o enxame, transportando a colméia para uma cabaça (foto p. 307) ou uma caixeta, tarefa que também exige uma série de conhecimentos, pois não é fácil conseguir reter as abelhas e, em geral, poucas são as espécies em que esse tipo de criação é tentado e obtido sucesso: "A mandaçaia, que é aquela abelhinha pretinha, da bundinha rajada, a mandaçaia, nós já criemo dela também. [...] Que eu lembro, foi só essas três que nós já peguemo elas, jataí, oropa e essa mandaçaia" (Norte). Saint-Hilaire já observava, no século XIX, tentativas de domesticar os *meliponíneos*, em Minas Gerais, mas alertava que "nem todas as espécies de abelhas são suscetíveis de se criar perto de casa; a maioria abandona a habitação quando são transportadas, e não há senão umas três espécies que se acostumavam a essa forma de domesticidade" (SAINT-HILAIRE, 1975a, p. 333)[18].

O quadro acima mencionado mostra alguns tipos de manejo empregados na captura e conservação dos enxames, especialmente da jataí, cujo mel é considerado, por alguns entrevistados, como o mais gostoso e destacado pelas suas propriedades medicinais. Cada abelha produz um mel com um sabor diferente e é parte do

---

[18] Francisco Antônio de Sampaio, certamente se referindo a observações feitas em Vila da Cachoeira/Bahia, onde residiu por vários anos, relatava, em 1789, que tanto o jataí como o uruçu "domestica-se, e conserva-se em caixoens de madeira pendurados por cordas no exterior das casas com abrigos das têlhas" (SAMPAIO, 1971, p. 79). Sérgio Buarque de Holanda se interroga sobre a origem dessa prática e conclui que: "A atrofia do aguilhão nos *meliponídeos*, a capacidade de observação da vida animal, que costumam demonstrar nossos índios, a importância considerável do mel em seu regime alimentar, tudo isso justificaria a presença entre eles de alguma forma de apicultura, embora primitiva ou tosca" (HOLANDA, 1975, p. 51).

conhecimento apícola do sertanejo saber identificá-lo, como foi comentado em um dos depoimentos colhidos, acerca do produzido pelo borá: "Dois sabor no mel aí, dois paladar, como diz a turma: ela é doce e, ao mesmo tempo, você sente o azedinho dele" (Norte). Spix e Martius já alertavam sobre algumas particularidades desse produto não só de acordo com a espécie, mas também a partir da época do ano no qual é colhido:

> Muito diversas são, por outro lado, as espécies de mel, e algumas são verdadeiros venenos, como, por exemplo, o mel verde, violentamente purgativo, da mumbubinha. Observam os sertanejos, aliás, que o mel de uma só e mesma espécie de abelhas pode ser, em épocas diversas, nocivo ou inofensivo, conforme a florescência de certas plantas. (SPIX; MARTIUS, 1981, p. 85)

Uma espécie nativa, caracterizada por estes dois naturalistas como "que muito enxameia", tem o curioso nome de "vamos-embora". Assim como outras espécies levantadas por eles no início do século XIX, essa também foi mencionada, a primeira vez durante a Pesquisa de Campo, no Triângulo Mineiro, associada a efeitos estranhos provocados pelo seu mel:

> Ela faz mel, pode comer o mel, mas se for sair assim, não pode falar vamo embora, não, se não, vira um enchulim, que só vendo! Ela vira purgante, na mesma hora! Rapidinho. [...] O mel é um melzinho ralinho, doce, mas faz mal, não pode... quando for embora há de ir caladinho, não vai falar vamo embora, não. [...] A gente comia mel dela quando era menino, mas sem saber que essas abelha é porca demais [...]. Bicheira, tudo, elas fica chupando, né, na bicheira de criação, essa abelha é muito porca. (Triângulo)

Procurou-se, assim, investigar se ela era conhecida em outras regiões e obteve-se outras versões para explicar o seu nome e para os efeitos do seu mel:

> Aquilo... aqui, ninguém vai comer mel dela, não! [...] Diz que era ruim, se comesse, saía calado, se chamasse pra ir embora, diz que dava lançadeira[19]! (risada) Tem um bando que achava ela, mas não comia, não, não importava de furar, não, a tal vamos-embora! (risada). (Norte)

> Chama vamos-embora é por isso. A vamos-embora, acabou de desarranchar ela tem que ir embora, porque ela não dá sossego, que desarranchou ela tem que sair na hora, ela invade a pessoa mesmo, tem que ir embora, que ela é brava mesmo! (Jequitinhonha)

> Aquela, se falar que vai embora, a gente perde o caminho. (risada) Ê rapaz! Você tá brincando comigo, é? Se você falar: ô, vamos-embora, você perde o caminho de ir embora, eles falava isso. (Noroeste)

Essa última explicação também foi apresentada no Norte de Minas e por Irineu Fabichak, para quem, "o mel dessa espécie, segundo se diz, é tóxico" (FABICHAK, [s. d.]

---

[19] "Lançar", na fala sertaneja, é o mesmo que vomitar.

p. 52). No entanto, nestas duas regiões, a "vamos-embora" é identificada com outros nomes" – "sete-portas" ou "iratim"[20]:

> O iratim, se o senhor tiver mais um companheiro e furar ele, cabar de comer o mel e se dizer assim: vamo embora, companheiro? O outro disser: vamo, o senhor perde! Aí, o senhor perde no mato, dá que fazer pra acertar com a casa. O senhor tem que acabar de comer, acabar de furar ele e acabar de comer o mel e sair devagarzinho sem dizer nada a ninguém! [...] Aratim é danado, o bicho é cheio de ciência. (Norte)

> Se for essa que fala vamos-embora, porque muita gente conhece ela dum tipo, outros conhece... eu conheço ela por sete-porta, outros já conhece vamos-embora. (Noroeste)

Esse entrevistado também esclareceu a razão da toxidade do seu mel, como uma forma de defesa, percebida alguma ameaça com a ação de inimigos no tubo de cera, de cerca de 15 centímetros, que constroem na entrada de suas colméias (as "sete portas"):

> Ela se mexer na porta dela, ela mistura o mel todo com a samora, fica tudo misturado e não falando o nome dela, não mistura com nada, fura ela, tira o mel e vai embora. [...] Dentro daquela cera tem uma samorinha branca, dentro, a bicha é a samora, que tem dentro e ela mistura aquilo com mel. [...] Fica um mel grosso, esquisito, variado. [...] Todas abelha tem o samora, todas abelha, tanto faz o jataí, como o borá-manso, como a marmelada, como a oropa, tudo eles tem. [...] É dentro do favo, quer dizer que aqui é o favo, a samora tá aqui de parelha com ela, tanto que você tirava o mel separado da samora, ela não faz o mel dentro da samora, não; a samora dela é separada do mel, todas elas. [...] Tá na frente, ou costuma ser ou em cima ou embaixo. (Noroeste)

Os nomes "sete-portas" e "iratim" são desconhecidos dos entrevistados do Triângulo Mineiro, que primeiro se referiram à "vamos-embora", mas como eles mencionaram para esta, Irineu Fabichak afirma em relação à primeira que o "mel dessa abelha não se presta, em virtude de visitar matérias em decomposição" (FABICHAK, [s. d.], p. 51)[21]. Warwick Kerr acrescenta mais uma informação interessante: a *Trigona hipogea*, não identificada por ele com nome popular, "coloca fezes nos potes mais externos do ninho. Quando o tatu tenta cavá-lo, o terrível cheiro de fezes faz com

---

[20] Donald Pierson, ao pesquisar sobre o mel silvestre em Passagem Grande, no Baixo São Francisco, também encontrou a "vamos-embora", mas identificada com outro nome: Ao se encontrar mel de abelha-limão, os moradores tomam cuidado, depois de bebê-lo no local, como se faz geralmente, de ir embora tranqüilamente, desde que, segundo disse um informante, "Se se comer e convidar a pessoa para ir embora, ela fica bêbada; por isso, coma e saia quieto e não fale nada." Devido a essa crença, a abelha-limão é também chamada de "come-e-não-vamo" (PIERSON, 1972, p. 373).

[21] Os depoimentos do Triângulo Mineiro, no que se referem à "vamos-embora", coincidem também com a identificação da cor preta apontada por Irineu Fabichak para a "sete-portas".

que ele desista do seu intento" (KERR *et al.*, 1996, p. 45). Esse fato é confirmado por aqueles entrevistados do Triângulo Mineiro: "É tanto que essa abelha, ela é esquisita, eu não como mel que elas faz, não, é que o mel dela tem um cheirinho ruim, né? (É que elas carrega bosta...)" (Triângulo). Assim, é possível que, na verdade, a "vamos-embora" não seja uma espécie particular, mas uma designação surgida para algumas abelhas semelhantes (*Trigona sp*) cujo sistema de defesa consiste em afastar, com um odor desagradável, aqueles que tentam "furar" seu ninho, restando-lhes dizer: "vamos embora". Ou, se chegam a ingerir seu mel, provavelmente, já misturado com o conteúdo dos seus potes externos, começam a sentir seus efeitos tóxicos tão logo um deles também diga a mesma frase.

As abelhas nativas do Cerrado, ao contrário das importadas do Velho Mundo, não possuindo ferrão, tinham que engendrar mecanismos de defesa para evitar o ataque de predadores. Kerr *et al.* (1996) apresenta uma grande variedade deles, muitos dos quais também relacionados à construção dos ninhos, certamente associados ao fato de várias espécies ocorrerem, principalmente, em ambientes aberto daquele bioma. Os entrevistados apontam que o "cerrado" ou "gerais" era o ambiente onde predominavam as abelhas, só algumas espécies eram encontradas nas áreas de vegetação mais densa, conhecidas por "terras de cultura" ou "mata":

> Na cultura... eu não... tinha o borá... depois que saiu oropa... (Noroeste)
>
> Abelha no gerais dá mais mel. Dá, dá... uma que aqui na mata é só uma oropinha, aqui, acolá, assim mesmo, com medo do povo, já arranchou tudo nas pedra. E quanto mais um lugar, que só cabe ela, aí que elas gosta, com medo do povo! Que o povo não deixa mais a bichinha quietar! (Norte)

A atenta observação dos sertanejos soube relacionar o período de floração no Cerrado como favorável para a coleta do mel, especialmente das suas abelhas nativas, porém, também tem constatado o seu enfraquecimento, resultando numa queda na produtividade dessa atividade extrativista:

> As abelha... quer dizer que no tempo... no tempo delas mesmo... quer dizer que tem os tempo que elas dá mel, tem os tempo que não dá. Que nem agora, mesmo... agora, mesmo, não tá dando mel. Então, o tempo delas, mesmo, é tempo de florzeiro, de pequi, essas coisa. [...] É do começo de... de outubro pra novembro. Aí fura abelha, que nem uruçu, mesmo, oropa... quer dizer que fura dá... tem vez, que dá cinco, seis litro de mel. Oropa, mesmo, muitas vez, aqui, já furei oropa, aí, que dava quinze, dezesseis litro de mel. Mas, de uns anos pra cá, voltou, não tá... pode ser no tempo, você fura qualquer uma abelha aí, ela não passa de dois, três litro, mais, não, tirando de oropa. Oropa, de vez em quando, acha uma de oito, dez litro, bem arranchada. [...] Jataí, também... jataí, de primeiro, furava jataí, que dava um litro de mel, hoje, fura três, quatro jataí, não dá uma garrafa. [...] As flozeira enfraqueou muito. [...] As flor que elas panha, as florzeira fraqueou, o senhor sente que enfraqueou. (Norte)

Saint-Hilaire já ressaltava que o "maior inimigo desses insetos tão inocentes e úteis é, sem dúvida, o homem" (SAINT-HILAIRE, 1975a, p. 333). Outros fatores também têm contribuído, segundo os depoimentos colhidos na Pesquisa de Campo, para uma diminuição de várias espécies de abelhas. No Triângulo Mineiro, onde o uso do Cerrado para a agropecuária foi mais expressivo nas últimas décadas, o desmatamento foi assinalado como responsável por essa diminuição: "Uai, tinha muito, tirava, hoje cabou. [...] É jataí, oropa, borá e mais... [...] Tinha isso, cabou os mato, cabou o cerrado..." (Triângulo). Algumas vezes, o próprio uso do fogo para afugentar as abelhas, durante a coleta do mel, também provoca a destruição da vegetação: "É um arraso nesse mundo velho! Nego vai furar oropa, lá não apaga direito, só vê faísca voar! Todo ano tem fogo aí nesse mundo!" (Norte). Se esses danos afetam esse tipo de atividade, maior ainda é o seu impacto sobre o extrativismo vegetal, aí incluindo a coleta de frutos, flores, plantas medicinais, madeira, etc.

Capítulo 4

Os pomos da discórdia

A exemplo da caça, os frutos do Cerrado são um dos recursos naturais de mais antigo uso, registrado no Volume I, seja entre os primitivos habitantes da região, os vários povos indígenas, os primeiros colonizadores de origem européia; seja pelo estudo que dela fizeram os naturalistas ou pela sua presença nas exposições do século XIX. Apesar dessa longa trajetória de aproveitamento, só recentemente, quando o bioma já vem sofrendo forte devastação, sua importância alimentar e econômica vem sendo estudada mais aprofundadamente, resultando em uma considerável bibliografia. Revendo esta produção científica, em grande parte fundada na longa tradição popular sobre o consumo de alimentos no Cerrado, contabilizou-se 65 espécies, cujos frutos e/ou palmitos são utilizados.

Esse rico potencial alimentar também se traduz em uma forte capacidade e variedade nutricional, presente, por exemplo, no pequi, conhecido como a "carne dos pobres" no Norte de Minas, que possui em 100 gramas de polpa 271,1 calorias (ALMEIDA; SILVA, 1995), além de conter as vitaminas A, B1, B2, B3, C, cobre, ferro, fósforo, magnésio, potássio e sódio (ALMEIDA et al., 1998). A amêndoa do baru se destaca tanto pela quantidade de calorias que apresenta, quanto pelo seu teor de proteínas, ácido linoléico, fósforo, magnésio, ferro e cálcio. O buriti sobressai pela presença de carotenos (pró-vitamina A), vitamina C, cálcio, ferro e ácido oléico. A farinha do jatobá é rica em calorias, cálcio e magnésio. A mangaba tem vitamina C, ácido oléico e ferro. Já no araticum, merece destaque a presença do ácido oléico (ALMEIDA; SILVA, 1995).

A Pesquisa de Campo, embora não tivesse o objetivo de realizar um amplo levantamento dos frutos do Cerrado, acabou por apresentar uma enorme diversidade deles (foto p. 308), variando de uma para outra área investigada as espécies mais utilizadas, seja pela sua ocorrência, seja pelos hábitos alimentares de sua população. O QUADRO 15 no ANEXO mostra os resultados, por área, das espécies mencionadas, espontaneamente, como fazendo parte das práticas alimentares atuais ou em passado recente. Portanto, a não-presença eventual de uma ou outra espécie nesta ou naquela região não deve ser tomada como sua ausência completa, mas apenas como um possível esquecimento, pois sua significação se dá mais pelo registro da presença de cada fruto, lembrado tanto pelo seu uso alimentar, como para outros fins.

A grande produção dos frutos do Cerrado se concentra nos meses do final e início de cada ano, marcado pelas chuvas na região:

> As fruta enfloraram foi agora a pouco. As fruta produz conforme o tempo, o verão, conforme a chuva. Então, d'agora em diante que vai produzir. Logo, logo tem o pequi, tem a panam... O pequi, agora esse mês que vem, mês de janeiro, fevereiro, é tempo do pequi e a panam no mês de março. Agora, tá tendo é muita mangaba, mangaba tem muita. Cagaita, mangaba, agora é tempo delas. [...] Quem come a cagaita muito, é o gado, gosta muito dela, é uma fruta que o gado come ela muito. Gabiroba também tem agora. Essas coisa são as primeiras fruta que produz, logo no começo da chuva. [...] Essas são agora, é época da safra delas. Jatobá também tem muito ainda... agora. Agora, as outras fruta vai ser mais de janeiro pra fevereiro. (Antônio de Fia – Jequitinhonha)

Desde remotas eras, esse período de frutificação tem uma grande importância para os sertanejos, pois ocorre em um momento do ano em que as roças já foram plantadas, mas ainda não chegou a hora de serem colhidas, não dispondo, muitas vezes, de outros recursos alimentares, nem financeiros para assegurar o abastecimento da família:

> E é um processo da natureza, porque na época de miséria, assim, nas água, é época mais difícil do povo, assim, tá todo mundo apertado com a roça, então, tem essas coisa de graça. [...] Na seca, antigamente, tinha a questão da moagem de cana, a produção de farinha, o povo tinha outras coisa pra tá comendo. Agora, entrou as água, o povo tava apertado com roça, quem não tinha dinheiro... aí a fome é mais braba mesmo, mais apertada, aí vem essas frutaiada. (Joel – Noroeste)

Uma exceção a essa concentração de frutos no período das águas é o jenipapo, que "não tem tempo", ou seja, produz o ano todo, motivando, desta forma, o surgimento de explicações populares para esse fato:

> O jenipapo é o seguinte: quando Deus andava no mundo, organizando as coisa, o demônio apareceu no meio pra atrapalhar. Aí ele falou assim, aí o demônio falou: moço, eu tou com fome. Ele falou: você não tem poder de comer nada meu. Aí ele olhou assim um pé de jenipapo, o trem tava que chegava que tá apinhado, já maduro, tudo madurinho, né. Falou: desse aqui que o povo tá deixando perder aí, não pode comer nem uma? Ele disse: ó, ainda vou lhe fazer uma boa pra você, o dia que você chegar aí que só tiver uma no pé, você pode comer. Aí toda vez que ele chega, tá cheio, porque ele quando caba de um lado, o outro... ele quando madurece um, tem flor, tem de vez e tem madura, aí como é que ele come? Ele dá direto, de janeiro a janeiro, então ele... essa hora ele passou batido, teve que morrer de fome, que jenipapo, quando ele começa a dar, não para mais nunca. (Anízio – Norte)

O jenipapo é um fruto típico dos ambientes florestais do Cerrado, no entanto, não é aí que se encontra a sua maior riqueza de alimentos, mas nas áreas de savana, como muito bem identificaram alguns entrevistados na Área Xakriabá, onde os dois tipos de ambiente são muito bem caracterizados:

> Pra gente de menos recurso, eu acho que o gerais é mais rico de que a mata. [...] Porque na mata, de frutas alimentícias, se existir muito é três. É só três que tem na mata, que a gente aproveita pra comer, fruta... Sem ser maracujá, porque maracujá-da-mata também dá. São: coco-gariroba, imbu, maracujá e pitomba, e goiaba, se plantar. E aqui, não, aqui tem o... tem o cajuzinho, tem aquele saputazinho que a gente come, se tiver no campo, capeando, se tiver com fome, dá pra comer e matar a fome... Tem coco-tucum, coco-vaqueiro, coco-andaiá, coco-raposa, tem o palmeirinha, também, vários gerais também tem. E depois disso vem a cabeça, grão-de-galo... [Cabeça que você fala é o que?] Panam... e é boa, ela dá... e não é só pra comer, não, faz licor também. Jatobá... [...]. E tem mais outras coisa que a gente come aí do mato. Aquela perdizinha, a gente come, também. (Tem o jatobá, tem o ingá...) Tem aquela coisa, como é? Melancia da pralha, que dá no gerais, a gente come. [...] Umas redondinha que tem umas listinha. (Tem aquela que eu mostrei pra você que é a banana-de-soim...) Também a gente come. (Anízio e Bidá – Norte)

Tão rica variedade de recursos alimentares não deve ser tomada como sinônimo de sua intensa exploração com a realização de colheitas regulares de vários frutos, pois trata-se mais de uma disponibilidade oferecida pela natureza do que um amplo uso efetivo. É verdade que para as famílias mais pobres elas podem ser um recurso importante e que, como já foi assinalado, em momentos de seca e fome, há alimentos ofertados pela providência divina. Porém, tradicionalmente, o aproveitamento de algumas delas se dá quando não há outro recurso, como ocorre em viagens, nas caçadas, ou quando os vaqueiros estão campeando, conforme a passagem de Saint-Hilaire reproduzida no Capítulo 5 do Volume I e vários depoimentos da Pesquisa de Campo:

> O vaqueiro, praticamente, todas fruta do mato, ele usa, porque, a gente acontece de sair cinco hora da casa, o dia que você vai pegar uma vaca, caçar um bezerro, que tá atrás da mãe, você nem sabe se tá mamando, você não espera nem café, então, essas fruta do mato que é a merenda do vaqueiro. (Anízio – Norte)

Várias entrevistas também revelaram que são, muitas vezes, as crianças que se dispõem a ir coletar frutos no cerrado e que possuem melhores dentes para quebrar castanhas, ou uma digestão capaz de experimentar os mais diferentes sabores:

> Gravatá, isso é gravatá [...] Os menino mesmo, come a frutinha desse trem, pega muito no cerrado pra comer. (Aristeu – Noroeste)

> Tinha o articum, cheiroso, acho que a gente, não largava, mesmo. [...] É uma fruta muito ofensiva, que ela é danada pra fazer mal pra saúde, zangar o

intestino, mas é gostosa! Não tem um menino que deixa ela, de jeito nenhum!"
(Zé Diniz – Triângulo)

Para os mais jovens, a coleta das frutas era também uma desculpa para, em turma, ir passear, um programa para um domingo ou dia santo: "Pequi, o próprio coquinho, são essas fruta assim que tem mais... que tinha região que o pessoal mais apanhava. [...] Na época era como um dia de lazer. As moças... uma farra" (Tião – Noroeste). Hoje, além de outras opções de diversão, a população rural acaba por ter também acesso a outros tipos de alimento e abandonando, muitas vezes, a iniciativa de buscar frutos no cerrado:

> Acho que o povo tinha mais tempo pra essas coisa. [...] E não tinha influência de ir pra cidade comprar bolacha, comprar pão, ninguém mexia com isso. Por exemplo, precisava merendar, você tinha que buscar esses trem, um pequi... Não tinha essas coisada, assim, pão, bolacha, não tinha essas coisa assim. Se era pequi, você mesmo buscava, murici, ou mangaba, essas coisaiada, assim, muito era até necessidade. Porque tinha fartura por um lado, mas tinha misé-ria junto, então, era meio desse jeito. [...] O povo era mais chegado a coisa natural, não tinha... era difícil você ter dez real... o valor de dez real, mas se você tinha, Brasilândia, você tinha que ir de a pé. Hoje, não, você sai... [...] Então, no tempo que você ia lá comprar uma bolacha você ia ali pegar um pequi. (Tião – Noroeste)

Se não é possível afirmar que tudo que é tido como alimento é, efetivamente, consumido regularmente nos seus períodos de frutificação, se, hoje, esses recursos naturais não têm a mesma significação para muitas famílias e áreas pesquisadas, não se deve, por outro lado, subestimar a sua importância para as populações do Cerra-do. Uma das provas mais interessantes da relevância dessas fontes naturais de alimentos está no fato de que por diferentes formas elas são manejadas para se tornarem mais disponíveis para os seus admiradores. Um exemplo disso é a visível preservação de espécies frutíferas quando do desmatamento para se fazer pasta-gens, como é o caso, por exemplo, do pequi e da macaúba, cujos frutos também servem de alimento para o gado e outras criações.

Também é possível encontrar uma atitude semelhante na formação de alguns quintais, onde árvores frutíferas nativas não são cortadas, mas, ao contrário, são cuidadas e incorporadas ao pomar, formado por espécies exóticas ali plantadas.

> Você vai entrar no meu quintal, você vai ver como eu entendo o que é campo, o que é cultura. Meu negócio aqui, eu não gosto de matar pau, não. Se tiver uma galha torta lá, pra me atrapalhar eu passar, ou eu capinar, eu tiro a galha, mas a árvore eu deixo. Pertenceu coisa boa, você tem que ajuntar mais, não destruir. [...] Lá eu tenho coqueiro andalhá, tenho também o coco cabeçudo, coco raposa, coco tucum, aí mudando de coco, mandioca, feijão catador, eu sempre colho lá, cabeça de negro, pequizeiro e ervas medicinais, que lá tem alcanfor, lá no meu quintal. [...] Plantado, é só mandioca e feijão, o resto tudo

é nativo, é da natureza mesmo do terreno. [...] Deixei, procurei acerar todos pra defender a... de prejuízo, né, queimar, você queimar uma coisa que vai servir e é bonito, isso é loucura, sendo que tem jeito de defender, né, que tudo que nasce, ele quer viver... [...] Ali, quando chega menino ali, quer subir naquelas palha, eu digo: ó menino, se você comer aqui um caminhão de coco, eu fico lhe devendo favor, agora se você rasgar uma palha dessa, você é meu inimigo. (Anízio – Norte)

Esse manejo não se resume, porém, à preservação de espécies úteis, a própria presença humana contribui para alterar o ambiente e, voluntariamente ou não, acabam por introduzir nos quintais algumas árvores frutíferas. Visitando várias casas nas comunidades xakriabá inseridas na "mata", observei, em praticamente quase todos os quintais, pelo menos um pé de umbu. Outras vezes, em áreas já desmatadas, também notei essa árvore, mas não havia nenhum morador por perto, porém, logo descobria que ali já fora um quintal de uma casa, que havia sido desmanchada, ficando, porém, o umbuzeiro a marcar sua existência anterior. Interrogando sobre essa espécie, mais característica da Caatinga do que do Cerrado, obtive como esclarecimento:

O umbu é mais ao lado da mata, o umbu sempre é mais previsto ele mesmo na mata. Como bens lá onde eu moro tem ele assim muito na mata mesmo, no centro da mata. [...] Ele aparece mais perto das casas, porque... eu não sei o que é que tem assim que sempre na mata, aonde a gente faz a casa, logo aparece um pezinho de umbu. Inclusive ali mesmo, adonde eu moro, aqueles dois que tem lá, não foi plantado, não, todos dois ali... não tinha nada ali. [...] Apareceu aquele pezinho de imbu lá, peguei e conservei ele. [...] Não sei porque, não sei se é porque a gente traga de fora, chupa e joga a semente ali, o caroço... (Rosalvo – Norte)

Se em alguns casos ele surge acidentalmente, há também aqueles que procuram plantá-lo e assim dispor fruta perto de sua casa:

Lá em casa tem um pezão lá que eu plantei depois que eu cheguei pra aqui. No mês de agora... quando é esse mês agora, pode cortar uma galha, abrir um buraco... o senhor pode levar e plantar lá no terreno do senhor, agora em agosto. Pode tirar a galha e levar, chega lá, o senhor abre o buraco, põe lá e deixa lá. Acho que nem molha, nem nada... [...] Uns é nascido mesmo e outros é plantado, que nem lá em casa mesmo, eu plantei, tá lá, rodelão, que nem esse aí. [...] A fruta é boa demais, é bom, pra fazer doce... [...] Pra por no leite, aquilo é bom demais! Forte! Gostoso! (Domício – Norte)

Muitas espécies transplantadas não podem ser vistas como manejos motivados pelo desejo de vir a consumir a fruta, pois o seu crescimento é muito demorado, mas isso não impediu a sua realização, como se constatou com o plantio de buritis em duas áreas pesquisadas. Trazidos de lugares distantes, os cocos foram plantados na beira de córregos, cresceram e se multiplicaram, alterando o ambiente a ponto de mudar o nome da comunidade:

Lá chamava era Defunto, mas hoje é Buriti. [...] Lá tem pé de buriti que eu plantei. [...] Eu plantei três pé e um irmão meu de criação plantou dois. [...] [Antes não tinha buriti lá, não?] Tinha, não. [...] Eles veio do Galho Grande [município de Miravânia] [...] E aí meu padrinho, mais minha madrinha, botou eles pra amolecer dentro de uma cacimba, aí comia e ia jogando os caroço. Depois eles nasceu tudo dentro da cacimba. Eu era pequeninha, desse tamaninho. Então, meu padrinho, plantou o feijão e daí ele disse: agora, eu vou plantar umas cova de mandioca, aqui dentro. [...] E aí, a cacimba tá cheia de buriti, nós largou cá e correu lá, ranquemo aqueles pezinho do buriti, eu disse: ô seu padrinho, é bonitinho, eu vou plantar. [...] E aí meu padrinho saiu na beira do rego, abrindo as covinha. [...] Gente fala que quem planta não come, eu já comi daqueles pé de buriti, já. [...] [E tá espalhando, né?] Já tem muito. (Brasilina – Norte)

Fato semelhante aconteceu em outra área pesquisada, onde o buriti não era usado como alimento, mas tinha uma função religiosa, que acabou motivando seu plantio:

O buriti, esse foi plantado, foi o meu irmão, o João, ele era muito religioso, então, ele vinha... tinha aquela história, é tem o Domingo de Ramo, de benzer as palha benta. Então, ia lá... lá no Bagaço buscar, então, ele achou o coco, falou: eu vou plantar isso aqui. Porque esse Domingo de Ramo, é o seguinte: pega aquele broto lá, ó, corta ele, espinica, tudo assim. Agora, entrega uma palha dessa cada pessoa e faz a Procissão de Ramo, não é isso? Então, agora, no caso de uma chuva brava, envêm, a gente pega um pedacinho dessa folha, ó, não precisa ser ela toda, joga lá na fornalha, aquela fumacinha, então, acalma... dela queimar, acalma a tempestade. Agora, outras pessoa usa pegar um pedacinho dessa palha, marra no pé de milho, é pro vento não derrubar... não estragar a roça de milho, porque uma ventania, pega uma roça de milho, derruba uma roça de milho, vocês já viram? Então, essa palha evita isso, é a nossa crença. [...] Foi ele quem plantou, deve ter de 20 ano pra lá. (Zé Diniz – Triângulo)

Seja com uma finalidade ou com outra, o sertanejo introduz, próximo à sua casa ou nos arredores, as plantas consideradas úteis e, a partir daí, inicia um processo de "domesticação" da espécie, pois ela passa a ser transplantada por vizinhos, ou pela própria pessoa quando se muda. É o caso do depoimento abaixo, de um antigo vaqueiro da Fazenda Buriti, que depois de haver se mudado de lá trouxe para sua casa mudas de um coqueiro transplantado:

Eu trouxe essas duas mudinha lá do Buriti, né... [Muda de...?] De coco... coco-gariroba, aí, plantei elas aí. Elas cresceu, né, tá aí, não sei se... acho que agora, não morre mais, não. [Do Buriti, lá da...?] Da sede velha, lá tinha bastante. [...] [Isso tem no mato também, não tem?] Tem, tem no mato, até lá, veio foi do mato, aí do pé da serra, trouxe o coco e plantou. Tem lugar que é nativo, né, aí nesses pé de serra aí, é nativo. (Antônio Ferreira – Noroeste)

É possível que a tradição de transplantar essa palmeira, conhecida antes pelo nome científico de *Cocos oleracea*, hoje designada como *Syagrus oleracea*, seja muito antiga. O naturalista francês Francis de la Porte Castelnau (1812-1880), percorrendo, em 1844, o Alto São Francisco, na região do Rio Indaiá, fez a seguinte observação sobre as palmeiras: "desde a entrada nos campos, até a vizinhança de Sabará, não encontrei uma só em estado selvagem. O *Cocos oleracea*, quando aparecia, era sempre na vizinhança das habitações, onde certamente fora plantado" (CASTELNAU, 2000, p. 120).

Segundo outros entrevistados da mesma comunidade no Noroeste de Minas, é um costume antigo o consumo do palmito-amargo[1], como é também conhecido o coqueiro-guariroba, gariroba, ou gueroba, mas são poucos aqueles que o plantam, fazendo-o mais com finalidades decorativas:

> Aqui, não tem tradição de plantar, não. O pessoal usa mais nativo.[...] Usar, o pessoal usa muito, não usa mais porque tá acabando, quase não tem mais. [Nunca plantou?] Um ali, outro aqui, mas plantar assim... (Aqui quando planta é... quando planta demais é umas mudinha aí nas porta pra... acha bonito, né.) Acha bonito, pra enfeite. Agora, Unaí tem plantio de gariroba. [...] A cultura do povo com gariroba é seguinte: só na Semana Santa. [...] Tradição de comer coisa amarga e tal. [...] Panha só mais nessa época, passou, não liga muito, não. [...] Todo ano o povo subia, mas na Semana Santa, tirava muito. (Joel e Tião – Noroeste)

Antes, esse extrativismo chegava a ter fins comerciais, mas, hoje, além de ser menos encontrado, enfrenta a fiscalização da Polícia Florestal e a proibição de alguns fazendeiros, em cujas terras ele era tirado:

> (Na Semana Santa, mesmo, levava pra cidade pra vender, era muito procurado.) [...] Aqui mesmo, tem uns fazendeiro que não gosta que você tira de jeito nenhum. [...] Porque, geralmente, tá muito pouco, você quase não tem, eles não deixa tirar. Aquilo é uma árvore, você cortou ela acabou, ela não brota. [Mas hoje não tem mais essa venda na Semana Santa?] É mais difícil, mas se levar ainda vende, só que não é... é difícil, que tem gente que tá lá e não tem nem capacidade de vim no mato tirar. [...] E pra levar também, não pode tá levando de qualquer maneira, que eles tão pegando... (Vamo supor, se você vai levar dez gariroba quase não compensa, o sacrifício que você faz pra encarar essa serra e tal...) [Quanto será que vale uma cabeça?] [...] Ano passado, lá na Brasilândia mesmo, vi caboclo vendendo até de oito reais, a cabeça, cinco... (Agora, em João

---

[1] Além do palmito, chamado de "cabeça", de largo consumo em Goiás, onde é usado em uma variedade de pratos típicos, também pode ser aproveitado o fruto: "Nós partia a castanha dela pra fazer era doce, na beira do Rio Preto, do gariroba. A castanha dela é facinho de partir, com qualquer uma pedrinha, assim, você bateu assim, ele quebra, castanha maciinha. [...] Ih, o doce é uma beleza, torra ela e soca. [...] Faz o mel, pode fazer o doce, fazer paçoca, né." (Alberto – Noroeste)

Pinheiro, tem um cara que tem direto pra vender, não sei se é plantio, só pode ser plantio, tem direto, muita!) (Tião e Joel – Noroeste)

Se na região Noroeste o plantio desta palmeira está ainda começando, em outra área pesquisada, no Triângulo Mineiro, ele se constitui em uma tradição, passada de pai para filho, há algumas gerações e é, hoje, uma lavoura comercial entre os camponeses (foto p. 309):

> Desde os meus avós, bisavós, já tinha planta da gueroba. [...] Antigamente, mais era pro gasto, porque antigamente, não usava vender trem, a cidade de Monte Carmelo era muito pequena. Levar pra Uberaba, ele não levava que é muito longe e ela nessa época era bem desabitada, tempo do meu avô, meu bisavô, por volta de 1900, até 1930, não tinha... não existia esse tal de desenvolvimento. [...] [Você tem uma base de quanto você plantou aqui?] Mais ou menos umas sete mil cova. [...] [Já tem tempo que você planta ela aqui?] Tem, já tem 10 anos. [...] Todo ano vende, todo ano planta durante esses 10 anos. Ao passo que você vai colhendo, nas vagas você pode ver que a gente planta... colhe um e planta outro. [...] Ela dá direto, agora essa época, meado de agosto, setembro, outubro, a seca estrova, dificulta elas crescer, aí, fica um pouco parado, mas mesmo assim, você corta algumas cabeças aí. [Você vende em Monte Carmelo?] É em Monte Carmelo, às vezes, o pessoal busca pra feira, vem aqui. (Pedro – Triângulo)

Ali, esta palmeira não é considerada nativa e sua presença, como foi visto com o umbu em relação aos xakriabá, está associada aos quintais das casas rurais:

> No mato também existe, às vezes o bicho carrega ela, né, lá ela fica. [Ela não é nativa?] Ela não é nativa, ou talvez é. Nas tapera velha dos nossos antepassado aí, às vezes, não mora ninguém, tá lá as gueroba. [...] Por exemplo, um vizinho da gente, muitos anos, ele mudou, ficou a casa, tapera, que nós chama, aí tá lá a gueroba dando coco. (Pedro – Triângulo)

Segundo o presidente do Sindicato dos Trabalhadores Rurais de Monte Carmelo, é justamente na área pesquisada onde essa cultura é tradicionalmente desenvolvida neste município:

> É muito rara, o plantio deveria ser mais, porque a gueroba é muito sadia. E é ali na Laginha mesmo que... eu acho que ali na Laginha... aqui no município, a Laginha é o município que mais planta gueroba. [...] Esse pessoal tem essa... planta gueroba, acho que os avôs deles que começaram a plantar gueroba e toda a semana, eles... desde aquele tempo que fazia fileira de companheiros lá da roça, todo mundo fechava a casinha, vinha rezar uma missa, no domingo, é... duas, três gariroba na cacunda, ou dele ou do cavalo, do animal, isso é uma tradição deles. (Osmar – Triângulo)

As famílias dessa área já dominam as técnicas de cultivo e o seu comércio, que ao contrário do Noroeste, não se concentra em uma determinada época do ano, porém os preços ali são bem menores:

> Eu vendo é por cabeça. [Uma cabeça dá que cumprimento?] Daria o que? Dois metro e meio, dois metro. [...] Dá dois quilo, um quilo e cinqüenta, ela não tem... o tamanho da cabeça é o peso, umas fica mais viçosa, outras, menos viçosa. Ela não dá padrão, ela não fica igual. [Mas você vende tudo por um preço só?] É, tudo de um preço só. [Quanto é a cabeça?] Três reais. (Pedro – Triângulo)

Ali, a produção deste palmito, por ser cultivada e não fruto do extrativismo, não sofre de escassez, como no Noroeste, devido a sua exploração intensiva, e a proibição da coleta pelos proprietários de fazendas onde ocorrem, no entanto, também é restringida por ação dos órgãos ambientais. O Instituto Estadual de Florestas – IEF considera-a como um produto florestal e realiza a cobrança de uma taxa a ser paga pelos produtores, que se queixam que o valor estipulado inviabiliza a atividade:

> Agora, ultimamente, o pessoal da feira não tá buscando devido que o Florestal, o IEF estipulou aí que... falou assim que pro pessoal vender gueroba aí, em Monte Carmelo aí, tinha que fazer inscrição: cento e vinte real, validade de um ano. Nós achou caro, deu uma paralisada. Agora, ultimamente, de uma semana pra cá, já... é pro pessoal ir lá fazer inscrição, até janeiro, paga sete real. Janeiro em diante se quiser continuar vendendo gueroba, quando for lá revalidar, já vai pagar setenta reais, segundo a informação que eu tou sabendo. [...] Eles alegam que nós vende... talvez, nós vendeu gueroba clandestino, eu não sei o que significa a palavra clandestinidade. É o que eles alega. [...] [Quantas pessoas que vendem gueroba?] De um ano pra cá, o pessoal quase que praticamente, não tão vendendo gueroba, devido... não quiseram fazer essa inscrição no IEF. [...] Que vendia antes, talvez uns quinze, vinte pequenos produtores. (Pedro – Triângulo)

Esses ainda enfrentam um outro problema: a concorrência do produto trazido pelos comerciantes de Monte Carmelo da CEASA de Uberlândia, considerado, por eles, de melhor qualidade:

> Nas mercearia, também, o pessoal prefere buscar de Uberlândia do que pegar da gente, pequeno produtor, tem mais isso. Pra eles já chega de Uberlândia, talvez pelo mesmo preço, mas é aquela mania, gueroba melhor é de Uberlândia, melhor do que a nossa. [Por que que é melhor a de lá?] Eu não sei, é o tal... não sei o que que esse pessoal acha, da cidade... A banana, se pegar a banana de Uberlândia é melhor do que essas que nós leva pra vender lá. Principalmente a Jequijóia, Minibox, essas mercearia mais do centro de Monte Carmelo. [...] Bato de porta em porta nas casa dos amigo, tenho muita amizade em Monte Carmelo, eles me compra elas. [...] [Quando você vai leva que tanto?] A gente leva aí dez cabeças. Dentro das águas, dez cabeças por semana, agora no tempo da seca, igual agora, é mais pouca, às vezes, vai levar dez cabeças de mês em mês. (Pedro – Triângulo)

Essa alegação dos comerciantes locais sobre a qualidade superior do produto trazido de Uberlândia também ocorre com outra espécie do Cerrado, igualmente encontrada em Monte Carmelo: o pequi. Os proprietários de "sacolões" dessa cidade, entrevistados durante a Pesquisa de Campo, porém, reconheçeram que havia também a venda deste produto originário do próprio município:

> Nós busca no CEASA em Uberlândia. [...] Nós distribui dentro do Monte Carmelo. [...] Da região, nós não compra porque o pequi é miúdo, hoje, o povo... parece que o povo, hoje, come é com os olhos, se não for bonito, não compra. (risada) [O pessoal aqui da região vende também, não?] Sim, eu vejo, aqui, os rapazinho, eles panha no cerrado aqui, faz aqueles pacotinho, sai vendendo. Mas é coisa pouca, não é muita coisa, não, mas eu tenho visto aí na rua eles vendendo, da região mesmo. (Antônio Pereira – Triângulo)

Os comerciantes de hortaliças e frutas buscam, regularmente, suas mercadorias naquela central de abastecimento e, dessa forma, incluem na sua carga semanal, durante a safra do pequi, cerca de 30 caixas de 20 quilos deste fruto. O produto, comprado em Uberlândia, segundo aqueles entrevistados, procede de cidades do Norte de Goiás[2], iniciando sua comercialização em setembro, se estende até fevereiro, alcançando preços mais altos nesses dois meses. Do CEASA daquela cidade, ele é distribuído não só para vários municípios do Triângulo Mineiro, como para outros estados:

> Ali no CEASA vende muito pequi. Tem duas pessoa lá que eu vou te falar, viu, esses cara vende pequi! É segunda e quinta, caminhão lotado, um com um caminhão, outro com outro. [...] Dois caminhão por semana... dois na segunda e dois na quinta. Você olha assim, você tem que chegar lá e encomendar o teu, se você deixar pra ir mais tarde, não acha mais nada, não, principalmente, no começo e agora, no começo e agora... [...] O povo leva pro estado de São Paulo, vem gente do Paraná buscar verdura, ele leva, quem tá voltando... levando pro Mato Grosso, também tem duas carreta que sai com verdura lá, também leva, o povo leva pra Ituiutaba, Capinópolis, tudo gente que vem pegar verdura ali, nós, por exemplo, aqui, nós trás, então vende bem. [...] Tá vendendo uma coisa, vende outra. [...] A margem dele é boa... a margem dele é boa, pra nós é. Eu acho que é ainda melhor pra quem vende pra lá, porque eles deve pagar uma mixaria.[...] Quem busca lá ainda acaba ganhando mais do que nós, que a mão-de-obra pra eles panhar lá é baratinho, né, eu acho que acaba ganhando mais do que nós. (Antônio Pereira – Triângulo)

Os comerciantes goianos, além de pagarem mal aos catadores, também colhem o fruto ainda verde, para que ele possa ser transportado a longas distâncias, procurando reduzir as perdas sempre verificadas nesse tipo de mercadoria, fato que, como se verá adiante, prejudica as safras futuras:

---

[2] Segundo dados do IBGE, Goiás é o segundo estado produtor de pequi, com 29,3% do total nacional, concentrando-se essa atividade no Vão do Paranã, situado no Nordeste Goiano, e em apenas 3 municípios Mambaí, Sítio D'Abadia e Damianópolis, que têm respectivamente 51,4 %, 26,4 % e 22,2% da produção estadual (IBGE, 1995).

Em cada caixa, você perde, mais ou menos, uns quinze a vinte caroço desse aí. [...] Ele apodrece. Ele madura bem rápido e se a gente não vende ele, aí perde. [...] É apanhado verde, é apanhado verde... madurou uns dez, doze, quinze no pé, pode caçar os outros que tá tudo de jeito, é apanhado verde. Se for deixar ele no pé, madurar no pé, ele abre lá e cai, é apanhado verde. (Antônio Pereira – Triângulo)

Essa comercialização do pequi goiano, adquirido através do CEASA de Uberlândia, segundo esses informantes, é recente, se iniciando a pouco mais de seis anos. Antes, conforme se verificou, principalmente entre os entrevistados de origem rural, não havia na região de Monte Carmelo a tradição de comer este fruto:

Pequi, dá mais no cerrado vermelho pra nós lá. Esse cerrado aqui é muito difícil encontrar pequi. [...] Quando era menino não comia, aqui, ninguém comia pequi. Os baiano, os mineir.. os goiano, que veio trazendo pequi pra cá, trazendo essa lenda do povo comer pequi. [...] Não comia, falava em comer pequi, o povo dava bronca. O povo veio do Goiás pra cá, ensinou o povo comer pequi. (João dos Reis – Triângulo)

Essa não é a realidade nas outras três áreas pesquisadas, onde este fruto é, tradicionalmente, parte dos hábitos alimentares da população e também incrementa a sua coleta com fins comerciais, embora, nenhuma delas se situasse entre os principais municípios de Minas Gerais, que, segundo o IBGE, é o estado com a maior produção nacional, correspondendo a 34,5% do total. Aí predomina o Norte de Minas com 98,8% do total estadual, onde se destacam 5 municípios, que somam 89,5% da produção mineira: Mirabela (28,3%), Lontra (23,6%), Varzelândia (15,3%), Jequitaí (13,1%) e Brasília de Minas (9,4%) (IBGE, 1995).

Na área investigada no Noroeste de Minas, o seu comércio é pequeno, pois é fácil sua obtenção, seja nas pequenas propriedades, seja nas fazendas, onde sua coleta ainda é permitida, mas parece haver uma tendência para o seu incremento, principalmente nos municípios vizinhos, já próximos do Rio São Francisco:

(João Pinheiro vende mais, Brasilândia é muito pouco.) Vender, vende, Brasilândia, geralmente, você vê, a rua ali é cheia de pé de pequi, o povo quase não compra. (Todo mundo que mora ali, mora ali, mas tem uma fazendinha, ou tem parente que tem ...) (Lá em Santa Fé, leva é de caminhão cheio pra Brasília.) Várzea da Palma também leva. [...] (Aqui na região o comércio dele tá aumentando, o povo de Brasília tá entrando muito com caminhãozão pra comprar) [...] Aqui perto de Pirapora, também, tem as fazenda lá que, o caboclo tava me contando que lá os cara é amigo dele, então, num liga pra aquilo, os fazendeiro deixa apanhar, né. Na época, os cara vem de Brasília buscar, diz que dá muito dinheiro. Aquilo pesa demais e rapidinho você apanha muito pequi. (Tião, Joel e Alberto – Noroeste)

Na Área Xakriabá, há um pequeno comércio entre os moradores do "gerais" e os da "mata", pois estes, embora tenham direito a também coletar o pequi e outros frutos, nas áreas próximas das casas dos primeiros, preferem comprar ou trocar com eles estes produtos:

> Aqui, na mata, quem mora aqui na mata, se quiser roer o pequi, no causo, não querendo perder o dia pra ir lá no gerais panhar, tem que comprar na mão do outro. [...] Os mesmo que mora lá. [Aonde que o povo apanhar mais pequi aqui, em qual aldeia?] Aqui, é Caatinguinha, é... Peruaçu, é... Pindaíba, Pedrinha, Riacho do Buriti, são os lugar mais... Riacho da Vargem... são os lugar mais previsto pra pequi... Forges... [...] Aquele que eles não vende pra gente roer, eles rapa pra fazer sabão, tirar a castanha pra comer a paçoca e tirar o óleo. Eles rapa o pequi, também, pra tirar o óleo. Então, aqui, pra gente comprar pra comer, não são todos que... Eles também não envolve muito, não porque pra fazer... cozinhar ele pra fazer o sabão e pegar a castanha, ele dá mais. Eles tira lá mesmo, lá mesmo, eles consome, às vez, manda pra gente um pouquinho, mas se quiser que manda, tem que comprar. (Rosalvo – Norte)

A venda fora da Reserva enfrenta problemas de transporte e de mercado, já que boa parte das cidades vizinhas está cercada de áreas de Cerrado, que já começam a ser exploradas por comerciantes da Bahia que vêm até as vizinhanças coletar este fruto:

> Porque Miravânia tem bastante gerais, da fruta que dá aqui, lá tem... até perto de Montalvânia, tem gerais. Pra cá, pro rumo de Vaca Preta, é um mundo velho de gerais, quase todas fruta que tem aqui, lá tem também. Estão, é um lugar, assim, que quase você vê pouca fruta. [...] (Agora, o povo de Miravânia vende bastante, porque lá tem linha de ônibus, leva pra Manga, vende muito). O povo de Miravânia vende bastante, inclusive que lá em Miravânia, sai o pessoal da Bahia, vem os caminhão comprar, certo? Vem comprar, tem vez, inclusive que eles entra até nas fazenda dos outro, baiano, pra poder vender pro pessoal da Bahia. [...] Caminhão, já veio até aí na divisa da Reserva, lá na placa, teve dia deles acampar aí, de um dia pra outro. [...] Eles contrata o povo de Miravânia, o povo de Miravânia vem, tira e leva. (Leva os do chão e de riba). (Bidá e Anízio – Norte)

Na área pesquisada no Jequitinhonha, também há um pequeno comércio deste fruto com destino a outro estado – Goiás, pois o pequi produzido ali não tem qualidade para competir no mercado de Montes Claros, principal cidade próxima, para onde converge toda a produção daqueles municípios do Norte de Minas, onde ela se concentra. Uma outra possibilidade de sua comercialização se situa em algumas cidades do Alto Jequitinhonha, localizadas na outra margem desse rio, como Capelinha e Turmalina, porém, trata-se de núcleos urbanos muito menores e com um mercado bem mais restrito.

> Em Montes Claro, o pequi, o meu irmão puxou, eles entregava lá... Lá o pequi daqui é... quase sem... ele não tem aceitação, é um pequi pequeno, né. Então, quem que pegava ele lá é uns cara de Goiás e outros de... São Paulo, que pegava o pequi daqui da região. Agora, de Montes Claro mesmo, pra vender

em Montes Claro, não vende o pequi daqui. [...] Capelinha também vende, mas já não tem muita saída igual Montes Claro, não.[...] O pequi já tem uns dois ano que começou a vender ele, aqui na região, agora, aqui pra baixo, ele já vende... já tem mais tempo eles tá vendendo. [...] Aqui pro lado de Itacambira. (Geraldo – Jequitinhonha)

Se o pequi desta área do Jequitinhonha não possui competitividade nestes mercados, o mesmo não se pode dizer da panam, também um fruto nativo do Cerrado, cuja coleta, segundo os entrevistados, é mais lucrativa: "Ah, eu acho que a panam dá mais que o pequi. [...] O pequi tem mais região que tem muito, né" (Geraldo – Jequitinhonha). Assim como o pequi, o comércio dessa fruta é recente na região e se dirige para os mesmos mercados:

Apareceu um povo de Capelinha... não, Turmalina, né, começou a comprar as panam aí e agora, teve saída, todo mundo... todo ano aí, nessa época, todo mundo faz um dinheirinho. [...] Essa época, foi de uns cinco ano para cá, que eles começaram a vender essa panam aí, não tinha saída, né. E aí, agora, a gente puxa pra... a gente puxa mais aqui pra Capelinha, Turmalina e Montes Claro, é a região que é vendável, pra outras região não vende panam. Minas Nova vende, mas é muito pouco, em Carbonita também vende, mas é muito pouco, também. [...] Lá em Montes Claro, a gente entrega ela pros travessador, né, entrega elas, aí, eles que vende na feira. Lá a feira... a gente não faz a feira em Montes Claro. [...] Em Capelinha, é a feira, em Carbonita, é a feira, em Minas Nova, é a feira. (Geraldo – Jequitinhonha)

As feiras, nas cidades do Jequitinhonha, são realizadas sempre aos sábados, enquanto as vendas em Montes Claros podem ser feitas nos outros dias da semana. Há entre esses dois mercados variações de preço, ligadas exatamente a essas diferenças na forma como se configura a comercialização da panam:

O preço é... vareia, sabe, vareia de tamanho delas, da qualidade da panam, né. Por exemplo, em Montes Claro, a gente entrega é... 70 centavo por panam, grande, pequena é duas por uma. [...] Isso aí é no início, quando vai... começa a safra apertar muito, aí, ele paga até a 40 centavo. Aí, quando tá acabando as panam de novo, aí, o preço torna a melhorar de novo. [...] Em Capelinha, vareia também, aí, você vende panam de um real, de um e cinqüenta, a panam grande... [Então, em Capelinha é melhor?] É melhor, na feira, mas... era melhor que ia menos carro, esse ano, eu nem puxei panam, porque deu carro demais. Aí, quando dá enxume de panam, aí, ninguém... tem que vender é barato. [...] Lá você já vende direto pro consumidor. (Geraldo – Jequitinhonha)

Cerca de 13 famílias vendem a produção da área nesses dois mercados, pois apenas esses moradores possuem transporte próprio: "tem dois caminhão, o meu irmão mesmo tá com caminhão e tem um menino lá no Machado que tem caminhão, o resto é tudo carro pequeno: opala, corcel e outros carro" (Geraldo – Jequitinhonha). Cada um desses carros pode levar até 300 frutos, sendo vendidos por essas famílias, semanalmente, segundo estimativas locais, cerca de duas mil para Capelinha e mais três mil para Montes Claros. A atividade, no entanto, movimenta um número maior de pessoas da área: "Eles panha aí mesmo, na chapada, perto da casa deles, ali perto do Machado [...] Encomenda aqueles vizinho pra apanhar, também. [...] Os pessoal tudo de lá... panha e vende pros que tem carro [...] O povo ali panhando panam faz é muito dinheiro com negócio de panam nessa época" (Valdemar – Jequitinhonha).

O crescimento deste extrativismo por várias comunidades dos municípios de Guaraciama, Itacambira, Botumirim e Grão Mogol valorizou o pequi e, principalmente, a panam, alterando o costume do seu uso para o consumo familiar:

> É, verde, no pé, levou tudo, não deixou nada, é tanto que o povo gostava de tirar gordura [do pequi], nem pra tirar gordura eles não tirou, que eles panhou tudo pra vender, vendia a três real a caixa. [...] Lá, agora, depois que esse povo deu de comprar panam e pequi aí, eles não deixe perder mais, não, todo ano eles vende. [...] Antigamente, não vendia, não, perdia tudo, não dava conta de aproveitar, perdia tudo lá no mato, panam, pequi... (Valdemar – Jequitinhonha)

Cada morador tem, por direito, a possibilidade de fazer a colheita dos pés que a natureza espalhou em sua propriedade. Assim, é por essa razão que os compradores locais, em geral, também pequenos proprietários rurais, além de colherem no seu terreno, também compram dos vizinhos:

> A gente também tem o cerrado, a gente panha, mas o cerrado da gente é pequeno, então só do da gente não tem como a gente carregar, né, é pequeno o cerrado. Então, se você pega de um cerrado e de outro... [...] Só panho no meu, mas aí, eu compro de outros pessoal que panha no terreno deles, né. [Cada um apanha só no seu, não apanha em outros terrenos...?] Não, muita gente aí panha no terreno dos outro. [E não dá problema isso, não?] Já tá dando, tá dando... já tá dando, tá dando muita conversa aí, é perigoso que talvez, do ano que vem em diante, o trem já não vai ficar assim, não. (Geraldo – Jequitinhonha)

Se a maioria apanha no seu próprio sítio, a valorização surgida com a crescente comercialização da panam trouxe novas formas de exploração da atividade, promovida por comerciantes de Goiás, que concorrem com os compradores locais.

> Eles arrenda o cerrado e panha. [...] [Você nunca arrendou, não?] Eu nunca arrendei. Então, no caso aí, eles arrenda por... você vai panhando as panam em quantidade, você vai pagando a porcentagem. [...] Acho que eles cobra é 20 %... Igual da panam verde é 20%, os cara vem, eles arrenda aí. [...] É o povo do lugar aqui que arrenda e panha panam pro povo de Goiás. [...] Eles teve pagando aí a 20 centavo por panam. Agora, esse ano, eles inventaram um negócio de uma caixeta lá e vem com as caixetona e talvez vai até... a panam sai essa base de 15 a 16 centavo e sendo que nós tava pagando a panam aqui, o pessoal, 25 a 30 centavo por panam. Você vê que é... pro povo é ruim, não é? Pra eles, se nós pegasse a panam deles era melhor do que se esse povo de

Goiás vinse e panhasse, que o preço nosso é melhor e outra que o dinheiro fica aqui na região. Eles leva essa panam pra o Goiás e o dinheiro não volta aqui mais. (Geraldo – Jequitinhonha)

A exemplo do que foi visto para o pequi, para levar essa fruta, por centenas de quilômetros, até Goiânia, ela precisa ser colhida ainda verde, o que não acontece com os compradores locais, pois seus mercados estão a apenas algumas horas de viagem. Estes se sentem prejudicados, pois perdem para os comerciantes goianos parte dos frutos da área que poderiam adquirir e protestam, não só pelo desperdício que esse tipo de colheita resulta, mas pelo que ele pode significar em termos de redução das safras futuras:

A gente tamo revoltado demais com essa panam aqui, o pessoal tá panhando a panam verde e vendeu... o pessoal de Goiás vem com os caminhão e compra panam verde. Então, eles manda o pessoal panhar aí, eles panham... às vez, 50% da panam serve pra eles e 50% não serve, então, aquela perdeu, aquela panam! Então, servia aquela panam... servia pra nós puxar ela aí mais uns quinze dia, a panam acaba de uma vez! [...] Se fosse madura, aí, não tinha problema, por exemplo, eu passava num pé de panam agora, achava uma panam que caiu. Às vezes, mais tarde, o senhor passava, o senhor achava panam. Então, eles vem panha as panam verde tudo, então, em vez de melhorar pra o lugar, piora pra o lugar! [E ela verde, ela não presta?] Não presta, o sabor dela não é o mesmo. [...] Três ano que eles tá vindo [...] Nós conversou com a Florestal, aí, eles falou que não pode mesmo panhar! [Dá algum problema, além de desperdiçar a fruta, apanhar ela verde?] É... é.. difícil saber que o pé que panha verde não seca a galha, então, é provável que prejudica a planta. (Geraldo – Jequitinhonha)

Apesar de terem vindo apenas duas vezes, com caminhões maiores, levaram para Goiás cerca de oito mil frutos de cada vez, correspondendo, efetivamente, à colheita de duas semanas destinadas aos mercados próximos. A presença, ali, desses comerciantes goianos está baseada em contatos mantidos com moradores da área, responsáveis por avisá-los do início da safra e de realizar as providências necessárias para conseguir um volume de panam suficiente para completar uma carga. Esses moradores entram em conflito com os compradores locais, dividindo as comunidades em torno da disputa desse recurso natural, havendo, inclusive a ameaça de recorrer à Polícia Florestal para impedir os danos ambientais causados pela coleta de frutos ainda verdes.

Esse fato também tem sido usado como desculpa pelos fazendeiros da região para impedir a entrada de coletores em suas áreas, onde há grande quantidade de pés destas frutíferas do Cerrado, que, no entanto, não são explorados por eles, pois se dedicam a outras atividades como a pecuária e a produção de carvão:

Ali no terreno dos Proença, ali, deu foi muito panam, só que já perdeu tudo, ninguém panhou, que eles não deixou ninguém panhar, perdeu tudo lá no chão. Tinha pé que tinha vinte panam debaixo do pé, tudo perca, já. [Ele não deixou apanhar por que?] Acho que é porque o povo tava panhando as panam verde do pé, né, tem que panhar só do chão. Aí ele não deixou panhar, não. [...] [Mas antes o povo apanhava lá?] Não, panhava, não, só panhava pros outro... para cá, pro lado do Catarino, por ali, aqueles trecho ali. (Valdemar – Jequitinhonha)

As terras de vários ambientes da região com pouco ou nenhum uso agrícola (carrasco, caatinga, pantamo/brejo, capina/vargem e serra) eram usadas coletivamente para outras finalidades, entre elas o extrativismo. Recentemente, a aquisição dessas terras por novos proprietários, algumas delas com fortes indícios de serem devolutas, bem como, a valorização de alguns dos produtos ali coletados, tradicionalmente, apenas para o consumo doméstico, vêm restringindo o acesso, antes livre, dos moradores das vizinhanças a esses recursos naturais: "[Agora, tem muitas fazendas aí, que, às vezes, o cara nem mora aí, não importa de apanhar, não?] É, panha, mas quase todo mundo já tá... é que dá dinheiro, coisa que dá dinheiro, todo mundo anda atrás é dele" (Geraldo – Jequitinhonha).

Essa situação também começa a afetar a exploração de um outro recurso extrativista nessa área do Jequitinhonha, transformado em uma atividade econômica há bem mais tempo: a coleta de flores do tipo sempre-viva. Há entre essas atividades uma certa complementaridade, com algumas famílias envolvendo-se em ambas, dependendo da proximidade de suas moradias em relação aos ambientes onde é realizada a sua extração: os frutos no carrasco e as flores no brejo e na capina. Por outro lado, há uma certa coincidência entre o auge da coleta do pequi, em janeiro e fevereiro, e a de algumas espécies dessas flores, não acontecendo o mesmo entre elas e a panam: "A panam dá depois da sempre-viva. Porque a sempre-viva é de novembro a dezembro e a panam é de fevereiro e março" (Antônio de Fia – Jequitinhonha).

A coleta dessa fruta, por sua vez, também se encaixa no ciclo anual de tarefas agrícolas: "Quando termina a safra da panam, aí, já vem as colheita de arroz, que arroz agora, tá começando a colher, então, não atrapalha uma coisa com a outra" (Geraldo – Jequitinhonha). Assim, há nessa área investigada no Jequitinhonha, uma interessante complementaridade também entre as atividades agropecuárias e extrativistas, compondo uma estratégia particular de reprodução social, comum a várias famílias vizinhas. Neste aspecto, a coleta de flores, não encontrada em outras áreas onde foi desenvolvida a Pesquisa de Campo, embora, hoje, seja menos capaz de gerar renda do que a extração de frutos, merece uma análise detalhada, por ser uma atividade mais antiga, sobre a qual a população envolvida tem uma longa vivência de exploração desse recurso natural.

SEMPRE VIVAS?

O início dessa atividade na comunidade do Gigante foi em 1972, quando alguns coletores de flores de Diamantina, informados por moradores do distrito vizinho de Caçaratiba da sua ocorrência próxima, vieram explorar comercialmente esse recurso:

Teve um pessoal de Diamantina, que veio apanhar flor aqui, é que ensinou o pessoal da região como é que colhia a flor. Aí que o pessoal aprendeu a apanhar a flor foi com eles. Aí, depois disso, eles não veio porque não sobrou mais flor pra eles panhar, porque, quando eles chegava aqui, na época da panha da flor, o pessoal já tava apanhando. Eles não vieram mais, aí passou vim comprador de Diamantina, comprar na região aqui, que eles conhecia a flor aqui, já vinha comprador comprar. (Antônio de Fia – Jequitinhonha)

Segundo o estudo realizado pela equipe técnica da organização não-governamental Terra Brasilis, o "comércio de sempre-vivas começou em Diamantina, por volta de 1930, quando um comerciante, voltando de uma de suas caçadas, trouxe para casa um buquê de flores" (LARA *et al.*, 1999, p. 11). Um outro comerciante de São Paulo se interessou por elas, levando-as para sua casa, surgindo, a partir daí, pedidos, originando um comércio desse artigo que passou a ser até mesmo exportado, principalmente a partir dos anos 1970.

Um estudo, realizado em 1984, sobre importância econômica deste tipo de extrativismo, em Minas Gerais, apontou que a exportação passou a ser o grande destino dessa atividade. No período entre 1974 e 1986, os maiores importadores foram "os Estados Unidos da América, detendo mais de 50 % todos os anos, chegando até a mais de 70% em alguns deles, vindo depois a Itália, Japão e Alemanha Ocidental" (GIULIETTI *et al.*, 1988, p. 190). As exportações brasileiras, neste período, chegaram a representar mais de 3,6 milhões de dólares, em 1978, com um volume de mil toneladas embarcadas, atingido, porém, menos de um terço deste montante oito anos depois. O aproveitamento final dessas flores sempre provocou interrogações e suspeitas nas regiões produtoras:

> Nas guias de exportação expedidas pela Carteira do Comércio Exterior (CA-CEX), as sempre-vivas aparecem como um produto usado para fins ornamentais. Entretanto, em algumas regiões onde essas plantas ocorrem, há uma crença popular de que elas possam ser utilizadas como repelentes, principalmente porque nos depósitos onde são armazenadas não se encontra qualquer tipo de insetos. (GIULIETTI *et al.*, 1988, p. 182)

Muitas das áreas produtoras, como a Comunidade do Gigante e Diamantina, têm sua história ligada à mineração do ouro e do diamante, ocorrendo "nos campos rupestres dos altos da Cadeia do Espinhaço, em Minas Gerais e Bahia, nas Serras de Goiás e ainda nos cerrados do Planalto Central". As principais regiões produtoras mineiras estão em torno de "Ouro Preto; Serra do Cipó (Município de Santana do Riacho); Gouveia; Diamantina; Serra do Ambrósio (Município de Rio Vermelho); Chapada do Couto (Município de Felício dos Santos); Serra do Cabral (Município de Joaquim Felício) e Grão Mogol" (GIULIETTI *et al.*, 1988, p. 181 e 182).

A comunidade pesquisada se encontra na periferia desses principais polos de comercialização, de onde provêm os comerciantes que adquirem a produção no Gigante: "Aqui vem comprador de Buenópolis, vem de Bocaiúva, Diamantina, Joaquim

Felício... Gouveia. [...] A gente panha, colhe aquela flor, na época eles vem pra comprar" (Antônio de Fia – Jequitinhonha). Na vizinhança da comunidade, são vários os locais de coleta e se estendem por outras nos municípios de Botumirim e Itacambira:

> Panha no Córrego do Curral Velho, Vereda Grande, Córrego da Estiva, depois, lá no Gordura, Córrego do Areião, lá tem flor também. Aí já vai pro lado de Botumirim, perto de Folha Larga. [...] Já vai lá pro lado de... já na estrada pro lado de Botumirim, Rio do Peixe, perto de Botumirim, tem o Rio do Peixe. [...] E tem aqui, também, aqui perto de Itacambira, Congonha, que produz flor. Tem também Macaúba... a beira do Macaúba que produz muita flor. Vaca Morta, São Miguel, toda essa região produz muita flor. (Antônio de Fia – Jequitinhonha)

Considerando-se a Comunidade do Gigante e suas vizinhanças, os entrevistados calcularam mais de 50 famílias envolvidas na coleta de flores e vários deles destacaram a sua importância como fonte de renda na região:

> Muitos lugar que produz flor, lá o povo compra até criação com o dinheiro da flor. [...] Compra... muita mercadoria, alimento, roupa... (Fia – Jequitinhonha)
>
> Que a gente vê um dinheirinho mais fácil aqui é essas flor mesmo, que dá nesse tempo. (Zé Adão – Jequitinhonha)
>
> Porque a flor é uma fonte de renda que... (É um socorro de Deus pra o povo pobre) É só colher, não precisa ninguém plantar, não precisa carpir, é só colher. (Adão e Zulca – Jequitinhonha)
>
> E a flor tem uma coisa, porque a flor, qualquer menino panha flor e tem seu dinheirinho, vende e tem o dinheiro, pra comprar roupa, pra comprar mantimento, pra comprar qualquer coisa. (Antônio de Fia – Jequitinhonha)

A atividade, por ser considerada um serviço leve, pode envolver famílias inteiras na coleta e a proximidade das campinas, onde as flores ocorrem com as suas moradias, facilita para muitas se dedicarem apenas parte do seu dia a esse trabalho, combinado-o com outras obrigações rotineiras:

> Aqueles que mora perto, vai, panha e traz pra casa. Vai no correr do dia, almoça às vezes, vai panhar flor... [...] O pessoal que mora mais longe que panha aqui é o pessoal aqui de Carioca, que vem pra cá, que colhe a flor, às vezes, aqui... de uma distância aqui de cinco, seis quilômetro, o pessoal vem, já fica mais longe pra eles voltar... eles faz aí... acampa aí debaixo de uma pedra, ou que for, faz um galpãozinho, cobre com palha e acampa ali pra apanhar flor, faz a comida lá mesmo e vai colhendo a flor. (Antônio de Fia – Jequitinhonha)

Essa atividade extrativista inclui uma grande variedade de produtos ornamentais voltados para a decoração de interiores (fotos p. 310), onde se destacam as chamadas sempre-vivas, designação genérica para "escapos e inflorescências que conservam a aparência de estruturas vivas, mesmo depois de destacadas das plantas"

(GIULIETTI *et al*, 1988, p. 180). No estudo, já citado, sobre a importância econômica deste tipo de extrativismo, em Minas Gerais, foram levantadas "33 espécies de sempre-vivas, importantes comercialmente, na região de Diamantina" (GIULIETTI *et al*, 1988, p. 182). Utilizando-se apenas do nome popular para sua identificação, pois ele é partilhado, nas duas regiões, através dos compradores comuns, foram levantadas quais as espécies que são encontradas e comercializadas na Comunidade do Gigante, como pode ser visto no QUADRO 16 colocado no ANEXO.

Além dessas espécies em comum com a região de Diamantina, outras de sempre-viva também foram mencionadas nas entrevistas, bem como, vários artigos, igualmente comercializados com fins ornamentais, que poderiam ser incluídos na categoria mais ampla de "plantas secas". Procurou-se levantar toda a diversidade destes produtos já vendidos pelos moradores do Gigante, sua comercialização e o preço alcançado no ano de 1999, ou em anos recentes, bem como a época de coleta, conforme o QUADRO 17, também incluído no ANEXO.

Observa-se, neste quadro, uma grande diversidade de produtos, definidos, pelos moradores da comunidade pesquisada, dentro da categoria de "vendável", possibilitando uma variada gama de oportunidades de renda com o extrativismo vegetal. Nos anos em que a comercialização desses artigos foi mais intensa, era possível obter-se renda com a sua comercialização em boa parte do ano:

> Teve ano que vendeu todas essas coisa. [...] A sempre-viva começava em dezembro, janeiro, fevereiro, aí parava. Aí ia março, abril, começa essa outra aqui, essa cana-roxa. Aí, passava essa cana-roxa, abril, maio, agora, que ela termina agora, no mês de maio e junho, julho, já é o dourado, esses outros tipo de variedade, botão, essas coisa assim. [...] Ia até agosto. [...] O pereirão é mês de agosto. [...] Parava mês de agosto, ia começar outra vez em janeiro... dezembro, janeiro, com sempre-viva. [...] Aí, ia mexer com as roça. (Antônio de Fia – Jequitinhonha)

Cabe destacar que a maior parte destes artigos é coletada nos meses de junho a agosto, período em que o trabalho nas lavouras já se encerrou e ainda não se iniciou o período de preparação dos novos roçados. Mesmo a coleta da sempre-viva chapadeira, realizada em meio ao período águas, quando, tradicionalmente, os lavradores do Cerrado estão envolvidos nos seus cultivos anuais, é combinada com essa atividade e, também para várias famílias, com a "panha" do pequi e, principalmente, da panam, conforme já foi visto. O extrativismo, dessa forma, contribui com uma complementação de renda em um momento crítico das estratégias de reprodução dos moradores do Gigante: "Muitas vezes, o pessoal planta a roça e enquanto a roça chega o tempo de carpir, de cuidar da roça, eles vão apanhar flor. Apanha a flor pra... tirar a flor, já vende, serve pra recurso..." (Antônio de Fia – Jequitinhonha).

O grosso da atividade extrativista, assim, se concentra em dois períodos do ano: de junho a agosto, quando são colhidas as duas principais flores, o dourado e a saia-roxa, ("o preço deles é o melhor"); e de dezembro a fevereiro, período de produção da sempre-viva-chapadeira ou carrasqueira, também valorizada no mercado. A diferença do período de floração dessas principais espécies comercializadas está associada à ocorrência em ambientes distintos, embora próximos, entre elas: "Aonde produz a sempre-viva, não produz o dourado, não. A sempre-viva produz na chapada, o dourado produz em brejo, terreno molhado. [...] O dourado, o espetanariz, essa sedinha, jazida, tudo já é diferente... a produção deles e da sempre-viva" (Catarina – Jequitinhonha).

Essa diferença também se reflete no manejo com fogo, realizado na região tanto para a renovação das pastagens das capinas, quanto das flores de inverno ali coletadas, brotando tanto umas como as outras após as primeiras chuvas: "Ela queima, daqui uns dia, o capim tá grande outra vez, rapidinho. Aquilo ali queima ali, agora, o pasto vai criar outra vez, ela também já cria junto. [...] No lugar da flor mesmo, chovendo e queimando é que produz mais flor" (Antônio de Fia – Jequitinhonha). Se assim acontece com as flores "do brejo", o mesmo, no entanto, não ocorre com a sempre-viva:

> Sempre queima, na época de agosto, setembro, que o dourado, ele produz mês de julho... maio, junho até julho, aí ele sai muito boa quando queima. [Depois que colhe, queima?] É. [...] Dá uma queimadinha, ele produz bom pra daná. Já a sempre-viva, o ano que queima ela, ela vai produzir no outro ano. (Adão – Jequitinhonha)

As queimadas, nos últimos anos, quando a seca tem sido mais intensa, ao contrário, vêm contribuindo para uma diminuição da produção mesmo das flores de "terreno molhado":

> Esse ano, a safra de flor foi pequena, devido à seca do ano passado matou muita flor, porque essa flor, ela produz em banhado, naqueles lugar mais banhado, é onde ela produz mais. Com a falta de chuva, secou muito. [...] O povo queimaram muito as vargem com aquele sequeiro, matou a raiz da flor demais. (Adão – Jequitinhonha)

O próprio gado, pastando nas campinas, embora não se alimente das flores, contribui para a diminuição da produção: "Ultimamente, é uma coisa que está estragando a flor é, justamente, o gado. Porque o povo vai... a flor é daqueles lugar mais molhado. Com esses ano ruim de chuva, o povo vai e queima as campina, pra brotar, o gado, todo brotinho que sai, ele vai pisando, é o que tá acabando com a flor é o gado" (Adão – Jequitinhonha). Os entrevistados apontam que, em se tratando de plantas muito frágeis, a presença do gado se constitui em uma ameaça, prejudicando a atividade:

> Aonde que os animais deita, às vezes deita num lugar que ela... naquela saia da moita dela mesmo, onde é que ela produz, a raiz dela é muito sensível, a criação deita, ranca o... anda... Aquela raiz da sempre-viva é muito... viche, é

tão rasinha, que você nem imagina, é sensível demais. [...] [E essa urina do gado ela atrapalha mesmo ou não?[3]] Atrapalha. Mata mesmo. (Catarina – Jequitinhonha)

Crescendo em terreno arenoso, as raízes não são capazes de fixar as plantas de forma suficiente para resistir quando são puxadas, inabilmente, no momento da coleta: "Quando puxa ligeiro demais, ela pega e ranca... arranca o pé dela, a raiz dela. Pegando devagarzinho, assim, ela não ranca, não" (Valdemar – Jequitinhonha). O mesmo ocorre quando a coleta acontece prematuramente, prejudicando a "soca" e a produção futura: "Ranca todinha, a touceira... a raiz com a touceirinha, se ela tiver verde, ranca, ela acaba" (Fia – Jequitinhonha). A competição em torno deste recurso natural de uso comum provoca sua coleta antes até das flores apresentarem seu melhor valor comercial:

> Agora, não era hora de panhar ela ainda, não, era pra deixar ela amadurecer ainda mais, o povo, com medo dos outro panhar e não deixar pra eles, começa a panhar ela desse tipo, mas quando ela abre, que ela fica aberta, é a coisa mais linda do mundo! Amadurece... o povo não tem paciência, não! (Zé Adão – Jequitinhonha)

Todo esse conjunto de fatores negativos tem contribuído para a queda da produção do meio do ano, sendo avaliada, em 1999, em apenas 300 quilos de dourado, adquiridos pelo principal comprador na comunidade, representando uma redução quase pela metade em relação ao ano anterior: "O ano passado aqui foi uma faixa de quase 500 quilos. Ano passado a safra foi melhor. [...] Cada ano que passa, tá diminuindo mais, o tempo tá arruinando ano após ano" (Adão – Jequitinhonha). Porém, a sempre-viva, pelo seu próprio ambiente característico, parece, segundo a avaliação de alguns, sofrer ainda mais com a seca e com a coleta predatória:

> A que diminuiu mais foi a sempre-viva mesmo. Porque a sempre-viva, ela... aonde produz a sempre-viva é sempre o lugar mais seco. O pessoal foi panhando a sempre-viva... o pessoal, às vezes, começava apanhar, não sabia ainda, não tinha prática de panhar, panhava ela ainda fora de época, ou então, arrancava, no panhar ela ranca e diminuiu muito a safra, diminuiu muito[4]. Agora, as outra safra, não, essas aí, continua ainda produzindo muito, ainda,

---

[3] Essa pergunta é motivada por ser esta uma das causas da sua diminuição, apontadas pelos apanhadores de flores da região de Diamantina, segundo o estudo realizado pela equipe técnica da ONG Terra Brasilis, muitas delas também observadas no Gigante:
- O grande número de pessoas vivendo da apanha piora ainda mais a situação
- Porque as flores são coletadas antes de soltarem sementes e com a sapata (quer dizer, a planta inteira com a raiz)[;] o pisoteio e a urina do gado também matam as flores
- Outro motivo das flores diminuírem é o fogo colocado nos campos na época errada
- A diminuição das chuvas, de uns tempos prá cá, prejudica as flores (LARA *et al.*, 1999, p. 16).

[4] O entrevistado se refere à safra de 1998, quando elas ainda não tinham sofrido uma queda maior.

como saia-roxa, dourado, produz mesma coisa. Agora, sempre-viva diminuiu, diminuiu muito. Ela diminuiu quase 50%. (Antônio de Fia – Jequitinhonha)

Essa situação se agravou na safra 1999/2000, quando não só a sua floração atrasou, devido à seca, como praticamente não foi colhida:

> Sempre-viva, esse ano, a produção foi pouco demais, aqui, foi pouca. Aqui, o pessoal quase não panhou ela, não, a que deu aí, foi pouquita, mesmo, ninguém panhou ela, não, ficou mesmo no campo, porque se fosse panhar ela, cabava com a safra, deixou pra ver se torna a dar semente. [...] Até o momento, não chegou comprador nenhum por aqui. [...] Acho que eles viu que a produção tava pouca, não compensava, não vieram comprar, não. (Antônio de Fia – Jequitinhonha)

A queda na produção de várias espécies[5], em um primeiro momento, contribuiu para a melhoria do preço de compra, pois é um fenômeno observado também em outras regiões (GIULIETTI et al., 1988; LARA et al., 1999). Contudo, no Gigante, como em outras áreas produtoras, aumentou o número de famílias dedicadas a esta atividade, reduzindo a quantidade colhida por cada uma delas: "Vários tipo de flor melhorou de preço, só que a produção diminuiu, porque aumentou mais esse pessoal pra apanhar, igual tá lá, aumentou mais gente pra apanhar, a flor... a mercadoria produz menos, o preço, às vezes, subiu um pouco, mas diminuiu na mercadoria" (Antônio de Fia – Jequitinhonha).

Os compradores se utilizam de moradores da própria comunidade e região como intermediários na aquisição dos vários tipos de produtos ornamentais, mas, como mostra o quadro acima citado, muitos deles não são adquiridos regularmente. Por outro lado, com a diminuição na produção e as dificuldades de acesso em relação a outras localidades, devido à má qualidade da estrada do Gigante, pelo menos desde 1996, reduziu-se praticamente a um comprador a atuar ali:

> Hoje é só uma firma em Diamantina que ainda tá comprando flor por aqui, antigamente... uns anos aqui atrás, pra todo lado a gente vendia flor. Vendia flor pra Joaquim Felício, pra Gouveia, Buenópolis, Bocaiúva, Diamantina, Belo Horizonte... [...] Naquele tempo, tinha muita flor e produzia bastante e vendia várias espécie de capim. (Adão – Jequitinhonha)

A presença de maior número de compradores favorecia o incremento dos preços: "A gente não tem preferência certa de comprador, é aquele que pagar maior"

---

[5] O já citado estudo sobre as sempre-vivas em Minas Gerais, apontava, em 1988, que "a exploração desordenada vem prejudicar a recuperação das populações naturais e, em alguns casos, colocando em risco algumas espécies estudadas" (GIULIETTI et al., 1988, p. 190). Entre as ameaçadas são mencionadas algumas não presentes no Gigante como a sempre-viva-pé-de-ouro (*Syngonanthus elegans*) e algumas espécies endêmicas como a sempre-viva-gigante (*Syngonanthus magnificus*), a margarida (*Syngonanthus suberosus*) e a brasiliana (*Syngonanthus brasiliana*), restritas ao município de Rio Vermelho/MG.

(Antônio de Fia – Jequitinhonha). Com o número de compradores restrito e a queda na produção, muitas vezes, o preço, mesmo das espécies mais valorizadas, pode cair, no entanto, a atividade continua sendo vista como vantajosa em relação a outras: "Tá de três real o quilo, mas mesmo assim, dá, moço, você trabalhar um dia de serviço é cinco real, o cara sai aí panha três, quatro quilo!" (Zé Adão – Jequitinhonha). Se o dourado se torna mais escasso, outras espécies, como o espeta-nariz, embora vendidas a 10 % do preço daquele, ainda são relativamente abundantes e permitem a obtenção de uma renda considerada boa:

> Eles tá falando que vai pagar de trinta centavo, mas ele dá demais! [...] O ano que ele sai mesmo, a gente vai lá, a gente vai lá, num instantinho, você ajeita cinqüenta quilo, né, com poucas hora... [...] No ano passado, eu acompanhei, mais ou menos, uma semana, panhando ela, vendi uns duzento... foi duzento e vinte real, num instantinho (José Pereira – Jequitinhonha)

Os entrevistados tinham uma expectativa de novamente se ampliar o número de compradores, porém, um outro tipo de dificuldade paira sobre essa atividade extrativista no Gigante, a exemplo do ocorrido em outras áreas produtoras. O estudo realizado pela equipe técnica da Terra Brasilis informava sobre a região de Diamantina:

> Até 1970, as pessoas podiam apanhar sempre-vivas livremente nos campos, mesmo que eles tivessem dono. Nessa década, o preço da flor era bom e os pedidos eram muitos. Então o comércio passou a ter tanta importância que os melhores campos começaram a ser fechados pelos seus donos que implantaram o sistema de "meia" ou arrendamento, ou seja: parte das flores coletadas pelos apanhadores ficava com os proprietários dos campos ou os apanhadores pagavam pelo uso da área. Isso mudou muito a maneira de se trabalhar na apanha porque poucos conseguiam as melhores áreas e, aqueles campos que continuavam livres, acabaram sendo usados por um número muito maior de pessoas. (LARA *et al.*, 1999, p. 12)

No Gigante, ao contrário do observado para a coleta de frutos, todas as áreas produtoras de flores ainda são livres, sendo utilizadas, embora de forma competitiva, porém sem conflitos, por diversas famílias das vizinhanças: "Todo mundo panha no mesmo lugar. [...] Não tem problema, não, é tudo comum. (Um vai panha 5 quilo, outro panha 10, outro panha 40, outro panha 100, outro panha cento e tantos quilo...)" (Adão e Zulca – Jequitinhonha). Algumas dessas áreas não têm propriedade definida, outras são tidas como terras devolutas, mas mesmo aquelas que possuem um dono conhecido, o "pessoal panha flor e ele não proíbe, não, e produz muita flor" (Antônio de Fia – Jequitinhonha). No entanto, no mesmo município já há um processo de "fechamento" dessas áreas de uso comunal: "Lá pro lado de Botumirim o pessoal que tem campina que produz flor, eles vigia, não deixa ninguém panhar, só eles que colhe, seria como uma lavoura mesmo" (Adão – Jequitinhonha). E alguns fazendeiros que, recentemente, adquiriram terrenos nas principais áreas produtoras do Gigante já restringiram o seu uso como pastagem para os moradores da comunidade e ameaçam fazer o mesmo com a coleta de flores:

> [Eles] proíbe criação, pra não deixar criação dentro da propriedade. Agora, panhar flor, diz que eles vão proibir, ou cobrar porcentagem, mas por enquanto, não parou ninguém ainda. [...] É porque a flor é produto que dá muito dinheiro, então, os proprietário do campo de flor, eles não quer que o pessoal panha flor sem pagar porcentagem, porque é a renda que tem... que dá muita renda, a flor, então, é por isso que eles tão proibindo. (Antônio de Fia – Jequitinhonha)

Essas áreas de uso comum também são, tradicionalmente, percorridas para a coleta de plantas medicinais, inclusive a mesma planta usada para atar os molhos de sempre-viva é também empregada com fins terapêuticos:

> Isso é a pirete. [...] Isso é bom pra dar a criança quando tá com machucão, né, brotando, faz aquelas perebinha na cabeça, então, o cara toma e sara. [...] Dá essa raiz aqui, dá essa raizinha aqui e sara, bom demais, o povo procura demais! [Esse é o mesmo que amarra...?] É, que amarra flor. Dá o cipózinho. (Zé Adão – Jequitinhonha)

PARA TUDO HÁ REMÉDIO

A coleta de plantas medicinais, ao contrário dos frutos e flores secas, não só no Jequitinhonha, como nas outras áreas pesquisadas, não tem finalidades comerciais, mas destina-se, em geral, ao próprio consumo da família, ou à produção de remédios por "especialistas", conhecedores das propriedades desse recurso natural (fotos p. 311). No uso de plantas na medicina é preciso ter alguns cuidados para conhecer cada espécie, pois, do contrário, pode-se até estar bebendo veneno no lugar de remédio. Para identificar as plantas para uso medicinal e vários outros fins, os entrevistados apontaram diversos procedimentos utilizados, sendo talvez o primeiro e mais imediato é reconhecer o ambiente em que a planta está: "A planta, a gente busca muito é pela precedência, quer dizer existe as planta de cultura, existe as de cerrado, né" (Zé Diniz – Triângulo).

Há várias plantas com o nome igual, mas separadas pelo ambiente de origem e identificadas como "do mato", "do campo", "do brejo", etc. Um exemplo muito citado é o "jatobá-do-mato" ou "da-mata" e o "jatobá-do-cerrado" ou "do-campo"[6], destacando este por produzir uma resina de uso medicinal (foto p. 311):

> Resina de jatobá. [Serve para que?] Dor no estômago, dor nos peito se tiver com o peito doendo. Se tiver um retorce, um torcicolo na perna, mistura o azeite de mamona, já ouviu falar nele? Então, você moei, bem moidinha e bota

---

[6] A botânica também reconhece duas espécies de jatobá conhecidas pelos nomes científicos de *Hymenaea stignocarpa Mart.* (jatobá-do-cerrado) e *Hymenaea stilbocarpa Mart.* (jatobá-da-mata).

ela no algodão, enrola no... enrola só larga o dia que sara. [...] O gerais aí dá demais, as bola assim, ó. [...] Tem o jatobá da mata e esse conhecido como jatobá do campo, campo, que eles fala, é o gerais aí, o geraizão. Ela racha a casca, começa a chorar, vai chorando, vai juntando, crescendo. Aí, quando chega uma época, ela seca. Ali, quando elas não cai no chão, a gente chega, puxa com a mão, coloca na vasilha, vai colhendo. Lá em cima, nas galha fina, também, o mesmo origem, racha a casca e vai produzindo. Em baixo, ela produz as maiores, pra cima, as menor, as galhada da árvore. (Anízio – Norte)

Quando perguntados sobre as diferenças entre os dois tipos de jatobá, os entrevistados são capazes de detalhar várias delas, mostrando um profundo conhecimento de cada espécie:

A fruta é a mesma, o tronco da árvore é que você distingue. A do mato, ela dá tora, a tora grossa, uma árvore muito alta, muito espessa. Já o jatobá-do-cerrado, ele dá mais galhado, ele dá mais baixo, é onde você distingue. Mesmo as folha dele são diferente. A folha do jatobá-do-cerrado é diferente da do jatobá-do-mato, agora, a fruta, o sabor é o mesmo. [...] A do jatobá-do-campo, ela é mais comprida, um pouco, a do mato é mais arredondada. A casca, tudo é diferente. (Pedro – Triângulo)

Além de diferenças de ambiente, algumas plantas, conhecidas pelo mesmo nome, apresentam distinções pelo tamanho, ou pela cor, etc., levando um entrevistado a acreditar que:

Qualquer árvore, que tem no mato, tem de dois, tem dois tipo. Ó, coco, por exemplo, tem o coco tucum, um, né, tem esse aqui, que é o cabeçudo, dois, aquele alto lá da mata, que ali mesmo tem. [...] Tem o coco... aquele grandão como é que chama? Gariroba. Depois tem o coco-de-vaqueiro, tem aquele coco-de-raposa. [...] Aroeira, por exemplo, aroeira, tem aroeira do cerne amarelo e tem aquela aroeira do cerne preto e tem a aroeira-mambira. Tem aquele umbu-d'anta, que é dos veado comer e tem aquele da gente chupar, né, Tem tapicuruzinho pequeno e tem o grande. Tem a braúna amarela e tem a preta. Toda árvore tem de duas qualidade! [...] Pau-terra tem o pau-terrinha e tem o pau-terrão. (Anízio – Norte)

Outra distinção se refere ao uso das várias designações de ambientes ("do-mato", "do-campo", etc.) para nomear as espécies nativas e "do-reino" para indicar aquelas que são cultivadas, ou seja, plantas exóticas. Certamente, trata-se de uma expressão de origem colonial para se referir às espécies trazidas então do Velho Mundo e até hoje plantadas em hortas e quintais, que encontraram, aqui, outras com algumas semelhanças, recebendo, dessa forma, o mesmo nome:

Esse aqui é o sabugueiro-do-mato e o que serve pra remédio, o medicinal, ele... chama sabugueiro-do-reino, eles trata sabugueiro-do-reino. Ele dá uma flor branca, a folha mais cumprida um pouco, mas parece muito pouquinho, mas esse aqui a utilidade dele é só a madeira, mesmo. [...] A diferença é da folha um pouquinho... Esse aqui dá uma flor bastante parecida, também, só que esse aqui não é medicinal. [...] Agora tem o outro que chama o sabugueiro-do-reino, que é usado pra fazer chá pra gripe [...] O outro é plantado e esse é nativo. (Murilo – Jequitinhonha)

Essa denominação pode ser encontrada para diferenciar também plantas alimentícias ("batatinha-do-reino" X "batata-doce"), temperos ("pimenta-do-reino" X "pimenta-da-costa", ou seja, africana) e até animais ("preá-do-reino" X "preá-do-mato"). O fato de manter, ao redor da casa, hortas com plantas medicinais "do-reino", e até de preservar aí algumas que nascem espontaneamente, não significa que seja esse ambiente a principal fonte de recursos para a produção de medicamentos. Os vários ambientes de tipo savânico do Cerrado são considerados mais ricos em plantas medicinais do que as formações florestais e mesmo os Xakriabá que moram nesses ambientes acabam por reconhecer esse fato:

O povo daqui da mata, que nasceram e criaram aqui, eles fala que toda erva medicinal que tem lá no gerais tem aqui, só que eu não conheço todas. De acordo que eu entendo mais, no gerais parece que tem mais, não sei se eu conheço mais é as de lá, né... (Rosalvo – Norte)

Na mata, os remédio é mais pouco. (Marciano – Norte)

Conhecer o ambiente de onde procede a planta não é, por si só, suficiente para garantir sua identificação e o sertanejo recorre a outros métodos, observando certas características que diferenciam as espécies. Depoimentos colhidos em diferentes áreas informam que a folha é o principal elemento de diferenciação, seguido pela casca e o cheiro:

Eu olho primeiro é a folha. [...] E depois eu cheiro, ó. Esse aqui é o tal catingudo, quer ver, pode cheirar, esse trem é remédio [...] A gente conhece... certamente, quando olha a folha, é porque já conhece, cheira, porque tem umas folha que parece, então, a gente cheira pra ver, fala: uai, é esse aqui que eu tou caçando.[...] A casca também manda, mas manda mais é a folha, mesmo. (Zé Diniz – Triângulo)

Eu olho a casca e olho a folha, porque sempre são diferente. Como mesmo a pau-terrinha com unha-d'anta, as folha são quase igual, mas a casca já é diferente. A casca da unha-d'anta é mais carraspinhuda, tem uns cortezinho na casca e a outra, a casca é grossa, mas é menos carraspinhuda e dá pra gente separar um do outro. (Anízio – Norte)

A folha... a madeira também indica muito, né, a casca. [O senhor olha a folha e a casca...?] A casca, porque é diferença... tem uns... o tipo dos pau que são cascudo, outros são a madeira mais lisa, tudo tem... a diferença é essa A madeira também, tem a madeira mais... que é melhor, mais forte, outras, mais fraca, tudo isso tem a diferença e vem através do pessoal antigo que informou pra gente aquelas qualidade, que a gente ficou conhecendo pelo conhecimento dos pessoal mais velho. (Antônio de Fia – Jequitinhonha)

Se o detalhe define a diferença, o conjunto também contribui, se comparando o tamanho e o formato do tronco, das galhas, da sua copa, etc.:

> Esse é o angico preto. Alá, a casca dele é meio tapirocada, ele não dá uma madeira muito direitinha, não, ele sempre dá umas volta, tá vendo? Alá, logo ali ele queria abrir a ramada, vocês tá vendo a ramada dele? Aí, ó, se fosse o outro angico amarelo, então, tava direitinho pra cima, não tá, alá ele fazendo a fachada dele, ó. [...] Tem o angico amarelo, angico preto e angico branco, três qualidade. [...] Os outros dois é mais rumo certo. (Zé Diniz – Triângulo)

Uma outra possibilidade, menos usada, é recorrer à raiz ou até ao gosto, embora se saiba que esse método é arriscado:

> A gente sempre vê... se tem uma dúvida... no causo, se tem uma dúvida na folha, a gente ranca pra ver a raiz, que sempre tem que ter a diferença, na raiz, ou na folha. De qualquer forma, tem que dar a diferença, ou até no gosto, a gente pode experimentar, se a gente tiver a desconfiança que é veneno, a gente não vai experimentar, não, que pode atrapalhar, se a gente sabe que não é veneno, a gente pode experimentar. [...] Quando a gente não sente um... é... como diz assim... o gosto não é agradável, a gente: ah, isso aqui pode ser veneno, às vez, é até uma fruta de comer, mas a gente sente que o gosto não é agradável, a gente cisma que é veneno, a gente não usa, né. (Rosalvo – Norte)

Os sertanejos, ao contrário dos botânicos, não recorrem às flores e nem aos frutos para realizar a identificação da espécie, pois, em geral, esse tipo de observação não é possível: "As flor sempre tem diferença. [...] Manda mais é a folha, porque muitas coisa não dá flor, você vê que tem um tempo que não dá flor, a flor é uma vez só no ano, não é isso? A gente tem que conhecer pela folha, pela árvore, né" (Zé Diniz – Triângulo). Mas, se for possível observar a flor ou o fruto, consideram que a identificação é muito facilitada[7]:

> Se tiver florado, eu não preciso ir lá, de cá, cem metro, eu conheço, ali é tal pau. [...] Se for pau que der fruta, esse, a gente não tem dúvida, porque a gente já vê a fruta, né. Esse pau que são... que dê fruta ou esses que serve pra remédio, a gente não tem dúvida, porque a gente procura conhecer mesmo fundo, então, não tem dúvida nenhuma. (Anízio – Norte)
>
> Aqueles pau que a gente reconhece eles, que eles dá flor, que a gente já conhece o tipo da madeira, a gente vê ele também de longe e já sabe que aquela

---

[7] Thekla Hartmann, em interessante estudo etnobotânico, observava que também os conhecimentos indígenas nesse campo se utilizam, principalmente, da casca e das folhas, pois, "na identificação de espécies vegetais, o Borôro apenas em última instância recorre ao exame das flôres, pois é à base de outras características da planta que êle precisa as diferenças entre espécies" (HARTMANN, 1967, p. 15).

flor, o tipo da flor, que é daquela árvore que a gente já conhece. (Antônio de Fia – Jequitinhonha)

Esse conhecimento é bastante difundido nas quatro áreas pesquisadas, e várias pessoas realizam, corriqueiramente, o uso medicinal das espécies mais populares, no entanto, recorrem também aos especialistas nesta matéria para evitar os riscos de um emprego incorreto:

> Quase toda erva, ela tem um... ela serve pra alguma coisa, só que existe erva que a gente sabe que é veneno, né, não pode tomar. Mas, quase todas erva serve pra alguma coisa e isso a gente tem que ter, também, as pessoa que sabe receitar, porque não pode tomar de qualquer jeito, porque pode prejudicar, né. (Rosalvo – Norte)

Todo o acervo de informações sobre plantas medicinais é transmitido, em geral, como parte do processo mais amplo de socialização dentro das famílias e é aperfeiçoado ao longo da vida pelas inúmeras trocas realizadas pelas pessoas, em diferentes situações: "eu aprendi com pai, com mãe, eu andei muito afora, também, trabalhei com muitas pessoa que sabe, também, né, então, a gente foi aprendendo também" (Veríssimo – Norte). Esses especialistas são chamados de "raizeiro", "tratador" ou "curador", mas o uso de plantas medicinais é apenas um dos recursos de cura do sertanejo, muitas vezes, combinado também com a benzeção: "Eu sei benzer e sei o remédio, as raízes [...]" (Antônio Rosendo – Triângulo). Recorre-se ao benzedor para curar de "vento virado", "fogo selvagem", "cobreiro", "doença do ar", "quebranto", "mau olhado", "ofensa de cobra", "isipa", "dor de cabeça", "dor de dente", "para estancar sangue", "tirar chumbo", etc., mas também para "retirar cobra", contra "pragas" na lavoura, ou doenças das criações.

> Muita gente curava com benzeção, era benzeção. [...] De primeiro, benzia os menino quando era pequeno... [...] Mandei benzer os menino pequeno, quando eles tava pequeno, de vento virado. Sabe o que que é vento virado? Vento virado, se a gente não cuidar ele fica com uma perna mais curta que a outra. [...] Aí, eu levei ele na benzedeira, controlei... três vez. (João dos Reis – Triângulo)

No exercício dessa atividade, os raizeiros podem até cobrar por uma "garrafada" ou "remédio", mas, muitas vezes, limitam-se a aceitar algum presente; o benzedor, porém, não pode fazer isso, pois se considera apenas como uma espécie de "instrumento" de cura, alguém que pede a Deus o alívio para o sofrimento alheio.

> Eu tenho uns trem que eu não ensino pra ninguém. Tem gente que você ensina ele, ele não tem fé, atrapalha até a gente, lá, depois. Que nem benzer menino, eu sei benzer mesmo, eu tou acostumado escapar menino que só tá piscando... A mulher de M.: o senhor podia me ensinar, eu lhe dou dois queijo, eu digo: nem que a senhora me dê uma vaca! Quem me ensinou, ensinou de graça, não adianta rezar numa pessoa, a pessoa vai me dar tanto. Não, eu quero ver

se a pessoa tem amizade. [...] Ele vai perguntar quanto que é, mas não é nada, eu quero ver o cara são. [...] Se o cara falar toma isso aqui pra você, mas a gente cobrar não pode não, como é que a gente ganha dinheiro com o nome de Deus? Deus não é de comércio. (Anízio – Norte)

Eu entendia também de compreender... dar remédio, depois, de pouco ano pra cá, eu deixei, porque eu tou muito esquecido, né. Acaba daí, que eu nunca cobrei de ninguém, fazia aquilo é quando, às vez, a pessoa não tá em condição de ir no médico, né. Às vez, ofensa de cobra, cobra pegava e eu tratava, tiro ou veneno tudo... eu, não, Deus! Deus é que tira, né, mas com a palavra tira. Tira chumbo... chumbo, de tomar tiro e ficar o chumbo dentro, pegar, rezar e tirar. (José Cardoso – Jequitinhonha)

Benzedores e raizeiros, assim como as parteiras, eram os únicos recursos para diferentes eventualidades referentes à saúde e à doença, para a vida e para morte, pois no Sertão Mineiro o médico e a medicina oficial são presenças relativamente recentes: "Que eu falo que melhorou muito foi a medicina, que, de primeiro, não tinha esse trem que tem hoje, tratamento. Mulher criava aí a poder das outra, parteira... Tinha aquela parteira examinada, que vinha, conhecia, que, hoje, nem não usa mais, é no médico" (Josefa – Noroeste). Alguns têm o temor de exercer suas antigas práticas de cura e repetem o discurso do poder da medicina oficial, mas, no fundo, ainda crêem no poder dos "remédios de raiz" e da "benzeção":

Hoje, é o medicina que manda, remédio de raiz não vale nada! [...] O médico tem o aparelho, o médico conhece o incômodo e ele sabe, já vem os comprimido, já vem tudo de acordo. E raizada... os raizeiro tratava, um bocado, é por rumo. [...] Não examina direito, não tem aparelho. Fazia o remédio, alguns sarava, outros, não. Eu sofria um reumatismo, mas um reumatismo! E eu fui no tratador... vim aqui a farmácia era só duas e mandava passar pomada, passar coisa, o reumatismo tá aí. Eu fui no raizeiro, o raizeiro falou: ó, você deita de bruços no banco, eu vou buscar a ventosa. [...] Foi lá e sarjou, com a navalha, sarjou, sarjou e pá! a ventosa. Tirou o sangue. [...] Ó, foi mesmo que tirar o reumatismo com a mão, há quantos ano...! [...] Cabou o reumatismo! [...] Até hoje! (Antônio Rosendo – Triângulo)

Entre as "raízes" e os "remédios de farmácia", entre a medicina do raizeiro e a do "doutor", muitas vezes, o sertanejo recorre às duas para ver qual alivia suas dores e cura seus sofrimentos. Alguns entrevistados, principalmente entre os Xakriabá e os mais idosos, afirmam que foram poucas vezes ao médico, ou usaram "remédio de farmácia", seja porque confiam mais nos processos de cura tradicionais, seja porque a medicina oficial é menos acessível, devido às dificuldades e aos custos com transporte, consulta, remédio, etc., e muitos avaliam que nem sempre ela funciona.

Moço, você sabe que eu vou lhe contar uma história que eu nunca sei o que que é remédio de farmácia, pra meu uso, não. Ó, eu nunca tomei uma vacina, nunca tomei uma injeção, nunca fiz uma consulta, eu nunca comprei um vidro de vitamina pra mim, nunca comprei nada, graças a Deus...! A hora que eu me sinto uma gripezinha, meu remédio é esse: eu vou num pé de pau aí e faço meu remédio, me cuido. [...] E tenho feito pra muitos aí e tem dado certo, né, às vez, por acauso, um... às vez, por acauso, uma izipa, uma coisa, eu rezo, eu... (Veríssimo – Norte)

Entre aqueles que não acreditam na medicina oficial, há uma crítica aos seus remédios e a uma vida artificial dos dias de hoje, contraposta a um passado mais natural e mais sadio, coincidindo, como já foi visto, com o "tempo da fartura":

> O povo era mais sadio um pouco. [...] Remédio do mato tem outra vitamina, remédio de farmácia é quente, moço! Caboclo aqui, quando bebia remédio do mato, olha a grossura do gamela, moço! Cada barriga, gordo! Chegava... E hoje, não, o povo anda tudo doente, que usa muito remédio da farmácia, que ele é quente. [...] Você não vê gado? Gado que usava remédio, assim do gerais, é um gado tudo sadio, gordo e hoje, não, é só morrendo gado, é um gado tudo magro, com esse negócio de vacina e deixou de dar remédio do mato. De primeiro, que usava remédio do gerais, o gado era outro! [...] (De primeiro, ninguém não sabia o que era botica de farmácia, não, não... Nós fomo criado, graças a Deus... até hoje, eu nunca tomei uma vacina! Tou com 71 ano, passei pra 72, nunca tomei uma vacina, nem uma injeção e sou sadio, graças a Deus! Eu não tenho inveja de quem veve na ponta da agulha, não! Dá uma tontura, com pouco ele cai pra acolá, dá garreada pra acolá, e eu nem... graças a Deus! Eu tou sossegado! [...] Eu, a hora que dói qualquer uma dorzinha no meu corpo, ou na barriga, ou na cabeça, eu sei o remédio onde é que tá: eu vou é no mato! Eu vou lá no mato! Lá, eu ranco uma raizinha por lá e mastigo, engolo a raspa e passo a raspa no lugar e tou são! Graças a Deus! Eu não tenho inveja de quem veve tomando ponta de agulha, não!) (Marciano e Domício – Norte)

Os "remédios do gerais" usados pelo gado e pelas pessoas têm uma vantagem sobre os comprados na farmácia e sobre a medicina oficial como um todo, são processos de cura sobre o controle das populações tradicionais, não só porque as receitas passadas são conhecidas por pessoas da própria comunidade, feitos com produtos encontrados na natureza presente nos arredores, mas também porque são transmitidas em uma linguagem que dominam e se referem a doenças da forma como são conhecidas por elas. Quem vai a um raizeiro sai ciente de qual a origem do seu mal, com o remédio na mão para combatê-lo e com as informações de como usá-lo; o que não acontece com o médico por mais "aparelhos" que ele use para fazer o seu diagnóstico. A própria medicina oficial se convence, cada vez mais, de que a terapêutica não se resume à ingestão de um medicamento e aos seus efeitos químicos no organismo, mas trata-se de um processo bem mais complexo, no mínimo, associado a todo um conjunto de aspectos psico-somáticos da doença. Entregar sua saúde e a própria vida aos poderes do saber alheio é um ato de confiança, muitas vezes, não despertada pelos médicos, principalmente, em se tratando daqueles inseridos no sistema de saúde pública, com um atendimento massificado e deficiente. Recorrer a essa medicina, para muitos, é ainda uma segunda opção, reservada para os casos mais graves, quando os tratamentos tradicionais já se mostraram exauridos em suas possibilidades.

Durante a Pesquisa de Campo, surgiram várias males combatidos através da medicina sertaneja, em um levantamento mais ilustrativo do que com preocupações quantitativas de registrar o todo aí abrangido, podemos citar o uso de práticas terapêuticas para: asma, bronquite, caganeira, clarear os dentes, dentição atrasada, como depurativo do sangue, diabete, doença do ar, dor de barriga, dor de cabeça, febre, ferida, ferida na cabeça, fígado, garganta inflamada, gastrite, úlcera, gripe forte, hemorróida, hérnia, inflamação, pneumonia, reumatismo, rins, sífilis, gonor-réia, veneno de bicho ruim (cobra, escorpião, caranguejo, etc.), verme e outros.

Também é enorme a variedade de meios empregados para combater essas doenças e se tornaria enfadonho listar cada um deles. Pode-se dizer que, em linhas gerais, os remédios utilizados, além dos diferentes produtos de origem animal, extraí-dos principalmente, como foi visto, da fauna nativa, também são confeccionados a partir de uma grande diversidade de plantas medicinais. Algumas propriedades terapêuticas de plantas do Cerrado são antigas e os usos se mantêm os mesmos por séculos, como é o caso do barbatimão, sobre o qual, dizia, em 1813, o cirurgião Caetano José Cardoso: "Arvore cuja casca hé muito adstringente, contem muito tanino; pode ser substituida a casca do Carvalho, e Sumayre. Cada arroba poderá custar 150 reis" (CARDOSO, 1902, p. 746). Vários depoimentos da Pesquisa de Campo também apontaram o mesmo emprego, alguns alertando para os cuidados a serem tomados na sua utilização:

> É igual barbatimão, barbatimão é um remedião pra machucado, sabe? Você pega ele lá e passa, com pouco passa. Aquele trem não pode passar demais, não, que ele tem uma cara meio perigosa, se passar demais no machucado cortado, ele fecha por fora, por dentro não fecha... ele fecha tão rápido, que por dentro não fecha, não pode. Você tem que passar aos poucos, devagarzi-nho... devagarinho, cicatriza igual tá aqui. (Maria Rosa – Triângulo)

A extração da entrecasca dessa árvore exige também certos cuidados para se evitar a perda dessa fonte terapêutica natural: "Tira só do lado assim, conforme o pau pode cortar a altura assim, um pedaço assim. [...] Não pode é circular ao redor, que ele morre" (Zé Coletinha – Triângulo). Esse tipo de preocupação na preserva-ção das plantas medicinais nem sempre ocorre, especialmente, quando é extraída por pessoas "de fora" com fins comerciais.

As várias partes de animais silvestres, e, especialmente dos vegetais do Cer-rado, são os principais componentes empregados na confecção de medicamentos para uso humano e veterinário, mas, nesse caso, também podem ser utilizados pro-dutos industriais como querosene, gasolina, tintura, etc. para combater certas en-fermidades das criações. Se estes podem parecer estranhos, também foi relatado o uso de excreções humanas com finalidades terapêuticas:

Eu já bebi demais. Urina é pra... você quer ver? Pra curar tosse. [...] Quando eu era menino, eu bebia era minha mesmo, porque da gente, a gente tem nojo, mas não é tanto. Era pra curar tosse, urina. [...] Agora... como é que é, a urina, pra que que a gente usou demais da conta? [...] Ferida, pega uma vasilha com urina, põe fumo e cozinha e banha. Ih, mas é uma beleza pra tirar dor, viu. Mas, diz que não é bom, não, diz que é perigoso chamar tétano... Mas, ah, nada, o povo... né? (Zé Diniz – Triângulo)

A urina, ela... ela combate muito, quando a pessoa tá com um ferimento, assim, que não quer sarar, pois você pega a verter água ali em riba, toda vez que for verter água, verte água em riba, por de repente, sara, desinflama e sara. (Benvindo – Norte)

Essas são práticas terapêuticas hoje recomendadas por grupos de medicina alternativa, a chamada "urinoterapia"[8], no entanto, na Pesquisa de Campo, embora com relutância frente às recomendações "higiênicas" recebidas da medicina oficial, foram relatadas por pessoas com mais de 70 anos. Na verdade, trata-se de hábitos muito mais antigos, pois, como foi citado no Capítulo 4 do Volume I, o Alferes José Peixoto da Silva Braga, já havia relatado o mesmo tipo de uso no século XVIII: "curando-lhe as feridas com urina e fumo" (BRAGA, 1953, p. 127).

O uso terapêutico de dejetos humanos, naquele mesmo período, também é relatado no *Erario mineral*, do cirurgião Luis Gomes Ferreyra:

Tratado XI. Dos Venenos [...]

O esterco humano he a melhor triaga, e unico remedio na mordedura da cobra cascavel.

O melhor remedio sobre todos, quantos os Autores tem descoberto, e a industria dos homens tem pernetrado até o dia de hoje, ainda que he aspero, e horroroso para se tomar pela boca, he o esterco humano desfeyto em qualquer liquido, e bebido na quantidade, que a cada hum lhe parecer. Digo que he sobre todos quanto há; porque assim o tem mostrado a experiencia, que quantos tem bebido esta soberana triaga, todos triunfarão da morte, estando com ancias mortaes, e se for do proprio doente, será melhor. (FERREYRA, 1997, p. 471)

Mais de dois séculos e meio depois, durante a Pesquisa de Campo, recolheu-se, em mais de um depoimento, a mesma receita:

---

[8] Atom Inoue, em seu texto *Fundamentos da Urinoterapia, medicina natural, dieta e jejum*, afirma que: "No mundo existia e existe a Urinoterapia sem distinção do continente, raça, cultura e civilização, sempre contanto com um forte respaldo das religiões como o Hinduísmo, o Judaísmo, o Cristianismo, entre outras. Foi sempre um tratamento curativo e popular. [...] A urina, como produto do sangue, tem um conteúdo quase igual ao soro deste. Por isso, é muito boa, tanto como medicina, como alimento. Tem suficiente anticorpos para combater a própria doença. Os cientistas dizem que possui mais de mil substâncias de que o corpo necessita. Uma dessas substâncias é o INTERFERON" (INOUE, [s. d.], p. 4).

Se cascavel morder, é o seguinte: tem que beber bosta. (Zé Diniz – Triângulo)

E naquela época, e o remédio, hein? O senhor quer que eu explico? Abaixo de Deus, se o ofendido souber que é o urutu, [...] não tem outro remédio: era um fazer o cocô numa cuia, põe água, mexe e ó, toma... [...] Se não quiser morrer! (Antônio Rosendo – Triângulo)

A historiadora Márcia Moisés Ribeiro informa que a "ingestão de excrementos é uma prática que se perdeu nos tempos. Autores latinos, árabes e gregos já preconizavam esse costume que no mundo ibérico foi transmitido para a Colônia [...]" (RIBEIRO, 1997, p. 70). Assim, citando Bakhtin e Mário de Andrade, ela apresenta duas explicações para o seu uso terapêutico, o primeiro ligado à analogia entre o ser humano e a terra: "O excreto era considerado então como elemento regenerador e propulsor da vida. [...] Se o excreto dá vida à terra cansada, pode também proporcionar a saúde ao homem doente; portanto, ele é vitalizador" (RIBEIRO, 1997, p. 71). Uma outra explicação apresentada por ela para a crença na medicina excretícia é a noção de "cura punitiva", na qual se deve aplicar os mais dolorosos e amargos remédios para os piores males.

Nos depoimentos acima e em outros, colhidos em regiões diferentes, aquela receita é acompanhada da história da discussão de tal tratamento entre um grupo de companheiros em viagem, quando um deles afirma preferir a morte a se submeter a esse constrangimento. À noite, os demais simulam a picada de uma cascavel em sua perna e ele pede para tomar rapidamente o remédio que lhe parecia tão indigesto algumas horas antes. Penso que a receita de tão "áspero" tratamento se refere mais a uma parábola sobre a afirmação da vontade de viver se sobrepondo a quaisquer outras considerações. Assim, frente à ameaça eminente de perda da vida, se sujeitaria àquelas alternativas tidas como as piores e mais degradantes.

Como observa o próprio Luis Gomes Ferreyra, "o esterco humano, a polvora, e o enxofre se experimentárão no sertão, em pura necessidade", ou seja, tratava-se do aproveitamento dos recursos disponíveis para situações de emergência, por aqueles que no século XVIII se aventuravam pelo interior do Brasil. Foi, segundo Spix e Martius, também nessas circunstâncias que os bandeirantes descobriram as propriedades medicinais da flora brasileira, pois estes naturalistas, de forma preconceituosa, pouco mérito atribuem à contribuição indígena:

> O maior merecimento no achar e aplicar a virtude curativa das plantas, assim como o descobrimento das minas de ouro, compete, pois aos paulistas. O seu gênio ativo e curioso, estimulado pela rica natureza, fê-los prosseguir nas descobertas casuais, ou mesmo, raramente, por alusão dos indígenas, com a perspicácia própria do europeu. O espírito humano, neste domínio das pesquisas, serve-se por toda parte de indícios da natureza, e, pelos característicos físicos dos objetos, pelo aroma, pela cor, pela semelhança de certas formas, com as partes do corpo humanos, etc., tira conclusões por analogia

sobre as virtudes íntimas dos primeiros e sua atuação como remédio. Assim raciocinava o paulista dotado com vivo senso de natureza, achando em todo encarnado vivo uma relação com o sangue, nos amarelos, relação com a bílis e o fígado [...]. Entre esse povo de colonos, abandonado à própria ingenuidade e à munificiência da natureza que o cerca, começou a medicina com experiência prática e tradições populares, e tomou a mesma feição que tinha na Europa durante a Idade Média e da qual ainda subsistem em algumas farmacopéias antiquadas. [...] Sobretudo feridas e doenças externas das mais diversas espécies são, aqui na província, tratadas, às vezes, com surpreendente êxito. (SPIX; MARTIUS, 1981, p. 162)

Esse tipo de analogia, atribuída à "perspicácia própria do europeu", está longe de ser sua exclusividade, pois também os africanos e indígenas estabelecem relações entre propriedades terapêuticas das plantas e suas características físicas ou outros aspectos particulares observados. Thekla Hartmann, em sua pesquisa junto aos Bororo, que como foi visto no Capítulo 3 do Volume I, foi um dos povos indígenas a habitar o Sertão Mineiro, como aliado dos colonizadores, também aponta esse tipo de analogia. Em se tratando de um povo caçador, mesmo a classificação e os nomes dados às plantas pelos Bororo, estão fortemente marcados pela relação entre os humanos e os animais. A grande maioria dos nomes de plantas está ligada, de alguma forma, à fauna da região, pois várias espécies vegetais são vistas como semelhantes aos animais, ou a partes do seu corpo, ou, ainda, identificados como seu alimento. O fato de um animal gostar de determinado fruto pode ser relacionado com as características daquele bicho desejadas pelos Bororo, passando a considerar a planta como fonte desta característica. "Assim, os remédios da seriema e da ema se destinam a conferir velocidade àqueles que o tomam, enquanto que as qualidades vocais de um macauã ou um bugio se obtêm através da ingestão de alimentos destes animais" (HARTMANN, 1967, p. 51).

Também nas entrevistas, realizadas durante a Pesquisa de Campo, se constatou um tipo de formação de conhecimento sobre plantas medicinais baseado em observações semelhantes:

Em agosto, não pode comer ele, não, porque ele tá envenenado. O tiú... o tiú briga com a cobra, eu já vi um tiú brigando mais um cascavel. [...] Nesse tempo, eu tava campeando lá, do outro lado, domingo, numa capoeirona, já capoeira grossa, eu tou vendo: bá, bá, bá, bá! Aquele barulho: o que é aquilo? Aí, eu.. era um tiú mais um cascavel. O cascavel batia o dente nele, batia o dente nele, quando ele ficava vermelhinho, ele corria e comia a madeira do assa-peixe-branco, tirava lá, metia o dente, cascava, comia, comia, comia, comia até ele levantava aquele escumeiro, e eu olhando. Quando ele levantava aquele escumeiro, ele voltava metia o rabo na cobra. (risada) Logo, o assa-peixe-branco é bom pra cobra, né. (Agenor – Noroeste)

Talvez por falhas nos procedimentos investigativos, ao não se insistir na busca das razões para as propriedades terapêuticas das plantas, notou-se a presença de representações simbólicas muito mais relacionadas aos animais do que aos vegetais. É provável que a maior semelhança entre esses e os humanos desperte também mais associações no plano simbólico. No entanto, algumas espécies de planta surgiram, na Pesquisa de Campo, carregadas de significados mágicos, como é o caso de uma árvore, referida em várias regiões como provocando estranhos efeitos sobre quem passar sob ela:

> É uma árvore que chama rosa, se você passar e ela não tiver enflorada, não tem nada, mas se você passar e ela tiver enflorada, você perde aí no terreiro da sua casa, onde você panha lenha. Desaveça tudo assim: meu Deus, onde é que eu tou? Onde é que eu tou? Vai indo, vai embaixo, chega na casa assim, não conhece... [...] Aí, se passou, não viu ela... agora, você passou, nessa hora, no dizer do poeta: tou lhe vendo! Pode ir embora. Mas se não tiver... se não ver ela, você perde panhando lenha. (Minervino – Norte)

Outro exemplo é o do "miroró" ou "mororó", que também é uma planta carregada de significados: a sua "imbira" ou "sedinha" é usada para amarrar as partes do corpo picadas por cobra, evitando-se que o veneno se espalhe no corpo, conforme mencionaram alguns entrevistados do Jequitinhonha e do Norte de Minas. Nessa região, ele também foi considerado um pasto ruim para os bovinos: "O gado que como lá no gerais, lá fora, que no gerais, o gado que come miroró e porcada, a carne dele tem um cheirinho. [...] Até o fígado é mais ruim do que o gado da mata" (Anízio – Norte). No entanto, foi um entrevistado do Noroeste que apresentou, a exemplo do que é dito também em outras regiões, atributos mágicos para essa planta:

> Mororó, o senhor... pode ser um cavalo gordo, o senhor batendo nele com o ramo dele, se o senhor montar nele e dá uma chulepada no cavalo assim, o cavalo seca, não engorda mais nunca! [Por que?] Ah, esse pau é encravado, moço! Bateu num menino com a varinha dele, menino seca, que não engorda mais nunca! [E a gente passar nele, assim, não tem nada, não?] Não, passar nele, assim, não tem nada, tanto que eu não queimo ele em fornalha de jeito nenhum! Não queimo, não, porque ele atrasa a gente... ele atrasa a gente. (Zé Preto – Noroeste)

Certamente, por essas razões, o mororó foi chamado de "pauzinho bobo", porque "não é madeira de fazer coisa, não" (Antônio Ferreira – Norte). Em geral, quando apontam o uso de uma árvore como madeira para determinado fim, justificam o seu emprego mais pelas qualidades físicas, do que por aspectos simbólicos. Esse é, sem dúvida, um dos mais importantes recursos naturais do Cerrado, pois a madeira é uma matéria-prima usada desde os primórdios da ocupação humana nesse bioma e possui um conjunto variado de finalidades na confecção de utensílios diversos, na construção de abrigos, na fabricação de meios de transporte, etc.

PAU PARA TODA OBRA

Um levantamento, realizado durante o trabalho revisão bibliográfica sobre o uso de espécies vegetais do Cerrado, revelou que 130 delas podem ser usadas como madeira para variados fins: construção civil, móveis, cercas, equipamentos rurais (engenhos, prensas, cochos, etc), cabos de ferramenta, lenha e muitos outros. Também na Pesquisa de Campo, várias espécies foram citadas com a mesma finalidade, somando 68, número que está longe de esgotar o total utilizado, pois não se objetivava realizar um completo levantamento nesse campo. Os QUADROS 18, *Madeiras citadas na pesquisa de campo e seus usos por área* e 19, *Madeiras para cabo de ferramentas citadas na Pesquisa de Campo e seus usos por área*, colocados no ANEXO, apresentam as listagens das plantas empregadas para a obtenção deste recurso.

Na escolha de madeiras para cada finalidade, os entrevistados apontaram suas qualidades próprias e, muitas vezes, como mostram os quadros, há unanimidades que atingem as quatro áreas pesquisadas, embora hajam diferenças em termos da distribuição de algumas espécies. Para as obras de construção, especialmente, quando se trata de peças mantidas em contato como solo, apontam aquelas com maior durabilidade, destacando-se entre elas a aroeira, mas outras também são citadas: "Ah, esteio tem que ser a madeira melhor, porque, senão, não güenta, tem que ser a peroba, o monjolo, jatobá, o vinhático, são as madeira mais durativa". (Adão – Jequitinhonha)

A retidão da árvore é importante para certos usos, como madeiramento do telhado, vantagem percebida na pindaíba, mas a sua durabilidade é pequena. A presença do cerne ou âmago, parte de maior resistência, acaba sendo o critério para avaliar a qualidade da madeira, principalmente quando certas espécies, consideradas as melhores pela sua durabilidade, já começam a escassear:

> Esse aqui é o que eu falo: pindaíba, dá tudo direitinho e comprido, pra fazer linha de casa é a mesma coisa. Mas, agora, eu vou falar com o senhor, a gente vê que tudo quanto há tem uns que adura, outros que não, né. Tem madeira, às vez, boa de qualidade, mas não atura, vai tirar na força de lua... esse povo fala que é pra tirar na força de lua, mas não é, não. É porque a madeira... a madeira tá madura, ela tem âmago, quase toda madeira tem o âmago, por dentro...[...] Tá aqui o jatobá, mas tá no âmago. Aqui é sucupira, sucupira-do-campo, mas tá no âmago, a madeira branca, já saiu tudo, acabou tudo, o âmago tá aí. (José Cardoso – Jequitinhonha)
>
> Tendo cerne, hoje, tudo é madeira de lei, que adura pouco ou muito... (Anízio – Norte)

Na fabricação de móveis, portas, janelas e outros trabalhos de marcenaria, além da durabilidade, há outras qualidades exigidas:

> Do gerais, primeiramente, o mais apreciado pra móvel, de preferência dos carpinteiro, é vinhático, que ela é uma madeira que não racha no bater dos prego e é uma madeira que ela já é, praticamente, envernizada, também, né, em primeiro lugar. Depois vem a sucupira-preta e sucupira-branca e, depois da sucupira-branca, também, dependente do móvel, como uma perna de mesa, uma coisa assim, vem a favela. [...] Cada madeira tem um trem mais melhor do que outro, mas tudo tá em conjunto de madeira de aproveito. E segundo, o jacarandá-do-gerais, também, que o cerne já vem envernizado, já tem até as flor feita, só beneficiar o pau, já fica pintado, também, que é o jacarandá-do-gerais. (Anízio – Norte)

> O cedro pra fazer um móvel, fazer coisa de catre, fazer cama, é o cedro. Madeira leve e firme, não lasca, é ficho. (José Cardoso – Jequitinhonha)

Para serem empregadas como cabo de ferramentas, foram levantadas 24 espécies, havendo poucas delas compartilhadas por mais de uma área investigada, como pode ser visto no QUADRO 19, *Madeiras para cabo de ferramentas citadas na Pesquisa de Campo e seus usos por área*. Uma exceção é o pereiro muito recomendado para cabo de enxada, por uma qualidade exigida por esse tipo de uso: a retidão, mas outras são também importantes:

> [O pereiro, ele é bom pra cabo de enxada, por que?] Porque ele é bom pra você rachar pra fazer o cabo e maneiro, né. (E é reto.) É reto, não dá tortura. (Antônio Ferreira – Noroeste)

> O mais usado é o tambu. [...] Foice, enxada, machado... [...] Tambu é fresquinho pro senhor trabalhar, não esquenta a mão, o ipé, por exemplo, dá um cabo muito resistente, mas esquenta muito, perobinha dá um cabo excelente, mas é muito raro. (risada) (Alberto – Triângulo)

Algumas vezes, o aproveitamento de parte do tronco de uma árvore para se confeccionar um cabo de ferramenta não significa a sua derrubada e morte, desde que sejam tomados cuidados nesse sentido (foto p. 312):

> [Como é que chama esse?] Guapeva. [É esse que faz cabo de machado?] É. [Aqui, já tiraram um cabo de machado?] Tiraram. Aqui, ó, corta aqui, corta aqui, facinho de tirar. Então, esse aqui não racha muito, não. [...] [E tira e deixa ele vivo?] Fica, fica vivo. (Zé Diniz – Triângulo)

Mesmo para usos menos nobres, como ser transformada em lenha, os depoimentos apontam diferenças de qualidade para as madeiras encontradas no Cerrado. Além do consumo diário na cozinha, a fabricação de farinha, cachaça e rapadura, também consomem grande quantidade de lenha e, no caso dessa última, alguns tipos de madeira foram mais recomendados:

> [A lenha que põe aí, qualquer lenha serve?] Tem umas lenha mais forte: aroeira, angico, mais forte é melhor. (Sucupira-branca é madeira boa, também.

[...] A lenha fraca faz o fogo ligeiro, dá muita labareda, não presta, não. [...] A mais forte é melhor, também. A lenha mais fraca gasta mais lenha, demora mais, a lenha mais fraca gasta muito mais lenha...) [...] É, mais fraca, ela é mais... serve mais é pra cozinhar, é mesmo pra fazer carvão! A lenha mais forte é melhor. (Até o carvão dela é fraquinho.) [...] (Fruta-d'anta, também, pra moagem de cana é a melhor. Piúna também é madeira boa pra queimar. [...] Tingui. (Antônio Ferreira e Aristeu – Noroeste)

A fabricação de carvão é outra atividade muito presente no Cerrado Mineiro e o tráfego de caminhões carregando esse produto enche as estradas que partem de vários pontos dessa região em direção ao cento do estado, onde se concentram as indústrias que consomem esse insumo. Parte desse carvão é feito de eucalipto, mas sua produção é insuficiente para a demanda, atendida ainda, em grande parte, pelo produto feito a partir da vegetação nativa (foto p. 317)[9].

Em três áreas cobertas pela Pesquisa de Campo, os entrevistados negaram a existência dessa atividade, embora alguns tivessem afirmado haver a produção de carvão em fazendas próximas e até terem ali trabalhado.

Aqui dentro do Gigante mesmo, ninguém nunca mexeu com carvão, não. [...] Lá fora, naquele cerrado, onde foi queimado, ele produziu muito carvão ali. Depois também ele vendeu, parou com... (Adão – Jequitinhonha)

Aqui, não, aqui nunca usou isso, não. [...] Aqui ninguém sabe fazer carvão, viu. (Zé Diniz – Triângulo)

Dentro da reserva nunca fez, não, fez carvão aqui dentro da Reserva na fazenda de Paulo Roque aqui. Aqui ele fez, mas nós mesmo não aceita isso, não, fazer carvão aqui dentro da Reserva, não, nós não destrói o mato. O povo sabe queimar carvão, mas, assim, fora, trabalhando fora, mas aqui dentro nunca... (Toninho – Norte)

---

[9] Estudo realizado por órgãos ambientais do Estado e por ONG's (*Biodiversidade em Minas Gerais: um atlas para a sua conservação*) informa sobre a importância desse recurso como fonte de energia e a participação da produção originária da vegetação nativa: "Ainda hoje, a biomassa florestal é a segunda maior fonte de energia do Estado, superando fontes como 'Petróleo e Derivados'. A utilização da biomassa florestal correspondeu a 25,8% da demanda total de energia do Estado em 1996, participando com 39,1% da demanda total do Brasil. Parte considerável desse abastecimento foi historicamente baseada na exploração de recursos florestais nativos. Inicialmente, a produção se deu pelo aproveitamento dos resíduos originados da expansão da fronteira agrícola. Posteriormente, tornou-se indutora do extrativismo florestal. [...] Na década de 70, a concessão de incentivos fiscais federais para o reflorestamento estimulou a formação dos grandes maciços florestais plantados, parte deles destinada ao suprimento do setor siderúrgico. Em que pese a implantação desses maciços florestais, a grande oferta de material lenhoso, os baixos custos de extração, a inexistência de uma legislação adequada e a fragilidade dos sistemas de controle permitiram que a utilização dos recursos nativos atingisse o quase limite da exaustão". (COSTA *et al.*, 1998, p. 22)

Na Reserva Indígena Xakriabá, onde a terra é de uso comum, há uma decisão de não se permitir a implantação de carvoeiras, pois, como revelaram alguns entrevistados, tal atividade teria fortes impactos ambientais para toda a comunidade:

> Às vez, a gente acha que era bom o dinheiro, mas depois ia trazer prejuízo. [...] Ia trazer prejuízo porque todo mundo ia criar interesse de criar uma carvoeira dentro da Reserva. [...] Daí a pouco, nós não tinha mais nada de reserva, como diz, não ia existir mais nenhuma árvore, porque dinheiro faz com que a gente perda a mão das coisa e ia derrubar árvore, que não era pra derrubar pra fazer carvão pra apurar dinheiro. E o cacique pensou isso e a gente cortou, não aceitou, não. Muita gente de fora fala: moço, mas ó o tanto de madeira, aqui, de pau apodrecendo aí, vocês não aproveita, mas pra nós, nós acha que quando nós derruba uma roça aqui, a madeira que fica no meio da terra, não tá levando desvantagem, não, que a madeira apodrece ali, mas a terra continua boa, porque serve de adubo, se queimar, acabou! (Rosalvo – Norte)

Na área pesquisada no Noroeste de Minas, ao contrário das demais, alguns entrevistados se valeram da produção de carvão para formar capital, visando adquirir a terra dos demais herdeiros, seguindo o exemplo de seu pai, que já usara da mesma estratégia para obter o dinheiro gasto para "escriturar a terra": "Ah, diz eles que terra pouca não queria, não, o negócio era vender. Eu mexia com carvoeira, tinha carvoeira, tinha muita saúde, mexia com carvoeira, fui fazendo carvão e comprando gado, depois vendi o gado, comprei deles" (Noroeste).

O trabalho na carvoeira também permitiu recursos financeiros para depois investir na propriedade adquirida, ao mesmo tempo possibilitou a formação de pastagens e, assim, "devorando o cerrado", esse entrevistado melhorava de vida:

> Comprava quatro, cinco bezerro, cada viagem de carvão, o gado foi refazendo. [...] Comprei deles, amontei carvoeira e formei, fui tirando o carvão e formando, sabe. Então, o que é meu, tem uns 80 hectare de pasto formado, tudo desse tipo que você tá vendo aí. [...] Fiquei uns dez ano aqui, só mexendo com carvoeira. [...] Aqui mesmo, na seca, nas água tava mexendo com roça, com uma rocinha, mesmo nas água, era roça e carvoeira, tocava tudo. [...] Isso aqui era um mato virgem, um cerrado virgem, foi tudo eu que devorei esse trem aqui, foi tudo no machado ainda, depois que eu trouxe a máquina... [...] Depois do carvão... aí depois que eu apurei o dinheiro que eu trouxe um trator de esteira, que eu arranquei os toco pra fazer pasto. Outro servição doido! (Noroeste)

Essa atividade, em geral, é feita à meia, entregando o dono da terra a produção do carvão a alguém da sua confiança: "Eu dava... o cerrado desmatado e dava os forno montado e boi e carroça e o meeiro pegava, cortava a lenha e cozinhava. [Desmatava de máquina?] É, esses D-7, trator de esteira. [E era meio a meio?] Meio a meio" (Noroeste). Assim, ele não tem despesas com a mão-de-obra, mas deve ter lucro suficiente para compensar os demais gastos, embora também deva ser considerado como ganho dessa atividade a área desmatada para a formação de pastagens ou lavouras. A produção de carvão, no entanto, sofre com os altos e baixos do mercado desse produto e nem sempre é avaliada positivamente: "Fizemo, nós desmatamo aqui, fez carvão aí, agora, cabou, né. [...] Teve uma época que tava bom, não tava ruim, não, mas depois, teve uma época também que não valia nada, só dava trabalho" (Noroeste).

Alguns produtores entrevistados se dedicaram a esta atividade por oito, dez anos, transformando em carvão enormes áreas de Cerrado: "Tirava umas trinta viagem por ano. [...] [Uma viagem, que você fala, é uma carga de um caminhão?] É uma carga de um caminhão de carvão [...] [Quando você fala uma carga assim, como é que era?] Dá 60 metro, 70 metro, até 80 metro dava. [É um caminhão desses...?] Desses truque" (Noroeste). Cada carga desta representaria "devorar", em média, 9,8 hectares de Cerrado, pois, segundo os dados fornecidos pelo biólogo Eugênio Tamerão Neto, baseados em estudos do CETEC, "para a produção de 1 m³ de carvão, são necessários 0,34 ha de Campo Cerrado, 0,14 de Cerrado e 0,09 de Cerradão" (TAMERÃO NETO, 1991, p. 59).

Sabe-se que grande parte dessa produção é clandestina e mesmo aquela que segue os trâmites legais para a obtenção de licença de desmate, muitas vezes, não cumpre todas as determinações da legislação ambiental. Não há esclarecimentos suficientes sobre tais determinações, mas há um grande temor sobre as punições que delas possam advir, através da fiscalização da Polícia Florestal. Em geral, nos roçados para fins agropecuários, começa haver uma preocupação de se preservar o que consideram como "madeiras de lei":

> Sempre a gente deixa alguma madeira... madeira de lei, mesmo, quase que a gente não corta ela no meio da terra... aroeira, essas madeira de lei, a gente sempre preserva elas. (Jequitinhonha)
>
> Moço, os pau de cerne, hoje, já tão usando deixar muito, piquizeiro, vinhático, esse mesmo pau chamado rosca... rosca, não, tamboril-do-gerais, mussambé, sucupira-branca, sucupira-preta, jacarandá e alguns pau que prestava, outra hora, um pau de sombra bonito, mesmo que não seja madeira de cerne, mas vai deixando pra não piorar muito a natureza, né. Agora, a gente é obrigado por, porque não tem outro jeito, né, derruba... pra pasto, ninguém derruba nada, só tá raleando os fino, aqueles fininho, os grosso fica tudo e joga a pastagem... [Mas, antigamente, não fazia assim, não?] Fazia, não, eles derrubava era tudo, só deixava pequizeiro, hoje, é que já tá melhorando mais, o povo tá entendendo mais que é preciso preservar a natureza, né. (Norte)
>
> Tem uns pau que tem que deixar na reserva, né, tem a qualidade de madeira que não pode tirar, não. Vinhático, sucupira-branca, as madeira que mais... que não pode pensar cortar é essas, baru... tem árvore que não pode cortar, não. [Não pode cortar, por que?] Tem que ter a reserva, né. [Por causa da...?] Da água, que eles fala... eu já vi falar até quantos... eles fala até quantos pau que tem que ter num hectare de terra, quantas árvore que tem que ter num hectare de terra. [...] A Florestal, eles não aceita, não, tem que ter, um hectare

de terra tem que ter tantos pé de pau, sabe. [...] Muitos lugar tem o trem pelado, mas é o cara que trabalha fora da lei, né... (Noroeste)

Embora não seja comum, essa madeira, ao contrário do que acontecia em passado recente, pode também ser fonte de renda, ao ser comercializada clandestinamente, principalmente porque as de melhor qualidade começam a escassear:

> Hoje ainda tem uma diferençazinha, porque hoje a gente já vende madeira pra fora e naquele tempo não vendia. [...] A madeira mais importante pra nós aqui seria a sucupira, mas a sucupira já tá em extinção, já foi muito desvelada aqui pra... [...] Tem a peroba... [A peroba tem comércio assim pra vender?] Tem, pra madeira pra cerca, pra mourão de curral. [É um comércio bom?] Mais ou menos. [...] [Não tem problema com fiscalização?] Até agora não tem dado problema, não, a base da gambiarra aí, a gente consegue. (Jequitinhonha)

A produção de carvão e a venda de madeira foram criticadas por alguns entrevistados mais idosos, que responsabilizaram essas atividades pela falta deste produto atualmente em relação ao tempo em que conheceram o Cerrado pouco devastado: "Tinha, nesse tempo, tinha, não tinha esse negócio de vender madeira. Não tinha negócio de vender madeira, não tinha carvoeira, porque aonde tem a carvoeira, acaba com tudo" (Noroeste).

Capítulo 5

Semeando mudanças

Grande parte do desmatamento realizado nas áreas investigadas tem pouco haver com a comercialização de madeira e mesmo a produção de carvão se combina com a implantação de pastagens e lavouras. As transformações na agropecuária são a chave para se entender o processo de destruição recente do Cerrado, iniciado em Minas com irradiação posterior para outros estados. Nos últimos trinta anos, houve um conjunto de profundas mudanças que alterou, significativamente, a agricultura e a pecuária, bem como contribuiu para a introdução de novas atividades econômicas no Brasil Central.

Muitas vezes, quando se discute esse processo recente, talvez até para ressaltar os seus impactos, não se aborda as transformações anteriores vividas pelo Sertão Mineiro e pela sua população nas suas relações com o Cerrado. Tende-se a considerar o modo de vida, nesta região, como se repetindo, indefinidamente, ao longo de décadas e até séculos. A agropecuária sertaneja vivenciou várias mudanças anteriores à chamada modernização recente, quando também experimentou inovações tecnológicas, reorganização fundiária, alterações ambientais, incremento na integração ao mercado, ação do Estado na implantação de infra-estrutura regional e outras transformações ainda pouco estudadas.

A Pesquisa de Campo, em continuidade às questões discutidas no Volume I, levantadas a partir de informações de fontes históricas, trouxe vários elementos desse processo de mudanças no Sertão Mineiro, ocorrido tanto na agricultura, como pecuária, tanto nas fazendas, como nos sítios camponeses, embora variando, em muitos aspectos, não só em cada atividade e segmento social, como em cada região.

O primeiro aspecto a se considerar, neste processo, é a própria mudança na apropriação e transformação do mundo natural associada ao desenvolvimento daquelas duas atividades. A agricultura no Sertão Mineiro, como já foi assinalado no Capítulo 2 deste livro, tradicionalmente, era realizada em um ambiente próprio, a "terra de cultura", correspondendo às formações florestais do tipo Mata Ciliar, Mata de Galeria e Mata Seca (RIBEIRO e WALTER, 1998). Dessa maneira, a implantação de novas lavouras implicava no desmatamento das áreas onde ocorriam esse ambiente e o plantio sucessivo por dois até quatro anos. A própria madeira resultante da derrubada da mata era empregada para fazer a cerca, pois, naquela época, não havia arame, durando essa proteção igual período. Em seguida, vinha o período de pousio, quando a terra ia recuperar sua fertilidade através da formação de uma capoeira.

> Agora, Seu Ricardo, eles falava assim: ó, cerca a roça. Então, o seguinte: era por isso, era pra eles plantar também só três ano, diz que não era pra acabar com a capoeira, viu! Você vê: eles tinha uma entendência boa, os antigo, não tinha? Tinha, não podia acabar com a capoeira. Plantava três ano, aí, a cerca apodrecia, não tapava mais, mas também, largava a roça. [...] Formava capoeira, que largou a roça, a brota tá ali mesmo, vivinha, né, vem, mas vem mesmo! (risada) [...] É o sistema deles. (Zé Diniz – Triângulo)

O processo de regeneração dessa mata dependia de vários fatores, podendo, em alguns casos, não ocorrer, ou demorar vários anos:

> Largava, virava capoeira de novo. [Demorava quanto tempo para formar assim?] Capoeira? Ah, isso aí, eu não sei, não, mas ia muitos ano... muitos ano. [...] Depois, às vez, voltava no lugar, o lugar que fosse uma terra boa, voltava, né, mas outros lugar virava carrasco, assim, capoeira, não mexia, não. [...] Aquilo não ficava muito bom, não, virava capoeira, saía grama, né, um lugar assim, não ficava bom, não. [...] Agora, lá embaixo, no Buriti, aonde era a fazenda velha, tem aonde era a roça de cana de papai, hoje, já tá mato, capoeira lá dentro, pode derrubar, dá madeira de carvão, isso não tem muitos ano, não, quer dizer, se largar, vai virando... (Sandoval – Noroeste)

Formada uma capoeira, onde as árvores já apresentam um certo grau de desenvolvimento, não se espera muitos anos para reutilizar a área com novas lavouras:

> Geralmente, uma base de quatro, cinco ano, ela já tá retornando a dar queima de novo, pra roçar, novamente. [Com quatro, cinco anos, ela fica de que jeito, o mato dela?] Matinho, assim, já... já dando madeira pra fazer estaca de cerca, uma coisa assim... [...] Igual o povo diz: pau de golpe, né, quer dizer que já é pau que já dá pra cortar de golpe, que não é mais madeirinha fina. [...] Algumas madeira já ocupa machado, que tem uma madeira que reproduz mais ligeiro. [...] Geralmente, é aroeira. [...] Cresce mais rápido, é a madeira que mais cresce ligeiro é aroeira. (Adão – Jequitinhonha)

Poucas vezes, porém, se pode deixar uma área desmatada recuperar o seu porte anterior, pois são necessários dezenas de anos, em alguns casos, até mais:

> Mato grosso, trabalhei na época do meu pai e daí, virou... cabou, não é? E daí, dentro da minha vida, lá virou mato outra vez e eu fui trabalhar lá! De novo! [E para ficar esse mato grosso...?] Sessenta ano. [Do mesmo jeito que era o outro?] É, do mesmo jeito! Eu alcancei isso! (Zé Diniz – Triângulo)

O aumento da população, o fracionamento das terras entre os herdeiros, ou a necessidade de acomodar mais famílias dentro da mesma área, como nos Xakriabá, faz reduzir o período de pousio ao mínimo, resultando em perdas na sua fertilidade e impactos sobre o meio ambiente, pois as árvores acabam sendo abatidas sempre jovens.

> Aqui tem capoeira que tem uns dez ano já, que ela foi derrubada.[...] As mata tá muito pouca, deixa dois, três ano, faixinar um pouco, que eles fala, assim, faixinar: criar um mato pra queimar de novo, três, quatro ano... [...] É, mas as mata ficou muito pouca, o povo trabalha mais é capoeira, terra baixa mesmo. [...] Aí você é obrigado... se tem um terreno que parou de trabalhar nele dois, três ano, você é obrigado a tornar a voltar trabalhar nele, porque acontece que os terreno são pouco. (José Nunes – Norte)

Derrubada a mata, a madeira não aproveitada para fazer a cerca, não empregada como lenha ou para diversos fins, ou mesmo aquela que não era, eventualmente, vendida, era queimada, pois se acredita que a cinza ajuda a adubar a terra (fotos p. 313): "Produzia mais a roça, porque a terra sempre era nova, não dava muita capina, a terra criava com força, porque quando queima, a terra fica forte, aquele carvão serve de fortaleza pra planta, o carvão é um dos adubo pra planta..." (José Cardoso – Jequitinhonha). Para poder queimar bem é necessário deixar secar a madeira, estabele-cendo uma rotina de preparação da área a ser plantada, nem sempre respeitada:

> Quando vai roçar a gente se tiver um mato mais forte, você roça, depois, assim, um mês, dois mês, a gente começa... volta com o machado derrubando os pau de derruba, né. Agora, quando é uma capoeira muito rala, aí, a gente só roça, já não fica quase madeira de machado, de derruba. Aí você vai deixar um período de dois, três mês, secando, pra poder queimar. [Você roçou, agora, mês de maio?] É, mês de maio, aí, vai ficar junho, julho, agosto. Agosto, fim de setembro, coloca fogo. [...] Com dois mês, já queima bem, o mato secando, né, mas, aqui, ninguém deixa nem isso, talvez... muita gente acaba de derrubar hoje, daqui a oito dia já põe é fogo, né, compadre? (José Nunes – Norte)

As queimadas, como já foi apontado no Capítulo 5 do Volume I, sempre foram acompanhadas de cuidados para se evitar a penetração do fogo em áreas florestais, já bastante secas nos meses de sua realização. Além do risco de se queimar áreas de reserva de madeira, ou em recuperação para futuros plantios, tem-se a ameaça de se ver a penetração de espécies indesejáveis:

> A cultura não podia ir fogo, que se fosse fogo, você vê: eles tinha um ciúme danado das capoeira. Que o fogo na cultura, ele mata a capoeira e o senhor vê: matou a capoeira, o que que vem? Vem a vassoura e vassoura, o capim não dá, não anda, viu, é igual a braquiária, viu. [...] É aquele ramozinho miúdo, é aquele da beira da fornalha, aquela sujeira, sabe, aquilo não caba, aquilo vai... pode durar cinqüenta ano e... queimou, ela vem. [...] Ê trem! O povo aqui é

um medo disso na cultura! [...] Ela toma conta e aí, mata o capim, mata tudo, porque o senhor vê na roça, ela fica alta, né. (Zé Diniz – Triângulo)

Nem sempre havia condições de preservar as "terras de cultura" da invasão de "pragas", e a abundância de áreas "virgens" ainda permitia a realização de novos desmatamentos, pois tornava-se difícil trabalhar nas antigas: "Primeiro, eles desbrotava quatro ano, começava a dar praga, largava o mato, laçava outro. [...] Gastava enxada, capinar no meio do toco é difícil e tinha muitas outras mata, roçava outras mata" (Osmar – Triângulo). A permanência dos tocos era a possibilidade do surgimento da capoeira e a regeneração do ambiente florestal, mas nem sempre isso acontecia e, muitas vezes, as áreas desmatadas eram transformadas em pasto, para atender ao incremento da pecuária.

Com o tempo, as áreas de mata escasseavam e o cultivo mais intensivo nas "terras de cultura" passou a ser uma alternativa em algumas regiões. Na área pesquisada do Triângulo Mineiro, a introdução do arado a tração animal foi visto como uma solução para a perda de fertilidade das terras:

Depois veio o arado, aí passou a ter que arrancar os toco, já de início pra arar, né, mais gostoso, foi uma inovação. E aí, quando eles araram as cultura muitos anos, dez, vinte anos, aí, assoreou tudo e acabou. Essas cultura não existe mais, não. [Mais ou menos em que época que apareceu o arado aqui?] Acredito que foi em 1950, aqui na região, acho que na década de 50. Se teve arado aqui na década de 40 foi muito pouco. [1] (Osmar – Triângulo)

Nessa região, o uso deste implemento com tração animal se expandiu nessa década e na seguinte, surgindo agricultores especializados em arar as terras de seus vizinhos e os impactos ambientais desse manejo do solo são visíveis até hoje, como se pode observar no seguinte depoimento de um entrevistado de 70 anos:

Quando a aração... eles pegou aração pra valer mesmo, eu devia de ter uns... vinte ano, mais ou menos, já. [...] Aqui, tinha um homem, o tal João Honório, esse homem, ele vivia do pescoço do boi, fazia aração, né. [...] É tanto que adonde ele arou muito, esse homem, que tocava roça, lá não é mata até hoje, viu, Ricardo! Não é, não, até hoje é limpinho, viu! [...] Arava pros outro, é igual esses trator, você entende, viu? Era o serviço dele, dava o tempo de aração, ele ia lá, né. [...] Ele tinha terra, ele tinha oito boi, então, ele arava com oito boi. (Zé Diniz – Triângulo)

---

[1] Na área pesquisada no Triângulo Mineiro, as primeiras tentativas de trabalhar a terra com toscos implementos de tração animal datam do início do século XX, conforme as recordações de um entrevistado: "Acho que a primeira aração, parece que eu ouvi falar, não sei qual é o fazendeiro, viajou e viu terra arada, inventou fazer de pau, sabe, diz que marrava seis, oito boi... oito boi, no tempo, ia rasgando a terra de pau, o pai falava isso... (risada)" (Zé Diniz – Triângulo). Segundo o Censo de 1920, o município de Monte Carmelo, possuía apenas um arado e não havia ali nem grades e muito menos tratores.

Essa introdução do arado não ocorreu com a mesma significação nas quatro áreas pesquisadas, como demonstram os dados do Censo Agropecuário de 1970, relativos às microrregiões onde elas estão inseridas:

Quadro 3 – Uso de arado de tração animal em quatro microrregiões do Cerrado Mineiro (1970)

Microrregiões[2]	Número de estabelecimentos	Com arado de tração animal	% sobre o total
Alto Paranaíba (TRIÂNGULO)	7.106	2.850	40,1
Chapadões do Paracatu (NOROESTE)	9.923	3.562	35,9
Mineradora do Alto Jequitinhonha (JEQUITINHONHA)	2.825	330	11,7
Sanfranciscana de Januária (NORTE)	9.791	298	3,0

FONTE: Censo Agropecuário de 1970 (IBGE, 1970).

Nota-se uma nítida diferença entre o percentual de estabelecimentos rurais que empregavam arado de tração animal nas duas primeiras microrregiões em relação àquelas situadas no Jequitinhonha e, principalmente, no Norte de Minas. As observações feitas durante a Pesquisa de Campo confirmam esses dados, pois enquanto se pode verificar o uso desse implemento no Jequitinhonha (foto p. 317), ainda hoje, ele é pouco utilizado na área pesquisada do Norte de Minas: "Tombador, daquele bico de pato, que é o arado, esses trem eu vi em São Paulo, trabalhei com aquilo, mas lá em São Paulo, mas aqui, ninguém nunca usou, não" (Benvindo – Norte).

É bastante sintomático, nesse sentido, a grande redução do percentual do território ocupado com matas observada nas áreas pesquisadas do Triângulo Mineiro e Noroeste em relação às outras duas, quando se compara os dados dos Censos de 1920 e 1970, como se pode ver no quadro a seguir[3]. O município de

---

[2] A Microrregião do Alto Paranaíba incluía, em 1970, os seguintes municípios: Abadia do Dourados, Cascalho Rico, Coromandel, Cruzeiro da Fortaleza, Douradoquara, Estrela do Sul, Grupiara, Indianópolis, Monte Carmelo, Patrocínio, Romaria e Serra do Salitre; a Chapadões do Paracatu: Arinos, Bonfinópolis de Minas, Buritis, Formoso, Guarda-Mor, João Pinheiro, Lagamar, Paracatu, Presidente Olegário, Unaí e Vazante; a Mineradora do Alto Jequitinhonha: Botumirim, Cristália, Grão Mogol e Itacambira; e a Sanfranciscana de Januária: Itacarambi, Januária, Manga, Montalvânia e São Francisco.

[3] Optou-se por trabalhar com o percentual da área de matas, pois a comparação em números absolutos, dentro de um período tão longo, quando se aperfeiçoaram os instrumentos censitários,

Monte Carmelo[4] (Triângulo Mineiro) viu, nesse período de 50 anos, suas formações florestais diminuírem mais de 17 vezes, enquanto o de João Pinheiro[5] (Noroeste) se resumiu sua área de matas a quase um quarto do que havia em 1920. No Jequitinhonha, o antigo município de Grão Mogol[6], perdeu pouco mais da metade e o de Januária[7] (Norte) apenas pouco mais de um terço.

Quadro 4 – Percentual da área de matas (1920-1970)
e de pastagens e terras em descanso e terras produtivas não utilizadas (1970)

MUNICÍPIOS	1920	1970		
	Matas	Matas	Pastagens naturais	Terras em descanso e produtivas não utilizadas
Monte Carmelo	15,9	0,9	87,1	2,9
João Pinheiro	17,8	4,7	81,7	2,6
Grão Mogol	45,9	15,6	36,9	19,2
Januária	67,8	43,7	16,7	15,6

FONTE: MINAS GERAIS, 1926 e Censo Agropecuário de 1970 (IBGE, 1970).

Os dados do Censo Agropecuário de 1970 também mostram que os municípios de Grão Mogol e de Januária apresentavam, naquele ano, percentuais muito maiores de terras em descanso e terras produtivas não utilizadas do que os outros dois. Assim, evidencia-se que havia entre eles não só uma grande diferença em termos de perda de áreas florestais, como também uma menor disponibilidade de áreas em pousio em Monte Camelo e João Pinheiro, mostrando que nesses municípios a pressão sobre as áreas de mata era maior que nos dois primeiros. Os dados relativos

---

geraria distorções significativas. Como o objetivo aqui é apenas destacar as diferenças de ritmo de desmatamento entre as áreas investigadas, tais distorções não constituem um problema grave.

[4] Os municípios correspondentes às áreas investigadas eram, em 1920, muito maiores do que em 1970, pois entre as duas datas ocorreram a emancipação de vários distritos. Monte Carmelo reunia, então, além deste município, os de Douradoquara, Iraí de Minas, Nova Ponte e Romaria, já existentes em 1970.

[5] O município de João Pinheiro não sofreu alterações em território entre 1920 e 1970, só recentemente é que surgiu, por exemplo, o de Brasilândia, onde foi realizada parte da Pesquisa de Campo.

[6] Grão Mogol era, em 1920, um grande município, que incluía, além deste, os de e Botumirim e Itacambira, onde foi desenvolvida a Pesquisa de Campo, e os de Cristália, Porteirinha e Riacho dos Machados, emancipados antes de 1970.

[7] Entre 1920 e 1970, a partir do município de Januária, foram criados os seguintes: Itacarambi, Manga e Montalvânia.

a esse ano também parecem confirmar o que foi dito nos depoimentos da Pesquisa de Campo: parte das terras desmatadas entre 1920 e 1970 se tornavam "pastagens naturais", depois de abandonadas pela agricultura, com a ocupação das áreas de lavoura por vários tipos de capim, considerados nativos.

> Chegou o arado, eles arou e a enxurrada começou a levar tudo pra baixo, mas não tinha problema, aquilo plantava três, quatro ano, quando ia tudo lá pro córrego, eles falava: aquilo lá só tá bom pro pasto. Ainda vinha um provisório até bom, o gordura, o capim-gordura e eles ia pra outro mato, enquanto não acabou... (Osmar – Triângulo)

Adiante, quando se discutir as mudanças na pecuária, esse aspecto será retomado, por agora, cumpre destacar a significativa perda de áreas de formações florestais, principalmente nas áreas pesquisadas do Triângulo (foto p. 317) e Noroeste, relacionadas com a intensificação da agricultura e, principalmente da pecuária, antes de 1970. Essa data é importante, pois os chamados Programas de Desenvolvimento Agrícola do Cerrado só vão se iniciar no transcurso dessa década, exatamente no Triângulo e Noroeste e daí se espalhando para outros estados, como mostra o quadro abaixo:

**Quadro 5 – Programas Governamentais
de Desenvolvimento Agrícola do Cerrado (1972-1994)**

PROGRAMA	CRIAÇÃO	CUSTO (US$)	ÁREA (ha)	LOCAL (Estado)
PCI	1972	32 milhões	111.025	MG
PADAP	1973	200 milhões	60.000	MG
POLOCENTRO	1975	868 milhões	3.000.000	MG, MS, MT, GO
PRODECER I	1979	94 milhões	60.000	MG
PRODECER II	1985	409 milhões	180.000	MT, BA, MG, GO, MS
PRODECER III	1994	66 milhões	80.000	MA, TO
TOTAL	–	1.669 milhões	3.491.025	–

Fontes: GUANZIROLI & FIGUEIRA, 1986, JICA, 1994 e Fundação João Pinheiro, 1985.

Cada programa representou um aspecto importante no chamado processo de modernização agrícola do Cerrado e o conhecimento dessa trajetória ajuda a visualizar melhor como foi implementada a política de desenvolvimento regional:

Programa de Crédito Integrado e Incorporação dos Cerrados – PCI

Foi criado pelo Banco de Desenvolvimento de Minas Gerais – BDMG, e contou com a participação articulada de vários órgãos da área da agricultura do governo mineiro e com recursos do Banco Central e do Banco Mundial. Teve seu auge entre 1972 e 1975, abrangendo, dentro daquele estado, as regiões do Triângulo

Mineiro, Alto Paranaíba, Paracatu, Alto e Médio São Francisco. Financiou naquele período um total de 230 projetos, com área média contratada de 483 hectares. Constituiu-se em uma experiência piloto que, devido a seu relativo sucesso, impulsionou a geração de novos projetos para a região do Cerrado de Minas Gerais (SALIM, 1986).

Programa de Assentamento Dirigido do Alto Paranaíba – PADAP

Paralelamente ao desenvolvimento do PCI, a Secretaria de Agricultura do Estado de Minas Gerais assinou, no início de 1973, um acordo com a Cooperativa Agrícola Cotia – CAC para a implementação do PADAP. Com base no Estatuto da Terra, foram desapropriados 60.000 hectares nos municípios de São Gotardo, Ibiá, Rio Paranaíba e Campos Altos para a implantação dos quatro núcleos de colonização. Este programa tinha como estratégia a organização cooperativada dos colonos e concentração espacial das atividades agrícolas, dos recursos financeiros e creditícios e da infra-estrutura de apoio. O programa inicialmente beneficiou 92 colonos, número que, dez anos depois, já tinha alcançado 122 agricultores (FRANÇA, 1987).

Programa de Desenvolvimento dos Cerrados – POLOCENTRO

Com a ida do então Secretário da Agricultura de Minas, Alysson Paulinelli, para o Ministério da Agricultura, em 1975, foi elaborado o POLOCENTRO, programa que visava expandir para uma área mais ampla a política de desenvolvimento do Cerrado, executada naquele estado. Assim, este programa "incorporou", em 5 anos, 3 milhões de hectares do Cerrado com lavouras, pastagens e reflorestamento, distribuídos em cerca de 202 municípios dos estados de Minas Gerais, Goiás, Mato Grosso, Mato Grosso do Sul, abrangendo uma área total de 785 mil quilômetros quadrados. Cerca de 75% de seus recursos se destinaram a linhas especiais de crédito e o restante à pesquisa agropecuária, assistência técnica, armazenamento, transportes e eletrificação rural. A dispersão de suas ações foi considerada como um problema do programa, que contribuiu para o redirecionamento do desenvolvimento do Cerrado em termos de retorno à estratégia de assentamento dirigido implementada pelo PADAP (FJP, 1985; GUANZIROLI; FIGUEIRA, 1986; SALIM, 1986).

Programa de Cooperação Nipo-Brasileira de Desenvolvimento dos Cerrados – PRODECER

Esse programa é resultado do acordo de cooperação firmado entre os governos brasileiro e japonês, em 1976. Para coordenar sua realização foi criada uma empresa binacional: Companhia de Promoção Agrícola – CAMPO, com 51% de seu capital pertencente a uma holding brasileira (BRASAGRO), formada por um conjunto de estatais (BDMG, BNCC, BNDE, CIBRAZEM, etc.); e o capital restante pertencente a uma holding japonesa, liderada pela poderosa Japan Internacional Corporation Agency (JICA) e empresas como MITSUI, MISUBISHI, Banco de Tóquio, etc.

Em sua primeira fase (PRODECER I), implantada toda em território mineiro, a CAMPO atuou tanto na organização dos três grandes projetos de colonização (Iraí de Minas, Paracatu e Coromandel) e das duas grandes empresas (Paracatu e Unaí), como na exploração direta da terra, onde são realizadas experiências e produzidas sementes (Coromandel). Seus recursos foram aplicados em investimentos fundiários, infra-estrutura e crédito (fundiário, custeio e investimentos) (SALIM, 1986).

O PRODECER II se constituiu em 15 núcleos de colonização espalhados pelos estados de Minas Gerais, Goiás, Mato Grosso, Mato Grosso do Sul e Bahia. Estes projetos apresentaram um desempenho desigual, passando-se a buscar alternativas como o uso de irrigação e diversificação de culturas e atividades pecuárias (NABUCO, 1993).

A terceira fase do programa (PRODECER III) é de implantação recente e representa uma expansão ainda maior da estratégia de desenvolvimento do Cerrado em direção a novos estados: Maranhão e Tocantins. Refletindo as críticas feitas ao programa, esta fase apresenta uma preocupação ambiental, que se traduz na proposta de manutenção de metade do total de 80.000 hectares previstos, como área de reserva florestal (JICA, 1994).

Não é objetivo deste estudo aprofundar a análise destes programas, pois já há uma farta bibliografia sobre esse tema, mas não se pode subestimar a sua influência sobre as regiões onde se implantaram e também sobre as populações tradicionais do Cerrado, incluindo vários dos entrevistados da Pesquisa de Campo, resultando em profundas alterações nas suas relações com o mundo natural. Nesse sentido, tais influências vão aprofundar as diferenças destacadas acima entre as áreas investigadas no Jequitinhonha e Norte de Minas, de um lado e do Triângulo e Noroeste, de outro, onde elas foram mais significativas. Alguns depoimentos mencionaram os impactos provocados por aqueles programas nestas regiões e a forma crítica como eles são percebidos pelas lideranças dos trabalhadores rurais:

> A descoberta do cerrado, aqui na região do Triângulo, Monte Carmelo, Araguari, Patrocínio, se deu no início da década de 70, quando os sulistas, cansados da geada, voava... sobrevoava pra Brasília, né, pedindo socorros, com projeto de mudar mais pra cima no país, aí pro Sudeste, mesmo, pra implantar suas lavoura, porque lá não güentava mais as geada. E pararam por aqui, gostaram e disseram: sim, que aqui era o lugar que eles queria. Foi só falar pro governo da época, o governo federal e o governo criou o Projeto POLOCENTRO, onde pegava o Sul de Goiás, o Triângulo, Alto Paranaíba e determinou-se, a partir daquele momento, que o café seria uma atividade no cerrado, inexplorado até então na região. Engraçado que, aqui em Monte Carmelo, em específico, é... tem... você pega essa área de café, perto da BR, né, daqui indo pra Uberlândia, era um cerrado com poucas culturas, com poucas terras cultiváveis pra lavoura... Por isso... indo pra Patrocínio, principalmente, era um cerrado cheio de largas, de latifúndio, totalmente, inexplorável, tinha poucos donos, poucas residências, poucas atividades. E Monte Carmelo era uma cidade pequena e com aquele projetão de plantar o café na região, o cerrado foi colocado todo a disposição dos sulistas e passou... foi transformado

rapidinho, repentinamente, em área... cerrado devastado, áreas preparadas a trator e a máquinas pra plantar o café. A cidade passou a acolher migrantes, imediatamente, começaram os da roça do município, os das cidades vizinha e foi atraindo... chamando atenção de pessoas de outros estados, que precisavam o fazendeiro buscar lá e elas vinha e ficava, porque, a cada ano que passava, plantava-se mais, mais café. Então, acabava a panha de um café, tinha que catar raiz e plantar mais café. Aquele cerrado, hoje, está... hoje, não existe, ele é muito raro. Acho que é por aí. Agora, eu não sei se isso foi muito interessante com relação, por exemplo, a depravação do meio ambiente, que tanto reclama os estudiosos... (Osmar – Triângulo)

A principal transformação ambiental trazida pelos Programas de Desenvolvimento Agrícola do Cerrado é a introdução de todo um conjunto de inovações tecnológicas capazes de permitir a substituição do cultivo em ambientes florestais pelo plantio de lavouras em áreas de formações savânicas:

Hoje o pessoal planta no cerrado quase como se plantasse na cultura. [...] Antigamente, não. [...] O cerrado não tinha utilidade nenhuma, antigamente, a não ser mesmo alguma coisa nativa, tipo o pequi, a mangaba, algumas coisa assim que o pessoal colhia, mas não tinha... nem pasto não fazia. (Tião – Noroeste)

Nos últimos 30 anos, houve uma inversão de valores e os ambientes de mata perderam a hegemonia como espaço agrícola por excelência, inferiorizando-se frente ao que antes, muitas vezes, não era nem considerado na negociação de terras:

Nós era menino, um alqueire de cultura pagava dez de campo assim. (Tá vendo o valor que tinha o campo? Como, por exemplo, se eu fosse comprar um terreno... não, mais fácil, eu vou dividir minha fazenda, eu mais o Zé só, então o Zé vai ficar com a cultura, então, um alqueire da cultura dele, eu tinha dez alqueire de campo. (Zé Coletinha e Zé Diniz – Triângulo)

Agora, hoje... na época de hoje, o nosso cerrado e o nosso campo valem mais do que a cultura, que a cultura nossa, geralmente, é acidentada, né, e o campo e o cerrado, o senhor pode maquinar ele todo. (Alberto – Triângulo)

A possibilidade de mecanizar todo o preparo da terra e as etapas posteriores de cultivo é apontada como uma das principais razões para a troca da "terra de cultura" pelo cerrado, permitindo, assim, a substituição do arado de tração animal por aquele puxado por um trator:

Hoje, ninguém usa cultura mais, só mesmo pra gado, é mais no cerrado vermelho, cerrado adequado, bom de trabalhar, planinho, não tem pedra, entendeu? [A cultura é mais morrada?] É mais morrada, sempre mais escorrida, na beira do córrego, tem que trabalhar só com... de primeiro, a gente trabalhava só com aradinho de boi, a tração animal, arado de tração animal pra arar o chão, era o que usava. Agora, já não usa mais, o cerrado é próprio pra você arar com arado de trator, entendeu? (João dos Reis – Triângulo)

O cerrado antes usado como pastagem natural passa, através da mecanização, a ter uso agrícola e as áreas de mata, antigamente derrubadas para o plantio de lavoura, tornam-se pastos, depois de serem durante anos rasgadas e esgotadas com o arado de ração animal. Um entrevistado resume: "Eu não tava contando a história do aradinho? Antes de vir o trator, já tinha acabado com as cultura tudo" (Osmar – Triângulo).

A mecanização facilitou não só a preparação da terra e outros tratos culturais, como permitia uma derrubada mais rápida da vegetação nativa, favorecendo a expansão agrícola e a formação de grandes áreas de pastagens. Os Programas de Desenvolvimento Agrícola do Cerrado e a difusão de seu pacote de tecnologias contribuíram para um grande crescimento da mecanização nas regiões onde eles foram implantados. Apesar do número reduzido existente, havia, já em 1970, uma diferença significativa do total de tratores pertencentes às áreas investigadas no Triângulo e Noroeste em relação àquelas do Norte de Minas e Jequitinhonha, como se pode ver nesse quadro:

Quadro 6 – Uso de tratores em quatro microrregiões do Cerrado Mineiro (1970)

Microrregiões	Número de estabelecimentos	Com tratores	% sobre o total
Chapadões do Paracatu (NOROESTE)	9.923	124	1,25
Alto Paranaíba (Triângulo)	7.106	71	1,00
Sanfranciscana de Januária (NORTE)	9.791	26	0,26
Mineradora do Alto Jequitinhonha (JEQUITINHONHA)	2.825	1	0,03

FONTE: Censo Agropecuário de 1970 (IBGE, 1970).

Se a mecanização ampliava as possibilidades de apropriação do mundo natural, representando fortes ganhos de escala, no entanto, não resolvia o problema da fertilidade do solo, naturalmente encontrada nas "terras de cultura" e ausente no cerrado, conforme foi apresentado no Capítulo 1 do Volume I. A Ciência percorreu uma longa trajetória desde os naturalistas do século XIX até trabalhos das universidades e os centros de pesquisa do seguinte para explicar as relações da vegetação com o solo do Cerrado e encontrar formas de aí desenvolver a agricultura.

No começo da década de 40, técnicos do Ministério da Agricultura iniciaram, na Estação Experimental de Sete Lagoas (MG), uma série de pesquisas pioneiras para o aproveitamento dos solos do Cerrado. Entre estas destaca-se o Experimento de Conquista de Cerrado, tendo por "finalidade investigar as possibilidades de melhorar as condições das terras dos cerrados deficientes em matéria orgânica, de elevada acidez e pobres em elementos nutritivos, por meio de adubação verde, calagem e adubação fosfatada" (MENEZES; ARAÚJO, 1964, p. 20).

A Estação Experimental de Sete Lagoas, até o início da década de 1960, fazia parte do Instituto Agronômico do Oeste, então transformado em Instituto de Pesquisas e Experimentação Agropecuárias do Centro-Oeste (IPEACO), mais tarde sucedidos pela Empresa Brasileira de Pesquisa Agropecuária – EMBRAPA, criada em 1973. O IPEACO, no início dos anos 70, já tinha pesquisas em áreas de Cerrado, com as principais culturas brasileiras (abacaxi, algodão, amendoim, arroz, feijão, mandioca, milho e soja), bem como, diversos experimentos em pecuária (IPEA, 1973). Experimentos utilizando calagem e adubação na produção de algodão, milho e soja também foram realizados com sucesso, por pesquisadores do IBEC Research Institute, no Estado de São Paulo, a partir do final dos anos 50 (FREITAS, 1971).

Estas pesquisas, além de definirem como adotar as práticas de calagem e fosfatagem, necessárias à "correção do solo", também já haviam desenvolvido, no final dos anos 1960, experimentos com as variedades mais adaptadas às condições próprias do Cerrado, incluindo as culturas de algodão, amendoim, arroz-de-sequeiro e soja. Assim, ao se iniciarem os programas de aproveitamento agrícola intensivo do Cerrado, na década seguinte, aquelas instituições tinham se tornado os "responsáveis diretos pelo desenvolvimento do suporte tecnológico e operacional de custo zero para o produtor [...]" (SALIM, 1986, p. 337). Ao mesmo tempo, tinham possibilitado o uso de todo o pacote tecnológico da chamada "Revolução Verde", favorecendo também a integração da "nova" agricultura do Cerrado aos complexos agroindustriais, tanto em relação à demanda por fertilizantes, agrotóxicos, máquinas e equipamentos, como no que se refere à padronização e qualidade exigidas pelas indústrias processadoras de produtos e matérias primas agrícolas.

A introdução do uso do adubo químico, assim como a mecanização, foi também, muitas vezes, associada, nos depoimentos da Pesquisa de Campo, à mudança de ambientes para uso agrícola:

> Antigamente, quando eu era menino, o povo só explorava cultura, plantava só na cultura, não precisava de adubo. Adubo apareceu de 68 pra cá, que o adubo apareceu, o povo plantava só na cultura, que não precisava de adubo. Depois de 68 que apareceu o adubo que foi pro cerrado, o cerrado foi acabando, hoje, ninguém gosta de cultura mais, só mesmo pra gado. (João dos Reis – Triângulo)

Alguns entrevistados também mencionaram o uso da calagem, sendo considerada até mais importante para o plantio no cerrado: "A maioria, quem pode joga, aí é questão econômica, quem pode joga calcário, depois põe adubo na terra, faz correção, faz análise... [...] Essa correção pelo menos ela é interessante, um calcário... um adubo nem tanto, mas um calcário é fundamental" (Tião – Noroeste).

O pacote tecnológico para viabilizar a exploração econômica do cerrado se baseava na introdução de outros elementos de uma agricultura química, como o emprego intensivo de agrotóxicos para combater a tentativa insistente do mundo natural de reocupar as áreas destinadas aos cultivos, especialmente às grandes monoculturas. Esse é um dos itens da chamada modernização da agricultura que mais amplamente penetrou em diversos segmentos sociais da região do Cerrado Mineiro, inclusive entre as populações tradicionais. Estas experimentaram, ao longo do século XX, várias tecnologias, em especial, para combater insetos[8] que prejudicam as lavouras ou que atacam as colheitas armazenadas. Como já foi destacado para o preparo do solo, não se deve acreditar que inovações, nesse campo, surgiram apenas como conseqüência dos Programas de Desenvolvimento Agrícola do Cerrado.

Os entrevistados mais idosos se recordam do tempo em que não se dispunha de qualquer produto químico para o combate das formigas, sendo usados meios físicos para tentar impedir que esses insetos fizessem maiores estragos nas lavouras:

> Antigamente, ninguém usava veneno, não, eu não... aqui não usava nada, formiga comia aí a vontade. Ficava socando elas, punhava areia assim, ia entupindo a casa delas, com pouco, elas ia puxando aquela areia pra dentro, pra dentro, pra dentro, com pouco, aterrava elas lá mesmo lá dentro, não saía mais. (Benvindo – Norte)

> Antes de aparecer o veneno, você sabe como é que era? Você pegava a formiga, você achava o olho da formiga, você ia pra lá, chegava terra lá e com a mão de pilão... (risada) Soca aquilo até... ficar duro modo as formiga não sair pra terra. Elas abria aquele buraco, aí, custava até o dia amanhecer... era, o trem era esse. [...] Botava carvão, punha água e socava, socava... ô, quando dava de tardinha, que era hora de sair, a gente saía caçando o olho delas, pegava o trilheiro delas, ia caçar o olho delas ali, fazia esse processo, pra poder deixar a planta prosperar. (Antônio Ferreira – Noroeste)

> Cavaca o formigueiro, acendia fogo, tampava com ramo e punha terra em riba. (Zé Coletinha – Triângulo)

Essas são práticas antigas, pois um relatório da Câmara da Vila de Paracatu já informava em 1826:

> Que há formigas em muita quantidade sendo hum dos principais obstaculos que desanimão os que cultivão plantações de Pomares Há tambem o cupim, porem não hé geral e se extinguem com mais facilidade do que as formigas: para cuja extençam os meios adotados são cavallas, e a massallas com barro,

---

[8] Um dos entrevistados também apontou o uso de herbicidas em situações onde a capina manual é mais difícil, mas esse é um caso excepcional, pois o seu emprego, entre agricultores tradicionais, é pouco comum: "[Aqui, você capina tudo, não usa herbicida, não?] Não, só num lugar que não tem... na beira de arame, assim, que eu ponho o Hand-up" (José Eustáquio – Triângulo).

ou queimar com fogo os quaes alem depeniveiz e ineficazes, o primeiro de ordinario hé inpraticavel pela falta de agoas correntes. (RAPM, 1898, p. 676)

Além dessa dificuldade, estes insetos também têm suas defesas próprias para impedir a inundação dos seus ninhos:

> Todo formigueiro, ele tem o lugar dele desaguar, sabe, o bicho é prevenido, ele não deixa... pode chover a noite inteirinha que o formigueiro não enche d'água! Ele tem o olho que... liga lá e vai embora! Então, o seguinte: como aqui, certamente, o formigueiro que tem por aqui, deságua no barrancado. Agora, a gente tira a água aqui no formigueiro, a água pega esse canal, quando a gente vai lá no outro dia, derrubou um eitão de barranco, né, tem essa desvantagem. (Zé Diniz – Triângulo)

Esse entrevistado acredita que só havia um meio eficaz de combater estes insetos, no entanto, ele era ainda mais difícil do que todos os anteriores:

> Pra tirar o formigueiro? Pra tirar é o seguinte: a gente fura tudo, todas panela, fura e deixa a água lá correndo, aí, ela vai areando, aí, caba! Que se matar uma cobra-de-duas-cabeça, aí, ele fica tiradinho, perfeito! O que faz formiga... o que zela é aquela cobra-de-duas-cabeça, você conhece ela? [...] Elas fica lá junto com as formiga e agora, se no furar o formigueiro, achóu ela, nossa! Aquela fica garantido, mais nunca ele volta, agora, não matando ela, costuma voltar pra terra. (Zé Diniz – Triângulo)

A galinha-d'angola, chamada de cocá, é usualmente criada para "despraguejar" os quintais, mas outros atribuem também aos caprinos a mesma qualidade:

> Aí, nós cabemo com a formiga lá, criatório de bode. [...] Com os bode ali, a urina e tudo ali, a formiga foi desaparecendo mais, foi acabando. [...]. O bode é bom, não deixa ela alar, não, é igual o cocá, o cocá também é bom que não deixa a formigar alar, come mesmo. [...] Ele come milho muito pouco, o serviço dele mais é catar mesmo mundiça mesmo. (Antônio Ferreira – Noroeste)

Uma das primeiras formas de combate à formiga com o uso de produtos químicos é a chamada "máquina de carvão", conhecida por entrevistados do Triângulo e do Noroeste. Ela já era empregada por volta dos anos 1940 e consistia em queimar arsênico num "caldeirão" com carvão e a sua fumaça era empurrada para o formigueiro por um ventilador tocado a mão, colocado em uma "máquina" na outra extremidade (fotos p. 316):

> Tinha muitos ano, isso eu era menino, eu alembro dessa máquina... eles punha... colocava ela, tava o formigueiro lá, tinha o cano, tocava o cano dentro do buraco do formigueiro, batia... tinha um cá, pra socar... aí, agora, ficava olhando onde é que saía, a fumaça pra ir tampar aquele buraco, eu alembro disso. Ainda ralhava com a gente pra não ficar bestando ali em riba. (Antônio Ferreira – Noroeste)

> De primeiro, nós tirava formiga era assim: é máquina de carvão, você já viu delas? [...] (Tinha máquina de fazer o ventilador e o caldeirão ficava na frente

> assim, punha o veneno lá no caldeirão, em riba do carvão no fogo, tocava ela, tocava o calor e com veneno e tudo pra dentro, a fumaça.) [...] É posto tudo no olho, assim, cavacava de enxada e depois punha o caldeirão na boca dele lá, assim, num buraco assim que ele tem, então, o vento passava dentro do caldeirão... (Zé Diniz e Zé Coletinha – Triângulo)

Depois deste método, seguiram-se vários outros mais práticos, pois era necessário o trabalho de três pessoas para carregar essa "máquina de carvão", mas provavelmente tão tóxicos quanto este. Os depoimentos desfilam uma memória de "venenos" contra formiga que iam se "aperfeiçoando" ao longo dos anos:

> Tinha uma formicida pó, essa é muito antiga, a Formicida Tatu, essa era um veneno terrível! Depois da Tatu, veio a Blenco, você já ouviu falar na Blenco, uma que era líquida, uma que tem uma maquininha que aplicava ela nos formigueiro? [Uma que tem tipo uma bomba assim?] É, aquela, também, era outra formicida perigosa demais. Depois, eles inventaram essa formicida isca... teve a Mirex também que era batida com a bomba, mas a melhor mesmo é essa isca. A que era pó, que era batida com bomba, como é que chamava ela? (Shell, Formicida Shell) Não, a Shell era aquela líquida. (Não era Blenco, de aplicar com aquela máquina.) A Shell era um pó que a gente batia com a bomba. (E a isca é importante que você coloca ela no carreiro, a formiga mesmo, panha ela e leva pra morada.) (Adão e Antônio de Fia – Jequitinhonha)

Se entre as populações tradicionais tornou-se prática corrente o uso de agrotóxicos, maior ainda foi o seu emprego entre os beneficiários dos Programas de Desenvolvimento Agrícola do Cerrado. Esse fato não impediu o surgimento de novas "pragas", como o "besourinho", que vem atacando as lavouras de feijão das áreas investigadas nas regiões Noroeste e Triângulo Mineiro. Ao contrário, alguns entrevistados relacionaram o seu aparecimento justamente à implantação de grandes áreas de soja do PRODECER I, em municípios vizinhos:

> Esse besourrinho, eu sabia o que é que trouxe ele... como é que é? Eu não sei se é a soja... tem uma coisa que trouxe esse besouro. Antes disso, sempre colhia feijão aqui. [...] Não sei se é onde planta soja, há não sei quantos quilômetro, não dá feijão e de fato, aqui não dá mesmo, não, que aqui é soja em volta tudo! [...] Tem lavoura grande de soja aí. [...] Como é que chama? Iraí. [...] Iraí tá mesmo aqui perto. (Zé Diniz – Triângulo)

Outros relacionam o fato com a formação de grandes áreas de pastagem com braquiária, ou a todo um conjunto de impactos ambientais associados à chamada modernização da agricultura no Cerrado:

> Na verdade, acho que mudou muito a questão biológica, o clima, né, uns fala que foi através da braquiária, um capim novo que chegou... Agora, assim, não existe uma prova concreta: foi isso! Eu acho também que muito, também, o povo foi usando muita... produto químico nas planta e alguma coisa que o

besourinho comia... que comia ele, exatamente, foi morrendo, com isso, ele apareceu. Mas eu acho que é devido mais o clima que mudou. A chuva foi diminuindo, certamente, alguma praga, que dominava ele, sumiu. A própria carvoeira... foi logo depois que cortou muito o cerrado, que ele começou a aparecer. (Tião – Noroeste)

O "besourinho" surgiu, nas duas regiões, há cerca de 15 anos e afetou o cultivo de feijão, inviabilizando essa lavoura completamente para os agricultores tradicionais, no entanto, os produtores "modernos", utilizando-se de agrotóxicos, conseguem combater essa "praga":

Eu tava apanhando café aí, eles tava comentando que esses japonês dá um jeito de irrigar o café e combate, tão colhendo feijão que planta em fevereiro e março. Agora, já nós, não, o tipo natural não dá mais, não. Mesmo o feijão das água, planta ele... feijão das água, nós faz planta aí dia 15, dia 20 de outubro, princípio de novembro, quando ele tá na florada, tem que dar combate. Se não der combate, o besourinho derruba a flor dele tudo, nem feijão das água não dá mais! (Pedro – Triângulo)

Com o besourinho, só o pessoal da área irrigada que continua plantando... [O feijão que tem aqui hoje, tudo é comprado?] Tudo é comprado. [...] Uns arrisca ainda, mas pequena quantidade, pessoal que plantava três saco de feijão, hoje, planta três litro. [...] Não dá nem pra despesa. (Tião – Noroeste)

Alguns entrevistados apontam o aparecimento de outras pragas em fazendas da região, fenômenos que fogem aos seus conhecimentos tradicionais sobre o Cerrado e sobre a agricultura:

São tantas praga nova que tá aparecendo, né, a gente não sabe de que que é a origem. [...] Igual essas braquiária, né, essa fazenda do Elias Porto, essa de Zé Vaca, assim, apareceu uma tal da cigarrinha, ela leva... braquiária bem tratada, terra nova, ela come a braquiária todinha, pode por fogo na braquiária! E ela não volta mais, quando a cigarrinha passa comendo a braquiária, ali, ela morre, não volta mais. (risada) Parece que joga uma água quente assim na braquiária! (Pedro – Triângulo)

Diante dessas novas ameaças, alguns agricultores, mesmo aqueles que se utilizam de várias técnicas do pacote da "Revolução Verde", recorrem a práticas tradicionais para o combate algumas "pragas":

Ele é arroz mais pra terra alta, não é arroz muito de terra baixa, não [...] Aí deve dar uns 70 alqueire, mais ou menos. Ele não ficou muito bom, não, lagarta andou estragando ele, quando ele tava pequeno, assim, montou uma lagartinha nele, que você precisava de ver! Estragou demais, viu! Largou ele pelado, quase sem folha nenhuma. [E você fez alguma coisa?] Não, mandei benzer, né. Arranjei um rapaz, ele veio aqui, benzeu, andou em roda aqui, com uns três dia, sumiu tudo. (Aristeu – Noroeste)

Também na armazenagem de grãos, em geral feita no paiol, é comum ocorrer o ataque de "caruncho" ou "gorgulho" e no seu combate são usadas tanto práticas tradicionais como agrotóxicos:

> Caruncho? Aqui, o povo não usa nada. Aqui é natural mesmo. Joga água no milho pra empaiolar ele. [...] Você coloca o milho no paiol e joga uma camada d'água por cima dele e coloca outra, torna a jogar água de novo. Molhando o milho, ele conserva, não dá caruncho, não. (Adão – Jequitinhonha)

> Cipó-imbé. Usava, assim, pôr por baixo, no lastro do paiol, daí, põe milho por cima e, de vez em quando, punha um lastro de folha. [...] O povo usava isso, isso é muito usado. (Zé Diniz – Triângulo)

> Fazia o paiol, coloca uma camada de milho, assim, semeia sal nele tudo assim, ó, tornar a fazer outra camada assim, tornar por e tornar semear o sal, até em riba, o tanto que puder, pode semear o sal. Pois tira de um ano no outro e não gorgulha. E tirante disso, é o querosene. [...] Encher uns litro de querosene e por em pé dentro do paiol e deixar ele aberto, pois, não gorgulha, não. (Benvindo – Norte)

> Você falando nesse formigueiro, esse formigueiro, antigamente, a gente apanhava ele até pra reboc... coisar feijão pra não carunchar.[...] Você pegava ele e... panhava ele e rebocava o feijão... Deixava no terreiro, molhava ele e rebocava o feijão, deixava lá, pra secar. A hora que aquele feijão secava ali com aquilo, você pegava aquilo, botava num surrão, ou numa tuia, qualquer um trem ali, aquilo não carunchava, não, passava de um ano pra outro aí, sem carunchar.[...] Feijão, era mesmo isso e depois, eles foi largando e pegou arrumando era aquele... como é que chama, Compadre, besarol, como é que é? Que usava botar no feijão pra imunizar feijão? [...] Milho, milho... a gente botava era BHC... uns punha sal, outros botava BHC. (Antônio Ferreira – Noroeste)

A introdução de produtos químicos, em geral, não vem acompanhada do conhecimento necessário sobre sua toxidade e suas conseqüências para o organismo humano e, desta forma, continua-se a empregar métodos de avaliação tradicionais para os diferentes usos dos produtos imunizados:

> No princípio até não usava nada, não. [...] Depois tinha um remédio um tal Benzarol, esse punha no milho, não carunchava o milho, as palha não pegava mau cheiro, nem nada, podia fazer um pito com as palha, era bom, mas depois sumiu ele. [...] Ele era em pó, punha uma parcela de milho, depois semeava ele. [...] Depois esse Benzarol parou de vir, depois veio um tal Malagran, agora, o Malagran, o povo não agradou dele, não, punha mau cheiro nas palha... (Zé Coletinha – Triângulo)

A importância de possuir métodos seguros de armazenar os grãos está em evitar o ataque de "pragas" que prejudiquem o seu consumo tanto humano como por animais domésticos (porcos e galinhas), mas também está em garantir boas sementes para o plantio na próxima safra. Este é outro dos fatores produtivos que sofreu várias mudanças ao longo da vida de diversos entrevistados, pois muitas foram as variedades experimentadas em relação às principais culturas mais plantadas. Uma das qualidades observadas em termos da escolha de variedades de grãos é a sua capacidade de ser armazenada por longos períodos nas condições próprias da agricultura tradicional. A variedade milho mais citada nas áreas investigadas, conhecida como "cunha", é destacada, entre outras qualidades, pelo fato de não carunchar. Essas variedades eram conservadas no paiol de um ano para o outro e as sementes selecionadas pelos próprios agricultores, empregando técnicas próprias:

> [Qual era o tipo de milho que usava antigamente?] Era milho cunha, falava que era o milho cunha, nós mesmo que selecionava ele cá. [Tem ele aí ainda?] Não, cabou. [Ninguém aqui perto tem dele, não?] Desse milho velho, não. Você pegava, debulhava uma parte da ponta, outra parte do pé e o meio, você debulhava separado que isso era o de planta, isso que era o milho que a gente selecionava pra plantar era esse. [...] Só na época de plantar que você seleciona-va ele. [...] [Guardava no paiol igual os outros?] É, no paiol. [...] Ele não carunchava, era... quando era no tempo, você... [Era bom esse?] Bom, milho bom! (Antônio Ferreira – Noroeste)

Como essa, muitas destas variedades tradicionais se perderam porque se misturaram, ou porque nos anos de seca não sobrou semente para continuar a plantar. Muitas variedades novas foram sendo introduzidas para experiência ou por falta de sementes das antigas. Os entrevistados mais idosos são capazes de citar vários períodos onde dominava uma certa "qualidade" diferente:

> Feijão era pardinho, baetão e preto, só! [...] Daí, o pardinho passou a não dar mais. [Por que?] Uai, o tempo mudou, ele... não chovia mais, o milho pegou a virar piririca, foi preciso largar. Virou baetão... daí pegou vim feijão de outras qualidade. Pegou vim feijão... feijão baetão vinho, feijão preto... tinha um feijão preto muito bom pra dar e pra comer. E daí, virou feijão amarelão, daí cabou o feijão amarelão, virou ser feijão roxo. Agora, ninguém quer feijão roxo, quer o carioca, agora, é o carioca. (Antônio Rosendo – Triângulo)

A introdução de novas variedades não ocorreu só através de sementes, mas também de mudas, como é o caso da cana. Nas quatro áreas investigadas a cana-caiana, a mais antiga, foi substituída pela cana-java, por modificações ambientais:

> [Qual era a cana que plantava?] Era essa cana java, mesmo. [Antigamente, aqui, não usava de outra?] Não, lá embaixo, eu não conhecia nem essa java, era cana caiana, cana boa. [...] Foi acabando essa raça, foi acabando, foi acaban-do... [Por que que, foi acabando essa cana caiana?] Ah, porque o povo desco-briu essa java, ela é mais resistente, mais forte.. [Mais forte, assim, pra...?] Pra chão, pra sol, pra tudo. Foi descobrindo ela, foi acabando com a caiana, foi ficando de jeito que a caiana plantava ela, ela já não prestava mais. (Antô-nio Ferreira – Noroeste)

A cana-caiana era tida como a melhor para a fabricação de rapadura, sendo considerada até como remédio: "A rapadura da cana-caiana serve... servia... servia, porque hoje não tá tendo mais, que eu não vejo mais, servia até de remédio: a pessoa tava doente, fazia um chá, era bom... [...] A pessoa, às vez, tá doente, gripada, fazia um chá, era muito bom" (Antônio Ferreira). No entanto, a perda da fertilidade das "terras de cultura", depois de sucessivas colheitas na mesma área inviabilizou o seu plantio: "O povo tá achando a outra melhor, que ela é uma cana pra dar em vazante, também, só terra de cultura mesmo. Essas cana hoje, é tudo de terra ruim, ó, pra dar em terra ruim" (Aristeu – Noroeste).

Mais recentemente, já sob a influência da "modernização da agricultura", a perda de mercado da rapadura frente ao açúcar industrializado também contribuiu para a adoção de outras variedades, voltadas para a produção de ração para o gado leiteiro, na atualidade, uma das principais fontes de renda, na área pesquisada no Noroeste. Assim, obtiveram de "produtores modernos" variedades desenvolvidas pelas indústrias do setor leiteiro, adaptadas ao novo tipo de uso da cana: "O povo foi arrumando, esses fazendeiro mais forte foi trazendo... Tem uma caninha quebra-deira, que eles fala cana-nestlé, acho que aquela cana foi a Nestlé que produziu as muda lá em Montes Claro pra o povo, sabe, fazendeiro maior..." (Aristeu – Noroeste)

Assim, a introdução de novas variedades agrícolas vai se adaptando tanto à sua disponibilidade no mercado, como às novas estratégias de reprodução social que vão surgindo, alterando as formas tradicionais de obtenção de renda. Por outro lado, juntamente com as mudanças relacionadas com perda de fertilidade do solo e a troca de ambientes de uso agrícola, as alterações climáticas, analisadas no Capítulo 2 deste livro, também influem na escolha de novas variedades. Hoje, busca-se aquelas mais "ligeiras", capazes de produzir em menor tempo, sofrendo menos com os efeitos da seca.

> Tem um arroz aí, três mês, mas é bom, ele é branco. E o vermelho é mais tardão um pouco e o braquiária era o mais tardão que tinha, ele só dava com um tempo bem bom d'água, ele é mais tardão que os outro, mas sai um arroz bonito, né. Mas foi encurtando... as água foi encurtando e o arroz ficou... não saía direito, não. (Marciano – Norte)
>
> Esse milho cunha, ele é mais tardão e esse que você falou aí, hibra, ele é um milho mais ligeiro, ele chega mais ligeiro. (Benvindo – Norte)

Esse milho "hibra" (híbrido) é hoje o mais consumido nas áreas pesquisadas, substituindo a grande diversidade anterior, quando havia variedades com características para atender diferentes usos e especificações de interesse dos agricultores. O mesmo foi constatado em relação ao feijão-carioquinha, que hoje domina o mercado e é considerado, por alguns, como mais adequado para áreas irrigadas. A listagem no ANEXO mostra as variedades e as características das principais culturas levantadas na Pesquisa de Campo.

A perda dessa grande biodiversidade agrícola foi lamentada por vários entrevistados. A difusão do milho híbrido torna os agricultores dependentes das empresas produtoras de sementes, pois, embora ele possa ser plantado novamente, a cada ano vai nascendo pior, ficando mais fraco e reduzindo a sua produção. Assim, para assegurar uma boa produtividade, a sua semente deve ser adquirida a cada novo plantio, garantindo lucro para aquelas empresas. Sua eficiência, por outro lado, só é completa quando se utiliza de todo o pacote da "Revolução Verde", obrigando os agricultores a comprar também adubos químicos, agrotóxicos e outros itens, muitas vezes, produzidos pelas mesmas indústrias fornecedoras das sementes híbridas.

Alguns entrevistados, especialmente os mais velhos, percebem, à sua maneira, interesses comerciais ligados à venda de sementes híbridas ou melhoradas, "que vêm de fora", chamadas por eles de "milho semente", criticando a sua adoção e valorizando as variedades tradicionais ("milho do paiol"), consideradas mais produtivas:

> Ah, os milho, antigamente, que eu conhecia, o praticamente, era o milho cunha. [...] Com esse negócio desses milho que evêm de fora pra vender, com a fama de dar muito, acabaram com esses milho. [...] Pra meu gosto, era o melhor. A espigona, ó... quatro espiga de milho, numa terra boa, tou acostumado a debulhar e medir, é um litro de medida! Agora, esses milho que vem hoje, com a fama de dar muito, às vez, dá duas espiga no pé, três, mas não vale... se brincar, não vale uma espiga de milho do milho antigo. Que hoje, debulha não sei quantas espiga pra dar um litro! Tanto que até hoje, eu detesto milho de semente, pra mim, é praticamente, um tipo de ganhar dinheiro! Porque eu não... eu plantei um milho ali no Marquinho, na meia. Marquinho falou comigo: ah, eu vou na rua comprar um milho de semente. Falei: não, semente boa, você tem aí no paiol. Eu sou incrível com esse trem! Se a terra não prestar, porque toda vida existiu uma semente melhor pra dar do que outra, é o feijão, é o arroz, é o milho, toda vida tem uma semente que produz mais, dá mais renda, né, mas o que faz o milho dar muito é a terra ser boa e Deus querer mandar chuva pra nós nas hora certa. A produção é essa: é terra boa, tempo bom, não tem negócio de milho que vem de lá de cima, pra ganhar dinheiro aqui, é propaganda, sô! Eu não voto naquilo, não! (Aureliano – Noroeste)

A crítica às novas variedades não se refere só ao aspecto da produtividade, mas, muitas vezes, se dirigem à qualidade do alimento produzido, ao seu sabor e valor nutritivo: "Feijão antigo, você fazia ele, tinha gosto de feijão, você sentia, comia uma pratada dele até era forte! Agora, esse feijão carioquinha, você come ele é a mesma coisa que comer arroz, tanto faz você comer feijão carioquinha, como você comer arroz, é uma coisa só!" (Pedro – Triângulo). Tais observações se estendem às técnicas de produção usadas atualmente, incluindo o emprego de agrotóxicos, o que faz valorizar as sementes tradicionais e sua produção local:

> E hoje, é a razão do povo tá tudo doente, o povo não é sadio. [...] Feijão, só vai a troco do veneno, não é compadre? Então, esse trem já vem envenenado

da roça. Isso aí estraga os intestino da pessoa, já come o mantimento doente, é envenenado, então, aí, o povo vai ficar tudo envenenado, também, vai ficar tudo desgraçado de brabo, feito o demônio aí, vira uma enrola aí que ninguém sabe entender, ninguém sabe entender, não. [...] Nós aqui, ainda tem uma semente de feijão bom, graças a Deus! Aquele feijão rosinha e aquele bico-d'ouro, ainda tem um feijão bom, aqui, ainda. Plantando num tempo bom... o tempo correndo bom, é feijão que dá fartura. (Domício – Norte)

A adoção de sementes "de fora" foi impulsionada, por um lado, pelos anos de forte seca, quando havia, muitas vezes, plantios e perdas totais sucessivas e, por outro, motivada por essas perdas, quando ocorria a distribuição de sementes adquiridas por prefeituras, por órgãos públicos estaduais e federais de apoio à agricultura, ou pela FUNAI, no caso dos Xakriabá. Esses órgãos, na perspectiva de modernizar a agricultura tradicional, através da assistência técnica e em articulação com as organizações populares, também incentivaram a difusão do emprego de adubos químicos e agrotóxicos e o uso da mecanização agrícola, adotada, especialmente, nas áreas pesquisadas do Triângulo e Noroeste: "Os pequenos produtores estão... na região aqui, eles estão preparando as terras com as máquinas de prefeituras, de sindicatos e associações. Eles não tão pensando mais em máquina particular, não" (Osmar – Triângulo).

O economista Jean Marc von der Weid e o agrônomo Adriano Campolina Soares, no livro *Milho crioulo: conservação e uso da biodiversidade*, apontam como essas ações contribuem para mudar a agricultura tradicional e consideram que a adoção de todo esse pacote tecnológico se torna um caminho de difícil retorno:

> Os pequenos produtores que sobrevivem sofrem várias pressões para aderir ao sistema da Revolução Verde. Uma das formas mais perigosas desse modelo são, justamente, os programas públicos de distribuição de sementes, que provocam a substituição das variedades tradicionais por "melhoradas". As vantagens aparentes destas últimas quase sempre desaparecem quando os agricultores são obrigados a suportar os custos reais do sistema de cultivo que tais variedades exigem para render o que prometem.
>
> Mesmo quando, excepcionalmente, algum agricultor familiar consegue apropriar-se desse pacote e financiar seu uso, ele quase sempre estará em desvantagem na concorrência com os grandes – ou porque sua área não permite maximizar o uso dos implementos, ou porque qualidade do seu solo é inferior, ou, finalmente, por ter mais dificuldades no acesso ao crédito.
>
> Mas, uma vez perdidas as variedades tradicionais, o retorno a um sistema diferenciado, com policultivos e criações, combinando espécies anuais perenes e integrados com a vegetação nativa, torna-se difícil, pois as variedades desenvolvidas sob o paradigma do melhoramento convencional, bem como os recursos genéticos engenheirados, não se adaptam a essas condições. (SOARES, 1998, p. 6)

A Pesquisa de Campo nas áreas do Triângulo e Noroeste revelou uma ampla adoção desse conjunto de tecnologias responsável por uma grande transformação da agricultora camponesa, especialmente, depois de trocar a "terra de cultura" pelo cerrado:

> O pequeno produtor se ele... aqui da região, principalmente, se ele quer plantar, ele tem que usar o adubo, não escapole, é geral, terra muito fraca, hoje, tudo que você planta é a base do adubo mesmo! [...] Usa os trator, né, geralmente, agora, já é a parte mais moderna, não se mexe mais com arado de boi, nem arado a cavalo, muito pouca. Mais é os trator mesmo, é as associações, trator do sindicato, trator da prefeitura... [...] A semente mais é comprada, agora o arroz você tem que pegar no vizinho, onde tem. Agora, já o milho, mais é comprado, feijão é comprado... (Pedro – Triângulo)

Esse novo modelo de agricultora inviabiliza os cultivos tradicionais, pois se tornam economicamente inviáveis, como mostrou o mesmo entrevistado:

> Agora, tem uma coisa sobre essa história de plantar roça, arroz, milho e feijão, no município de Monte Carmelo, quanto aos pequeno produtor, isso anda... pode falar que já tá em extinção. Os pouco, pouco que planta arroz... como é que você vai plantar arroz? Compra adubo a 22 real, a saca, vai fazendo as conta, uma hora de aração: 15 real, seu dia de trabalhar nesse arroz, colher uma saca de arroz é um dia de serviço, se o arroz ficar bom, se ficar ruim, é dois peão: 28 real. E você vai vender essa saca de arroz por quanto? 15 real... teve a 18 real. Como é que vai plantar roça? Vai ficar uma situação que os pequeno produtor... já tão pouca gente pra plantar roça e os pouco que tão plantando, vai acabar, vai descabrear! Ó, eu mesmo vou tocar roça na teimosia, eu sei que isso vai me dar um prejuízo danado! Mas por que? Mora na roça tem que persistir. (Pedro – Triângulo)

Se os cultivos tradicionais da agricultura camponesa se tornam inviáveis, rapidamente essa se transforma em uma agricultura familiar voltada para o mercado, adotando novas alternativas, seguindo os rumos traçados pelos grandes produtores da região. Um exemplo disso é a introdução do "café do Cerrado", uma cultura consagrada entre os grandes da região do Triângulo Mineiro, também por agricultores familiares, embora considerem como ainda em "fase experimental". Outra estratégia é adoção de produtos que permitam a integração com as agroindústrias da região, como é o caso do maracujá:

> O maracujá foi mais plantado, já houve tempo, há uns 15 ano, todo mundo queria maracujá, todo mundo tava plantando maracujá, mas agora, tá bem mais pouco. [...] Realmente, foi os pequenos produtores, encarou muito, alguns grandes, mas os pequenos foram até maioria. Porque a firma, a Maguary procurou criar convênios, estimular e esses pequenos, ela achou mais fácil contactar eles pra isso, tiveram vantagem. A Maguary, ela criou alguns problemas de preço, desestimulou, não sei se é porque outras fontes fornecedora criou esse problema, mas ela voltou a correr atrás, ela tá estimulando plantios, novamente. Hoje, temos a atividade, pra dizer a verdade, é pequena, poderia ser maior, as áreas plantada de maracujá. (Osmar – Triângulo)

Pode-se observar, entre os entrevistados mais jovens do Triângulo, o interesse no plantio de café e maracujá no cerrado, mas nessa região, assim como no Noroeste, é a pecuária leiteira que surge como principal alternativa econômica atual:

> A agricultura familiar? Não, é a vaca leiteira. O pequeno produtor tá sobrevivendo pelo leite, que barato é demais, mas também, tem o bezerro, a cria, né, o pessoal tá pensando só nisso. Você chega em todo curralzinho, o cara tá com dez hectare de chão, eles tá com um pastinho bom, as vaca come só cocho, vai na água só pra beber. Tem chacreiro que tá com cinco hectare de chão, tá tirando 40 litro de leite, tudo tratado no cocho, né, ele planta tudo em milho e capim, compra o resto em farelo de soja e algodão. O que tá... a atividade que tá dando mais certo pra ele é essa. (Osmar – Triângulo)
>
> Ah... entre os pequenos? A maioria planta no cerrado, principalmente, a questão de pasto. [...] Roça, planta menos, né, agricultura aqui, o pessoal tá fazendo muito pouco também. [Mas a maioria planta roça no cerrado ou não?] Não, mais é na cultura, nas baixa, no pé de serra... Mas a maioria dos pequeno aqui, eles tão mais... com a questão do leite, quase não cuida de roça, essas coisa, não. (Tião – Noroeste)

Essa também é uma atividade integrada com a agroindústria e a produção é entregue diariamente aos caminhões dos laticínios situados nas cidades próximas. A venda do leite sofre com a imposição de baixos preços por esses compradores, ao mesmo tempo em que é, cada vez mais, exigida a adoção de novas técnicas de produção e armazenagem do produto. Integrada ao mercado, a agricultura familiar deve tirar dessa atividade grande parte da sua renda, pois, frente às dificuldades já apresentadas, a policultura camponesa vai sendo abandonada: "O pessoal mexe mais nessa parte de tirar leite, na pecuária, os que deixa de plantar suas roça. [...] O pessoal deixa mesmo de plantar. [...] A maioria do pessoal tá comprando as coisa é na cidade, um tudo compra lá" (Pedro – Triângulo).

A importância da produção leiteira nas estratégias atuais da agricultura familiar daquelas duas regiões também tem que ser entendida no contexto mais amplo do processo de mudanças experimentado pelas populações tradicionais do Sertão Mineiro ao longo do século XX. Assim como a agricultura, a pecuária teve profundas transformações também relacionadas à introdução de novas espécies e tecnologias, às alterações ambientais, às mudanças fundiárias, à reestruração das estratégias de reprodução social, etc. Para entender sua situação atual é preciso, pois, resgatar essa trajetória, como foi feito com a agricultura.

CRIAÇÕES, CERCAS E OS DONOS DA TERRA

A criação de bovinos é, sem dúvida, aquela que maiores repercussões possui do ponto de vista ambiental e econômico, por se tratar de uma atividade que se estende, desde o século XVIII, por vastas áreas do Sertão Mineiro e por se constituir num dos seus principais produtos de exportação para outras regiões. No entanto, como já foi analisado, essa é uma atividade típica das grandes propriedades e, embora envolvesse o trabalho de populações tradicionais aí inseridas, constituídas pelos vaqueiros, bem como, também estivesse presente nas unidades de produção camponesa e, mais recentemente, até entre as comunidades indígenas, não possuía nessas a mesma significação.

A chamada "criação miúda", abarcando, principalmente, suínos e aves, mas também incluindo caprinos e ovinos, tem possuído uma expressão mais generalizada entre os vários segmentos das populações tradicionais sertanejas. Por seu porte, demandam menor volume de alimentação e menor área para sua criação, em geral, feita nas proximidades das moradias e, ao contrário dos bovinos, realizada a partir do trabalho de um maior número de membros da família.

Outra diferença básica entre esses dois tipos de pecuária está no fato de hoje a criação de porcos e galinhas ser voltada, principalmente, para a alimentação da própria família, e a venda da carne ou de ovos ocorrer só eventualmente: "Quase que é o consumo de casa mesmo. Vende, mas é coisinha mínima" (Adão – Jequitinhonha). No entanto, a produção de suínos já foi mais significativa e perdeu importância comercial, ao longo do século XX, por fatores a serem analisados adiante. A exemplo do que foi apresentado no Volume I para os dois séculos precedentes, alguns entrevistados também mencionaram a condução de varas de até 60 porcos, tocados à pé, em direção às maiores cidades das regiões do Triângulo e Noroeste, como e o caso de Uberaba e Paracatu, na primeira metade do século XX. A criação comercial de suínos objetivava a venda do toucinho, pois a carne tinha, na época, pouco valor: "É engraçado, nesse tempo, não vendia carne de porco, vendia só toucinho, você já viu? [...] A carne dava dado, não tinha preço" (Zé Diniz – Triângulo). Grande parte do comércio era local e o preço era considerado barato: "Uma leitoa de assar... o povo assava leitoa, hoje, não assa... era um mil réis cada uma. [Um dia de serviço?] É, um dia de serviço, uma leitoa de assar era um mil réis cada uma. [...] Uma porca grande era seis, sete, até nove mil réis, é só..." (Antônio Rosendo – Triângulo)

Grande parte da produção do milho sempre se destinou a alimentar porcos e galinhas: "Tinha que encher o paiol de milho! Enchia... tinha os paiol, enchia de milho, gastava o ano inteiro pra engordar o porco, criar o porco e criar a galinha" (Antônio Rosendo – Triângulo). No entanto, é recomendado o uso de outros tipos de alimento, como restos de comida e de cultura e, principalmente, folhas, frutos e raízes obtidos entre a vegetação nativa, consumidos, particularmente, quando aqueles animais são criados soltos:

> O porco, ele não pode ficar só no milho, se não ele dana a pegar galinha, joga uns verde, uma batata, rama de batata, mesmo a folha da mandioca, né, um outro capim que ele come, esse cariru, que eles fala cariru-de-porco, pra poder ter aqueles verde... se não ele dana a comer... porco aí preso, né. Quando a gente criava porco solto, não, só jogava um milhozinho, eles saía, comia coco nessa beira de rio aí, pronto. [...] Esse coco palmeira, comia

demais, quase nem gastava milho, jogava um milhozinho só pra prender, na hora de soltar ali, só pra amansar os porco mesmo. (Sandoval – Noroeste)

O buriti, a gente usa ele... várias espécie dele. A gente usa a fruta pra tratar de porco, tratar de galinha, dá uma boa ração. (Adão – Jequitinhonha)

O coqueiro macaúba, aí, utiliza a fruta dele, tira até gordura pra comer, pega, dá galinha, tira as folha pra tratar da criação nos tempo seco assim, fazer sabão. (Zé Adão – Jequitinhonha)

Na mata, aqui na mata que nós criava. [...] Aqui achava muita coisa pra comer. O porco come a raiz de imbu, come vários tipo de raiz, também, que tem aqui dentro da mata. (Rosalvo – Norte)

Carneiros e cabritos também eram criados soltos e se aproveitavam da alimentação fornecida pela vegetação nativa, mas, em geral, sempre tiveram menor expressão e, hoje, nas áreas pesquisadas, essa atividade é muito restrita, exatamente, pelas dificuldades de se confinar esses animais. Além do couro e da lã, vendidos no comércio das cidades próximas, ou empregados no artesanato, também forneciam a carne, usada mais para o consumo em ocasiões especiais e nem sempre apreciada por todos.

Porcos e, especialmente, galinhas, ao lado da caça, são as principais fontes de proteína animal no cotidiano do Sertão Mineiro. Assim como houve mudanças nas variedades de diferentes culturas da região, também entre essa "criação miúda" foi relatada, durante a Pesquisa de Campo, introdução de novas raças. No caso das galinhas, praticamente em todas as áreas pesquisadas, os entrevistados informaram sobre a presença mais recente da raça conhecida como "índia", substituindo a "carijó", "rodhia", ou "comum", embora tenha sido apontado que, em geral, se trata de raças "misturadas"[9]. Segundo alguns entrevistados, a galinha "índia" está sendo preferida atualmente, porque oferece maiores vantagens sobre a "carijó":

Antigamente, era galinha carijó. [...] Uma grande, pedrês. [...] Antigamente, era a carijó que era a galinha comum. Depois veio a galinha índia. [...] Aqui é misturada, da galinha comum com a índia. [...] A índia é mais resistente em tudo.[...] A galinha índia ela é mais resistente pra doença, ela é mais resistente até pra alimentação, ela alimenta menos do que a outra. [...] Hoje em dia, não tá tendo mais vantagem, não, quase que o povo tá acabando com a galinha comum, tá colocando a índia mesmo. (Antônio de Fia – Jequitinhonha)

Como bens, galinha índia, por exemplo, a carne da índia é melhor do que dessa galinha penosa, da penona fofa, mais gostosa. (Anízio – Norte)

---

[9] Mesmo entre essas raças básicas, um entrevistado identificou, por exemplo, diferentes "qualidades" de "galinha índia": "Galinha índia tem vários tipo, várias qualidade. Tem o índio jacu que é próprio pra briga, tem o cipó, tem o índio urubu, que é um grandão e tem o índio gigante, é os que eu conheço. [...] Índio jacu, índio cipó, o índio prata e o índio urubu e o índio gigante, o gigante é grandão. Agora, o de briga é o prata, o jacu e o cipó" (Antônio de Fia – Jequitinhonha).

Entre os suínos a variedade de raças apresentadas na Pesquisa de Campo foi maior, embora quando perguntados sobre a questão, vários entrevistados se refiram ao "porco comum", "pé-duro" ou "caipira", evidenciando também uma "mistura". Entre as raças mais mencionadas, destaca-se o "porco-tatu", presente nas quatro áreas investigadas, e lembrado por algumas de suas qualidades: "Eu mesmo já criei muito desses porco tatu. É o seguinte: eles é um porco bom do senhor... eles dava capado de dez arroba, né. [...] Esses tatu engorda depressa" (Zé Diniz – Triângulo). Saint-Hilaire já mencionava, no início do século XIX, sua ocorrência ao sul da área do Cerrado Mineiro[10]:

> Cria-se no distrito do Rio Grande, uma espécie de porcos a que dão o nome de porco-tatu [...]. A preferência dada a essa espécie de porcos na região do rio Grande se deve ao fato que consomem facilmente o milho, não sendo necessária uma grande quantidade desse cereal para engordá-los, como ocorre com outras raças de suínos. (SAINT-HILAIRE, 1975b, p. 74)

O porco piau foi outra raça muito lembrada nos depoimentos da Pesquisa de Campo: "É aqueles mais comprido, narizudo, pintado, aquelas pinta... [...] Aquele porco piau é mais pra carne, que ele cresce muito" (Joaquim – Jequitinhonha). Nessa região, ele é considerado de introdução mais recente, sendo precedido de outras raças mais apreciadas pelos antigos criadores[11]:

> Toucinho é o caruncho, né, esses porco pequeno. [O que tinha mais aqui antigamente era o caruncho, Dona Zulca?] Era, era o caruncho e o pirapetinga, que tem o focinho comprido e a orelha pra riba. É pouco cabelo, lisinho. [...] (O toucinho não enrolava, toucinho grosso. O caruncho é bom que dava pouca despesa pra engordar. [...] E também a caixa é só de 4 arroba, 5 arroba, muito é 5 arroba. [...] Engordava ligeiro, nós mesmo com 60 dia, 90, matava o porco. [...] Depois, inventou de criar esse piau, piau não prestou, não. Crescia muito, aquele porcão, mas aquele courão grosso não engordava, não. Ficava três, quatro mês no chiqueiro, o toucinho era dois três dedo! (Zulca – Jequitinhonha)

---

[10] Urbino Vianna também já indicava a sua presença em Montes Claros em sua *Monographia histórica de Montes Claros*, datada de 1916. Segundo Nicolau Athanassof o porco-tatu "pertence ao tipo asiático. É o menor de todos os suínos nacionais e deriva sem dúvida das raças Chinesa, Siamesa e Cochinchina, conhecidas em Portugal pelo nome de Macau, introduzidas ali desde as primeiras expedições à Ásia em 1503 [...]" (ATHANASSOF, 1944, p. 52).

[11] Esse porco pertence à raça ibérica e confunde-se com o "caruncho" de tipo menor, concorrendo para a sua formação os "porcos Canastra e Caruncho, quando não se admite a hipótese de que Piau é antes nome de pelagem e não uma raça" (ATHANASSOF, 1944, p. 49). Nesse sentido, é interessante notar que Saint-Hilaire menciona, ao visitar Formiga, na região do Rio Grande, que a "raça de porcos mais comum nessa região é chamada canastra" (SAINT-HILAIRE, 1975b, p. 74); e Urbino Vianna aponta, em 1916, entre os suínos criados em Montes Claros a "raça Canastrão"; no entanto, nem uma, nem outra foram citadas, em qualquer das entrevistas da Pesquisa de Campo.

O porco caruncho também é citado no Norte de Minas como um das raças mais antigas, no entanto, o zootecnista Nicolau Athanassof aponta que sua origem era desconhecida, "mas dado o formato do seu coro e da cabeça, e sua pelagem, é muito provável que êles provenham de cruzamentos em que sem dúvida figuravam porcos dos tipos: Piau, Tatu e Canastrinha." Mais adiante ele confirma as vantagens de sua criação: "Sua aptidão principal é a produção de banha e toicinho" (ATHANASSOF, 1944, p. 53 e 54). Outras raças, com menor freqüência, também foram citadas, como se pode ver no QUADRO 25, apresentado no ANEXO, onde foram incluídos os vários nomes apresentados, alguns talvez se referindo ao mesmo tipo de porco.

Os bovinos também apresentaram uma grande variedade de raças, algumas se sucedendo nas diferentes áreas da Pesquisa de Campo, destacando-se o gado tradicional do Sertão Mineiro, designado por "curraleiro", "pé-duro", ou "comum". Tais denominações, mais do que se referir a uma raça de traços bem definidos, expressam a origem local do gado em oposição a outros tipos de introdução mais recente. "'Curraleiro' é expressão que serve, indistintamente, para designar os animais crioulos, de qualquer espécie, como cavalos, bois, bodes, carneiros e galinhas" (ENGENHEIROS E ECONOMISTAS E CONSULTORES, 1957, p. 46).

Segundo Jozé Norberto Macedo, em seu estudo *Fazendas de gado no Vale do São Francisco*, "êste animal descende da raça Mirandesa, variedade Beiroa, e veio para o Brasil com os primeiros colonizadores portuguêses" (MACEDO, 1952, p. 39). Este autor faz a seguinte descrição deste gado:

> [...] o curraleiro recebeu pelo cruzamento com outras raças um novo patrimônio genético, dando em resultado êsse tipo de gado miúdo, sem pelagem ou padrão definido, mas com predomínio de côr clara: amarelo-laranja ou baio, alías as melhores para os efeitos da irradiação solar. Com exceção do chifre que é muito comprido, vendo-se um curraleiro acode-nos a lembrança do Jersey ou do Guerseney. (MACEDO, 1952, p. 40)

Essas características se aproximam muito das apresentadas nas descrições feitas nas quatro áreas pesquisadas:

- é um gado mais mestiço, misturado (Jequitinhonha);
- um gado miúdo, não pesava quase nada, chifrudo (Jequitinhonha, Norte, Noroeste, Triângulo);
- é o mesmo formato do holandês[12], pescoço fino, couro garrado (Jequitinhonha, Triângulo);
- comprido, grosso, meio baiezado (Norte);
- gado pegador (Triângulo, Norte).

---

[12] Ao se referirem ao "gado holandês", parecem estar querendo distinguir dos zebuínos em geral, aproximando-os também do gado Jersey, cuja denominação é menos conhecida.

Uma outra característica do curraleiro, destacada nas quatro áreas investigadas, é sua adaptação à paisagem do Cerrado, no sistema de criação extensiva: "É criado solto, é gado que sobrevive em qualquer... em qualquer área, em qualquer tipo de cerrado, ele sobrevive" (Adão – Jequitinhonha). Jozé Norberto Macedo também aponta esta característica, ressaltando que ela foi uma construção feita ao longo de séculos de adaptação do gado europeu nos trópicos:

Praticamente há 400 anos que ele sofre uma verdadeira seleção natural, sobrevivendo como características da raça apenas aquelas qualidades que a impuseram como capaz de resistir ao clima.

> Hoje, o curraleiro do São Francisco deve ter, mais do que qualquer outra raça, um organismo inteiramente regulado, capaz de suportar as altas variações termométricas, pois sua aclimatação ou adaptação às condições do meio, não obstante se haverem encaminhado para a degeneração ou para o desvio do seu tipo normal e primitivo, conservou-lhe as características de resistência ou de sobrevivência. (MACEDO, 1952, p. 39/40)

Em estudo mais recente, realizado por vários técnicos da EMBRAPA sobre o bovino pantaneiro, são indicados como fatores que contribuíram para retardar o crescimento do gado europeu no Brasil: as doenças infecciosas e parasitárias, a alimentação desbalanceada com alto teor de fibras e baixo teor nutritivo e o clima quente. Devido a esse último fator, "os bovinos de raças européias tornam-se mais baixos, largos, grossos e curtos ao longo das gerações. Parece ser uma tendência de se aproximar da *forma de cubo* para aumentar a superfície em relação ao volume, ficando assim com maior capacidade de perder calor" (MAZZA *et al.*, 1994, p. 33).

José Alipio Goulart, em seu livro *Brasil do boi e do couro*, cita a inclusão do curraleiro feita pelo zootecnista Nicolau Athanassof no grupo dos "bovinos nacionais que se filiam ao Bos Tauros Ibericos; gado médio ou pequeno de estatura variando, todavia de acôrdo com as condições do meio" (GOULART, 1965, p. 238). Em se tratando de um animal deste porte, certamente não se pode esperar dele uma grande capacidade de produção de carne. Se ela não era significativa em volume, os depoimentos da Pesquisa de Campo, especialmente dos entrevistados mais idosos, destacam a sua qualidade, comparada com a carne de outras raças criadas hoje em dia, considerada inferior, devido, principalmente, às condições artificiais em que são criados:

> Era um gado miúdo, o gado curraleiro. [...] Ih, a carne dele, dos curraleiro era uma carne amarelinha. O senhor matava um curraleiro pequeno, a carne ia aumentando. Êta carne gostosa! [...] Essa de hoje, é uma carne esquisita. A gente compra ela, mas ela não tem sabor. Uma carne azul! Uma carne mole! Não tem sabor! É... (risada) (Antônio Rosendo – Triângulo)

> O gado era mais sadio, a carne era mais gostosa, porque a carne era cheirosa, tinha mais vitamina, hoje, mata um gado, assa um pedaço de carne, ninguém vê nem

cheiro... nada, não, por conta da vacina, o gado era vacinado quase direto. [...] O gado curraleiro, sempre nós acha que a carne é mais gostosa, mesmo. (Rosalvo – Norte)

Era gado sadio, você vê, hoje, que gado... que carne que tem hoje? Hoje, tem umas porqueira, as carne não tem mais resistência, né, o gado veve é na injeção, pior do que gente. Essas carne não tem vitamina, né. De primeiro, não, o gado era criado no campo, não tinha esse negócio de injeção, nem remédio pra gado, nem nada. Matava uma vaca... ia no campo, pegar uma rês pra matar, aquilo tava toucinho puro, capim bruto do campo. Aquilo era uma carne bacana, hoje em dia, vocês fala: fulano é forte, não, mas foi bem criado. (risada) (Agenor – Noroeste)

Mesmo para esses admiradores da carne do curraleiro, a sua principal virtude não era ser um gado de corte, mas a seu potencial como produtor leiteiro. Assim como a carne, também a qualidade do leite é destacada em comparação com a de outras raças leiteiras atuais: "Pra mim o leite de vaca crioula é melhor que dessas outras... o leite de vaca holandesa é ruim, não é que nem esses gado curraleiro nosso, que tem aqui. E é um leite... é branco, é da mesma cor, mas o sabor é outro" (Anízio – Norte). Se é melhor em qualidade, não alcança a mesma produtividade, porém vários entrevistados ressaltam os custos dessa vantagem do gado criado nos dias de hoje, pois é necessário um reforço alimentar para garantir tal performance:

Hoje, o povo só quer vaca que dá leite pra vender, né, mas essas vaca é tratada igual trata de uma pessoa, é preciso ter muito comer pra dar ela. (risada) Eu, hein! [Dava muito leite, esse gado curraleiro?] Dava, leite comum, né, que, nesse tempo, se você tirasse três, quatro litro, cinco, numa vaca, ela era boa de leite e, hoje, uma vaca é dez, doze litro. Mas é tocada a ração! (Agenor – Noroeste)

O gado curraleiro, segundo alguns depoimentos, podia também alcançar, em situações especiais, uma produção mais elevada: "Os pé duro, também, antigamente, vaca de dez litro de leite não era muito fora do comum, não." (Adão – Jequitinhonha). Esse potencial também foi reconhecido por estudiosos e autoridades em meados do século XX:

[...] a aptidão leiteira de algumas vacas "curraleiras" tem chamado a atenção de muitos zootecnistas. Em 1936 o Govêrno Federal, à vista de pareceres técnicos do Ministério da Agricultura, iniciou a seleção da raça, no Pôsto Experimental de Criação, em Sobral. Todavia, o material reunido no referido estabelecimento não apresentou a aptidão econômica desejada, isto é, a produção do leite. (ENGENHEIROS E ECONOMISTAS E CONSULTORES, 1957, p. 46) [13]

---

[13] Jozé Norberto Macedo, em 1952, ainda mostrava interesse em aproveitar esse potencial: "Nosso pensamento não é, evidentemente, o de fazer do curraleiro um animal de alta lactação, e sim o de transformá-lo num tipo leiteiro com produção superior ao gado que ali se encontra. Existem vacas curraleiras produzindo até 8 litros diários de leite, tão gordo como o do Jersey, evidenciando-se assim a sua herança para a aptidão mantegueira" (MACEDO, 1952, p. 41).

José Alipio Goulart, no entanto, comparava, em 1965, este gado com outros sob as mesmas condições e aprovava sua performance: "A vaca curraleira é pequena, prolífera e boa leiteira; de todo o gado que vive no sertão talvez seja a vaca curraleira a melhor" (GOULART, 1965, p. 242). A Pesquisa de Campo registrou a presença também de outras raças bovinas, que embora menos expressivas, eram tradicionalmente criadas no Sertão Mineiro: pedreiro, guaritá, riograndense e malabar.

O gado pedreiro foi citado apenas pelos entrevistados mais velhos do Triângulo Mineiro, assim mesmo, alguns se referiram somente às lembranças dos pais: "Pedreiro. Esse era no tempo do pai, esse cabou. Eu não cheguei conhecer dele, nem não sei se existe dele no mundo: pedreiro!" (Zé Diniz – Triângulo). Apenas um entrevistado, com mais de 90 anos, fez uma descrição deste gado: "Eu conheci uma parte do gado pedreiro. O chifre era dessa grossura, ó, a vaca, pelo grosso, cabelo entremeio chifre, cabelão! É o gado que eu alembrei, que eu conheci, foi esse, algum! [...] Era bom de leite, mas um pelo grosso! Um gado amarelo, pelo grosso, é..." (Antônio Rosendo – Triângulo). Esse entrevistado apontava-o como contemporâneo do curraleiro, mas chegou a afirmar que "o pedreiro foi o primeiro gado que existiu aqui no Brasil". Sua fama como boi carreiro, com força para resistir ao peso dessa tarefa, ficou na memória até dos que não o conheceram: "O pedreiro, esse que a gente não vê falar nele. [...] Eu tinha vontade de possuir um boi desse, ao menos, dois. [...] Quatro boi desse pedreiro arrancava um carro cheinho de milho, assim o pai conta... não é o pai, já é a mãe dele, né. [...] Eles é animado, é boi e força" (Zé Diniz – Triângulo).

José Alipio Goulart enquadra o pedreiro, assim como o caracu, entre os "bovinos nacionais que se filiam ao Bos Tauros Equitanicus gado de estatura média variando, todavia de acôrdo com as condições do meio" (GOULART, 1965, p. 238). E indica uma certa convivência deste com o curraleiro:

> Ensina Urbino Viana que – "Gado franqueiro" ou raça franqueira que também se diz junqueiro ou junqueira, pedreiro ou pedreira, laranjo ou colônia, laranjão ou colonião, tocoió, bruxo ou crioulo, é a variedade de longos chifres, conhecida e espalhada por todos os centros criadores em que há o curraleiro, hoje em menor quantidade, porque êste há diminuído grandemente pelas mestiçagens contínuas e inconsideradas. (GOULART, 1965, p. 240)

A ocorrência do gado malabar ou "malabá" foi mencionada por entrevistados do Jequitinhonha e Norte de Minas como contemporânea a do curraleiro: "Tinha outra raça, também: o malabá" (Antônio de Fia – Jequitinhonha). No entanto, parece se tratar de uma raça pouco conhecida: "Que malabar é um gado que não é todo mundo que sabe distinguir, mas eu, aonde eu vê um gado malabar, eu sei qual é malabar." (Anízio – Norte). Orlando Valverde, em sua *Geografia da pecuária no Brasil*, informa sobre a sua origem histórica: "Documentos antigos se referem ao 'gado China'[14] ou ' Malabar', na costa

---

[14] José Alipio Goulart esclarece sobre o gado china e suas origens: "Existe espalhado em todo o território do Brasil, mas especialmente no sertão de Minas e Goiás e mesmo no Rio Grande do

do Nordeste e no atual Estado do Rio de Janeiro, provavelmente aludindo a tentativas passadas de fixar o *Bos indicus* no Brasil" (VALVERDE, 1985, p. 194). Segundo Hermes Augusto de Paula (1979), esse gado veio da Bahia para o Norte de Minas.

Os bovinos guaritá e riograndense[15] foram mencionados apenas por entrevistados do Jequitinhonha, sendo o primeiro mais antigo que o curraleiro e o segundo introduzido depois, junto com os gados zebuínos: "Tinha um gado... ele chamava guaritá. Pequeninho. Depois passou o pé duro. [...] Depois veio o indubrasil, guzerá e... o nelore, essas outras raça tudo. Aqui, o pessoal já criou isso aí tudo. (Riograndense, o gado é grandão, é grande o chifre.)" (Antônio de Fia e Zulca – Jequitinhonha).

A difusão de novas raças de bovinos também representou uma grande transformação para a pecuária do Sertão Mineiro, ocorrida, a exemplo do que foi assinalado para a agricultura, muito antes dos programas de modernização da agropecuária da década de 1970. Esse processo de importação de bovinos da Índia (*Bos taurus indicus*) se iniciou ainda no século XIX, como aponta Orlando Valverde:

> A introdução de raças zebuínas no Brasil Central principiou em 1875, por iniciativa de fazendeiros do Triângulo Mineiro e do Sul de Goiás. Entre elas predominam, em ordem crescente de importância: o guzerá, o gir e o nelore. Aí, foi o gado selecionado (criando-se um tipo considerado por alguns como raça nova: o indubrasil ou induberaba), tornando-se muito superior ao gado da Índia, pois nesse país não há seleção, visto que os bovinos não têm valor comercial. (VALVERDE, 1985, p. 204/205)

Em poucas décadas, aquela região, em particular a cidade de Uberaba, tornou-se o centro irradiador do gado zebu para outras áreas do Sertão Mineiro. No começo do século XX, a sua difusão atingiu o Norte de Minas: "Em 1906 Américo Pio, introdutor de várias raças de animais e árvores frutíferas trouxe de Uberaba os primeiros reprodutores indianos" (PAULA, 1979, p. 87). Os depoimentos da Pesquisa de Campo também fazem referência à introdução do zebu nessa região, assim como nas várias áreas pesquisadas:

> Só tinha essas três raça, depois, na continuação de tempo, pintou um homem aqui na Marreca, vindo da Bahia, comprou uma fazenda aí, foi no Uberaba e comprou gado zebu. A primeira vez que eu vi gado zebu foi no município de Januária, nessa fazenda... [...] Ah, isso, eu era menino, ainda. [...] Menino de 12 ano, 9, 13 por aí. [...] Agora, no dia 31 de outubro, eu vou fazer 58 ano. Não sei

---

Sul ainda que em menor número. Nada se sabe de positivo sôbre a sua origem, supõe-se, todavia que é o resultado do cruzamento já há tempo praticado, do gado crioulo com o Africano. Outros querem que seja mestiço e vêem os caracteres de produtos mestiços do gado tourino com o zebú" (GOULART, 1965, p. 239).

[15] Segundo Hermes Augusto de Paula, em seu livro *Montes Claros: sua história, sua gente, seus costumes*, ao se referir à introdução de várias raças bovinas naquela região, "Cipriano de Medeiros Lima foi responsável pelo gado rio grande" (PAULA, 1979, p. 87).

se é porque quando a gente é menino, não anda pra longe, mas gado zebu, gente via falar que só tinha no Uberaba, o povo ia comprar lá. Vendia cinco vaca aqui, ou seis, pra comprar uma lá. Mas as vaca: ó, o tamanho das orelha, quando elas batia assim, as orelha chegava fazer trac, trac, trac! (Anízio – Norte)

O próprio comércio de gado, com a valorização desses bovinos, contribuiu para a sua disseminação em regiões mais distantes como o Urucuia, para onde os boiadeiros das margens do Paracatu levavam os reprodutores adquiridos mais ao sul:

De primeiro, eles vinha, tinha época que eles trazia novilha pra vender cá pro Urucuia e levava boi, catirava novilha de cá do gir, sabe, trazia e levava o que comprasse de catira. Teve uma época aí, que o povo entusiasmou muito com gado gir, né, então, eles trazia, trazia novilhada e levava vaca velha, boi, esses trem. [...] Tinha um velho, um boiadeiro, chamava Sebastião Pacheco, esse trazia boi reprodutor, trazia novilha, ia até no... na Raia aí, comprando... vinha aqueles curraleirinho, pequenininho! Ele trazia trem de lá pra cá. (Sandoval – Noroeste)

A introdução das raças zebuínas foi mais uma iniciativa dos grandes produtores de Uberaba e de outras regiões do que uma política pública voltada para o melhoramento do rebanho bovino. Ao contrário, como observa Orlando Valverde, a "atitude dos fazendeiros triangulinos venceu a oposição acirrada de agrônomos e veterinários teóricos, especialmente do Ministério da Agricultura" (VALVERDE, 1985, p. 205).

Nas primeiras décadas do século XX, houve um forte debate em torno da introdução desse gado no Sertão Mineiro. Urbino de Sousa Vianna foi um dos críticos da sua entrada no Norte de Minas, considerando o zebu como "destestavel producto introduzido pela ignorancia e mantido pela ganancia commercial" (VIANNA, 1916, p. 215). Na sua *Monographia histórica de Montes Claros*, datada de 1916, ele já constatava que o "Zebú, infelizmente, invadiu o municipio pela pessima orientação que a industria tomou desde o seu principio; porém como os reprodutores introduzidos foram meio sangue, a degeneração veio mais rapida que devera, e o descreptido da raça fez-se por si mesma" (VIANNA, 1916, p. 235). Ele pretendia que o curraleiro servisse "de base para o melhoramento por selecção ou cruzamento, devendo ser as raças escolhidas para esse fim, de procedencia suissa (schwitz brune) ou Limousine (R. Aquitania), Devon, Jersey e outras [...]". Esclarece que "embora o primeiro meio seja mais seguro e garantido, apezar de mais demorado, deve-se ensaiar o segundo" (VIANNA, 1916, p. 215).

Também naquele ano, em conferência na Sociedade Nacional da Agricultura, sugestivamente intitulada *O Sertão e a pecuária – papel economico do gado zebu*, Ezequiel Ubatuba rebatia:

Ninguem nega que o processo de selecção, em sciencia, é o mais aconselhavel e acceitavel, dando muito melhores resultados do que os cruzamentos: o que temos a negar é que os beneficios urgentes e practicos, de que precisamos em todo o paiz, possam ser resolvidos com a criação seleccionada do gado nacional. (UBATUBA, 1916, p. 25)

A sua grande defesa do zebu está assentada na necessidade de incrementar a pecuária de corte para permitir a exportação de carne para a Europa, então assolada pela I Guerra Mundial. Buscava, como os criadores do Triângulo, uma raça bovina capaz de contribuir para o melhoramento do rebanho nacional, mas com possibilidade de se adaptar às condições naturais do Cerrado e por isso criticava o seu cruzamento com "raças finas e aristocraticas", como as sugeridas por Urbino Vianna.

Concordando com Ezequiel Ubatuba, Alvaro da Silveira destacava, em 1922, as vantagens da introdução dos bovinos da Índia: "Os mestiços zebú criam-se mais facilmente em pastos de reconhecida pobreza em plantas forrageiras; a sua carne dá mais dinheiro, em egualdade de condições; o seu peso attinge proporções realmente colossaes" (SILVEIRA, 1922, p. 427). Os cruzamentos com as raças zebuínas foram sendo testados ao longo do século XX e cada uma delas teve maior influência em um período. Segundo o jornalista rural José Resende Peres (1992), a preferência inicial foi pelo guzerá, que se adaptou às condições mais adversas, pois, já na Índia, sobrevivia na região do deserto de Kautch. Na década de 1930, a sua perpetuação é afetada pelo surgimento do indubrasil, produto do cruzamento de vacas guzerá com um touro mestiço de gir e nelore. Em 1957, um estudo sobre a pecuária de corte do médio São Francisco apontava que o indubrasil era a "raça preferida dos criadores" (ENGENHEIROS E ECONOMISTAS E CONSULTORES, 1957, p. 46).

Os primeiros animais da raça gir chegaram ao Brasil em torno de 1914 e, com o fracasso do indubrasil, voltaram-se os produtores do Triângulo Mineiro para a criação desse zebuíno "de aptidão leiteira na Índia, mas que se tentou transformar em tipo precoce para o abate, com péssimos resultados" (PERES, 1992, p. 25). Saturado o mercado para o gir, expandiu-se o nelore: "Veio o gir, depois foi entrando o nelore... [...] O povo tem entusiasmo de... que lá em Uberaba tinha o gado gir, da orelha grande, depois que eles foi pondo nelore" (Sandoval – Noroeste). Trata-se de uma raça mais bem selecionada para carne, que, em meados da década de 1950, era introduzida no Norte e Noroeste de Minas com o apoio da C. V. S. F. (Comissão do Vale do São Francisco). Touros nelore trazidos de Curvelo, do Triângulo Mineiro e de outros estados eram revendidos aos criadores sanfranciscanos, através de um plano de financiamento em 3 anos (ENGENHEIROS E ECONOMISTAS E CONSULTORES, 1957).

O nelore alcançou uma expansão maior do que as raças introduzidas anteriormente: "O gado mais hoje, que tem aqui, pelo menos no Norte... no Norte, não, em Minas... Hoje, eles não tão dando muito valor no zebu, mais é o... hoje, o mundo de gado maior é nelore" (Anízio – Norte). A maior difusão, recente, desse gado é explicada por mudanças climáticas e a sua melhor capacidade de se adaptar às condições ambientais do Cerrado, bem como, pelo bom resultado dos cruzamentos obtidos:

> Aqui, hoje, já tem outras mistura, do gado nelore, porque depois que a chuva... a gente acha que diminuiu aqui, o povo começaram a criar o gado nelore.

> É um gado forte também, igual o gado curraleiro, só a diferença que o gado nelore não é bom... não dá leite, são um gado muito bravo. O curraleiro era manso e com vaca boa pra dar leite. [...] O nelore é maior, tem boi que é mais crescido mesmo, quando ele é mais misto, mas quando ele é nelore mesmo, ele é miúdo, nelorezinho é miúdo, é igual o curraleiro mesmo, a diferença é só que ele é bravo e o curraleiro é manso... o curraleiro é manso... (Rosalvo – Norte)

A introdução das raças zebuínas praticamente extinguiu o curraleiro, encontrado hoje apenas nas mãos de um ou outro criador, no entanto, vários entrevistados mais velhos, morando a centenas de quilômetros uns dos outros, se referiram a ele de forma semelhante, marcada pelo carinho e pela saudade de um ente querido que se foi:

> Um gado alegre, um gado que advertia os dono. Mas esses agora, ó, o senhor não vê eles berrar! (Brasilina – Norte)
>
> O boi berrava, o gado berrava, era alegre! Hoje, o gado não berra, o gado de hoje é bobo! (Antônio Rosendo – Triângulo)

O desaparecimento do curraleiro está relacionado às mudanças na pecuária sertaneja, interessada, num primeiro momento, em bovinos capazes de rápido desenvolvimento e com um porte que produzisse maior volume de carne, características ausentes nesta raça:

> [Por que que você acha que o curraleiro acabou?] É, o povo descrimina as coisa muito, é interesse de vender os bezerro mais ligeiro, né, porque o curraleiro custa mais formar e o gado raçado, ele forma mais ligeiro, nelore, indubrasil, nelore com crioulo. Então, o bezerro nasce, ele refaz mais ligeiro e isso fez com que... acabou mais com o gado curraleiro foi isso. O curraleiro, hoje, quando o bezerro discrimina as raça, às vez, olha o bezerro, é nelore, eles já conhece: ah, esse aqui compra por um bom dinheiro, mas é o curraleiro, ele é mais afogado, cura mais pouco, então, ficou mais difícil de vender, eles acha que o bezerro custa mais a refazer. (Rosalvo – Norte)

A introdução das raças zebuínas só era capaz de produzir bovinos de maior porte através de cruzamentos com o gado crioulo, pois, como já afirmava Álvaro da Silveira, em 1922, "o zebu, reproduzindo com seus proprios descendentes, dá uma geração que definha sem cessar até adquirir o tamanho de cabrito" (SILVEIRA, 1922, p. 420). Esse é um dos motivos apresentados pelos críticos da introdução de bovinos da Índia no Brasil, pois os ganhos iniciais da mistura de raças, devido à manifestação da heterose, se perdem como o tempo, como explica o estudo da EMBRAPA já citado:

> Em geral, a expressão fenotípica da prole mestiça será tanto mais intensa quanto maiores forem as diferenças entre os indivíduos acasalados. Sendo assim, é de se esperara ocorrência de maior *vigor híbrido* em progênies oriundas de acasalamento de bovinos europeus (*Bos taurus taurus*) e indianos (*Bos taurus indicus*), do que nos cruzamentos entre representantes da mesma raça.

Os significativos efeitos da heterose e da complementaridade de atributos raciais se manifestam nas primeiras e segundas gerações de cruzamentos dos crioulos (*Bos taurus taurus*) com os zebuínos (*Bos taurus indicus*), nas regiões tropicais da América Latina. Geralmente, esses efeitos são perdidos ao longo do tempo pelo cruzamento indiscriminado com o Zebu, sem um plano sistemático de melhoramento – o que reduz o valor da heterose, além de não ser praticada nenhuma seleção e/ou aproveitamento das combinações genéticas [...] (MAZZA *et al.*, 1994, p. 41-42)

A perpetuação do curraleiro, nessa perspectiva, não só era desvantajosa economicamente para os criadores que haviam introduzido o gado zebuíno, como se constituía em um obstáculo ao seu projeto de melhoramento do rebanho através do cruzamento. O depoimento de um entrevistado, de 70 anos, relatou essa "crise", provocada pelos fazendeiros, na sua infância, ao perseguirem o curraleiro, que reinava absoluto no Sertão Mineiro até então:

> Depois apareceu o tal de zebu. Então, os fazendeiro, eles criava na...assim, não tinha pasto cercado, nas larga, né, então, a fazendeirada virou a capar os curraleiro, viu. Tem até uma crise, porque eles não podia ver um curraleiro, que castrava, havia de ser só o zebu. Então, diz que o curraleiro, só com os olho, dava pra enxertar a vaca, viu, de tão perseguido que eles ficou. (Zé Diniz – Triângulo)

Os criadores de zebu tentavam evitar os cruzamentos indesejáveis com os machos curraleiros, ocorridos nos campos abertos de uso comum por vários proprietários próximos. Nessas áreas, se misturavam tanto o gado dos fazendeiros mais abastados, como aquele pertencente aos camponeses e a perseguição ao curraleiro afetava, sobretudo, aos últimos: "O zebu era de gente rica, era criado de avião, agora, o curraleiro era dos pobre, cada um tinha o seu curraleiro" (Zé Diniz – Triângulo). Essa preocupação com os cruzamentos indesejáveis já era manifestada, em 1916, pelo Dr. Ezequiel Ubatuba, na sua defesa da introdução do gado da Índia:

> [...] a degenerescencia não tem por causa única, quando ella se dá no zebú, como qualquer outra raça, o emprego do mestiço.
>
> A falta de elementos preponderantes em qualquer criação concorrem em grande parte para esse mal, facil de evitar.
>
> Entre elles avulta o das criações em commum nos campos inteiramente abertos, com grave prejuizo para os animaes e para os criadores.
>
> E a razão é o exhorbitante preço por que no sertão fica o arame para cercas, custando quasi três vezes mais do que o seu real valor intrinseco. (UBATUBA, 1916, p. 45)

Na sua conferência na Sociedade Nacional de Agricultura, ele propugnava por uma pecuária mais racional, combatendo o sistema de manejo até então utilizado, com a manutenção do gado em áreas não cercadas:

É impossivel fazer criação em campos abertos; a rotação é uma necessidade e ella só pode ser feita em campos divididos, e em invernadas divididas, em potreiros, em piquetes, de modo a racionalmente o gado criar-se e desenvolver-se, sem luctas. [...] E, si isso acontecer, não será, de modo indirecto, mais proveitoso o desenvolvimento das criações e a consequente valorização das terras? (UBATUBA, 1916, p. 45-46)

Essas mudanças propostas, em 1916, foram ocorrendo, variando em cada uma das áreas pesquisadas, ao longo do século XX, alterando não só as raças de bovinos criadas no Sertão Mineiro e o sistema de manejo do gado, mas também a organização fundiária e a forma como essa atividade se apropriava do Cerrado. A criação "em campos abertos", conhecida como "solta", "larga" ou "largueza", era, e, em certas áreas, ainda é o sistema tradicional de manejo do gado bovino no Sertão Mineiro, articulado de forma complementar com a produção agrícola e as demais atividades integrantes das estratégias de reprodução social de várias famílias e comunidades desta região (foto p. 318). No depoimento a seguir, o entrevistado mais idoso do Triângulo, a área pesquisada onde primeiro esse sistema foi desestruturado, apresenta, em linhas gerais, os seus principais aspectos:

Nós... o povo criava o gado solto... era solto. [...] E tudo diferente de hoje. Pra criar o gado, hoje, é difícil! Naquela época, era dar o sal e soltar pro campo... soltar pro campo. [Qual que é o capim que ele comia naquela época?] É campo. A macega ficava assim, ó! [...] E, quando chegava mês de setembro, meu avô mandava por fogo na macega. Todo mundo ia queimando, queimava a noite inteira! O fogo ia queimando de lá, punha fogo dali, era aqueles clarão de noite e daí, quando chovia, vinha queimada. [...] Aí brotava, ficava verdinho! Agora, a vaca produzia...[...] Não tinha capim, não, era campo. [...] Quando vinha na cultura, tinha o gordura, capim gordura. O capim gordura se passasse fogo, ele queimava, acabava. Daí que pegou vim o provisório. É... o provisório foi o maior pasto, ó, hoje é brachiária pra toda banda. [...] Daí veio o provisório, capim provisório. Quanto mais queima, mais bom ele ficava, já o gordura, passou fogo, ele cabava. [...] O gado que criava no gordura ficava gordo. [...] O leite de hoje é uma água azule, uma água azule! Eu tomo leit... eu não gosto do leite de hoje. O leite era gostoso! Os queijo... queijo era amarelinho, com aquela cor, ó! Vaca chegava do campo, ficava deitada, o leite ficava lá, ó, escorrendo. [...] Uai! Agora, o leitão vinha chupando até pegar a maninha da vaca, aprendia. Vinha chupando o leite no chão... é... [...] Vendia só o queijo, um mil réis, o queijo. [...] Os fazendeiro apartava as vaca, deixava os bezerro e as vaca saía, pra elas vim de tarde. [...] O boi, os carreiro tinha engenho, tinha que pastorar os boi no pastoreio e trazer pro curral, pra pegar de madrugada. Não tinha pasto, não tinha fechado, não tinha nada. É... é... [...] Meu avô é que era fazendeiro. [...] Ele apartava cem vaca. E ele não tinha terra quase nenhuma. [...] Cada um tinha o direito na larga. Ninguém fechava, era a larga. Fazendeiro retirado duas légua criava, o gado vinha, misturava, o que garantia o gado era a marca... era a marca, é marcado. Se não tivesse marcado, ele não era dono, é porque criava misturado. [...] A cultura, o povo... queria é roçar e plantar, o povo não precisava muito... a cultura é pra plantar cereais. [...] Fazia queimada pras vaca comer a cinza, era a saúde do gado. [...] Cada um tinha os peão pra ir buscar o gado, campear, trazer. O outro fazendeiro pra lá, tinha os peão... [...] Dava sal, dava sal e soltava outra vez. [...] E os curraleiro... pra pegar era o curraleiro! Ele vinha na gente! [...] Era brabo, era pegado a custa de cavalo! O curraleiro! O curraleiro só vinha na gente. Todo curraleiro era pegador! É... (risada). Eu judei a pegar curraleiro no cerrado a custa de casco de cavalo. Minha época foi essa, na bruta! (Antônio Rosendo – Triângulo)

O gado criado solto demandava poucos cuidados, chegava, algumas vezes, ao estado semi-selvagem, era preciso estar sempre aproximando-o do convívio humano:

O gado era todo... não era tão... tão domesticado como é hoje, mas cada um mexia com suas criação, era aquele gadinho pé duro, já conhecia até a voz do dono. (Adão – Jequitinhonha)

Juntava sempre, juntava porque tinha que tá sempre vaquejando ele, porque, se não, ele fica arisco, né. Tem que tá trazendo em casa, laborando um sal, mexendo com ele sempre, né. De oito em oito dia, tem que tá mexendo com ele, se não, ele fica velhaco. E o gado pra ficar velhaco é de uma hora pra outra. (Agenor – Noroeste)

Os cuidados com o gado curraleiro se limitavam a fornecer o sal nos cochos, que se constituía em uma forma de controle, já que parte das suas necessidades era suprida pelos barreiros e a observação de eventuais problemas de saúde. A vegetação nativa do "campo" e do "cerrado" oferecem uma grande variedade de possibilidades de alimentação para o gado[16]:

Come é lá mesmo no gerais, ele come... esses capim de natureza mesmo. [...] Tem o tinga, o favorico, a rama do campo, come pau-santo, come a... quase todas rama. O gado, ele não tem escolha de rama, não, quase todas rama, ele come. (No gerais, variando de região, tem o capim-zabelê, que eles come também, tem o favorico e tem vário ramos bons que é próprio mesmo pro gado, ramo que eles fala do gerais. [...] (Coco-tucum ele comem também, coco-raposa...) O próprio... esse coco-indaiá... (Tamarim, o fruta do tamarim, eles come, eles quebra o carrasco tudo, aonde tiver a fruta do tamarim, ele vai, pode tá fechado como tiver, tudo é alimentação pra eles). (Bidá e Anízio – Norte)

Maiores cuidados só eram exigidos com bezerros e as vacas paridas, porém muito menores do que os dispensados atualmente:

---

[16] Em estudo realizado pela EPAMIG, *Dieta de novilhos em pastagem nativa do cerrado* foram identificadas 83 espécies selecionadas por bovinos fistulados, incluindo folhas, frutos e caules de árvores, arbustos, subarbustos e ervas (MACEDO, 1978).

O pai diz que, às vez, buscava bezerro que nunca tinha visto ele, conhecia pela vaca. Não dava esse negócio de bicho no umbigo, o pai diz que não dava, não, bicheira, sabe... Porque hoje, se não tiver em cima, ó, a mosquitada aí! Nesse tempo, diz que não dava, não tinha quase que matar bicheira de bezerro, não. (Zé Diniz – Triângulo)

Nas grandes propriedades, o gado era repartido em logradouros, acompanhado regularmente pelos vaqueiros responsáveis, onde os animais ali reunidos criavam sua identidade própria:

A cerca era o gado. Chamava de logrador, vamo supor, igual aqui nas Pedra, é um logrador, aqui embaixo, no Lamarão, era outro logrador. Quer dizer, o gado que comia ali, ele não vinha pra aqui, era assim. E tinha os garrote, naquela época, o garrote que era desse logrador não deixava o gado daqui misturar com o outro, era assim. [...] Tinha gado que tinha o logrador em cima da serra, o senhor ia lá, trazia o gado, custeava aí... o bezerro ficava no curral, né, custeava uma semana, amansando o bezerro, amarrava o bezerro no pau, amansava. A hora que soltava, ele saía, subia a serra ficava lá. [...] O gado mesmo, separava o gado, é difícil uma rês de um logrador ir pra outro. (Sandoval – Noroeste)

Não havia, porém, cercas para impedir sua livre circulação, estas não delimitavam nem a propriedade da terra e nem das criações, que era garantida pelas marcas feitas nas orelhas ou a ferro quente nos quartos da rês. Um dos entrevistados relatou que, no início dos anos 1980, quando da compra de uma enorme fazenda por uma empresa para o plantio de eucalipto, os herdeiros do antigo dono venderam o ferro de marcar para um outro fazendeiro, ou seja, ele comprou a propriedade sobre o gado identificado com aquela marca:

C. morreu, eles mexeram aquilo aí, venderam pra Mannesmann. Isso aí era um mundo velho, C. criava aí era no mundo, só tinha uns pasto de por vaca parida, por gado muito gordo, né, o mais é no mundo. Tanto que quando C. morreu, o S. comprou o ferro do C. [...] Comprou o ferro, o que tivesse com o ferro era tudo... [...] E o trem era desaparecido aí no mundo, C. tinha gado que não conhecia curral! Nasceu, criou lá pro mato, ninguém era dono, né. [...] S. comprou o ferro, agora, foi pegando a criação, foi pegando, o que tivesse ferro era do S. e o que não tinha ferro era também, porque tinha compr... era dele! (risada) Foi pegando... Só égua, só, nós foi descer pra Itabira com duzentas égua. (Agenor – Noroeste)

Se as cercas não delimitavam as propriedades, no entanto, dividiam o espaço destinado à agricultura, desenvolvida na "terra de cultura", do amplo território da pecuária, formado pela "solta" ou "larga" dos ambientes mais abertos. Esse espaço de uso agrícola podia ser cercado precariamente, como já foi assinalado, utilizando-se a própria madeira resultante da derrubada da mata, onde se faria a nova lavoura, prática mais utilizada por uma família individualmente (foto p. 316). Mas, também era comum se cercar áreas maiores, nas quais várias famílias de parentes e/ou vizinhos faziam seus roçados.

Antigamente, aqui, existia os fecho era tudo comum. Onde era roça, tinha... os morador vizinho, o fecho de roça era um só. Cada qual cuidava de sua parte de cerca, mas tinha aí, quinze, vinte hectare de terra fechado com uma cerca só, às vez, de dois, três dono, mas tudo era comum. E o gado era criado na solta, não tinha negócio de manga, não. [...] Fazia um fecho só, um exemplo: aqui... aqui era de papai, do outro lado, [...] era de um tio meu, [...] mas essa cerca daqui... fazia uma cerca dentro córrego, só tinha cerca por fora, não tinha cerca dividindo de um vizinho com o outro, não. (Adão – Jequitinhonha)

Além de cercas de madeira, essas áreas podiam ser divididas, antigamente, pelos "valos" ou por "muros de pedra" (fotos p. 316):

Aquilo chama valo, a cerca de antigamente era aquela [...] Esse lá a gente entra lá dentro a cavalo, vê só a ponta da cabeça da gente, buraco feio é aquele! [...] Aquilo lá era a cerca de antigamente, aquilo... ali nada passava. A criação se fosse pular... inventar pular, caía lá dentro, mas não saía. (Antônio Ferreira – Noroeste)

Depois do valo, virou a fazer muro. Lá, aonde eu morei, é puro muro! Ih, tinha... era arrancar pedra, ir arrancando e dai, ia carrear e daí, ia tecer o muro, com aquela dificuldade! (Antônio Rosendo – Triângulo)

A regra geral era separar as áreas de lavoura daquelas destinadas não só a criação de bovinos, mas também de porcos, cabras e carneiros, igualmente criados soltos. A primeira grande mudança, ocorrida em diferentes momentos, em cada uma das comunidades e áreas pesquisadas, foi a iniciativa de "levantar o pé das cercas", ou seja, era o fim da cerca "contra porco", através do que alguns chamam da "lei de porco no mangueiro":

Foi de... de 30 pra cá, foi daí pra cá, foi começando, foi começando, veio gente de fora, pra acolá. Aí de 35, foi começando essa desunião de cerca, de roça, sem querer deixar o povo plant... cercar roça, proibir pra soltar criação miúda e invadia as roça, né, por isso foi acabando, de pouco a pouco. Quando foi de 40 pra cá, já... aquele mais forte, mais criador, mais forte, que tinha gado, já inventou levantar os pé da cerca tudo, nem que fazia de madeira, mas ó, cortava forquilha assim, fincava no chão, ficava... não podia por pau embaixo, só ponhava pra riba. [...] Os povo mais forte, fazendeiro, deram pra levantar os pé de cerca e perto de... serviço ligado com o da gente, como é que faz? [Só tinha fazendeiro de fora, ou tinha fazendeiro que era daqui de dentro?] Tinha fazend... pessoas bem forte de criar... ter uma criação forte aqui dentro, mesmo dos caboclo, né, esse povo mais velho, por isso foi acabando.... [...] Eles criava gado lá pra Barra tudo tinha gado dele, esse mundo tudo, tudo solto aí. Aí ele foi achando que se levantasse os pé da cerca melhorava pra ele e os outro foi ficando no azar. (risada) [...] Aí foi começando a desunião de criação, foi desmantelando tudo, depois que levantaram os pé da cerca tudo e a criação miúda foi acabando. (Benvindo – Norte)

251

Entre os Xakriabá, "levantar o pé da cerca" se constituía em uma imposição de uma minoria que criava gado sobre a maioria possuidora da "criação miúda": "Criava muito bode, cabra, carneiro, porco, isso é o que a gente mais investia. Gado era muito pouco... [...] Isso era geral, aqui dentro, todo mundo criava" (Rosalvo – Norte). Essa disputa se insere no processo interno de luta pela terra e de disputa entre o modelo indígena de uso comum e o parcelamento defendido por alguns, especialmente aqueles "de fora" integrados à comunidade ou fazendeiros invasores. A tentativa de imposição desse grupo de criadores de gado enfrentou resistências, mas os Xakriabá viviam momentos de conflito interno:

> Essa lei mesmo, dessa cerca, assim principiou, teve muitos pelejando pra mode puxar união pra todo filho de Deus criar, mas não deu jeito! Tomaram conta aí... os mais dinheirudo tomaram conta aí, até que venceu. E aqui, pode caçar uma cerca aqui contra, que não acha. [...] Isso foi aonde a gente achou muito ruim foi de não criar, a criação do porco, aqui, quase que cabou! Alguns que cria, mas é assim: dois preso, no mangueirinho, no fundo da casa. [...] Nesse tempo, ninguém sofria falt... ninguém sofria dor de estômago, não. A gente não passava sem comer carne. Hoje, pra comer uma carninha, precisa fazer promessa! E ir lá nos comércio, que nem lá na Missão, na Manga, Inhúma... (Ricarda – Norte)

Na área da Reserva, no entanto, algumas aldeias ainda mantêm o sistema antigo, mas são núcleos de resistência isolados: "Aqui ainda tem, ali na região em que ele é nascido, ali na Embaúba, ainda cria, vai lá, longe, a cerca, tudo com o pé baixo, o pessoal com criame tanto de porco, como de bode..." (Rosalvo – Norte). Esse processo deve ter se desenrolado por um longo período de disputas, ocorridas na medida em que a pecuária bovina ia se expandindo com a ampliação do comércio do gado.

Essa mudança atingia profundamente as populações tradicionais do Cerrado que desde o século XVIII, como foi visto no Capítulo 5 do Volume I, criavam o porco não só para a obtenção de carne, mas também de gordura. Assim, mais tarde, muitos relacionaram essa redução forçada nos rebanhos de suínos ao surgimento de substitutos industriais, como o óleo de coco e, mais tarde, de soja, muito criticado pelos que estavam acostumados à gordura de porco:

> Apareceu um gordura, o povo tá comendo e tá morrendo de fraqueza! É um tal de óleo que tá tendo, outros na fome... Tempera com a gordura, quando vai na cidade que compra, porque não pode criar o porco! [...] Aquele trem... ele não tem medicina nenhuma! De jeito nenhum! Só mesmo pra dizer que não come sem gordura, mas aquilo não tem medicina de jeito nenhum! No outro tempo, todo filho de Deus criava e era um bando! Não tinha falta de gordura de jeito nenhum. (Ricarda – Norte)
>
> Tinha que cabar com os porco... foi uma roçada pro pobre! Foi uma roçada pro pobre! [...] Veio a lei de porco no mangueiro, não tinha soja, nós chocou com aquilo, nós achou que ficava sem a manteiga, né, daí veio a soja, o óleo da

soja. [...] Esse projeto foi os governante, os deputado que projetou por causa de muita questã, havia muita morte! [...] Foi uma lei mais boa que o governo apresentou, foi porco no mangueiro! Nós não sabia, achava que ficava sem a manteiga, porque não tinha soja, dai, aproveitou a soja pra fazer o óleo, emendou uma coisa com a outra e nós tamo se mantendo. (Antônio Rosendo – Triângulo)

Assim como narrado pelos Xakriabá, também houve um conflito semelhante, descrito pelos entrevistados do Triângulo Mineiro, igualmente iniciado por volta das décadas de 1930 e 1940, entre os criadores de gado e os donos de "criação miúda":

Que quando tirou a criação de porco assim, o povo fica falando demais, parece que jogou muita praga, né. [...] Essas embira, atrapalhou foi esse povo daqui... tá bom, nossa gente. [...] Teve que tirar os porco, uai, né, teve que tirar. [...] Era em comum, solto... [...] Aberto, né... Ele falou: agora, no que é meu, não é pra porco andar mais! Aí, cada um teve que fazer um mangueiro pra cá, né... [...] Diminuiu... não, a gente criou só pra o gasto, mas não prestou mais, não. (Zé Diniz – Triângulo)

O conflito era motivado pela intensificação da pecuária, no caso relatado, com a finalidade de fornecer leite para a cidade de Monte Carmelo, então em crescimento. Para não prejudicar a pecuária bovina, as áreas de uso comum passavam a ser divididas, restringindo a criação de suínos às áreas cercadas, os "mangueiros":

Esse sistema, Ricardo, fez cabar... como é que é? Foi imbição, é como eu disse, eles achou que largasse de porco e fosse criar gado pra vender leite, dava mais, assim tiveram essa idéia, eu lembro. [...] [Quando mudou, aí passou a criar mais gado, não é?] É, passou, porque aí, já não... pra porco não estragar pasto... porque o porco, você vê, tem que ser fechado mesmo! Porque o lugar que o pasto é melhor que ele fuça tudo, não é isso? (Zé Diniz – Triângulo)

A intensificação da pecuária também exigia maiores cuidados com o gado, seja para uma engorda mais rápida, seja para obter maior produção leiteira. Se o gado curraleiro podia sobreviver se alimentando no campo ou no cerrado, o mesmo não acontecia com as novas raças de bovinos introduzidas, que, embora também fossem aí criadas, são mais exigentes:

Não era que nem esses gado d'agora, não, que... ó, tem essas qualidade de gado que tem pasto que eles não come e aquele gado que nós criava de primeiro, ele comia todo pasto. (Brasilina – Norte)

Era um gadinho que... duro, costumado a comer capim duro, que o povo nenhum plantava capim, capim natural que tinha no campo, era natural, o capim. Hoje, esses povo cria muito, mas tem que fazer toda qualidade de pasto. (José Cardoso – Jequitinhonha)

As "terras de cultura", depois de plantadas por cerca de três anos e, principalmente, aquelas esgotadas pelo uso intensivo depois da introdução do arado, passavam a ser destinadas à formação de pastagens e não mais ao crescimento de capoeiras. Nesse momento, dois tipos de capim vão se destacar ocupando as áreas de terras melhores: o "provisório", "jaraguá" ou "vermelho" (*Hyparrhenia rufa*) e o "meloso" ou "gordura" (*Melinis minutiflora*), completando o pasto nativo do cerrado:

> [Nessa época qual era o pasto que o gado mais usava?] Ah, era comum mesmo. Esse capim chato, cambaúba, não tinha quase pasto plantado, não. Que depois, veio trazendo o provisório, né, e plantava só nas cultura, beira de córrego. [...] Foi plantando provisório, não tinha outro capim, não. Depois, saiu o meloso. (Sandoval – Noroeste)

> De primeiro, era só esses capim que existia aqui: o meloso e o provisório. [...] Eu lembro do meu tio semear: ah, eu vou semear semente de gordura, vou semear semente de provisório... é, é semeado. Tira a semente dele, guarda e naquele dia apropriado, vai lá e semeia, né. (Zé Diniz – Triângulo)

Essas duas gramíneas africanas, como foi comentado no Capítulo 5 do Volume I, se espalharam tanto que alguns entrevistados acreditam serem espécies nativas: "Capim-vermelho, capim-gordura, esses era de natureza, só que isso acabou... tá acabando que eu vou falar pra você!" (Bidá – Norte). Esse desaparecimento das duas espécies, tidas como nativas, é atribuído à diminuição das chuvas, à preferência do gado por elas em relação a novos tipos de capim introduzidos e à pouca resistência ao fogo:

> Antigamente, chovia mais, esses outros capim gosta mais é de chuva, ele é um capim que adura mais é com tempo chuvoso. Agora, com esse tempo agora, faz o cercado dele, planta ele, rapidinho, um ano, dois ano, ele acaba todo, não güenta. (Bidá – Norte)

> O gordura tem que acabar mesmo, porque você vê: ele é mais gostoso, a criação vê uma touceira de gordura, ela não vai na touceira de braquiária de jeito nenhum! [...] Se vê uma touceira de provisório, a criação vai no provisório, larga a braquiária. (Zé Diniz – Triângulo)

> Meloso, por toda parte, tá acabando, lá em casa, mesmo, meloso tá acabando... [...] A criação vai comendo ele ali, pisando... vai ardendo, como que vai ardendo a raiz e vai acabando. Meloso, também se queimar ele com a terra molhada, na entrada das água, ele acaba de uma vez. (Joaquim Ferreira – Jequitinhonha)

Os entrevistados mais idosos, em particular, ressaltaram a qualidade e o sabor do leite e do queijo quando as vacas se alimentam com o "capim-meloso" ou "gordura":

> E precisava você ver o sabor do leite daquele gado! Não é esse leitinho que a gente usa, hoje, não. [...] Porque o gado só comia capim meloso [...] O leite dava muita gordura e o sabor era bom demais! (Adão – Jequitinhonha)

> O queijo do gado que pasta o gordura e o provisório é queijo! Esse queijo do gado que pasta o braquiário não é queijo! É uma massa... uma massa grossa, braba, não é queijo! (Antônio Rosendo – Triângulo)

A "braquiária" e o "andropov" são novos tipos de capim, introduzidos mais recentemente, variando de região para região, dentro do processo de ocupação do cerrado com a formação de pastagens e têm sido aceitos devido a sua melhor resistência às estiagens prolongadas:

> É o jaraguá, o provisório, o capim-gordura, era só os dois, antes da braquiária, antes do adubo, né, que surgiu na década de 70. [...] Pastagem artificial. (Osmar – Triângulo)
>
> O pasto para por o gado... o andropov, a braquiária sai muito bem no cerrado (Tião – Noroeste)
>
> Braquiária deve ter... braquiária tem uns... de oito ano pra cá, né compadre, pra nós aqui, é. [...] Andropov é da época da brachiária, mesmo. [...] Andropov é melhor do que braquiária ainda, gado come ele mais... gado, animal, tudo come ele. [...] Essa braquiária tem mais resistência, porque ela sobrevive melhor. E o gado, também, criando, o gado desenvolve mais, o gado recria mais na braquiária. (Antônio de Fia – Jequitinhonha)

Se os novos tipos de gramíneas introduzidas animam alguns, para os mais velhos não se comparam a outros capins mais antigos e vêem nela uma ameaça:

> O melhor capim era um capim... capim chato, que eles tratava. [...] Mas a bestagem deles plantar braquiária, entusiasmo, né, arranca, mete o trator nele pra plantar andropov, não sei o que mais, não sei o que mais, braquiária... isso não presta pra nada! (Agenor – Noroeste)
>
> Eu não tinha um pé de braquiária no pasto e também, não semeei. [...] Apareceu, o senhor pode ir lá ver. [...] Deus me livre da terra, se põe a braquiária! Cruz credo! Ela só vai rendendo! Qualquer maneira, só rende e acaba com a planta, tudo, né? (Zé Diniz – Triângulo)

A formação de pastagens artificiais, seja primeiramente nas "terras de cultura", seja mais tarde no cerrado, está associada à introdução do arame no Sertão Mineiro, pois, não tem sentido plantar capim, se esse não estiver convenientemente cercado contra a entrada do gado dos vizinhos. Note-se que era necessário apenas três ou quatro fios, pois não se trata mais de "cerca contra porco", que precisa de ter o "pé baixo" e consome muito mais arame. Entre as quatro áreas pesquisadas, a do Triângulo Mineiro parece ter sido a primeira a ter cercas de arame, certamente pelo fato de já estar ligada, por ferrovia, a grandes centros comerciais, como São Paulo, desde o final do século XIX. Um dos entrevistados recordou-se das histórias contadas pelo seu pai, quando o avô foi a Uberaba, já no início do século seguinte e comprou arame pela primeira vez:

> O primeiro arame... cerca de arame que existiu aqui, é cercando o tal Capão do Gato, nossas terra, sabe? Então vovô comprou porco, engordou e matou eles, então, tinha que vender lá no Uberaba, não sei se é Uberaba... acho que é Uberaba, que ele comprou esse arame lá e trouxe, é o primeiro arame que foi

esticado aqui, sabe? [...] [Um] fazendeiro enjoado, é que veio ensinar fazer a cerca. Fincava o moirão e tinha que abrir o papel do coronel (risada), assim o pai contava. [...] O tal de catálogo, ensinando a esticar, só ele que sabia... ninguém sabia, ninguém sabia... (risada) [...] Acho que o papai não era nascido, quando buscou esse arame. Tem muitos anos, tem muito tempo, isso é antigüíssimo mesmo. É tanto que esse arame ainda tem uns pedacinho dele, mas não vale nada, tá podre, mas podre mesmo... Sabe como é que é o nome que o pai falava? Cabeça de índio, tem gente que não pode falar isso perto deles! (risada) Era um arame muito duro, forte, você já pensou esses ano tudo e ainda tem algum pedaço, né? (Zé Diniz – Triângulo)

Entre os Xakriabá, o surgimento das cercas de arame é bem posterior: "Antigamente, tinha bastante madeira, nego fazia cerca era só de madeira, não tinha arame, que ninguém conheceu arame... conheceu arame foi de poucos tempo pra cá. (Foi de... 50 pra cá, foi começando)" (Bidá e Benvindo – Norte). Não se pode esquecer dos reclamos, citados acima, do Dr. Ezequiel Ubatuba, em 1916, sobre o preço do arame, acrescentando-se ainda os impostos aduaneiros e o frete das ferrovias e "dalli ao coração sertanejo a despesa é variavel em demasia além de exigir tempo enorme e sobrehumano esforço" (UBATUBA, 1916, p. 45). Assim, não admira que ainda se fizesse "muro de pedra" ou outros tipos de cerca até meados do século XX: "Até uns 30 anos aí pra trás arame era caro, difícil encontrar arame, quando achava arame era caro" (Pedro – Triângulo). Portanto, o uso do arame era, naquela época, restrito a quem podia comprar: "Os pobre era madeira, fazia cerca de pau. [...] Agora, todo fazendeiro tinha um pasto cercado pra por o gado, né, tinha o lugar de por vaca parida, vem com uma boiada, tem o lugar de prender, né" (Agenor – Noroeste) [17].

No caso da área investigada no Triângulo Mineiro, além das áreas de pasto, a chegada do arame permitiu também o começo da divisão das propriedades. Vários entrevistados mais velhos se referiram à "primeira divisão", como no depoimento abaixo:

O fazendeiro requereu divisão na fazenda. Aí, veio o agrimensor e cortou os traço e vamo fazer de cerca nas divisa. [Aí já foi fazer cerca de arame?] De arame. [...] [Essa divisão o senhor lembra quando foi?] Lembro, ih! 1923, a divisão... [...] Começou daqui foi sair no Morro da Onça, a Fazenda Lambari e aonde é que ela era grande demais. Então, o agrimensor dividiu, cortou os traço, então foi fazendo cerca de arame, era... Ninguém sabia fazer cerca de arame! [...] E daí, dividiu a Fazenda do Paraíso, dividiu a Fazenda de Lamego,

---

[17] Segundo dados do Relatório de 1957 sobre o Médio São Francisco, em "Pirapora, rolos de arame nacional de 250 m eram vendidos por CR$ 500,00 e os grampos a CR$ 35,00 o quilo. O arame japonês de 200 m por rôlo valia CR$ 480,00 e os grampos CR$ 26,00 o quilo. Em Januária encontrava-se arame por CR$ 450,00" (ENGENHEIROS E ECONOMISTAS CONSULTORES, 1957, p. 45). Este mesmo estudo aponta, para essa cidade, o valor de CR$ 3.000-CR$ 4.000 das "vacas comuns, de cria", portanto, a venda de um desses animais não era suficiente para comprar arame nem para 750 metros de cerca de 3 fios.

foi cortando os traço, fechando. [Naquele tempo, só tinha fazenda?] Só. [Pequeno não tinha terra, não?] Não, pequeno não tinha terra, não. E a terra, depois da divisão, foi uma valorização nas terra, só se o senhor visse! [Aí, acabou esse negócio do gado ficar solto assim?] Cabou... cabou, cada um fechava, criava fechado, é... é... (Antônio Rosendo – Triângulo)

O processo de "divisão das terras" pôs fim à "solta" e demarcou os limites das propriedades, antes imprecisos, perdidos naquelas áreas de cerrado e campo, por onde o gado perambulava. O incremento do comércio do gado e produtos agrícolas e da própria população aumentava o interesse pelas terras e a definição das divisas das propriedades não seu deu sem conflitos entre fazendeiros:

Daí, foi habitando, o povo foi habitando e pegou a cada um querer o seu peixe cercado. Aí veio a divisão. [E deu muita confusão fazer essa divisão?] Deu! Deu! Um queria que fosse de um jeito, outro... Ó, aqui tinha um fazendeiro, aqui, o confrontante falava: a divisa é aqui, ele falava: ela é aí. Queria mais dez litro! O confrontante levou... tinha só um advogado aqui, na rua do Norato. Levou advogado, o advogado pegou a escritura, falou: ó, aqui, aqui, assim, assim. O confrontante daqui queria que a divisa fosse dez litro de chão. Aí desentenderam, o daqui, lá: pá! Matou! Um fazendeiro, modo dez litro chão! (Antônio Rosendo – Triângulo)

É preciso ter em mente que se trata de um processo desenvolvido ao longo de décadas naquela região mas entrevistados com 70 anos, só se recordam de algumas áreas remanescentes em sua infância, que, aos poucos, iam sendo também cercadas:

[O senhor não chegou apegar a larga mesmo, não?] Não, eu não peguei, não. [Nem de menino o senhor não lembra?] Tá bom, a gente lembra de uns pedaço, assim meio desleixado, né. Como... aqui tinha a tal de Serrinha, era uma larga, que eles soltava. Esse tio falava assim: eu vou soltar meu gado pra larga. Então, soltava era na Serrinha. [...] É uma matinha, era a larga. Então, agora, dessa Serrinha, ia emendando, emendando... Você vê: é como... hoje, tem esses beco, esses beco é quase que uma larga, criação pegou ele vai embora, né. [...] Cabou a larga por isso: essa eu lembro, foi a cerca de arame. Você vê que tinha o tal N. M., era dono dessa Serrinha, então, esse N. era rico, que você podia ver, Ricardo! Então, ele falou... até não foi o N., foi o filho dele: o pai me deu a Serrinha, eu vou tapar ela. Essa eu lembro quando tapou, foi na minha existên- cia. Aí o N. tapou a Serrinha, então já acabou a larga do meu tio. [E não deu confusão, não?] Não deu, que ele era dono. (Zé Diniz – Triângulo)

A valorização das terras contribuiu para um maior interesse na partilha das propriedades entre herdeiros e para o aumento das transações imobiliárias e cada novo dono procurava assegurar os seus limites cercando-os:

Esse pedaço aqui, a larga vinha até aqui, porque o dono daqui, não morava aqui, aqui ficava era, mais ou menos, desleixado, que ele tinha uma fazenda boa pra lá. Então, o seguinte: aí, o pai comprou aqui, o que que o pai fez? A primeira coisa foi fazer a cerca, cercou as divisa. [Cercou de arame?] De arame. Aí gado já não... já era pasto. [...]. A larga vinha até aí, assim. [...] Cercou, cercou o pasto, já fala pasto, né. Aí ficou de fora. Saiu do pasto pra fora, tá na larga. De repente, cercado, agora já é pasto, cabou a larga. Assim foi: foi cercando, foi cercando... (Zé Diniz – Triângulo)

Na área investigada no Noroeste, esse processo começou mais tarde, na segunda metade do século XX[18], mas foi, principalmente, a partir da chamada "modernização da agricultura" no Cerrado que ele ganhou mais impulso, com a chegada de novos capitais para investir na agropecuária da região e de empresas de plantio de eucalipto:

A maior parte da terra que começaram ser cercada foi dos anos... deixa eu ver aqui... dos anos... depois dos anos 70. Igual aqui mesmo, na Colônia, todos lote era... tinha só os marco, ninguém era cercado, só aqueles cara mais... de poder aquisitivo maior, que foi cercando logo, o mais era tudo aberto. Cercava os fundo, os pasto, mas em cima era tudo aberto. [...] As fazenda grande, também, a maioria depois de 75 pra cá que começou a fechar. [Isso não deu conflito, não?] Não, muito, não. [...] Já tinha as divisa, né. [Quer dizer que ainda tinha esse negócio da largueza?] Tinha. [...] Antes era maior, porque nessas fazenda grande, fazenda de dez mil hectare, cinco mil, também era tudo aberto, onde eles falava a largueza. Sempre teve os pasto fechado, mais na beira de córrego e a largueza era mais no cerradão, no campo. [E começou a cercar por que?] Foi quando o pessoal começou mais usar... começou usar o cerrado, pra pasto, roça... Começou a chegar, também, pessoas de fora, assim, fazendeiro, aí, eles já tinha muito gado, pra não misturar com... Igual a Mannesmann mesmo, as terra que ela comprou nenhuma delas tinha cerca e ela fechava tudo, foi até bom pros confrontante, que não podia fechar. (Tião – Noroeste)

Hoje, a "solta" do gado é considerada como não existindo mais nesta região, uma das que mais tem ocupações de terra e assentamentos de Reforma Agrária no estado. Para os entrevistados que conheceram de perto o antigo sistema, o fracionamento das grandes propriedades reduziu os vastos domínios, com vários logradouros, reunindo centenas, milhares de cabeças de gado: "É... cabou mesmo, agora, cabou a largueza. Fala: lá é a fazenda de fulano! Vai lá, é um... pra quem conheceu, né? Como eu que conheci fazenda grande, pra mim é um chiqueiro! (Agenor – Noroeste). Em outras áreas pesquisadas, como o Jequitinhonha e Norte de Minas, a "solta", embora tenha sofrido modificações, ainda não desapareceu totalmente:

---

[18] Em 1957, o já citado Relatório sobre o Médio São Francisco informava: "As cêrcas são feitas mais para proteção às áreas e faixas de cultura do que ao gado. Para aproximadamente 2.000 alqueires de uma propriedade, na região de Pirapora, talvez sòmente 10 estejam cercados" (ENGENHEIROS E ECONOMISTAS CONSULTORES, 1957, p. 44).

[E esse sistema de solta, você acha que ele acabou hoje ou...?] Não, aqui pra nós ainda existe muita pastagem natural. Aqui, todo mundo... às vezes, tem gado na manga, mas a pastagem natural pra nós existe, porque, aqui mesmo, nesse trecho que você conhece, daqui até lá no Antônio, isso aí tudo é pastagem natural, tudo é solta. Gado daqui vai lá na casa do Antônio, lá no Pedro Santo e de lá, também, vem aqui, não tem nenhum impedimento. [...] Hoje, o que mudou porque o povo já usa as palhada pra prender gado e muita gente, também, já... às vezes, já tem seus mangueiro, fica com... uma parte de gado fica presa. Igual as vaca de leite, mesmo, essas, quase que, hoje, tá permanecendo presa, enquanto, naquele tempo, era tudo solta. [...] A parte de gado leiteiro quase que fica presa, diariamente, e quando é na época da seca que o pasto fica ruim, então, ele prende o gado todo, coloca nas palhada... depois que colhe as roça, coloca nas palhada. (Adão – Jequitinhonha)

Com o aumento da população, o interesse de dispor do leite para consumo doméstico ou fabricação de queijo e requeijão, o prolongamento da seca e as exigências maiores dos mestiços azebuados, o novo sistema combina a manutenção do gado parte do tempo preso, em geral, nas "terras de cultura", e parte na "solta", "na chapada, no carrasco":

Quando chove, que começa a brotar, nós solta a criação que tem esse broto, descansa mais um pouco, aí na época da seca, a gente tem o pasto reservado por a criação. A gente tem o pasto pra por a criação na época da seca. (Antônio de Fia – Jequitinhonha)

O gerais é uma reserva pra descansar a pastagem da mata, deixar criar. (Anízio – Norte)

Assim, se aproveitam que a pastagem nativa se recupera primeiro, com a chegada do período das águas, e mantém ali o gado, enquanto, na "terra de cultura", o capim plantado cresce, ou são plantadas as lavouras, cujas "palhadas" vão servir também de alimento para as criações na seca.

Esse sistema, hoje, é utilizado em vários lugares da região do Cerrado, mesmo onde a "solta" já acabou, porém se aproveitando dos dois ambientes dentro de uma mesma propriedade, ou alugando pastos de vizinhos. Na Reserva Xakriabá, a área de "mata", mais habitada, foi sendo dividida em áreas de pasto e lavoura e sendo apropriadas pelas famílias:

O terreno... quando o povo era mais pouco, tinha mais espaço, mas quando o povo foi aumentando, o povo Xakriabá foi aumentando, aquilo vai sempre apertando. E cada qual quer... aumentando o servicinho, então, aqueles, que foi aumentando o serviço, foi cercando, cercando, cercando. Que aqui, numa comparança, nós temo limite, mas se tando vasco e tendo, assim, a condição de... Uma comparança, eu moro, o outro mora aqui, aqui se eu aumentar muito o serviço, eu prejudico o outro. Então, a gente tem que fazer uma combinação, mais ou menos: eu vou vim até aqui, mais ou menos, nessa direção e aí, você vem até aqui e aqui, nós faz limite. (Bidá – Norte)

Ao contrário do passado, quando era atividade desenvolvida por poucos, a pecuária bovina se expandiu e, nessa área o sistema de criação de gado é diferente daquele praticado no "gerais", onde ainda se observa um tipo de "solta", semelhante ao descrito atualmente para a área investigada no Jequitinhonha:

> Difícil ter uma pessoa que não tem uma vaquinha. [...] Esse pessoal aqui da mata, quase todos eles cria preso, certo? Que inclusive, aqui, pertenceu daqui de Grota de Pedra, Itacarambizinho... é... Sapé, Itapicuru, é... Santa Cruz, São Domingo... o Brejo Mata Fome, aqui Barra, até numas altura e quase chegando aqui em Barra do Sumaré, em cima, quase todo mundo cria preso, tá entendendo? Agora, que cria solto é Peruaçú, aqui, Riacho dos Buriti, Pindaíba, Catinguinha, assim mesmo é pouco, ainda... ali Cabeceira do Sumaré aqui em cima, Pedrinhas, aqui Lagoinha, aqui em cima, esses aí que ainda cria solto, mas pertenceu dumas altura pra baixo, quase tudo é preso. [Então, quem mora no gerais...?] Cria mais é solto. Inclusive que a terrinha nossa aqui de mata é pouca. Nós lucra mais do gerais, na criação de gado, do que na mata, que aqui... a mata, o cercado que nós tem aqui é pouco. Que, às vez, numa comparança, nós cria dez cabeça de gado, é seis mês preso, seis mês solto. (Bidá – Norte)

Mesmo alguns moradores da "mata" também soltam parte do seu gado no "gerais", funcionando como uma "solta" para várias comunidades da Reserva, se estendendo para além dos seus limites até a "demarcação velha", ou seja, a antiga área doada aos Xakriabá. No entanto, nos municípios vizinhos, de ocupação mais antiga, a solta já praticamente não existe mais, sobrevivendo ainda naqueles recém-formados:

> Aqueles fazendeiro que tem muita terra, tem uns que tem solta e outros, só tem mesmo aquele patrimoniozinho cercado e cria apenas detido, secas e águas. [...] Mas é algum que tem. Já não tem mais terreno de solta, assim... terreno escriturado, você não vê mais terreno aberto, é muito difícil. [...] (Em Miravânia tem muita solta, o município de Miravânia tem muita solta. Município de Manga, aqui, a solta é bem... bem pouquinha, pouquinha mesma, quase toda cercada mesmo. Aqui, município de Januária, quase toda cercada.) (E aqui, sobrou, tem essa terra aqui que sobrou da Reserva, essa terra, quase tudo é solta, da demarcação velha. Aqui, acima dessa rodagem aqui da Lagoinha. Essa terra aqui toda é solta, até topar no Peruaçú, daí ela vai da beira do Peruaçú sai quase lá na Vaca Preta, tudo é solta. Tudo é chão aberto). (Anízio e Bidá – Norte)

No Norte de Minas e no Jequitinhonha, embora ainda se encontre áreas de "solta", a chegada da "modernização da agricultura", a exemplo do que foi visto para o Noroeste, contribuiu para uma apropriação privada do "gerais" e do "carrasco", com os novos usos permitidos pela tecnologia:

> Januária, já houve muita solta, agora hoje... antigamente, ninguém queria terra de carrasco. Às vez, você comprava uma fazenda... um sítio na beira do rio, compra uma bebida, você comprava e ia cercar aquele lugar melhor. Aí, quando do você pagava um engenheiro pra dividir, o trem era muito caro, quando

chegava naquelas terra mais ruim, eles fazia limite, ficava fora, não cercava, ela ficava com terra devoluta, terra de sobra, porque era caro e a terra não compensava. Já hoje, com essas mudança, esses plantio, regradio, não tá quase existindo mais terra ruim, um não quer, outro quer, eles compra e cerca. Mesmo que não beneficeia, mas cerca, pra vender pra essas firma fazer plantio de feijão, reflorestamento de eucalipto e outras árvores. [Fora daqui da Reserva, quando que começou a acabar a solta?] Ah, isso desde de 70... desde 70, que começou a descer reflorestamento aqui pro Norte de Minas foi acabando as terra de gerais. Realmente, o eucalipto é plantado em terra mais ruim, terra sem cultura, então, quase cabou. [...] O povo que tinha solta, eles foram... aqueles que tinha documento do gerais, vendeu pras firma. E aqueles que não tinha, que ficou pro lado da RURALMINAS, INCRA, esse trem todo, foi vendendo pra essas firma, vendendo, vendendo e ia cercando, porque tem horto aí que dá não sei quantas hectara de chão. Com esse plantio de eucalipto, a solta diminuiu mais de 90% e quem tem gerais hoje, que os pau seja, ao menos desse tamanho, lá fora, aonde tem terra escriturada, eles tá tudo cercado, no município de Januária, muito difícil você achar uma tirinha de terra solta. A firma compra uma bebida, lá dum criador, aonde vai fazer o viveiro. Aí, aquelas terras que são devoluta, eles requerem ela, um documento nasce da RURALMINAS e eles vão comprando aqueles direitinho do povo. Porque tem uns lugarzinho, que tem água, mas é pouquinha, às vez, tem um morador só, ele não güenta binificiar o gerais, que o sal da terra é muito duro, só mesmo na máquina, no trator de esteira, pra fazer cultura, aí eles vão vendendo. E aqueles fazendeiro grande, que tem muito gado, eles compra muito gerais, benificeia o melhor e faz a solta do pior, tá cercado, também, do mesmo jeito. [...] Então, por isso as terra hoje... não é todo mundo que pode possuir terra, porque ela valorizou muito. Esses plantio de eucalipto fez as terra diminuir, porque a terra não cresce, ela só diminui, porque todo dia, o cara cerca um bocado, vai só apertando, apertando. (Anízio – Norte)

A "solta", um patrimônio de uso comum, pastagem natural do Cerrado, a exemplo de outros recursos tradicionalmente aí explorados, passam a ser privatizados, limitando primeiro as possibilidades dos "pobres" em manter ali sua "criação miúda", depois restringido a sua própria pecuária bovina, com o fim do curraleiro e da disponibilidade de áreas de pastagem. Alguns pequenos proprietários se valiam da "solta" para manter um número de cabeças superior àquele que comportaria a sua terra: "Mas era uma maravilha criar o gado solto, era bom, era muito melhor! [...] Cada um podia criar as criação, meu avô não tinha terra, apartava cem vaca! (risada)" (Antônio Rosendo – Triângulo).

PROCURANDO O QUE NÃO SE PERDEU

Disputas em torno da exploração de recursos naturais também vêm afetando, recentemente, outra atividade econômica, igualmente com origens no período colonial, quando o garimpo foi uma das motivações para atração de levas de migrantes para o

Sertão Mineiro. Embora nessa região ele tenha ocorrido, como foi visto no Capítulo 5 do Volume I, menos significativamente do que na zona mineradora, essa atividade também foi registrada nas diferentes áreas onde foi realizada a Pesquisa de Campo, exceto a do Norte de Minas, onde também não há registros históricos significativos da sua presença.

Um desses conflitos em torno do garimpo foi registrado no Noroeste, nas proximidades de um antigo núcleo de mineração: Paracatu, um dos pólos regionais da área ali pesquisa, cuja influência histórica se estendia até o Triângulo Mineiro, pois alguns dos seus entrevistados também o mencionaram. Como foi visto no Capítulo 5 do Volume I, no início do século XIX, a extração de ouro nos seus arredores já enfrentava grandes dificuldades e, praticamente, se dedicavam a ela apenas os "faiscadores". Os investimentos maiores parecem ter sido retomados somente no início do século XX, como relata o historiador daquela cidade, Oliveira Mello:

> Na década de 30 houve uma tentativa de exploração do minério do Morro do Ouro. Chegaram a colher quantidade apreciável por dia. [...] O forte do garimpo foi quando Mariano Rezende e Adolfo Guarda de Sá levaram máquinas apropriadas para extrair o mineral. Eles começaram a sua instalação à margem do Córrego Rico, em 19 de junho de 1933. O processo era para apurar o ouro contido em dezenas de toneladas de cascalho. Mais de 1.500 pessoas foram empregadas. Procuraram usar métodos industriais. [...]
>
> O aparente sucesso teve curta duração. Os empresários não conheciam bem a técnica e não tiveram o cuidado de realizar um projeto adequado para a continuidade do empreendimento. As dificuldades logo surgiram, ocasionadas pela improvisação. O garimpo voltou a ser explorado, ocasionalmente, pelos ribeiros dos córregos auríferos. (MELLO, 1994, p. 223)

Só na segunda metade do século XX, haveria novas tentativas de exploração empresarial dessa atividade, principalmente no famoso Morro do Ouro:

> Desde de 1980, a Rio Tinto Zinc (RTZ) do Brasil, subsidiária da Zinc Corporation, da Inglaterra, realizava minuciosa pesquisa e estudos sobre a viabilidade econômica da exploração, em escala industrial, em virtude do baixo teor do ouro existente naquela jazida. Ela já era detentora de autorização necessária do DNPM – Departamento Nacional de Produção Mineral – para explorar a mina. (MELLO, 1994, p. 223)

A notícia do interesse dessa empresa e da METAMIG – Metais de Minas Gerais S.A. atraiu a atenção de garimpeiros de outras regiões que vieram a se juntar àqueles que já extraíam ouro em Paracatu. Um dos entrevistados da região se lembrou da exploração desse recurso naquele momento:

> O córrego, antes de aparecer essa firma que tomou conta de lá do Morro do Ouro, o povo... dava chuva... quando chovia, o córrego enchia, eles ia pra dentro do córrego garimpar, pra pegar o ouro que vinha na enxurrada lá desse Morro do Ouro. Aí, depois descobriu, aí agora, tinha os garimpeiro lá diária,

não aceita ninguém garimpar mais no córrego, é eles que garimpa lá. (Quem explora aí é uma firma inglesa?) É. (Antônio Ferreira – Noroeste)

No final dos anos 1980, segundo Oliveira Mello, havia, nos córregos ao redor da cidade, "156 dragas, 148 moinhos, 167 bombas de sucção e cerca de 1.400 pessoas diretamente ligadas ao garimpo" (MELLO, 1994, p. 224). O aumento da atividade resultou na destruição das suas margens e vegetação, no assoreamento daqueles cursos d'água e na sua poluição e do ar, com mercúrio. Ao final de uma longa disputa entre, de um lado, a associação dos garimpeiros e, de outro, as autoridades locais e órgãos ambientais, a atividade foi suspensa, em 1990, permanecendo apenas a exploração realizada no Morro do Ouro pela empresa Rio Paracatu Mineração S.A.

Também mais próximo à área investigada nesta região, foi apontada a presença de um antigo garimpo de diamantes: "Quando eu conheci por gente já tinha esse garimpo aí. No Córrego da Canabrava e aí, nessa Laginha. [...] Quando entra a seca, o garimpeiro lá, é a diária. [...] Eu conheci esse garimpo aí, há muitos ano, eu era menino, o povo garimpava aí direto" (Antônio Ferreira – Noroeste). Porém, a produção parece não ser significativa: "Na Canabrava, eles mexe com um garimpozinho, tira um diamantinho fininho" (Zé Preto). Mas a atividade nunca envolveu os entrevistados nem outras pessoas das comunidades pesquisadas. O mesmo se pôde observar também na área investigada no Triângulo Mineiro, apesar das origens da cidade Monte Carmelo e outras próximas, como foi visto, estarem ligadas ao garimpo de diamante, em meados do século XIX.

Atualmente, foram apontados como locais de ocorrência dessa atividade os mesmos municípios onde ela foi então explorada (Estrela do Sul e Romaria), no Rio Bagagem e também no Rio Douradinho, município de Coromandel. Entre os entrevistados, apenas um, já bem idoso, revelou que há muitos anos tentou a sorte nesse garimpo:

> Fui na Barra Grande, Douradinho, fui a Romaria, onde é mais? Eu já faisquei. [...] Eu era casado, mas forte, andava, güentava andar daqui nove légua de a pé, nós ia de a pé, era nove légua daqui lá. [...] Mas lá é um suburgo! É um suburgo! Até hoje! [...] Essa Barra Grande, esse garimpo é um suburgo, não mora ninguém. [...] A água, ó, com uma pá e uma peneira, dentro daquelas praia, ó! [...] O povo revirou aquilo e largou, não tem mais garimpeiro. [Aqui não tinha muito garimpeiro, não?] Aqui? Tinha garimpeiro, mas os garimpo longe! (Antônio Rosendo – Triângulo)

Situação bem diferente foi encontrada na área pesquisada no Jequitinhonha, onde várias pessoas falaram sobre o trabalho no garimpo, bem como, foi possível observar de perto a atividade ali tradicionalmente desenvolvida, como já foi mencionado anteriormente (foto p. 319). Realizada, principalmente, durante o período da seca, essa atividade, até hoje, se combina com a agricultura, ou a coleta de frutos e até de flores, desenvolvida, na estação chuvosa, por várias famílias das comunidades investigadas dessa região. Na primeira metade do século XX, a mineração foi praticada no próprio ribeirão do Gigante, que corta e dá nome a principal comunidade pesquisada, como indicou um entrevistado falando sobre os fundos de sua casa:

> Inclusive aqui pra o lado de cima dessa hortinha aqui, o apanhador d'água, aí já saiu três diamante. [...] Diamantinho pequeno, mas já produziu diamante aí. Papai mais o pai do Antônio tirou muitos diamante nesse rio aqui, tirou muito ouro, que antigamente, a fonte de renda do pessoal aqui da região era ouro. [...] Isso não é bem do meu conhecimento, não, eu ainda era moleque nessa época, a única coisa que o povo vendia era ouro. [...] O dinheiro era muito difícil, mantimento mesmo, feijão, arroz, milho, essas coisa, o pessoal só colhia pra despesa. Então, pra adquirir dinheiro tinha que tirar ouro nesses rio aí, pra vender. [...] Antigamente, no tempo do mil réis, ainda. [...] 50, 60 anos aqui atrás. [...] Dava muito ouro. [...] Tinha os comprador que vinha aqui mesmo comprar. [...] Toda seca tirava. [...] De onde o povo adquiria os trocado era com o ouro. (Adão – Jequitinhonha)

Alguns acreditam que ainda é possível minerar nesse ribeirão, porém, consideram que faltam recursos para investir nos serviços, pois a extração se tornou mais difícil: "O pessoal não explorou mais, que se trabalhar, tira, ainda tem diamante, no córrego do Gigante, mesmo. E o ouro também. [...] Só que o pessoal não trabalha, que a vida tá muito difícil, não tem condições de trabalhar, mas que produz, produz" (Antônio de Fia – Jequitinhonha). Atualmente, nas proximidades, o garimpo de diamantes se concentra no Rio Jequitinhonha, onde é atividade desenvolvida por vários moradores ribeirinhos, incluindo também aqueles que vivem nas margens dos seus afluentes como o ribeirão do Gigante:

> Agora, de uns tempo pra cá, porque o pessoal descobriu trabalhar mais no Jequitinhonha, que produz mais diamante, mais fácil de trabalhar, o pessoal não tá mexendo quase com esses córrego pequeno, procurando diamante. [...] De uns 20 ano, 30 ano pra cá, o pessoal tá mexendo mais no Jequitinhonha, esses lugar já ficou mais parado, que eles não tá mais procurando diamante. (Antônio de Fia – Jequitinhonha)

Nas margens desse rio, dedicam-se a essa atividade desde o faiscador individual, ou em pequenas sociedades, até os serviços maiores, que, devido ao tipo de tecnologia empregada, exige envolvimento de mais garimpeiros. A extração do diamante pode ser feita tanto distante do rio como até dentro d'água, utilizando-se de um equipamento de mergulho com o ar bombeado manualmente, em um trabalho cansativo e arriscado:

> Isso foi em 67, 68 [...] O escafandro é... ali tem duas canoas, ali faz um forro de tábua por cima da canoa, uma balsa, né, faz a balsa. Ali tem a máquina de levar o ar, respiração... vai pelo... o ar numa mangueira, tem o capacete que a gente veste, o capacete, e amarrado aqui na cintura da gente, amarra com o cinturão. Ali veste aquela roupa, veste aquele... o capacete é de bronze,

negócio parecendo metal, conhece? E assim na frente, tem uma lente, antes de arrolhar o alente, não precisa tocar a máquina. Mas depois de... o alente é um espelho, grande, depois que começar apertar aquele alente, aí já tem que tocar a máquina, que senão a gente não tem respiração, só tem respiração da máquina, que é o ar. E ali, a gente desce numa escada, tem uma escada que eles coloca da balsa dentro do rio. Ali, a gente desce, e tem um... lá na balsa, na frente, tem um negócio parecendo um sarí de tocar e tem um sacão de sola , assim, com a corrente, é um cabo de aço marrado, e tem uma corretinha marrado no fundo dela, que coloca lá dentro da cata, aonde é que a gente tá trabalhando. Tem uma lavanca aqui na raia daquela corrente. Quando a gente desce lá, que a gente puxa naquela corrente, ele solta aquele saco de sola, aí vai lá aonde tá. A gente coloca ele no cascalho, enche de cascalho, balança... puxa aquele cabo de aço duas veze. Você puxou duas veze, eles troce aquele sarí lá fora, aquele sacão de cascalho vai lá, pega despeja na canoa. A gente torna puxar outra vez, torna continuando, até a pessoa que güenta ficar... a quantidade de tempo que güentar ficar, né. [...] Se o mergulhador for bom, ele consegue encher aquela canoa aí, com meia hora, 20 minuto, 30 minuto. (Antônio de Fia – Jequitinhonha)

Essas sociedades maiores têm suas regras próprias de organização, onde, tradicionalmente, não há assalariados, mas todos são sócios e recebem seus lucros de acordo com a sua participação e com a sorte obtida no trabalho:

Um toca a bomba, quando aquele sai, o outro desce. Até repassar todo mundo. E quem tá na... e o cozinheiro, aquele que tá na cozinha tem também o direito dele. Um mergulhador desce pra tirar o mergulho do cozinheiro [...] Ele é cozinheiro, mas não tá ganhando não é por dia, não. [...] Reparte igual. O dono da máquina pega uma porcentagem o mergulhador tem a porcentagem dele. [...] O dono da máquina com a máquina, fornece toda a despesa, comestível tudo por conta dele, ele tem 50 por cento. E os outros mergulhador tem 50 por cento livre. [...] Cada mergulhador que tem sua demanda. Cada um que tirar, é o dele, divide com o patrão, dono da máquina, né. Vamo supor, nós somos mergulhador, eu tirei o negócio, você não tirou, aquela parte minha que eu parto com o dono... fornecedor. Se o senhor tirou, a mesma coisa. [...] É por serviço. [...]. É bom demais, moço, é gostoso! Quando turma é tudo unida... (Antônio de Fia – Jequitinhonha)

O garimpo dentro do rio foi dificultado pela poluição provocada pela própria atividade mineradora realizada à montante, por empresas que se utilizam de enormes dragas, ou pelas bombas dos serviços realizados na região de Diamantina. Revolvendo o fundo do rio ou desmanchado os seus barrancos, esse tipo de mineração torna a água do rio constantemente turva: "Naquela época, era bom de mergulhar porque a água desse Jequitinhonha era igual um... igual uma louça. [...] Depois que a água sujou, ficou muito ruim pra trabalhar de capacete" (Antônio de Fia – Jequitinhonha).

265

O garimpo na região não se limita, no entanto, ao ouro e diamante, mas também inclui a produção de cristal (fotos p. 319), embora essa seja uma atividade mais recente e, ainda hoje, desenvolvida, mas que teve um período de maior expansão em meados do século XX:

> As lavra foi começando depois... na base de... 20... de 50... de 45, aí extraiu lavra aqui por todo canto. Veio gente de Minas Nova, vinha gente de todo canto, sertão, trabalhar e comprar e trazia cargueiro, fazia venda... depois entrou aí na Turmalina... vinha muita gente da Turmalina, trabalhava com muita gente, agora, metade dessas chapada aí tem lavra. [...] As influência maior foi até 1960, em 1960, foi enfraquecendo, o povo pegou inventar tirar lasca, um cristal ruim que o povo jogava fora, tirava, eles pagava um preço bom, mas dava muita renda, porque tinha demais, todo canto que saía aí, todo mundo tinha dinheiro. (José Cardoso – Jequitinhonha)

Alguns entrevistados consideram que frente às dificuldades de se encontrar diamantes, o garimpo de cristal tem sido uma alternativa econômica mais compensadora:

> Ultimamente, eu acho que isso aqui tá tendo mais futuro. Porque isso aí tá vendendo tudo. Você tira uma pedra crua, que, antigamente... aqueles bagulho que eles jogava fora, de primeiro; se você achar ele, hoje, você vende, você vende ele barato, mas você vende. Você tá vendendo a primeira, a segunda, tudo, a lasca. Então, você não tá perdendo quase nada. Você vende barato, mas quase tudo que você tira, você vende. O diamante, não, tem que ser diamante, mesmo, a forma dele você não vende e o cristal, você tá vendendo a forma[19] dele. (Mundinho – Jequitinhonha)

Essa atividade, assim como o diamante, não enfrenta dificuldades para vender sua produção: "Comprador vem, compra e transporta tudo. É só tirar o cristal grosso e avisar o comprador, ele vem" (Antônio de Fia – Jequitinhonha). Hoje, a tecnologia de lapidação permite o aproveitamento do material antes descartado por apresentar "defeitos", possibilitando também a sua venda pelos garimpeiros a estes intermediários, que ficam com a maior parte do lucro da atividade:

> Eles vão serrar a pedra que é mal feita, eles serra ela pelo meio e vai com ela, lixa ela, trabalha, pule ela, faz ponta nela. Aí, agora, isso praticamente, isso vai exportado. Isso aí, no fim, vira um preção pra lá. Isso aqui, essas pedra boa que você tira, não fica aqui no Brasil. Isso aí é um dinheirão... depois de trabalhada, é um dinheirão. Por isso que eu te falo, se você tira uma pedra muito perfeita, que você sabe que ela não vai gastar mão-de-obra mais, você

---

[19] A "forma" é o tipo de material encontrado que indica a ocorrência do cristal ou do diamante. Os garimpeiros usam nomes, em geral inspirados em semelhanças com os objetos do mundo natural, para indicar cada tipo de forma: "A única forma melhor pro cristal é o dente de cão" (Antônio de Fia – Jequitinhonha). No caso do diamante, elas também possuem designações curiosas: "ferragem, o cativo, o marumbé, o feijão-preto..." (Mundinho – Jequitinhonha).

> tem que ser vivo pra vender ela. É igual um diamante, tem diamante que é um brilhante, já pronto, é só levar e colocar. Aí a pessoa tem que saber vender ele, porque ele não vai cair nada, não vai ter mão-de-obra. Mesma coisa é uma pedra muito bem feita, ela não tem mão-de-obra mais, aí você tem que saber vender aquela peça. (Mundinho – Jequitinhonha)

Os preços são fixados de acordo com a qualidade do material, pois vão ter finalidades diferentes: "O dente de cão, a lasca é pra fazer alumínio essas coisa" (Antônio de Fia – Jequitinhonha). Já aquele "de primeira" tem uso decorativo ou outras aplicações, que têm valorizado e contribuído para uma maior procura deste produto: "Eles usam até na medicina o cristal" (Mundinho – Jequitinhonha). Essa valorização tem provocado conflitos por esse recurso natural, em geral, envolvendo disputas entre os garimpeiros, descobridores das lavras, e aqueles empresários que conseguem junto ao DNPM o "direito de pesquisa". Próxima à comunidade do Gigante, havia um caso de uma grande lavra nessa situação, como foi comentado por alguns entrevistados: "Eles tomaram o serviço do homem, e esse trem lá tá um perigo de haver morte, uma confusão danada!" (Antônio de Fia – Jequitinhonha).

A valorização desse produto também contribui para que as suas buscas se aprofundem, aumentando os danos ambientais em forma de enormes crateras, que a atividade sempre deixa como marcas na paisagem. Assim como ocorre com o garimpo de diamante, no cristal, as lavras consideradas exauridas em determinada época podem ser retomadas numa seguinte, quando a nova geração, munida de mais recursos tecnológicos, pode aprofundar o serviço abandonado por seus pais e avós:

> Nesse mesmo lugar, nesse mesmo lugar, essas lavra que tem aqui tudo, dizendo os antigo, que elas foi descoberta entre 30 e 40. [...] Eles tiraram, praticamente, o que tinha ali, o que era muito fácil, muito despejo, eles tiram tudo. Mas aí, como era muito fundo, não tinha despejo, você vê a montanha cercando aí, nós tamo numa profundura ali, mais ou menos, de uns 10, 11 metro, ali, que nós tá, como é que o cara tira? De cata, não tira. Quando eles trabalharam aqui, nessa época, aí, vamo supor, de 40 a 50, não existia um carrinho, não existia uma alavanca, não existia explosive, não existia um aço pra furar a mina pra arrebentar a pedra, que eu sei que não tinha isso. Isso... foi a pouco tempo que apareceu isso, então, hoje, você tem facilidade... não tinha... um trator não vinha num lugar desse, não tinha estrada. Hoje tem tudo. [...] Eles iam só com a base dos pedaço de picareta, toco de enxada, aqueles trem tucumbu, cunha de pau, batia com aquele pedaço de ferro e ia cutucando isso aí, quando a pedra endurecia, eles buscava lenha, acendia um fogo em riba da pedra, quando via que a pedra esquentava muito, eles trazia um balde dágua, jogava na pedra, a pedra estoura, a pedra muito quente, você sabe que ela não güenta... um grau muito forte de caloria, ela não güenta o choque da água, ela quebra. E então, eles fazia o aço manual, também, como eu sei fazer, e atirava com pólvora preta, mas aquilo é uma dificuldade, comprava aquilo caro, não quebra nada, que é fraca, né. (Mundinho – Jequitinhonha)

ERA FERRO E ENFERRUJOU, ERA PANO E PUIU, ERA PALHA E RASGOU, ERA BARRO E SE QUEBROU

O ferro, como foi visto no Capítulo 7 do Volume I, era trabalhado no Sertão Mineiro, pelo menos desde o início do século XIX, e esse, como outros tipos de indústria, ali existentes, da mesma forma que o garimpo, também sofreram grandes modificações tecnológicas, registradas no Jequitinhonha, como em outras áreas pesquisadas. Havia, nos povoados próximos, as "tendas ferreiro", onde esse material era trabalhado, porém, esses profissionais se dedicavam mais a realizar concertos do que a fabricar utensílios:

> Era ali, ó, na Vareda da Égua, do outro lado do Virgínio, tinha um ferreiro velho aí, tinha outro lá embaixo, perto do Itapicuru, fazia tanta coisa! [...] Fazia espingarda, fazia... concertava espingarda, batia assim o machado, ele só não fazia... feito nova assim, ele não fazia, não, mas pra concertar, o que tivesse velho, eles botava ele novo. [...] Enxada, também, ele remendava ela, se ela quebrasse, remendava ela, ficava a mesma enxada. (Benvindo – Norte)

Nessa época, o alto preço dos produtos industrializados justificava o trabalho dos ferreiros, mas o aumento da produção alterou essa situação, reduzindo o valor relativo das ferramentas:

> [Valia quantos dias de serviço, na época, uma enxada?] Fazia a base de dois dias de serviço.[...] Era quatro dias de serviço pra comprar um machado. [...] [Hoje, como é que é, uma enxada...?] Tá custando cinco real e um dia de serviço, também, cinco real. [...] Ficou uma coisa pela outra. (risada) O valor de uma enxada ficou no valor de um dia de serviço. (Benvindo – Norte)

Não só os ferreiros perderam espaço na economia local do Sertão Mineiro com a redução relativa dos preços de produtos industrias, outras atividades, como a tecelagem, praticamente desapareceram frente a essa concorrência. A produção e venda de panos de algodão, conforme foi destacado no Capítulo 5 do Volume I, data do século XVIII, e sua presença, nesta região, foi constatada em diversos depoimentos em todas as quatro áreas pesquisadas.

> Tecia. Mãe mesmo fiava a linha, mandava tecer. Quem sabe fiar na roda, fiava, quem não sabia, fiava no fuso[20], saía pano todo... mandava tecer, fazia cobertor, era calça, camisa... (Olívia – Norte)

---

[20] Como foi observado no Capítulo 2 do Volume I, nos sítios arqueológicos da Tradição Aratu foram encontradas rodelas de fuso, feitas de material calcário ou cerâmico. Entre os Xakriabá, foram encontrados fusos confeccionados com outros materiais: "É pau, as rodelinha de pau. [...] Isso aqui é buriti, a gente faz ela com mucunã. [...] Quem não sabia fazer de pau, aí fazia de... furava o mucunã e fazia. A gente enchia isso aqui cheinho de linha, ficava dessa grossura aí, aí, agente fazia os novelo e ia pro tear e fazia roupa" (Santilha – Norte).

Ela tecia de tudo. Ela tecia até sete vara de pano, num dia, sete vara é a mesma coisa de sete metro, ou mais um pouquinho, sabe. [...]. A gente usava era mesmo... tudo, era coberta de casa, os homem vestia calça era de algodão. De primeiro, minha mãe fazia até pra nós que é mulher, quando eu era pequena, vesti muita roupa de algodão, vestido de algodão mesmo, tecido no tear. (Aurora – Triângulo)

Colhia o algodão na roça, levava pra tecelona, chamava tecelona. A tecelona, tecia o algodão, fazia o pano de algodão e fazia coberta, fazia aquela coberta pra o pessoal embrulhar. E ali, aquele pano de algodão, fazia a calça e a camisa. Ali tingia aquela roupa com a cor que quisesse, colocava a cor... tingia aquela roupa... uns tingia a roupa de preto, outros de vermelho, azul, com tinta de pau. Tirava a tinta do pau e tingia a roupa pra trabalhar no estado de São Paulo, a roupa que tinha era essa. (Antônio de Fia – Jequitinhonha)

O uso da "tinta de pau", mais tarde substituída pelos corantes industriais, chamados de "tintol", na verdade, inclui o aproveitamento de uma série de recursos naturais ou cultivados (foto p. 320). Entre estes, o mais conhecido é o anil, já mencionado no Capítulo 7 do Volume I como produto de exportação já no período colonial:

O anil, também, é pra ficar azulzinho, faz a meada, soca o anil, bem socadinho... Tem o anil do brejo, tem esse que dá no quintal... [...] O anil é a folha, soca, bem socadinho, põe dentro d'água, põe a linha dentro e cobre tudo com água. Não deixa bater sol, não, tampa, bem tampadinho, fica azulzinho, mesmo. Esse anil do quintal... (Zulca – Jequitinhonha)

Ao anil, somam-se outras receitas reunidas no QUADRO 26 no ANEXO e, sem dúvida, poderiam ter seu número ampliado em um levantamento mais criterioso, pois há dezenas de plantas tintoriais no Cerrado. Essas tintas podiam ser empregadas tanto para o algodão como para a lã, também utilizada para tecer em algumas áreas pesquisadas:

Eles cortava a lã do carneiro, a minha mãe ia bater, fiar e fazia ponche. [...] Pra tampar da chuva. [...] Era feito pra vestir, pra montar a cavalo, não tinha capa, não tinha... era ponche. (Antônio Rosendo – Triângulo)

De primeiro, tinha aquelas cobertas de lã, aquelas coisa, as colcha... Tinha as tecelona que tecia. (Josefa – Noroeste)

Atividade eminentemente feminina, o trabalho de tecelagem, a exemplo do serviço na lavoura, também tinha seus mutirões, iniciativas de solidariedade entre vizinhas que surpreendiam a dona da casa com as "traição":

Hoje, o povo quase não mexe mais com algodão, com fiação, que, de primeiro, fiava, fazia mutirão. A mulhezada, assim, dava pressão nas outra, cardar aquela balaiada de algodão. Depois chegava... no dia chegava lá no romper do dia, soltando fogos, cantando, com os balaio de algodão, as roda... roda de fiar e fiava, fabricava o dia todo, fiando, quando era de tarde, aquela pencona de linha tava aí.

269

> [...] É, as traição. [...] É, cantando: 'Senhora dona da casa, põe a mão na travesseira, levanta e abre a porta, pra receber as tecedeira.' (risada) Aquela mulhezada! Fiando e cantando, barulhando... [...] A gente cantava muito fiando. [...] Cantava aquelas moda, que sabia... [...] Era alegre, de primeiro, tinha fiação, hoje, eles quase não mexe mais com algodão... tecer, assim. (Josefa – Noroeste)

Dos teares rurais saíam tecidos grossos, resistentes para a lida no campo: "A roupa era de um pano, chamava ranca-toco, a roupa listrada, um pano listrado, ou roupa de algodão" (Antônio de Fia – Jequitinhonha). Esses, no entanto, eram rústicos demais para o gosto urbano, ou para se vestir nas ocasiões festivas, quando se comprava os tecidos no comércio próximo. À medida que a indústria têxtil conseguia popularizar sua produção, especialmente na segunda metade do século XX, os teares iam sendo aposentados: "Eu mesmo vim vestir roupa fina de 15 ano em diante, mais era essa roupa... pano feito no tear. Só que acabou esse pessoal, não fizeram mais, não usaram mais, acabou algodão" (Santilha – Norte).

Recentemente, os "panos de tear" voltaram a ser valorizados, agora, vistos como "artesanato" pelos consumidores urbanos e, em uma das comunidades pesquisadas, a exemplo de várias outras no interior de Minas, um grupo de mulheres tentou desenvolver um projeto para reativar esta atividade, como uma forma de complementar a renda familiar. A iniciativa frustrou-se por falta de competitividade no mercado e pelo excesso de trabalho, já que as famílias rurais, hoje, não contam com os filhos, ocupados na escola, ou mais interessados em um trabalho na cidade:

> Nós tentou fazer, fazer os pano de prato pra vender, tudo, caminho de mesa, mas depois não deu, porque é muito trabalhoso, a gente gasta tempo demais pra poder fiar, né, plantar, igual nós fez. Plantou algodão, nós mesmo colheu [...] Mas depois nós foi fiar, não tinha muito prazo, porque você vê: eu sou sozinha, muita coisa pra fazer, então gasta tempo, você tem que tirar tempo, mesmo, sabe? Aí a gente não conseguiu e tentou fazer, assim, pra vender, não deu, porque é muito trabalhoso, gasta tempo demais e você vai vender, não dá quase nada, porque... sabe? [...] Você lutava, saía lá no Monte Carmelo, lá no Dário, que você vê que tem muita coisa assim, nessas feira, tem muito pano de prato, barato mesmo, né. (Aurora – Triângulo)

O artesanato ainda sobrevive como atividade para a complementação de renda, em alguns casos excepcionais e, mesmo assim, em condições muito adversas. Este é o caso, por exemplo, da produção de esteiras de buriti na Aldeia Peruaçu, uma comunidade xakriabá, situada às margens de uma vereda, com milhares de pés desta palmeira (fotos p. 294 e 320). Vendido, ou melhor, trocado com os comerciantes situados fora da Reserva, esse artesanato permite a aquisição de bens não produzidos nas suas lavouras:

> O buriti ajuda nós aqui. Aqui a valença nossa mais é o buriti. Nós faz esteira, vende, compra arroz, feijão, gordura... [...] Lá nós leva de 5, 6, 10, duma vez,

nós vende lá é baratinho pra eles, nós vende lá a dois real, é, a gente tem precisão. [...] Vende lá e faz compra lá na mão dele. [...] Chega lá, a gente vende, o total é aquele dinheiro, aí, a gente compra tudo de coisa, vem embora. (Jorge – Norte)

Os comerciantes, por sua vez, revendem o artesanato de buriti nas cidades próximas: "É, ele vende pra fora. [...] Vende pra tudo quanto é canto, moço: Itacarambi, Montalvânia, Miravânia, tudo tem saída de esteira. [...] Aqui sai muito" (Jorge – Norte). A renda obtida com a confecção de esteiras pode ser pequena, mas tem a vantagem de ser uma atividade desenvolvida fora do período dedicado ao trabalho na lavoura:

Trabalha quando começa a seca, na seca que faz... [...] Mês de março em diante. Agora já tá quase parando. Agora, a hora que a chuva começar, os pantamo aí enche e a gente não entra mais pra tirar o olho. E assim, chovendo, a palha não seca, ela empretece, quando ela molha. Você põe uma esteira dessa aí, na chuva, ela molha, ela empretece. Aí, não pode fazer, d'agora em diante a gente tá parando. (Jorge – Norte)

Também na área pesquisada no Alto Jequitinhonha se observou a produção de esteiras de buriti, devido à ocorrência de veredas e uma grande presença dessas palmeiras:

Aqui o povo fazia muita esteira, muita peneira e taquara. [...] Aqui na Onça, tem um pessoal aí que ainda faz muita peneira. [...] O povo vendia muita esteira aqui, antigamente. [...] No lado de Botumirim, também tinha um pessoal que fazia muita esteira, tinha pessoas lá, quase que vivia de esteira. (Antônio de Fia – Jequitinhonha)

A exemplo de outras produções artesanais do Sertão Mineiro, a esteira e o colchão feito de pano de tear também têm sido, cada vez mais, substituídos por produtos industriais, embora, no caso da esteira, haja ainda uma sobrevivência, seja pela diferença de preço, seja pela possibilidade de convivência dos dois tipos de produto:

Usava pra forrar a cama e forrar o chão, colocar debaixo dos colchão. Antigamente, não existia nem colchão, era... o povo dormia era nas esteira mesmo. [No chão ou em cima do...?] No jirau de madeira, igual esse aí. [...] Tinha gente que dormia direto no chão. Fazia o colchão de pano, você já ouviu fala de paina? Enchia de paina, de palha de banana, de palha de milho pra dormir. De jeito que essa indústria desses colchão de espuma, esse já é bem moderno. [...] Era os dois, porque sempre forrava a cama por baixo do colchão com a esteira... [...] Mas também tinha muita gente que dormia na esteira sem colchão. [...] Dependia da posição da pessoa. (Antônio de Fia – Jequitinhonha)

A esteira de buriti, a peneira, o colchão de palha e toda uma série de artigos de uso cotidiano dos sertanejos eram feitos a partir do aproveitamento de fibras de espécies vegetais do Cerrado, destacando-se aí, particularmente, as palmeiras, ou de plantas por eles cultivadas. A listagem, apresentada no ANEXO, feita a partir de vários depoimentos da Pesquisa de Campo, mostra alguns desses produtos e a origem das fibras empregadas na sua confecção.

É interessante recordar que o uso de fibras pelas populações residentes no Cerrado é muito antigo e já se referiu no segundo Capítulo 2 do Volume I a descoberta de "silos", em dois sítios arqueológicos de Januária, no Norte de Minas, com o fundo revestido de esteiras, fixadas por cordas de embira e as paredes forradas com capim, folhas de coqueiro e palha de milho, permitindo a conservação de vários produtos agrícolas, por mais de mil anos. Neste capítulo, também foi abordado o uso e a fabricação da cerâmica por aqueles primitivos habitantes do Cerrado, prática que permanece até os dias de hoje. No entanto, esta igualmente se encontra ameaçada pela mesma concorrência com produtos industriais, que, desde de meados do século XX, alcançam, através da influência urbana e da ampliação do mercado, as áreas do Sertão Mineiro pesquisadas. A substituição já apontada para outros produtos artesanais também ocorre com vários utensílios domésticos usados para cozinhar, servir as refeições, armazenar água e alimentos, etc. (foto p. 320):

> Antigamente, não tinha esse negócio de alumínio, não, quase que era só vasilha de barro, mesmo, nem vasilha de ferro quase não tinha. [...] Panela de ferro já existiu, mas já bem depois, não é muito velha, não, porque muito antiga era louça e vasilha de barro. (Antônio de Fia – Jequitinhonha)

Era grande a diversidade de utensílios de cerâmica produzida nas diferentes áreas pesquisadas:

> Ela fazia toda espécie de vasilha de barro: fazia pote, fazia botija, fazia panela, fazia prato, moringo, você já ouviu falar de moringo. [...] Moringo é o bule de por café, antigamente. (Antônio de Fia – Jequitinhonha)
>
> Fazia pote, fazia frigideira, é de cozinhar feijão, né. [...] Chamava frigideira, uma panela, assim... é uma panela de barro, né. [...] Agora, fazia botija, fazia pote, desses pote, assim. (Zé Diniz – Triângulo)
>
> Era gamela, era essa sopeirinha, era os pote, era panela, era tudo quanto era tremzinho, assim, tudo miuchinho, fazia daqueles prato que vende no comércio, aqueles de esmalte, nós fazia tudo! [...] Cuscuzeiro, também, a gente faz. [...] Era candeeiro... tudo, eu faço também, candeeiro... (Olívia – Norte)

Mais do que simples objetos utilitários eram também a expressão artística presente tanto no moldar o barro e na pintura decorativa, como na própria composição das peças, como no cuscuzeiro, "da cinturinha fininha, o pratinho em riba e a panela embaixo, aquela é bonita" (Amaro – Norte). A fabricação desse tipo de "vasilha de barro" entre os Xakriabá nos remete ao discutido nos Capítulos 2 e 3 do Volume I sobre o surgimento da cerâmica entre os primitivos habitantes do Cerrado, pois, para os arqueólogos, a presença de fragmentos de cuscuzeiro entre os seus achados é indicativo da cultura do milho. Como foi visto no Capítulo 3 do Volume I, essa seria uma característica do complexo cultural dos povos de língua Jê, ao qual pertencem os Xakriabá e outros grupos indígenas do Cerrado[21].

É possível que essa tradição ceramista possua tal origem longínqua e que os conhecimentos sobre as técnicas de fabricação também sejam muito antigas, começando da escolha da argila a ser empregada que pode ser de duas cores, usadas decorativamente: "Tem do barro vermelho que é bom pra fazer panela e do branco é desses aí" (Olívia – Norte). A delicadeza do trabalho exige uma material de qualidade, capaz de resistir ao processo de queima: "O mesmo barro que faz a telha, faz a vasilha, o pote, a panela, o prato, todos esses" (Adão – Jequitinhonha). Também o forno para a queima das vasilhas é escavado na própria terra: "Faz a valeta, assim, depois vai subindo as parede, assim até numas altura, que quiser. Aí já bota umas vasilha dentro, põe fogo na valeta por baixo" (Amaro – Norte). E da mesma forma, até a lenha usada na queima é parte de um conhecimento específico: "Há de ser bastante lenha e é lenha forte, não é fraca, não. [...] É... se for aroeira, então, melhor! [...] É... pau-d'arco não é bem bom, não, porque ele fumaça..." (Olívia – Norte).

Tanto entre os Xakriabá, como nas outras áreas pesquisadas, o trabalho com cerâmica, uma atividade de predominância feminina, acabava por especializar algumas mulheres, dentro de uma tradição familiar, estendida a certos grupos de vizinhança:

> Tinha um povo lá que o serviço deles era fazer vasilha de barro. (Antônio de Fia – Jequitinhonha)
>
> Eu conhecia esse povo que trabalhava em barro, o serviço deles era só... era a profissão deles, sabe, fazer pote, botija... (Zé Diniz – Triângulo)

Essa atividade se constituía em fonte de renda regular para algumas famílias e até comunidades inteiras, mas a chegada de substitutos industriais, culturalmente mais valorizados pela influência de novos padrões de consumo urbano, fechou as portas dos mercados tradicionais desse tipo de produto:

> Pra vender, não chegava, não. Nego tocava com ela aí pra Manga, pra Inhuma, Itacarambi, se levasse um carro, não voltava com nenhuma, o povo comprava muito, moço! Daí, esses mais velho foi morrendo, esses mais novo não faz muito interesse. Aí no Sapé, aquelas mulherzada velha, que tinha de primeiro, fazedeira de pote, fazia pote, botija, pote... fazia prato e tocava... enchia um

---

[21] Outro objeto, observado entre os Xakriabá e igualmente encontrado em escavações arqueológicas ligadas ao período cerâmico desse complexo cultural, são os cachimbos. Estes podem ser feitos de cocos como o gariroba e o tucum: "Ele é mais forte, né... gariroba e tucum é melhor, porque é mais forte." No entanto, a tradição do uso da cerâmica permaneceu devido a outro aspecto: "Minha mãe falava que pra conservar os dente, o cachimbo de barro é mais sadio, né, ela mandava fazer mais assim, falava: cachimbo de barro é mais sadio, não estragava os dente" (Leandro – Norte).

carro, tocava pra Inhuma, ó, fazia a feira, vinha embora, só de prato e pote. [...] Mas cabou, aí no Sapé, ainda tem umas duas que faz, mas não tem interesse, não. (Marciano Gamela – Norte)

Tinha produção, vendia demais. Agora, hoje em dia, só onde a gente encontra vasilha de barro é em Turmalina. [...] Eu acho que esse aí ainda é da fábrica da Maria Fogueteira. [...].Isso é coisa que vem de antigamente e antigamente, tinha muita saída. Hoje não tá tendo mais, não, porque acabou essa... ninguém tá querendo mais. (Antônio de Fia – Jequitinhonha)

Os utensílios domésticos também podiam ser feitos de outro material igualmente encontrado em sítios arqueológicos do Cerrado Mineiro, como foi citado no Capítulo 2 do Volume I. O uso da cabaça, uma cucurbitácea possivelmente cultivada desde o período pré-cerâmico, também dentro do complexo cultural Macro-Jê, foi, mais tarde, observada por Saint-Hilaire, no início do século XIX, no Triângulo Mineiro, quando pernoitou próximo a choupana de um velho, às margens do "Riacho Uberava Verdadeira": "Em sua casa viam-se apenas algumas cabaças que lhe serviam de vasilhas, umas poucas panelas e uma pequena provisão de milho destinada a ser vendida aos viajantes" (SAINT-HILAIRE, 1975c, p. 149).

O mesmo costume foi constatado em diversas casas da área da Pesquisa de Campo e entre os Xakriabá, um dos entrevistados mais velhos, queixou-se da sua perda, por se tratar de um produto cultivado:

Porunga, aquele de carregar água, que eles trata cabaça. [...] Sempre plantava nas roça e dava com fartura, hoje a gente planta e não dá mais, não, não sei que diacho que deu. [...] Tinha delas grandona, assim, a gente abria, botava n'água, limpava, ficava limpinha, podia panhar água pra gente beber e a hora que não quisesse usar pra água pra gente beber, se ela rachasse, qualquer coisa, guardava feijão, guardava até farinha, arroz, guardava nela, encostava aí no canto. [...] Era uma vasilha boa e hoje, nem... isso cabou, ninguém vê mais. (Benvindo – Norte)

Pode-se mesmo falar em um processo de substituições sucessivas recentes nos utensílios domésticos industrializados em oposição a uma tradição relativamente perene daqueles fabricados a partir de materiais extraídos diretamente da natureza ou cultivados.

[Antigamente, vasilha ou era de barro ou era essas porunga, não tinha louça, não tinha...?] Não, não tinha louça, não, era só vasilha de barro e era essas porunga. [E panela de ferro, usava muito?] Usava, panela de ferro, essa usava, nós ainda tem panela de ferro, um caldeirão. [Agora, alumínio não...?] Não tinha também, depois de uns tempo pra cá foi... Se tinha era pros outros lugar mais forte de recurso pra lá, aqui pra nós, no mato, não. Depois pegou aparecer alumínio aí, deu pra comprar e os ferro também foi sumindo. (Benvindo – Norte)

MINHA CASA, MINHA RAIZ

Se os depoimentos da Pesquisa de Campo revelaram as mudanças ocorridas na produção e no consumo de todo um conjunto de utensílios de uso doméstico, eles também apresentaram mudanças significativas nas próprias moradias sertanejas. Uma das reclamações mais freqüentes nos relatos dos naturalistas estrangeiros que percorreram o Sertão Mineiro, no início do século XIX, é a falta de conforto das casas, onde eram alojados, especialmente, aquelas de pequenos sitiantes. Saint-Hilaire descreveu como essas moradias camponesas eram feitas, em Minas Gerais, naquele período:

> As casas dos pobres são tão fáceis de construir, que qualquer um é seu próprio arquiteto; e, como se verá, essas casas também se destroem com facilidade extrema. Para se erguer as paredes, fincam-se na terra, a pequena distância um dos outros, esteios de madeira toscos, da grossura aproximada de um braço. Com auxílio de alguns cipós, amarram-se a estes ripas transversais muito aproximadas, e, quando se completa assim uma espécie de gaiola, enchem-se os intervalos com barro. Quanto aos tetos, cobrem-se com estipes e folhas de uma Gramínea pertencente ao gênero Saccharum, e que tem no país o nome de sapé. Internamente, essas miseráveis choupanas são quase sempre divididas por tabiques delgados, e apresentam uma série de pequenos quartos obscuros, que se comunicam uns com os outros, sem portas de separação. Concebe-se facilmente que se não pode ligar grande apreço a semelhantes habitações, e abandonam-se sem pesar quando há certeza de poder encontrar em outro lugar os materiais necessários à construção de outras do mesmo tipo. Encontram-se continuamente no interior do Brasil habitações semelhantes completamente abandonadas e semi-destruídas, e existe mesmo um termo especial para designar as casas que caem em ruínas, o de tapera. (Saint-Hilaire, 1975a, p. 94)

Casas empregando essa técnica de construção podem, ainda hoje, serem encontradas, nas áreas da Pesquisa de Campo, sendo chamadas de "enchumento" ou "pau-a-pique" e foi possível colher entre os entrevistados, especialmente os mais velhos, quais os recursos naturais nela empregados, como pode se ver no QUADRO 27, inserido no ANEXO.

Essa técnica de construção, ao contrário do que pensava o naturalista francês, foi considerada segura pelos entrevistados: "Nessa época, era tudo de pau-a-pique assim, ó, punha bambu assim e barreava, era umas parede segura, podia um boi dar uma esbarrada nela que ela não caía, não" (Zé Coletinha – Triângulo). Esse tipo de parede, porém, é freqüentemente observada apenas nas construções mais antigas: "As casas velhas, mesmo, foi quase tudo feito de enchumento, marrado... [...] marrava de cipó..." (Adão – Jequitinhonha). Em algumas áreas, como no Triângulo Mineiro, nem alguns entrevistados de 70 anos, se lembravam de ter construído casas empregando essa técnica e só as moradias mais precárias é que ainda utilizavam essa técnica: "O pau-a-pique, eu quase não ajudei a fazer, não, quem ajudou isso é o pai. [...] Eu lembro de fazer pau-a-pique, os rancho, os ranchinho dos agregado. Os agregado fazia de pau-a-pique" (Zé Diniz – Triângulo).

Nas áreas pesquisadas, se não antes, pelo menos a partir de meados do século XX, as construções rurais passaram a ser feitas de adobe. Não se tratava de uma tecnologia completamente nova, pois ela já era empregada no início do século XIX, em muitas casas das vilas e de algumas fazendas mais prósperas do Sertão Mineiro, como também descreveu Saint-Hilaire para atual cidade de Minas Novas:

> Não se constrói em Vila do Fanado como nas partes da província que até então percorrera. Não entram na construção senão poucas peças de madeira principais, destinadas a suster os tetos. As paredes são feitas de paralelepípedos de barro batido com a erva e que se põe a secar ao sol. Esses paralelepípedos [...] tem o nome de adobes ou adobos; o que eu medi tinham três palmos e três dedos de comprimento por um palmo de largura; são amassados com terra umida. Nem todas as casas de Vila do Fanado, entretanto, são construídas de adobes; algumas são construídas de taipa. (SAINT-HILAIRE, 1975a, p. 222)

A técnica de "enchumento" era de domínio mais amplo e, algumas vezes, a construção da casa se constituía em uma tarefa coletiva, como parte da solidariedade vicinal, muito presente nas comunidades rurais de então: "Às vezes, o pai contava, fazia até mutirão de barrear parede, né" (Zé Diniz – Triângulo). Já a construção de adobe surgia como algo novo, uma técnica nem sempre do domínio mais amplo: "Era de pau-a-pique, daí, inventaram a fazer o adobo. Aqui, tinha um homem, chamava Joaquim Albino, só ele é que sabia rumar parede de adobo. Nós buscava ele, só ele é que sabia tecer o adobo" (Antônio Rosendo – Triângulo).

Tanto a fabricação do adobe, como a feitura das paredes, exigem certos conhecimentos sobre o barro a ser empregado, embora, hoje, não se possa considerar como uma atividade muito especializada no meio rural da região do Cerrado Mineiro:

> Pra fazer a casa... fazer o adobe, né, o adobe é feito de barro, assim, que não pode ser muito liguento demais, porque, senão, o adobe parte muito. Tem que ser, mais ou menos, um tipo de barro, que não seja arenoso e que nem seja barrento demais, muito liguento. Amassa aquele barro bem amassado, enforma e coloca pra secar. Depois de seco é que pode fazer construção. [...] O reboco é feito de uma terra mais fraca, tipo arenoso... [...] Que se for muito barrento não segura, se for muito liguento, tem que ser uma terra mais arenosa, barro... areia pra reboque. (Adão – Jequitinhonha)

A terra, extraída dos ninhos de formiga-cabeçuda, também é recomendada por alguns para esse tipo de construção: "Ele é um barro pra gente mexer com fazer parede de casa de adobe, assim, ele é melhor que o barro do chão, sabe. O barro é puro, já é barro purinho, é só você jogar água, não tem que amassar, é barro purinho, só a terra..." (Aristeu – Noroeste). Ele é empregado pela sua cor mais clara, sendo usado também para rebocar fornalhas, ajudando a evitar a perda de calor interno.

A argila para a fabricação de telhas é ainda mais específica e exige vários cuidados especiais, pois, ao ir para o forno, qualquer impureza pode resultar em rachaduras e perdas na produção: "O barro pra telha é o barro, assim, azul quase preto, que ele seja bem liguento. Aí, tem que amassar ele bem amassado, coloca na forma de fazer a telha, coloca no terreiro pra secar, depois da telha seca, já bem seca, queima ela" (Adão – Jequitinhonha). Ao contrário do material empregado para fazer o adobe, ele não é encontrado em qualquer lugar: "Nós trata ele barro de telha. [Ele dá mais é aonde?] Quer dizer, beira de brejo, no córrego. Esse barro é as mancha" (Zé Diniz – Triângulo).

A ampla disseminação da telha nas construções rurais também é relativamente recente no Sertão Mineiro, embora pudesse já ser encontrada, pelo menos desde o início do século XIX, também em muitas casas das vilas e de algumas fazendas: "Foi de... 40 pra cá, começaram a inventar essas casa de telha, cobrir de telha... mas tudo era palha, podia ser o fazendeiro que fosse!" (Benvindo – Norte). Essa mudança coincide, aproximadamente, com o uso também do adobe, dentro da perspectiva de melhoria das habitações: "O povo foi inventando organizar mais as casinha" (Benvindo – Norte).

As telhas substituíram as coberturas feitas de palha, material também considerado, especialmente pelos mais idosos, eficiente e de boa duração, quando observados certos cuidados próprios de cada material:

> [A palha protegia igual à telha mesmo, ou não?] É a mesma coisa, só que a diferença é só isso que eu tou dizendo. [...] Tem que subir mais [a cumieira] pra dar mais altura, pra dar desagüe, assim, pra modo da água não ficar empossada, pra ela correr pra fora. [A palha não dá goteira?] Não, não dá, se fizer... se altear mais aí... (Benvindo – Norte)

> Era o capim-de-touça, aquelas touça grande, a gente rancava carrada... carrada, marrava os feixe, trazia pra... e não é qualquer que arrumava o capim, não! Tinha o sistema de marrar ele, cobrir... mas não pingava. [...] Durava... durava dez ano. Aí, precisava tirar aquele capim velho e por outro. Hoje, ninguém sabe o que que é rancho, é... não tem mais rancho [...] A folha do babaçu, corta ela e... tem de cortar e abrir na hora! Na hora que cortou, abre, ela atende, se deixar pra logo, ela quebra... babaçu... [...] Tem a lua, é minguante! Na minguante! E tem que saber marrar tudo do jeito que fica tudo os talo pertinho um do outro, mas durava, ó! (Antônio Rosendo – Triângulo)

A principal desvantagem do uso desse tipo de material na cobertura das casas é o risco de incêndio, com conseqüências terríveis para os seus moradores, em geral, gente pobre, que via desaparecer seus parcos bens pessoais:

> Mas queimava muito rancho! Queimava, no tempo da seca, punha caco de vidro em riba do rancho, com o sol, ele virava fogo, queimava tudo! [...] Muita

gente jogava, não podia, era encomendado: não joga, não, que mês de outubro, pega fogo! [...] Tinha... os próprio ficava com a roupa do corpo, queimava rancho! O rancho pegou fogo, ninguém pagava. (Antônio Rosendo – Triângulo)

A telha também veio a substituir um outro tipo de cobertura, mencionada apenas pelos Xakriabá e, mesmo entre eles, era somente utilizada pelos moradores da região da "mata", pois apenas nesse ambiente podia ser esse material extraído, exigindo, nesse sentido, uma técnica própria, bem como para a arrumação do telhado:

> Não tinha casa de telha, não. Não tinha nada disso, não, a gente, no gerais, fazia as casa toda de coco de... coco indaiá, ou coco buriti. [...] Na mata é a casca, casca de pau d'arco. [...] Era toda forradinha de casca. [...] Quando você queria mais pra segurar, porque o coco-licuri, ele, às vez, segura ali uns dois dia... o gariroba é um ano, depois já acabou. E a casca, não, você fazia, fica vinte ano lá. [...] Pau d'arco, jacarandá, é o itapicuru, às vez, quem sabe fazer, porque o cara corta o itapicuru, ele sai aqueles colchão, mas a gente fazia a coberta como se fosse uma telha grande, né. [...] De um metro, dois metro... [...] A casca, a gente vai lá no pé de pau, aonde o braço der, a gente puxa com a força, limpa aquela casca grossa... isso tem que procurar a época, depois que chove bem que dá um invernozinho, ali, que chove bem, que a terra amolece, aí, o pau começa a soltar a casca. A gente vai lá, descasca ela, corta lá em cima, corta cá embaixo, agora, a gente tira uma... parte ela aqui, parte ela aqui nesse meio, agora, a gente enfia... faz um cavador de pau, enfia nela, estoura, a gente tira. [...] Solta ela inteirinha, a gente vai lá, desdobra ela e imprensa, toda dobradinha ali. A gente imprensa, coloca um pau em cima, aí, ela abre, depois que ela murcha, ela abre. [...] Retinha... igual a uma tábua. Aí, a gente faz a casa, a gente fura ela ali na cabeceira daquela dobra, fura com cordinha, marra nas ripa. Também, não tem... nem respingar, não respinga, nada, nada! (..) Agora, na cabeceira, a gente já tira aquelas cascona grande, preferida, já tá lá feito uma tabona larga, lá a gente... [...] Lá depois que termina a gente arruma um arame, arruma uns pau assim um lado, coloca um pau de fora a fora, outro de cá, e marra as cabeceira deles, assim, de arame. Pronto, ali tá seguro. (Rosalvo – Norte)

Particularmente entre os Xakriabá, mas também nas outras áreas pesquisadas, a introdução das casas feitas de adobe e telha era parte de um processo de sedentarização da população rural, como foi mencionado no início deste livro. No Triângulo Mineiro, só os agregados, cuja estabilidade na terra era precária, faziam "rancho" de pau-a-pique e capim, os camponeses proprietários, já há muito tempo erguiam solidamente suas moradias. Esse processo, certamente, também é resultado da influência de padrões urbanos de construção e de estilo de vida, cuja penetração no meio rural representava um fator de diferenciação social nas comunidades camponesas e indígenas do Sertão Mineiro:

> De 55 pra cá, foi que deu pra iniciar casa de telha. Aí, a telha já começou a colocar... a cobiçar a gente, quando um fazia uma casa de telha: ah, mas, moço!

> A casa dele agora, cobriu de telha! (risada) Aí, vinha com essa conversa, aí foi chegando. Aí, o outro já tinha que fazer também, porque ele tava mais... ficando inferior do que o outro, né, o outro era mais trabalhador do que ele, porque fez a casa de telha e ele não fez. (Rosalvo – Norte)

Historicamente, a "tapera" ou "rancho" era o tipo de construção característica de uma ocupação provisória, quando os recursos do Cerrado eram trabalhados de forma exploratória, como nos primeiros núcleos de mineração. Esse tipo de construção também se observava em grupos de presença itinerante, como nos acampamentos de caçadores-coletores; ou como moradia dos agricultores que se deslocam à medida que as terras são postas em descanso; ou transformadas em pasto nas fazendas. A noção do sertão, como vastos espaços ainda por serem conquistados junto ao mundo natural, tem a sua fronteira empurrada "mais para frente", ao compasso da consolidação da presença e do fazer humanos. A realização de investimentos mais significativos na construção de moradias é indicativo de uma ocupação mais definitiva e da crescente transformação do ambiente, marcada pelo adensamento da população sertaneja se sobrepondo às outras espécies. É nessa perspectiva que se retoma nas Conclusões a discussão, colocada no Capítulo 1 do Volume I, sobre o Sertão Mineiro, como o espaço de uma sociedade marcada pela inserção em uma natureza particular: o Cerrado.

Capítulo 6

Conclusões

Muitas vezes, durante a Pesquisa de Campo, os entrevistados mencionaram, espontaneamente, o "sertão" e buscou-se saber o significado desta palavra para aqueles que, pelo menos dentro dos padrões culturais do século XVIII e início do seguinte, eram considerados moradores da região do Sertão Mineiro. Embora vivendo em diferentes regiões, as noções não variaram de forma relevante:

> O sertão é onde tem pouca gente, né, é um bosque, sei lá o que... (Zé Diniz – Triângulo)
>
> O nome de sertão é um lugar que tá desertado. Lá é um sertão... o sertão de tal estado, sertão de... geralmente, aquele lugar é só mata, tá... ainda não foi cultivado. (Adão – Jequitinhonha)
>
> Sertão? Esse geraizão. É um sertãozão aí, sem gente, sem nada, serra... não tem habitante. (Benvindo – Norte)
>
> Eu, pra mim, é um agreste assim, só vê cerrado, eu para mim é. (Erasmo – Noroeste)

Em resumo, sertão é "pouca gente" e "muita natureza", ou seja, a noção presente nos depoimentos da Pesquisa de Campo é muito semelhante à idéia de "desertão", conforme foi debatido no Capítulo 1 do Volume I. Nesse sentido, quando perguntados sobre onde estava localizado esse tal "sertão", as respostas variaram de acordo com a região pesquisada:

> O sertão fica na região de Juramento. [...] Juramento é ali... pro lado de Montes Claros, depois de Juramento, aquela região de Juramento, ali de Guaraciama, Pau D'Óleo... (Antônio de Fia – Jequitinhonha)
>
> Eu penso que saía aqui por rumo da Bahia, pra lá... eu penso que era. Descia aí, que aí, a gente não via casa, não via fazen... não via cidade, não via nada... (Erasmo – Noroeste)
>
> Antigamente, eles falava que sertão era o Goiás, né. De fato, foi muita gente pra lá, uns deu certo, outros, não. (Zé Diniz – Triângulo)

Ninguém respondeu que o sertão era ali, onde ele morava, pois, como foi visto no Capítulo do Volume I, dos naturalistas do século XIX a Guimarães Rosa, o sertão é sempre mais além, mais para o interior, ou como resumiu um entrevistado: "Pra o lado que o sol entra" (Bidá – Norte). Se eu vivo aqui, este lugar não pode ser um deserto, ele deve estar mais adiante, onde a sociedade humana ainda não venceu o mundo natural. Mas muitos podem se surpreender com a idéia de que, para os outros, seu lugar, onde nasceu e sempre morou, possa ser tido como um sertão. Alguns entrevistados do Noroeste chegaram a se questionar sobre o seu conceito de sertão, quando para lá se dirigiam os migrantes vindos do Centro-Oeste de Minas e de outras regiões:

> O pessoal que vem de fora, que mudaram pra aqui, então, falava que vinha pro sertão, a gente nem não sabia o que que é sertão. Quer dizer, sertão, eu penso, assim, é porque o lugar não é tão... tanto montanhoso... não é montanhoso e, também, de pouco movimento, né. [...] Movimento, assim, do progresso que tem hoje, né, um lugar, assim, ainda de pouco movimento, de pouca saída, né, assim, de transporte. (Manoel Santana – Noroeste)

Se a idéia de sertão não varia, a percepção de sua localização se desloca no sentido de se incluir entre os lugares habitados por gente e não dominado por "bicho selvagem dos ferozes" (Osmar – Triângulo), ou seja, trata-se de pertencer ao universo dos "civilizados" e de se distanciar do "mundo selvagem". Essa tentativa é a própria trajetória de várias das sociedades humanas na sua relação com o Cerrado, discutida ao longo de todo este trabalho. Nessa perspectiva, procurou-se mostrar as continuidades e descontinuidades da relação entre as populações tradicionais e este bioma, em Minas Gerais, em termos de usos, manejos, conhecimentos e representações simbólicas construídas em torno dela.

Quando, de um lado, se observa, entre os achados arqueológicos, artefatos feitos com ossos de veado e a sua representação em pinturas rupestres e, de outro, se constata, nos depoimentos dos moradores atuais da mesma região, um significado importante na caça desse animal, apesar de proibida, se está diante de uma continuidade dessa atividade por milhares de anos. No entanto, ela tem, nesse longo processo, tantas transformações, seja nas suas técnicas, seja nas suas finalidades e na sua importância para as estratégias de reprodução, seja ainda no que se refere às representações simbólicas em torno dessa prática, que tal continuidade se reduz a alguns aspectos muito gerais. Esta observação pode ser estendida a outras atividades tão antigas quanto a caça, como a coleta vegetal, a pesca e, possivelmente, a extração de mel.

Novas atividades foram introduzidas mais tarde, como a agricultura, a cerâmica, o trabalho com fibras, a tecelagem e outras, igualmente, se perenizando até os dias de hoje, ainda que, também, com várias mudanças nessa trajetória. Seria essa introdução fruto da chegada de novos grupos humanos ao Cerrado; ou, pelo menos, de contatos com outras culturas; ou se trata de transformações operadas entre os primitivos habitantes daquele bioma, em suas formas de apropriação do mundo natural? A arqueologia ainda não tem elementos para se definir entre essas respostas, mas, no caso da primeira e, em certa medida, também da segunda, tal introdução se assemelharia à observada, milhares de anos depois, quando a pecuária e a mineração se implantam, no Cerrado, com a chegada de colonizadores de origem européia e seus escravos africanos ou indígenas de outras regiões.

Se os novos moradores deste bioma contribuíram com a introdução de atividades que marcaram a história de sua exploração, desde o século XVIII até a atualidade, também se valeram de todo o patrimônio cultural acumulado pelos grupos humanos que os antecederam na convivência com o Cerrado, introduzindo aí suas próprias contribuições. Essa cultura e essa sociedade, formadas com a participação indígena, européia e africana, se tornam particulares e diferentes das surgidas em outros ambientes geográficos, com as mesmas contribuições. Tal cultura e sociedade se identificam sob a denominação de Sertão Mineiro, sendo distintas de outras, como aquelas surgidas no litoral, ou as constituídas em diferentes sertões e regiões, inclusive da própria Minas Gerais. O que não se torna uma novidade, pois também assim ocorreu com os grupos humanos que a antecederam, evidenciando uma importante e complexa inter-relação entre o ambiente e a organização social e cultural.

Cada uma das atividades desenvolvidas, no Cerrado, se associou a um ou mais de seus vários ambientes, alterando a paisagem deste bioma de diferentes formas e com distintas intensidades, de acordo com os recursos explorados e suas finalidades. As formações florestais, em particular, as chamadas "terras de cultura", tanto foram afetadas pela agricultura, como pela pecuária, a mineração, a extração de madeira, a pesca, certos tipos de caça e coleta, etc.; como pela própria presença humana, que fez deste ambiente, tradicionalmente, o espaço privilegiado da cultura. Os ambientes abertos sempre acolheram atividades menos intensivas, como a coleta de frutos e plantas medicinais, a caça, a pecuária, etc., sendo menos afetados e permanecendo, até a recente "modernização da agricultura", como espaços mais "selvagens". Assim, os entrevistados da Pesquisa de Campo se referem a esses ambientes como "pra fora", se opondo àqueles onde moram, como "de dentro", retratando a própria amplidão desse "mundo afora" dos "campos gerais" e dos "campos cerrados", ou, até, de mais além. "Pessoas de fora" são aquelas procedentes de outras regiões, trazendo "novidades de fora", ou seja, trata-se de representantes de outras culturas, se referindo, principalmente, ao universo urbano.

Para esse, o sertão como um todo é "selvagem", ou, quando muito, um espaço intermediário entre o litoral ou algumas outras cidades próximas do interior e a completa barbárie das entranhas do continente. Nesse jogo de espelhos, o sertão reflete uma imagem positiva para o litoral, frente às suas pretensões de mais se aproximar do "mundo civilizado" de além-mar, pois para se estar no centro, ou mais próximo dele, é sempre necessário que haja uma periferia à sua volta.

Foi como periferia da região mineradora que se constituiu a sociedade sertaneja, no século XVIII, e, como tal, se configurava na mesma dualidade de estar, simultaneamente, "dentro" e "fora" dos seus domínios. Os potentados rebeldes tanto se consideravam como súditos de Sua Majestade e submetidos à proteção de suas leis, como desejavam a liberdade frente às autoridades coloniais, aprendida na convivência com os índios e o mundo natural. Os quilombolas também precisavam do abrigo do Cerrado para se proteger da perseguição dos capitães-do-mato, mas, ao mesmo tempo, tinham que estar suficientemente próximos dos núcleos de mineração, para aí recrutar mais escravos fugidos e, muitas vezes, também comercializar sua produção. Com esses mercados também se relacionavam garimpeiros e vadios, igualmente beneficiados com o seu esconderijo sertanejo, para manterem-se livres da vigilância das autoridades coloniais.

Essas e os naturalistas luso-brasileiros ou estrangeiros percebiam, no Sertão Mineiro, um rico potencial de recursos naturais, mas a sua exploração dependia de fixar a população e, por fim, às suas atividades itinerantes. Era necessário constituir povoados e vilas, integrando-as ao litoral através de estradas, da navegação dos rios e, mais tarde, de ferrovias, enviando para lá e para o exterior seus produtos e de lá recebendo, além dos bens manufaturados, o domínio político capaz de "civilizar" um pouco mais aquela periferia. À medida que se integra, o sertão se pretende menos sertanejo e, como os recursos naturais do Cerrado se mostraram pouco atrativos, o melhor era ali implantar os produtos já consagrados nos mercados. A vegetação tem de ser devassada para não dar abrigo a criminosos e feras, servindo de combustível para abastecer as caldeiras e carvoeiras do progresso, abrindo espaço para lavouras e pastagens, contribuindo para alimentar as cidades que crescem dentro e fora da região.

Os incrementos de população e o desenvolvimento de produções com finalidades comerciais contribuem, em diferentes momentos históricos, não só para intensificar a exploração dos recursos naturais, como também para modificar as formas de sua apropriação. No período pré-colonial, as grandes aldeias estabelecem em torno de si a preocupação em assegurar certos territórios, objeto de cobiça por parte de outros grupos indígenas. A relativamente livre agricultura itinerante dos bandeirantes cede lugar às lucrativas lavouras comerciais em torno dos núcleos mineradores. As terras e lavras, conquistadas junto a índios e quilombolas, são apropriadas na forma de sesmarias e datas, cuja exploração, muitas vezes, dependia da água, também concedida pelas autoridades coloniais. No passado, como hoje, conflitos por esses recursos marcaram a história da ocupação do Cerrado por diferentes grupos humanos, se concentrando sobre alguns deles e sobre os ambientes nos quais eram encontrados.

A apropriação privada das "terras de cultura", até recentemente, conviveu com o uso comum dos demais ambientes pelos vários moradores próximos. Nesse sentido, as populações tradicionais tiveram, ao longo do século XX, vários de seus direitos de acesso a recursos naturais restringidos, seja pela sua apropriação privada, seja pela imposição de novas condições de uso pelo Poder Público. O fim da "cerca de pé baixo" e, mais tarde, da "larga", afetaram a pecuária de camponeses e índios, limitando sua capacidade de criar à pouca terra que lhes sobrava. Ao mesmo tempo, representavam o início da apropriação das áreas abertas de uso comum, agravada com a sua transformação, a partir dos anos 1970, em enormes áreas de pastagens, lavouras e plantios florestais.

Esse processo, de um lado, significou a devastação sem precedentes de recursos naturais empregados por aquelas populações e, por outro, os que ainda não foram destruídos se encontram sob o domínio de proprietários, que impedem a sua utilização, principalmente, quando cresce o interesse comercial sobre eles. Ao mesmo tempo em que assistiam à destruição e apropriação das suas áreas de caça e coleta de frutos, flores, plantas medicinais, lenha, etc., os moradores tradicionais do Cerrado também viram o aparecimento de uma legislação ambiental que restringia e, em alguns casos, proibia o desenvolvimento de várias de suas atividades, praticadas por milênios, como parte de sua estratégia de reprodução social. A caça foi banida, a pesca limitada, a retirada de madeira e o desmate para o plantio de lavouras restringido e condicionado ao pagamento de taxas, também observado no cultivo tradicional de espécies florestais como o coco-gueroba e de forma semelhante, o garimpo passou a ser regulado pela concessão dos órgãos competentes. Essas e outras atividades, quase que de um dia para outro, sofreram profundas limitações e, em grande parte, foram empurradas para ilegalidade, sem nenhuma compensação pelas perdas que resultavam de tais medidas e, até mesmo, sem maiores esclarecimentos sobre as suas razões. Nesta perspectiva, várias vezes, assisti a agricultores do Cerrado se perguntando se não estariam pagando pelos crimes ambientais praticados pelos grandes empreendimentos, que sem maiores restrições se apropriaram e destruíram grandes áreas deste bioma.

> A gente veve na roça, trabalha, ocê faz um roçado, vai os homem te lasca uma multa aí, cê não tem como pagar...Uma ocasião mesmo, tava com um roçado lá em cima, eles vieram aí, me multaram, pra plantar mandiocal. A farinha que o mandiocal deu não dá nem pra... ó dó que que é isso?! Falei: não vou pagar, uma que não tinha como eu pagar, larguei pra lá. Moço, eu vou assinar essa multa pra que? Pra ficar devendo o que eu não posso pagar? (Jequitinhonha)

Em Minas Gerais, a implementação da legislação ambiental, a cargo da Polícia Florestal, sempre se caracterizou mais pela ação fiscalizadora e punitiva do que pela prática educativa, mesmo que seus agentes e outros órgãos tenham se esforçado, algumas vezes, em tentar alterar essa imagem. Assim, embora seja conhecida como "Florestal", é como polícia que ela é temida, porém, esse fato não impede que, aproveitando-se do mesmo abrigo, fornecido pelo Cerrado, que escondeu criminosos no passado, muitos corram, hoje, o risco de infringir as leis ambientais. Caso contrário, teriam grande dificuldade de manter as suas estratégias de reprodução tradicionais, pois as novas, surgidas no processo de "modernização da agricultura", em geral, têm se mostrado também muito pouco viáveis para a produção familiar.

Mesmo com tantas restrições da legislação ambiental, o bioma do Brasil Central vem desaparecendo rapidamente diante de nossos olhos:

> Levantamentos realizados por pesquisadores do INPE – Instituto Nacional de Pesquisas Espaciais – demonstram que resta apenas 25% de Cerrado não antropizado, ou seja, coberto por vegetação natural de Cerrado e Pantanal. Outros 25% compõem-se de cerrado antropizado, ou seja, campos naturais utilizados para pastagens, áreas de vegetação queimada recentemente e em regeneração, e áreas próximas às estradas. Em torno de 22% correspondem a áreas ocupadas por atividades agrícolas, pecuárias, e por cidades, entre outros, e 28% estão relacionados com cursos d'água e outras vegetações não características de Cerrado. (BUSCHBACHER, 2000, p. 21)

Tal destruição é, sem dúvida, fruto das novas formas de uso deste bioma, surgidas nas últimas três décadas, resultando em impactos muito superiores aos de milhares de anos de sua exploração pelas populações tradicionais. É verdade que elas também sempre alteraram, por diferentes formas, o ambiente onde estavam inseridas e que os meios técnicos disponíveis lhes davam uma capacidade bem menor de uso e manejo dos recursos naturais. Igualmente, não se pode negar que, com o seu crescimento demográfico e/ou a necessidade de sua exploração comercial, elas têm intensificado sua ação sobre o ambiente e ampliado os impactos provocados, quando comparados com os resultantes das suas formas de utilização mais antigas.

Há, no entanto, um outro elemento a ser considerado no que se refere às mudanças nas relações entre as populações tradicionais e o Cerrado: as transformações nas suas percepções em torno do mundo natural e dos seus direitos sobre ele. Quando o Caipora deixa de ser o "dono dos bichos" para se transformar apenas em uma "assombração", que persegue os caçadores, se aproximando do papel desempenhado hoje pela Polícia Florestal, alteram-se, profundamente, aquelas percepções. Ao se tornar senhor da natureza, o ser humano não tem mais com quem negociar suas possibilidades e limites no uso e manejo do Cerrado: se ele é o dono da terra, também é de tudo que nela vive. Essa é a lógica da apropriação individual cada vez mais presente no sertão, cada vez mais sem futuro, pelo poder ilimitado que ela confere sobre na dominação da natureza.

O Estado poderia ser um substituto moderno daquele ente mítico e regular o uso dos recursos naturais, mas ele o tem compreendido na mesma lógica de apropriação individual e na base do princípio do "usuário-pagador", não importando se quem paga, também destrói. Em geral, destrói mais do que paga e o que paga não se reverte para alterar o quadro de devastação, ampliado pela legalidade desse ato e multiplicado pela corrupção e pela impunidade das elites.

Cada vez mais se descobre que a preservação da natureza não pode se restringir às chamadas "Unidades de Proteção Integral" (estações ecológicas, reservas biológicas, parques nacionais, monumentos naturais e refúgios de vida silvestre), importantes para assegurar certos espaços e ambientes especiais, mas insuficientes para se definir todo o conjunto de áreas onde a sociedade humana e o mundo natural convivem. As "Unidades de Uso Sustentável" (áreas de proteção ambiental e de relevante interesse ecológico, florestas nacionais, reservas extrativistas, de fauna, de desenvolvimento sustentável e particular do patrimônio natural), previstas em legislação recente (Lei nº 9.985 de 18 de julho de 2000), buscam compatibilizar o uso e a preservação ambiental. A grande lição das populações tradicionais, referente ao dilema da sociedade contemporânea em sua relação com a natureza, é justamente uma trajetória onde a presença humana não significou a devastação do mundo natural.

A sociedade responsável pela destruição ambiental em escala planetária é a mesma que desestruturou a vida de comunidades tradicionais em todos os continentes. Uma nova postura frente à natureza passa pelo retorno do Caipora ao nosso imaginário coletivo. Temos que reaprender a negociar, com ele e com cada parte do mundo natural, nossos direitos e deveres naquela relação. O mesmo respeito e reciprocidade construídos frente à biodiversidade deverá estar presente nas relações entre os vários grupos humanos, no sentido da valorização também da nossa diversidade cultural. Talvez possamos resgatar a sabedoria de estudar os "sinais de chuva" em diferentes elementos do mundo natural, incluindo nós mesmos, e ler neles não só o futuro de nossa família ou comunidade, mas, também, o porvir num sentido mais universal, construído exatamente pelo fato de aí nos integrarmos em plenitude.

As cores do Sertão

Veredas da Comunidade do Gigante (Município de Botumirim-MG)

Se achegando à Lapa do Bugre, próxima à Comunidade do Gigante
(Município de Botumirim-MG)

"Desenhos de bugre", pinturas rupestres da Lapa do Bugre,
próxima à Comunidade do Gigante (Município de Botumirim-MG)

Tipos de natureza da Região do Jequitinhonha:
a serra e o "pantamo"/brejo (Município de Botumirim-MG)

Tipos de natureza da Região do Jequitinhonha:
a caatinga e a serra (Município de Botumirim-MG)

Tipos de natureza: Região Norte – a barriguda da mata e o "pantamo"
(buritizais do Rio Peruaçu – Município de São João das Missões-MG)

Região Norte – vegetação da serra e o coco-cabeçudo do "pantamo"
(Município de São João das Missões-MG)

Paisagem da Região Noroeste: o Vale do Cercado com a Serra da Maravilha ao fundo e a vazante do Rio Paracatu (Município de Brasilândia de Minas-MG)

Paisagem da Região Noroeste: Rio Paracatu em Santana da Caatinga
(Município de João Pinheiro) e o cerrado (Município de Brasilândia de Minas-MG)

Paisagem da Região do Triângulo: vista geral do Brejãozinho
e bró do Capão do Nego (Município de Monte Carmelo-MG)

Paisagem da Região do Triângulo: Capão do Gato e a casa de Zé Diniz, com seu primo Zé Coletinha e o neto dos dois (Município de Monte Carmelo-MG)

Gente da Comunidade do Gigante (Município de Botumirim-MG):
Antônio de Fia colhendo flores sempre-vivas e Adão e seu filho

Os xakriabá (Município de São João das Missões-MG): S. Leandro e D. Senhorinha (Aldeia Peruaçu) e D. Ricarda (Aldeia Itapicuru)

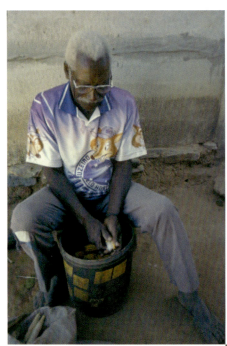

Duas gerações na Comunidade do Cercado (Município de Brasilândia de Minas-MG):
Antônio Ferreira e Aristeu (Júnior)

O povo alegre de Monte Carmelo-MG: Zé Diniz fazendo fogo com "artifício" (Comunidade da Laginha) e João dos Reis da Silva e sua tia Maria Rosa (Comunidade do Brejãozinho)

Sinais de chuva: o canto da cigarra e a "escuma" do assa-peixe

As dificuldades de obter água na seca: Tião pelejando com cisterna
(Município de Brasilândia de Minas-MG)

A convivência com a fauna do Cerrado: a seriema sempre presente
e o mocó de estimação

Armadilhas com espingarda acionada por um fio colocado nas trilhas costumeiras ("estrovengo") e jequi ou gaiola de tatu

Pesca no Rio Paracatu e a cabaça para criação de abelha jataí

Alimentos do Cerrado: buriti, coco-indaiá, coco-cabeçudo verde, cabeça-de-frade e cajuzinho

Zé Diniz e Zé Coletinha tirando a "cabeça" (palmito) de gueroba
(Comunidade da Laginha – Município de Monte Carmelo-MG)

A diversidade de produtos ornamentais colhidos na Comunidade do Gigante (Município de Botumirim-MG): botão-peludo, botão-dourado, botão-besouro e mãozinha-de-sapo, coletada por D. Zulca

A medicina ao alcance das mãos:
banana-do-cipó-imbé contra hemorróida e resina de jatobá

Tirando cabo de machado e deixando a árvore viva

Preparando a terra para o cultivo: roçado, queimada e aração

Vida que brota da terra e a lavoura protegida contra mau-olhado e outros perigos

Colhendo o que plantou: a diversidade da lavoura (abacaxi, cará, batata, café, quiabo, abóbora e cagaiteira) de José Eustáquio (Comunidade da Laginha-Monte Carmelo-MG) e Alberto e sua horta (Comunidade do Cercado-Município de Brasilândia de Minas-MG)

Uma das primeiras formas de combate à formiga com o uso de produtos químicos é a chamada "máquina de carvão" que consistia em queimar arsênico num "caldeirão" com carvão e a sua fumaça era empurrada para o formigueiro por um ventilador tocado a mão, colocado em uma "máquina" na outra extremidade

Aqui jaz o Cerrado: sua vida corre perigo com os grandes projetos agropecuários e a produção de carvão

A pecuária tradicional: gado pastando no cerrado,
a cerca de forquilha e o muro de pedra

Garimpo de diamante no Rio Jequitinhonha e a extração de cristal

O artesanato: fiado de lã tingido com quaresma (Município de Monte Carmelo-MG), dona Brasilina fazendo esteira de buriti (Município de São João das Missões-MG) e pote de cerâmica (Município de Botumirim-MG)

Anexo

Mapa do Cerrado Mineiro
com as áreas da Pesquisa de Campo

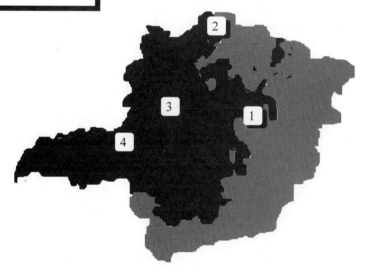

Fonte: "A Área do Cerrado no Estado de Minas Gerais" (FERREIRA, 1980).

"Certidão *verbum-adverbum*". Uma doação.[1]

Francisco Nunes Pacheco Escrivão de Paz e Oficial do Registro Civil Vitalício, do distrito e município de Itacarambi, Estado de Minas Gerais, Republica Federativa do Brasil, na forma da lei etc.

CERTIFICA, a solicitação de interessado, que revendo em seu cartório os livros de notas desse, em um desses de numero dêz (10) as fls–38 evº, encontrou a seguinte publica forma, do teor seguinte: Publica Forma de uma doação do teor seguinte: N 11 R.160 Pagou cento e secenta reis O P 25 de setembro de 1856 Silva Reis Januário Cardoso de Almeida Brandão deministrador dos Indios da Missão doSnr S. João do Riaxo do Itacaramby Ordena o Cap^m Mandante Domingos Dias ajunte todos os indios tantos maxos como feméas Q̃ andarem por fóra p^a ad-missão com zello e cuidado os que forem rebeldes fará prender com cautela parahirem para ad-missão Copio e Christão e zello, Mandando-lhe ensinar a Doutrina pellos os q-mais soberem os doutrinatos que vivão bem e se cazem os Mancebados não tendo empedimento ou avendo empedimento fazendo se caze com outro q̃ não tenha empedimento fazendo os trabalhar p^a terem qi comer e não furtarem e o q_ for rebelde a esta dutrina que expendo neste papel os prenderá castigará como merecer sua culpa e quando cassar algum ensolente ou levantado fará prendellos e trezellos a m^a prez^ca para lhe dar o castigo conforme merecer porque feito tenho ordem de q^m pode para castigar e prendellos e tirar o abuso de serem bravios e espero do S^n Cap^m assim o faca como asim determino e do contrario por ele e pelos mais e isço dei terra com sobra para não andarem para as fasenda alheia do Riaxo do Itacaramby asima até as cabiceiras e vertentes e descanco extremando na Cerra Geral para a parte do peruaçú extremando na Boa Vista onde desagua para lá e para cá e por isso deilhe Terra com Ordi de nossa Magestade ja assim não podem andarem pelas fasendas alheias incomodando os fazendeiros – missoes para morada o brejo para trabalharem Fora os gerais para suas cassada e meladas. Arraial de Morinhos, 10 de fevereiro de 728 digo de 1728. Administrador Januario Cardoso de Almeida Brandão (com o sinal publico). Era o que continha na doação que me foi apresentada, qual para aqui trasladei fielmente como nella se continha e declarava, do que dou fé, isto feito, perante duas testimunhas o que fielmente foi lida e confirmada a realidade do que

---

[1] Cópia de SANTOS (1997).

tudo, continha a mesma, Assignando as testimunhas e o apresentante, o presente termo de transpcrição de publica forma, isto, perante mim escrivão, que o escrevi e assigno e dou fé, em testimunho: (sinal publico) de verdade,) raso que uso em publico. Resalvo entre linha, que diz, que expendo – neste papel os prenderá, que dou fé. Eu Francisco Nunes Pacheco, escrivão de Paz e oficial do registro Civil Vitalicio o escrevi dou fé, e assigno. (a) Francisco Nunes Pacheco. Sobre selos; "aa". Itacaramby, 28 de fevereiro de 1931; – Apresentante: – Salomé de Paula Santiago, testimunhas, Adolpho José de Oliveira e João Rocha. Era o que continha no livro e fls que para aqui trasladei a presente certidão de Publica Forma – *Verbum-Adverbum* e na escrita original transcrita, que consertei em datilografia o presente traslado e dou fé, em testimunho – [assinatura] de verdade. Sem selos para efeito "Social Nacional".

Itacarambi, 5 de junho de 1969

Tabelião, Francisco Nunes Pacheco

Roteiro de pesquisa

I - História da comunidade

1) história de vida dos entrevistados (pais e vizinhos)

2) história da comunidade e momentos de congraçamento (festas, lutas, associação, etc.)

3) as relações com as cidades da região e o comércio

4) as mudanças recentes na região

II - Ambientes

A) Caracterização geral:

   1) Nomes

   2) Sub-ambientes:

   3) Caracterização

     a) Solo

     b) Relevo

     c) Água

     d) Espécies de plantas

     e) Animais

B) Usos:

   1) Agricultura

   2) Criação de gado

   3) Plantas medicinais

   4) Coleta de frutos

   5) Lenha e carvão

   6) Madeira

   7) Barro

   8) Água

C) Manejo:

   1) Queimada e desmate

   2) Rotação de culturas e período de pousio

3) Espécies poupadas e transplantadas

3) Ameaça de pragas e animais carnívoros

III - Identificação de espécies

1) Vegetais

a) que partes são usadas para identificação (folha, casca, cheiro (flor), etc.).

b) do-reino x do-mato.

c) da-terra-de-planta ou do-mato X do-campo.

2) Animais

a) de diferentes ambientes.

b) outras classificações.

IV - Principais atividades econômicas

1) história e situação atual

2) consumo e renda

a) Roça: variedades antigas.

b) Horta e pomar.

c) Criação de pequenos animais (galinhas, porcos e outros): raças antigas.

d) Criação de gado: raças antigas, espécies de capim e uso de pastagens plantadas e nativas.

e) Barro (adobe, tabatinga, telha, tijolo, panela): recursos naturais usados na construção de casa.

f) Madeira (construção, cerca, móveis, equipamentos rurais (engenhos, roda de farinha, etc.) e ferramentas: perseguição da florestal, desmatamento e capoeira, recursos naturais usados na construção de casa.

g) Carvão, lenha: perseguição da florestal.

h) Frutos (in natura, doces, palmito, bebidas, etc.).

i) Flores.

j) Artesanato (fibras, sabão, tecelagem, etc.).

k) Caça: perseguição da florestal X fonte de proteína (conhecimentos sobre a fauna da região e técnicas de caça).

l) Pesca: perseguição da florestal e poluição.

m) Remédios do mato (plantas e bichos): perseguição/apoio dos médicos, aspectos mágicos (simpatias).

n) Garimpo (Diamante, ouro e cristal).

o) Migração e trabalho fora (São Paulo e outras regiões).

p) Água: um recurso escasso, seca e o manejo de água.

q) Sinais de chuva.

r) Parcerias, uso e ocupação da terra (situação fundiária).

Seminário de devolução dos resultados de Pesquisa de Campo

PROGRAMAÇÃO:

- Dia 07 de outubro de 2000

8 às 9h30 – Recepção dos participantes.

10h – Abertura e apresentação usando mapa do Cerrado Mineiro para identificação das origens de cada um.

10h15 às 12h – *O Cerrado do lugar onde moro* – apresentação pelos representantes das comunidades onde foi realizada a Pesquisa de Campo de sua região usando conjuntos de slides feitos durante a pesquisa.

12h às 14h – Almoço e soneca.

14h às 15h – *O que nossa entidade faz pelo Cerrado* – apresentação pelos representantes das entidades dos trabalhos desenvolvidos por cada uma.

15h às 17h – *Devolução dos resultados da Pesquisa de Campo* – Ricardo Ferreira Ribeiro apresenta o trabalho sistematizado até o momento.

16h – Café.

17h às 18h30 – Debate dos resultados e discussão das formas de divulgação da Pesquisa de Campo e seus desdobramentos.

19h – Jantar.

20h – Confraternização com troca de sementes, presentes, saberes, sabores e amores.

- Dia 08 de outubro de 2000

8h às 11h30 – *Visita monitorada à área do CAA-NM* – conhecer o trabalho ali desenvolvido (técnico do CAA) e identificar espécies do Cerrado, seus usos e manejos (participantes).

11h30 às 12h – Avaliação do Seminário.

12h às 14h – Almoço sem soneca.

14h – Retorno a seus lares.

Observação: Essa programação e toda a proposta do Seminário está aberta à discussão para ser criticada, melhorada e alterada no que for combinado.

Quadro 7 – Tipos de natureza – Região do Jequitinhonha

Característica	Terra de cultura	Carrasco	Caatinga	Pantamo/Brejo	Capina/Vargem	Serra
Definição	Descendo ali pro Ribeirão Gigante, ali é terra de cultura, lugar fresco, mais ou menos, 30% ali é terra de cultura.	Lá em cima é um carrasco, um lugar mais cheio de serra, acima da terra de cultura.	É uma mata mais no alto.	É lugar molhado, forma umas lagoas.	É lugar mais enxuto, mas o clima é o mesmo do brejo.	Fica no alto, na chegada aí.
Terra	Mais vermelha, com barro, argila.	Areia mais branquicenta, tem lugar que a areia é mais vermelha.	Arenosa e mais ressecada e sempre mais corada, mais preta.	Por causa da umidade, ela fica preta.	Arenosa, branca.	Pedra.
Vegetação	Aroeira, Coqueiro macaúba, Jacarandá, Sucupira ruiva, Angico, Pereira, Moreira, Mutamba, Taipoca, Aroeirinha.	Peroba, Massambé, Sucupira, Pequizeiro, Cagaiteira, Mangabageira, Candeia, Panã, Jatobazeiro, Monjolo, Pereirão.	Catinga-de-barata, Sucupira, Monjolo.	Dourado, Espetanariz, Sedinha, Jazida, Buriti, Pindaíba.	Capim. Sempre-viva.	Mandacaru, Cabeça-de-frade, Caparosa, Gravatá, Peca-do-pelado, Cebola-da-serra, Ruibarbo.
Usos	Casa, quintal, horta, plantio de arroz e feijão (vazante), milho, amendoim, mandioca (mais no alto), pasto e madeira.	Criação de gado, madeira, caça, coleta de frutos, plantas medicinais e mel	Plantio de mandioca e café (terra mais arenosa e preta) criação de gado, madeira, caça e coleta de frutos	Coleta do buriti e flores e plantio de arroz (terra de bengo e anião)	Coleta da sempre-viva e criação de gado	Caça do mocó e coleta de algumas plantas.

Fonte: Pesquisa de Campo

329

Quadro 8 – Tipos de natureza – Região Norte

Característica	Mata	Caatinga	Gerais		Pantamo	
			Gerais misto/Capão	Carrasco	Vargem	Brejo
Definição	A terra de cultura é considerada a terra de mata, que é a melhor terra, tem muita madeira, é sempre lugar mais acidentado, é mais alto.	É a mesma mata, só que mais rala e fica mais aproximando o gerais.	Gerais que produz, que as árvores engrossa muito, é gerais encostado na mata, é uma mata, mas fica mais distante, como fosse uma ilha.	Mato baixo, bem fechado, tem muito pau, mas fica fininho, porque a terra é ruim.	Onde tem esse capim, tipo uma grama.	É empantamado, a água mereja e fica encharcada direto, o leito do rio mesmo passa lá naqueles buriti alto.
Terra	3 tipos: **a)** vermelha: mais mole, conserva mais, agüenta mais chuva, do que na preta e da mata branca. **b)** preta: muito forte, costuma melar muito feijão. **c)** branca: mais inferior, de menas produção quando chove muito, costuma dar uns merejo, quando a chuva vai embora, aquilo seca logo.	A terra é vermelha e arenosa, já pertence uma mistura de terra avermelhada.	Arenosa, mas não é areia pura, é mista, já tem um cheirinho da mata. Uma terra mais solta, mais vermelha.	Socada, dura.	Arenosa.	Empantamado.

Quadro 8 – Tipos de natureza – Região Norte (*continuação*)

Característica	Mata	Caatinga	Gerais		Pantamo	
			Gerais misto/Capão	**Carrasco**	**Vargem**	**Brejo**
Vegetação	Aroeira, Braúna, Cedro, Imburana-de-cheiro, Itapicuru, Tapumujú, Pau d'arco, Angico-preto, Angico-branco, Barriguda Pau-ferro, Jacarandá-da-mata, Mambira, Jatobá, Quinhentão, Ipê-roxo, Catinga-de-porco.	Catinga-de-porco,Braúna, Aroeira, Imburana-de-cheiro, Miroró, Jabuticaba, Gameleira.	Braúna, Aroeira, Caju, Tamboril, Pequizeiro, Imburana-de-Cheiro, Jatobá, Saputá, Favela Cabeça-de-Negro, Grão-de-galo, Maracujá, Mussambé, Vinhático, Pau-Terra, Sucupira, Unha-d'anta.	Coco-tucum, Coco-raposa, Coco-indaiá, Tamarim, Mangabeira.	Betonga, Roseta, Capim-lacraia, Capim-fugido e outros tipos de capim.	Buriti, Buriti-mirim, Pindaíba.
Usos	Casa, quintal e horta, plantio de feijão, arroz, algodão, milho, feijão, mamona, andú, feijoa, etc., pasto e madeira.	Roça e madeira.	Plantio de mandioca, milho, feijão catador, etc., pasto, madeira.	Criação de gado, coleta de frutos e plantas medicinais, caçadas e meladas	Criação de gado e coleta de plantas medicinais.	Coleta do buriti.

Fonte: Pesquisa de Campo

331

Quadro 9 – Tipos de natureza – Região Triângulo

Característica	Vargem	Cultura	Restinga	Cerrado	Campo	Serra
Definição	Beira de córrego, cultura também não tem pau, é limpa. não tem sujeira de madeira.	Mato, com árvores de 8, 10 metros pra cima, terra boa, geralmente, acidentada.	Um mato mais fraco, uma moita de mato, mas não tem madeira boa. Está entre a cultura e campo: "cultura mestiça" ou "campo mestiço" com árvores menores que a cultura e maiores que o cerrado.	Mais árvores que o campo menos que a cultura e menores que na restinga e com mais galhos, baixos, rasteiros.	Lugar limpo, muito pouca árvore, pouca madeira quando encontra um mato muito alto não passa de 50 centímetros.	Uma rocha, um monte alto, pura pedra e capim, mas dá árvore também.
Terra	Lugar úmido, brejo.	Terra preta, rica, profunda (3, 4 m), grudenta, puxenta, massapé.	A terra é mais fraca.	Terra vermelha.	Terra amarela, pobre, tabatinga, muito cascalho	Terra branca e areenta, ruim, pura pedra.
Vegetação	Sangra-d'água, Navalha, Pororoca.	Peroba, Garapa, Óleo, João-farinha Jatobá-do-mato, Macaúba, Aroeira, Pororoca, Aroeirinha, Capim-Gordura, Provisório.	Angico, Pororoca, Pau-Terra, Pimenta-de-macaco, Aroeirinha, Paroba, Pombeiro, Marmelada.	Pau-Terra, Mandiocão, Gidal, Barbatimão, Boizinho, Mangaba Carne-de-vaca, Mama-cadela, Capitão, Marmelada, Semente-de-macaco, Gariroba, Bacupari, Articum, Cagaita, Cajuzinho-do-cerrado.	Pororoca, Canela-de-ema, Murici, Capitão, Gabiroba, Carqueijo, Cipó-chumbo.	Árvore-de-óleo, Galinha-choca, Pindaíba, João-farinha.
Usos	Pasto.	Pasto e reserva de madeira.	Madeira.	Plantio de café, maracujá, feijão, arroz, mandioca, gueroba, abacaxi, etc., pasto, madeira para cerca e coleta de frutos plantas medicinais.	Criação de gado e coleta de frutos plantas medicinais.	Criação de gado, tirada de pedra para construções e caça.

Fonte: Pesquisa de Campo

Quadro 10 – Tipos de natureza – Região Noroeste

Característica	Vazante	Vargem	Cultura	Toá	Cerrado	Campo	Vereda
Definição	Entre a vargem e o córrego ou o rio, na beira do Paracatu e do Caatinga ela é maior, nos córregos é pequena.	É uma mistura do cerrado com a cultura, então, ela tem um pouco de cultura também.	Toda essa região aonde que é cultura era mata antigamente	É divisor entre a vargem e a cultura, a cultura e o cerrado.	As terra são mais inferior, aquela parte lá mais de cima.	Tem algum lugar mais em baixo que tem também, mas não é lá grande coisa, mais é na serra.	Vereda seria um corregozinho, que corre, às vezes, só nas águas, lá na serra.
Terra	Terra boa, geralmente é cultura mesmo.	Terra média, mais é preta, mas em algum lugar é branca. Algumas tem muito barro de telha, muito ressecada, em ano de pouca chuva, não funciona.	É a melhor, geralmente, preta, marrom, grudenta, tipo barro.	É a terra é mais fraca, uma pedra mole, que quebra a toa.	É mais vermelho, branco... Tem o cerrado bom, que ele também começa a grudar e o outro é mais arenoso, solto.	Mais claro, mais branco e solto, que aí tem uma mistura de areia.	Geralmente, é um barrinho preto, arenoso.
Vegetação	Capim-colonião, Sapé.	Mais é capim: Capim-seco, Capim chato, Sambaíba, Murici, Jacaré, Marmelada, Embaúba, Açoita-cavalo.	Aroeira, Angico, Ipê-roxo, Jatobá, Açoita-cavalo, Tingui, Pau-d'arco, Imburana, Pau-ferro, Capim-meloso, Provisório.	Barba-de-bode, Capim-seco, Capim-de-colchão, Açoita-cavalo, Pau-podre, Pé-de-perdiz, Murici.	Aroeira, Jacaré, Casca-d'anta, Pequi, Barú, Tingui, Jatobá, Favela, Bacupari, Paineira, Marmelada, Mangaba, Açoita-cavalo, Coquinho, Paineira, Sucupira-branca.	Capim-chato, Barba-de-bode, Murici, Mangaba, Tingui.	Buriti, Pindaíba, Embaúba.
Usos	Plantio de arroz e horta.	Pasto.	Pasto e plantio de milho.	Criação de gado, coleta de plantas medicinais.	Plantio de arroz e outras culturas, pasto, coleta de frutos e plantas medicinais, carvão.	Criação de gado, coleta de frutos e plantas medicinais e caça.	Coleta do buriti.

Fonte: Pesquisa de Campo

Quadro 11 – Caça no Sertão Mineiro: conhecimentos, usos, manejos e representações simbólicas

Bichos	Qualidades	Conhecimentos	Onde vive	Razão da caça	Técnicas de caça	Uso medicinal e simpatias	Aspectos simbólicos
Bichos de pelo							
Onça	Pintada	Manchas negras sobre o corpo.	As onças vivem nas serras e matas, e andam sete léguas em uma noite.	Ameaças às pessoas e ataque ao gado bovino, o couro era vendido por bom preço. Anos 1950: listas de contribuições de criadores de gado para premiar quem matasse as onças.	Uso de armadilhas com clavinotes carregado c/ pólvora, balas, pregos e parafusos.	Gordura: p/ quem tem chiado por dentro.	Onça Cabocla dos Xakriabá.
	Tigre	Pelo negro.					
	Canguçu, mão torta	Pintada de preto com branco.					
	Baia do lombo preto	Canelas rajadas (perigosa).					
	Suçuarana	Vermelha (parda).		Ataque aos porcos.			
Anta	Xuré	Miúda (tamanho de bezerro de ano), c/ 5 dedos.	De dia se esconde no cerrado, à noite no pantamo (veredas).	Carne usada para fazer paçocas e couro empregado em cabrestos, latos de sela e chicotes.	Com cachorros ou na espera nos bebedouros.		
	Sapateira	Grandona, é quase igual uma vaca, c/ 6 dedos.					
Porco do mato	Sapateiro	Grandão, preto e estrelo.	Gerais e carrasco.	Grande quantidade de carne, mas exige cuidados. Ataca roças, principalmente, mandiocais isolados.	Espera em cima de uma árvore a passagem do bando.		O chefe do bando é o Caipora.
	Cariri	Raposado.					

Quadro 11 – Caça no Sertão Mineiro: conhecimentos, usos, manejos e representações simbólicas (*continuação*)

Bichos	Qualidades	Conhecimentos	Onde vive	Razão da caça	Técnicas de caça	Uso medicinal e simpatias	Aspectos simbólicos
Bichos de pelo							
Lobo			Cerrado e serras.	Ataca os galinheiros.	Armadilha (arataca) ou no tiro, quando é surpreendido no terreiro.	a) Olho: p/ negócios e mulheres; b) Pelo: gripe/asma, berne e dor de dente; c) Carne: doença do ar; d) Osso: dor de dente.	O lobo é todo mandinguento.
Gato-do-mato	Jaguatirica	É o maior, pintado de amarelo e preto, caça à noite.	Cerrado ou carrasco.	Atacam os galinheiros. O couro era vendido por um bom preço.	Uso de armadilhas com isca viva.	Gordura: ferimentos e queimaduras.	
	Maurício	Rajado preto, caça de dia.	Terra de cultura.				
	Preto	Caça de dia.					
	Maracaiau	Amarelo e pintado, graúdo e treiteiro, enxerga demais, caça à noite.					
	Vermelho						
Capivara			Beira dos rios, vazantes.	Carne gordurosa, mas muito apreciada. O couro também é usado. Destrói lavouras de arroz.	Perseguida pelos cães, corre para água, onde é esperada pelo caçador.	Manteiga (gordura): asma/bronquite e reumatismo.	

Quadro 11 – Caça no Sertão Mineiro: conhecimentos, usos, manejos e representações simbólicas (*continuação*)

Bichos	Qualidades	Conhecimentos	Onde vive	Razão da caça	Técnicas de caça	Uso medicinal e simpatias	Aspectos simbólicos
Bichos de pelo							
Veado	**Suçuapara**	Um veado maior e tem mais galha.	Brejo, pântano (alagadiços).	Carne muito apreciada.	Na espera, sentado nos galhos ou em redes, em cima de árvores com flores e frutos dos quais se alimentam ou com cachorros que os conduzem para a linha de tiro dos caçadores.	a) Pedra de veado (fica no bucho ou no fígado): o caçador que pegar ela só ele consegue caçar. b) Gordura da tutela: criança que não está conseguindo andar.	A carne do veado não deve ser salgada, mas retalhada e colocada no sol para secar, durando até 6 meses. Ela é considerada naturalmente salgada. Salgar ou colocar pimenta pode prejudicar o caçador em suas novas investidas pois "quebra empatia".
	Campeiro	Possui uma galhada.	Campo, serras e vargens (veredas).	Carne não muito apreciada.			
	Mateiro	O maior desses comuns.	Mata, terra de cultura.	Carne muito apreciada, melhor couro.			
	Catingueiro	Pelo que nem boi, só nasce dois chifres nos machos; nas fêmeas, nenhum.	Mata.	Carne não muito apreciada.			
	Guaripu	Miudinho que nem cachorro.	Carrasco, chapada.				
Tatu	**Canastra**	É o maior. Duas qualidades: do casco amarelo e do casco preto.	Cerrado.	Muita carne.	Os tatus maiores são caçados com cachorros, que os perseguem até a sua toca, que é cavada até encontra-lo. Os menores, além da caça com cães podem ser capturados em		
	Peba	Da testa chata.	Cerrado e terra de cultura.	Pouca carne, "catinguda", muitos não comem porque se alimenta de defuntos nos cemitérios.		a) Gordura: feridas e gripe. b) Bucho: coalho de queijo.	

Quadro 11 – Caça no Sertão Mineiro: conhecimentos, usos, manejos e representações simbólicas (*continuação*)

Bichos	Qualidades	Conhecimentos	Onde vive	Razão da caça	Técnicas de caça	Uso medicinal e simpatias	Aspectos simbólicos
Bichos de pelo							
Tatu (*continuação*)	Galinha ou preto	Duas qualidades: do casco todo preto e barra branca, c/ 2 fitas brancas.	Mata.	Carne muito apreciada.	armadilhas como o mundéu e o jequi o gaiola de tatu, colocado na entrada de seu buraco. Outra armadilha usada é uma lata de boca estreita onde é colocada a isca ficando a cabeça do bicho presa na suas bordas salientes.		
	Tatu-veado	É o mesmo tatu galinha, com a diferença que tem uma unha no rabo.	Mata.	Carne muito apreciada.			
	Rabo-de-sola	Um vermelho.	Cerrado.	Carne.			
	China	Miúdo.					
	Bola	Mansinho. Ele vê a gente, fica encolhidinho.	Gerais.	Carne muito apreciada.			
Guariba		O barbado (macho) é preto e a guariba (fêmea) é parda/vermelha.	Mata.	Assaltam as lavouras.	Não chegam a ser caçados, mas são repelidos.		
Macaco		Dois tipos: um amarelo, maior e um mais miúdo.	Mata.	Assaltam as lavouras.	Não chegam a ser caçados, mas repelidos.	Carne: derrame. "Minhoquinha": pra homem que tá com a mola meio "frouxa".	

337

Quadro 11 – Caça no Sertão Mineiro: conhecimentos, usos, manejos e representações simbólicas (*continuação*)

Bichos	Qualidades	Conhecimentos	Onde vive		Técnicas de caça	Uso medicinal e simpatias	Aspectos simbólicos
Bichos de pelo							
Soim	Xurimzinho	Menor.	Gerais e mata.				
	Soim-estrela	Tem uma pinta na testa.	Gerais e mata.				
Raposa		Cor parda.	Cerrado.		Perseguida por cães nos terreiros.	Gordura: asma/ gripe ou dor no corpo.	
Saruê		Pintado, do "cabo" pelado, menor que o gambá, tem uma catinguinha, de dia dorme no oco do pau e anda à noite.	Gerais.				Pelo rastro não se sabe em qual direção vai.
Bandeira		Muito cabeludo e as unha, são o único meio de defesa que ele tem.	Habita as serras e o cerrado.		Acuado com cachorros e golpeado com um pau no focinho.	a) Carne: depurativo do sangue. b) Unha: dor de dente de criança.	Padre da bicharada.
Meleta		Parece com o bandeira, mas é pequeno, tem de 2 qualidades: marrom e preto e o branco e marrom (Urucuia).	Mata.		Acuado com os cachorros.	a) Carne, rabo e couro: brotos na pele e para o sangue. b) Gordura: ferimentos.	

Quadro 11 – Caça no Sertão Mineiro: conhecimentos, usos, manejos e representações simbólicas (*continuação*)

Bichos	Qualidades	Conhecimentos	Onde vive	Razão da caça	Técnicas de caça	Uso medicinal e simpatias	Aspectos simbólicos
Bichos de pelo							
Gambá			Campo/chapada.	Come galinhas.	Caça ocasional.	a) Carne/osso: reumatismo. b) Couro: brotos no corpo.	
Guaxinim		Tem a mão parecida com a de gente.	Beira dos córregos e gerais.	Estraga o canavial e come galinhas, alguns comem sua carne.	Caça ocasional.	Couro: veneno de cobra.	
Quati	Quati-mundéu	Grande. Quando eles andam juntos, é dois; no mais é um só.	Vereda.	Carne "gostosa" e "gorda". Ataca as roças.	Acuado com cães.	"Vergalho: animar velho" (impotência).	
	Quati-de-bando	Miudinho, anda em bandos.					
Lontra		Imita o gato, fede muito.	Beira de rios e córregos.	Come peixe na rede.		Banha: asma.	
Luís-caxeiro		Corpo coberto de espinhos.		Carne aproveitada raramente. Ataca roças e fere os cães com seus espinhos.	Caça ocasional quando é surprendido pelos cães.	Espinho: coluna, "doença do ar" e febre.	Espinhos guardados em um vidro se multiplicam.

339

Quadro 11 – Caça no Sertão Mineiro: conhecimentos, usos, manejos e representações simbólicas (*continuação*)

Bichos	Qualidades	Conhecimentos	Onde vive	Razão da caça	Técnicas de caça	Uso medicinal e simpatias	Aspectos simbólicos
Bichos de pelo							
Paca		Só caminha arrastando a mão no chão, onde ela passa, ela corta o mato de um lado e de outro, para poder passar.	Beira de rios e córregos.	Carne muito apreciada.	Cevada com mandioca, milho, abacaxi, laranja, manga, etc, ou com cachorros como é feito com a capivara e morta com um chucho na água.	Bucho: remédio contra veneno de cobra e outros animais.	Paca encantada que protege os outras dos caçadores.
Coelho		Meio rajadinho.	Terra de cultura e campo.	Carne apreciada.	Mata com um pau.	Gordura e cabelo: queimadura.	
Mocó		Parece um coelho, mas c/ as orelhas pequenas, não tem cauda, na bunda deles é tudo vermelho, o cabelo dele é vermelho.	Serra.	Uma das melhores carnes, embora com pouca quantidade.	Caçado quando sai das tocas, tomando-se o cuidado de não ser visto para permitir a aproximação e o tiro.		
Preá		Menor que o mocó, vermelhinha.	Gerais.	Carne apreciada.			
Rato-de-espinho		Bem menor que o mocó.	Na beira de serra.	Carne apreciada.	Caçado em armadilhas, usando coco como isca.		

Quadro 11 – Caça no Sertão Mineiro: conhecimentos, usos, manejos e representações simbólicas (*continuação*)

Bichos	Qualidades	Conhecimentos	Onde vive	Razão da caça	Técnicas de caça	Uso medicinal e simpatias	Aspectos simbólicos
Bichos de pena							
Ema		Uma galinha muito grande.	Campo.	Carne das coxas.	Caçada às "traição": espera nos lugares onde transita ou ceva com ossos quebrados.	Bucho: bom pra abrir apetite/intestino inflamado.	
Seriema		Faz 60 quilômetros por hora.	Serra, vereda.	Carne não muito apreciada.	Caça ocasional, perseguida com carro ou cavalo.		
Gavião				Come franguinho.	Mata no tiro quando ronda os quintais.		
Carcará		Mais bravo e velhaco que o gavião.		Come franguinho.	Mata no tiro quando ronda os quintais.		
Jacu			Cultura campo.	Carne muito apreciada.			
Tucano		Come a fruta do pau d'óleo.	Caatinga (cerradão).	Carne usada mais raramente.			
Perdiz			Na beira das vargens (veredas).	Carne considerada igual a do frango.	Com cachorro que provoca seu vôo para ser abatida.		
Codorna		É da mesma família da perdiz, só que menor.	Vereda.	Carne muito apreciada.	Com cachorro que provoca seu vôo para se abatida.		

Quadro 11 – Caça no Sertão Mineiro: conhecimentos, usos, manejos e representações simbólicas (*continuação*)

Bichos	Qualidades	Conhecimentos	Onde vive	Razão da caça	Técnicas de caça	Uso medicinal e simpatias	Aspectos simbólicos
Bichos de pena							
Três potes		Avermelhada de bico verde parecida com saracura.	Beira do rio, pindaíba (vereda).	Carne muito apreciada.	Uso de ceva ou canjiqueiro.		A pessoa pode tá pra morrer hoje, se comer uma saracura, ainda dura mais uns dias.
Quém-quém		Carne dura.		Come ovos de galinha.			
Gralha				Come ovos de galinha.	Caça com estilingue.		
Aracuã		Mansinha, marronzinha do pé azul claro, meia pedrezinha, parecendo um jacu, mas menor.	Pantanal (vereda).		Uso de ceva.		
Pomba verdadeira	Da mata.	Maior, mais bonita e mais brava, só se reúnem em bando, quando estão comendo milho.	Mata.	Carne muito apreciada.	Uso de armadilhas.		
	Do gerais	Menor, mais feia um pouco e andam em bando.	Gerais.				

Quadro 11 – Caça no Sertão Mineiro: conhecimentos, usos, manejos e representações simbólicas (*continuação*)

Bichos	Qualidades	Conhecimentos	Onde vive	Razão da caça	Técnicas de caça	Uso medicinal e simpatias	Aspectos simbólicos
Bichos de pena							
Lambu	Lambuaçu	Maior, com o pé roxo e sem pintas na bundinha.	Mata.	Carne muito apreciada.	Uso de armadilhas.		
	Chororó	A bundinha dela é toda pintadinha por baixo, tem uma maiorzinha, mais marrom e tem essa chororó, que é mais clara um pouco.	Gerais.				
Arara	Azul	Azul com o peito amarelo.	Alto da serra e beira de rio (vereda).	Come frutos de pequi e buriti e destrói as suas palhas, é vendida.	Apanha o filhote no ninho para criar.		
	Vermelha	Mais de difícil de ser vista.					
Maritaca		Tem de duas qualidades: uma só com penas verdes e a outra com algumas penas vermelhas.		Criado como animal doméstico.	Filhotes capturados nos ninhos.		
Maracanã		Maior do que o papagaio, come frutas.		Criado como animal doméstico.			

Quadro 11 – Caça no Sertão Mineiro: conhecimentos, usos, manejos e representações simbólicas (*continuação*)

Bichos	Qualidades	Conhecimentos	Onde vive	Razão da caça	Técnicas de caça	Uso medicinal e simpatias	Aspectos simbólicos
Bichos de pena							
Papagaio	Galego	Não aprende a conversar.		Come frutos de buriti e mangaba. Criado como animal doméstico.	Filhotes capturados nos ninhos.		
	Boiadeiro						
Periquito	Periquito-do-reino	É o mais pequenininho, verdinho. Come folhas de mamão.		Criado como animal doméstico.	Filhotes capturados nos ninhos.		
	Periquito-estrela	Maiorzinho, tem a pinta na testa, vermelha. Come sementes de algodão.					
	Periquito-gueroba	Tem a asa amarela e verde por baixo. Come sementes de quiabo e coco-gueroba.					
Jandaia		Menor que o periquito, come arroz e frutas, verdinho, com uma pintinha amarela na asa.	Campo.	Criado como animal doméstico.			
Azulão				Pássaro de gaiola.	Capturado com alçapão.		

344

Quadro 11 – Caça no Sertão Mineiro: conhecimentos, usos, manejos e representações simbólicas (*continuação*)

Bichos	Qualidades	Conhecimentos	Onde vive	Razão da caça	Técnicas de caça	Uso medicinal e simpatias	Aspectos simbólicos
Bichos de pena							
Pintassilgo				Pássaro de gaiola.	Capturado com alçapão.		
Canário-chapi-nha			Terra de cultura e vereda.	Pássaro de gaiola.	Capturado com alçapão.		
Pássaro preto				Come as sementes de arroz e milho. Criado como animal doméstico.	Meninos ficam de guarda para assustá-los e uso de arapucas.		
Bichos que arrastam							
Jacaré			Beira de rios, pantanal/pindaíba (vereda).	Carne apreciada por alguns. Come leitões criados soltos.	É fisgado com anzol, iscado com carne e jogado nos seus abrigos.	a) Dente: gripe e dentes novos das crianças. b) Carne: doença de pele.	
Tiú	Pintadinho de branco e verde. Cinzentão.	Come besouro, tanajura, formiga e cupim.	Mato, perto de beira de córrego.	Carne consumida por alguns, mas só o pintadinho	Pego com cachorro ou corre atrás e bate um pau.	Manteiga: contra cobra.	
Cágado			Vive na água.	Morto quando é pego no anzol, atrapalha a pescaria.			Anzol que pega cágado, não pega mais peixe.
Jibóia			Vereda.	Carne consumida por poucos, pega frango.		Banha: reumatis-mo.	

Quadro 11 – Caça no Sertão Mineiro: conhecimentos, usos, manejos e representações simbólicas (*continuação*)

Bichos	Qualidades	Conhecimentos	Onde vive	Razão da caça	Técnicas de caça	Uso medicinal e simpatias	Aspectos simbólicos
Bichos que arrastam							
Sucuri				Carne consumida por poucos.			
Cascavel			Terra de cultura.	Carne consumida por poucos.	É morta com pau, quando encontrada.	a) Chocalho: contra feitiço/olho ruim e peste de animal. b) Manteiga: asma e coluna.	É comum o uso de benzedores para afastar as cobras de áreas de lavouras e outros locais.

Fonte: Pesquisa de Campo

Notas:

a) Animais em negrito e sublinhados, segundo os entrevistados, são muito pouco observados atualmente.

b) As espécies sublinhadas estão incluídas no *Livro vermelho de espécies ameaçadas de extinção da fauna de Minas Gerais*. (MACHADO *et al.*, 1998).

Quadro 12 - Espécies de peixe citadas nas entrevistas da Pesquisa de Campo

Peixe	Jequitinhonha	Norte	Noroeste	Triângulo
Bagre	Sim		Sim	
Cascudo			Sim	
Cruvina	Sim			
Curimatã	Sim		Sim	
Dourado			Sim	Sim
Dourado-cachorro			Sim	
Lambari	Sim			
Mandi	Sim			Sim
Matavo			Sim	
Matrinchã			Sim	
Mussum			Sim	
Pacu			Sim	Sim
Piabanha	Sim			
Piau	Sim	Sim	Sim	
Piranha			Sim	
Pirapitanga			Sim	
Pirá			Sim	
Pocó			Sim	
Surubi			Sim	Sim
Surubim-cachara			Sim	
Timboré	Sim	Sim	Sim	
Traíra	Sim	Sim	Sim	Sim
Tubarana				Sim
Tucunaré				Sim
Tuvira			Sim	

Fonte: Pesquisa de Campo

Quadro 13 - Nomes populares das espécies de abelhas citados na Pesquisa de Campo e por Spix e Martius (1981)

Abelhas	Jequitinhonha	Norte	Noroeste	Triângulo	Spix/Martius[2]
Abelha-de-sapo		X			
Abelha-de-fogo	X				
Arapuá		X	X	X	X
Borá		X	X	X	X
Cabeça-de-latão					X
Cabeçuda		X			
Cabiguara					X
Caga-fogo			X	X	X
Chupé		X			X
Cupinheira		X	X		X
Iratim		X			X
Jataí	X	X	X	X	X
Mambuca		X			
Mandaçaia	X	X			X
Mandaguira					X
Marmelada	X	X	X		X
Mumbubinha					X
Mumbuca					X
Munduri		X			X
Oropa	X	X	X	X	
Sanharó					X
Sete-porta (aratinha)	X	X	X		X
Sete-saia		X			
Tataíra		X			X
Tubina		X	X		
Uruçu	X	X	X		X
Vamos embora	X	X	X	X	X

Fonte: Pesquisa de Campo

---

[2] Como ocorre sempre que se trabalha como designações populares, é possível que mais de uma se refira à mesma espécie na classificação científica, devido às variações regionais; ou, por outro lado, mais de uma espécie surja dentro de uma denominação popular ampla. No entanto, todos os nomes mencionados, tanto no que se refere aos citados nas entrevistas, como aqueles listados pelos dois naturalistas, foram aqui relacionados, exceto os que apresentam subdivisões com qualificações particulares sob uma denominação mais ampla, talvez constituindo "subespécies". No caso dos depoimentos, elas serão apontadas adiante e a lista completa de Spix e Martius inclui as seguintes espécies: "[...] jataí grande e pequena, porá brava e mansa, mumbuca, mumbubinha, marmelada preta e branca, uruçu-do-chão e uruçu-de-pau, uruçu-boi, uruçu-pequeno, tataíra, mandaguira, [...], cabeça-de-latão, caga-fogo [...], sete-portas, [...], iratim, sanharó grosso e miúdo (abelhão), manda saia, munduri preto, vermelho, legítimo mirim e munduri-papa-terra, vamos embora, [...], cabiguara, xupé, arapuá, abelha-do-cupim [...] e mosquito" (SPIX; MARTIUS, 1981, p. 95).

Quadro 14 - Características, habitação, usos e manejos de várias espécies de abelha citadas na Pesquisa de Campo

Abelha	Características	Habitação	Usos	Manejos
Abelha-de-fogo	Bravinha, agarra no cabelo da gente (Jequitinhonha).		MEL – purgante, usado só para remédio (Jequitinhonha).	
Abelha-de-sapo			Não tem utilidade (Norte).	Ninguém fura (Norte).
Arapuá	Trança no cabelo, sempre eles trata é o arapuá (Norte, Noroeste, Triângulo).	Faz o cupim dela na árvore (Triângulo).	CERA – usada para moldar figuras de bois e cavalos (Norte). MEL – dá bastante, mas não é muito bom, não é todo mundo que come o mel dele (Norte). O mel é gostoso (Triângulo).	Pra tirar ele, a gente garra o cupim, quando quebra o galho, assim, correr com ele pra dentro d'água e toca ele na água, assim, as abelha vai saindo e vai rodando, assim, vai ficando fácil, na água, elas não tem destreza pra embaraçar na gente e tem que tampar o ouvido com algodão, se não elas entra até dentro do ouvido (Triângulo).
Borá	Aquela preta, enjoada, agarra no cabelo (Triângulo). Não tem ferrão, mas ele morde (Norte). O manso não morde e o brabo morde, mas só morde se mexer na casa dele, aí ele junta mesmo, morde mesmo. Eles é tudo um tipo só, mas o manso parece que tem a asa mais branca (Noroeste).	Fica mais na galha do pau (Noroeste).	CERA – usada para moldar figuras de bois e cavalos (Norte). MEL – Todos dois dão mel de 2 a 3 litros, no máximo (Norte). Usado para gripe (Norte e Noroeste). Medicinal (Triângulo).	
Caga-fogo	Agarra no cabelo (Triângulo).			

Quadro 14 - Características, habitação, usos e manejos de várias espécies de abelha citadas na Pesquisa de Campo (*continuação*)

Abelha	Características	Habitação	Usos	Manejos
Cupinheira	Não tem ferrão, miudinha, maiorzinha que a jataí um pouquinho de nada. Ela é preta (Norte).	Lá onde o periquito cavaca o cupim, faz aquele buraco, ali, ela agasalha ali, faz o favo, no gerais (Norte).	CERA – é vermelhinha, remédio para pessoa com lançadeira (faz um cordão, amarra no pescoço ou faz o chá) (Norte). MEL – chega a dar um litro de mel (Norte). É bom (Noroeste).	Quebra o cupim, punha numa folha e saía chupando aquilo (Noroeste).
Jataí	Uma amarela, miúdinha. Tem de três qualidades: jataí, bejuí (é preta e dá pouco mel) e jataí legítimo (dá muito mel) (Triângulo). Tem uns que é valente (Norte).	Dá nas árvores (Triângulo). Aquele cerrado mais baixo, que tinha mais esse pau-terra (Noroeste). Jataí, mesmo, faz a colmeia no chão (Norte).	MEL – mel medicinal (Triângulo e Jequitinhonha). É para bronquite e cortar gripe (Jequitinhonha). O mel mais gostoso (Noroeste). Quando o jataí tá pubo de gordo, é 2 litro (Norte).	Metia o facão no pé do pau assim se fosse um pau fino, cortava em cima, assim... embaixo, assim, no pé dele, em cima, assim e puxava, ele vinha (Noroeste). Eu furei um jataí e pus na cabaça e pus os filho dele na outra, furei um quadradinho, pus, aí, deixei lá. Aí, quando, passou uns dia, ela... já tinha arranchado, eu fui lá de tardinha e trouxe ele, já tinha todo mundo entrado pra dentro (Noroeste). Os filho dele tem que panhar com a mãe, que se panhar sem a mãe, eles não fica, não (Norte).
Mandaçaia	Abelhinha pretinha, da bundinha rajada, não morde e não ferroa (Norte).	Das mata (Norte).	MEL – Antes, chegava dar um garrafão (Norte). É bom (Jequitinhonha).	Criada na cabaça (Norte).

Quadro 14 - Características, habitação, usos e manejos de várias espécies de abelha citadas na Pesquisa de Campo (*continuação*)

Abelha	Características	Habitação	Usos	Manejos
Marmelada	Uma abelha maior, quase do tamanho da oropa (Jequitinhonha). Mansinha (Noroeste). Tem a marmelada-branca e a marmelada-preta (Norte).	Dá num pau (Noroeste).	MEL – produz até um litro (Noroeste). Marmelada-preta: pouco mel; marmelada-branca: é bom (Norte). É bom (Noroeste, Jequitinhonha). Doce, grosso, não sai da cera, tem que chupar muito mesmo pra ele sair (Noroeste).	
Munduri	Tem horas que ele prega os ferrãozinho na gente... é valente pra danar (Norte).		MEL – muito mel e bom (Norte).	
Oropa	É de ferrão, tem de duas qualidade: tem a oropa africana, mais preta, cabeludinha e mais braba, e tem essa outra maior (Triângulo). É braba, faz é ferroar (Noroeste).		MEL – a que dá mais mel (Jequitinhonha). Fura, dá cinco, seis litro de mel, mas chega a dar quinze, dezesseis litros (Norte). É medicinal (Jequitinhonha). O mais gostoso e é muito forte (Noroeste). Tem época que se tiver moendo cana, ela faz até de garapa (Triângulo).	Criada na cabaça (NORTE) ou na caixeta (Noroeste). Aquela da grande, é mansinha ela, não pode é apertar ela na gente e não pode matar uma abelha, se matar uma, elas vem na gente (Triângulo).
Sete-porta	Dá sete-porta mesmo (Jequitinhonha).		MEL – ninguém pode tomar, faz mal (Jequitinhonha). CERA – usada para moldar figuras de bois e cavalos, dá quase um quilo (Norte).	

Quadro 14 - Características, habitação, usos e manejos de várias espécies de abelha citadas na Pesquisa de Campo (*continuação*)

Abelha	Características	Habitação	Usos	Manejos
Tataíra	O mijo dela queima, queima a gente, borbolha o corpo tudo, vira tudo pereba e se bateu nos olhos, cega! (Norte).		MEL – medicinal, é bom fica grosso igual mel de engenho e é cheiroso (Norte).	O mês dela, mesmo, que dá mais mel é em agosto, na mata.Chega lá de noite, ela não reage nada, não avoa, não. [...] À noite, é que é bom de furar abelha, não avoa uma, destapa ela, tira o mel é de noite (Norte)[3].
Tubina	O tamanho é igual, mas é mais preta que a mandaçaia e morde (Norte).		MEL – parece até meio refinado, ela tem um cheiro bom e é alvo (Norte). É bom (Noroeste).	
Uruçu		Do chão (Norte).	MEL – dá muito, quando tá gordo mesmo, tira 5, 6 litros (Norte). É bom (Jequitinhonha).	
Vamos-embora	É do mesmo tamanho do borá e é preta. elas carrega bosta e anda pras carniça, tudo quanto há, elas pega assim (Triângulo).	Esses cupim grande que tem aqueles oco, ela faz mel só neles (Triângulo).	MEL – o mel dela tem um cheirinho ruim e é um mel ralinho, igual água (Triângulo).	Na hora de tirar o mel e comer não pode falar: vamos embora (Triângulo, Noroeste, Norte e Jequitinhonha).

Fonte: Pesquisa de Campo

---

[3] Saint-Hilaire revela a mesma prática no início do século XIX: "uma espécie que chamam tataira deixa, ao que afirmam, escapar pelo ânus um líquido urticante, e é ordinariamente à noite que se lhe colhe o seu mel".

Quadro 15 - Frutos citados na Pesquisa de Campo e seus usos por área

Fruto	Jequitinhonha	Norte	Noroeste	Triângulo
Ananás			x	faz doce
Aricanga				palmito
Articum/panam	comércio	x	x	x
Bacupari/Saputa		x	x	x
Banana-de-chique-chique, Mandacaruzinho		x		
Baru			doce e sabão	
Buriti	doce	doce e raspa	doce	
Cabeça-de-frade	doce			
Cagaita	x		x	x
Cajuzinho	x	x	x	x
Catolé	doce		x	
Chichá		paçoca		
Coco-gabiroba		coco e palmito	coco e palmito	coco e palmito
Coco-raposa		x		
Coco-vaqueiro		x		
Coco-vassoura				x
Coquinho			x	
Gabiroba	x			x
Grão-de-galo		x		
Gravatá			x	faz molho da cabeça
Guapeva				x
Imbu		x		
Indaiá		x	óleo	palmito
Ingá		x		
Jaboticaba		x	x	
Jatobá	x	rapadura, jacuba e doce	mingau	jacuba
Jenipapo				
Licuri	x	x	x	
Macaúba	sabão			sabão, comércio antigamente
Mama-cadela				x
Mangaba	x			x
Maracujá-da-mata			x	
Marmelada		x		x
Murici			x	x
Palmeirinha		x		
Pequi	óleo e comércio	x	x	consumo recente
Perdiz		x		
Pitanga				x
Pitomba		x		
Tingui			sabão	
Tucum		x		

Fonte: Pesquisa de Campo

Quadro 16 - Espécies de sempre-vivas comercializadas na região de Diamantina (1984) e sua presença na Comunidade do Gigante – município de Botumirim (2000)

Nome popular	Nome científico	Presença
Abacaxi-dourado	*Xyris cipoensis* Smith & Downs	Não
Andrequicé	*Aulomenia* cf. *effusa* (Hack.) McClure	Não
Barba-de-bode	*Aristida juabata* (Arech.) Harler	Não
Botão-bolinha	*Leiothrix flavescens* (Bong.) Ruhl	Sim
Botão-branco	*Paepalanhtus macrocephalus* (Bong.) Koern.	Sim
Botão-dourado	*Eriocaulon kunthii* Koern	Sim
Brasiliana	*Syngonanthus brasiliana* Glul.	Não
Brejeira	*Syngonanthus venustus* Silv.	Sim
Brinco-de-princesa	*Diandrostachya chysothix* (Naes) Jacques-Felix	Sim
Cacau	*Xyris contensis* Wand & Cerati	Não
Canabrava	*Gynerium sagittatum* (Aubl.) Beauv.	Sim
Capim-estrela, estrelinha	*Rhynchosphora speciosa* (Kunth) Bonck	Sim
Capim-ourinho	*Axonopus aureus* Beauv.	Sim
Congonha-roxa	*Syngonanthus sp.* (Secl. *Thysanocephalus*)	Não
Coroinha	*Xyris nigricans* Alb. Nilson	Não
Espeta-nariz	*Rhynchosphora globosa*(H.R.K.) Roem. & Schult.	Sim
Jazida	*Syngonanthus xeranthemoides* (Bong.) Ruhl.	Sim
Jazida-roxa	*Syngonanthus vermeniaides* (Kunth) Ruhl.	Não
Margarida	*Syngonanthus suberosus* Glul.	Não
Margarida-roxa	*Syngonanthus laricifolius* (Gardn.) Ruhl. var. *longifolius* Silv.	Não
Mini-saia	*Syngonanthus arthrostrichus* Silv.	Sim
Mini-saia (capítulo menor)	*Syngonanthus multiculis* Silv.	?
Pingo-de-neve	*Axonopus brasiliensis* (Spreng.) Kuhlm.	Não
Pingo-de-neve	*Andropogon leucostachyus* H.B.K.	Não
Rabo-de-burro	*Schizachyrium condensatum* (Kunth) Naes	Não
Rabo-de-gato	*Setaria scandens* Schrad ex Scult.	Sim
Rabo-de-raposa	*Aristida riparia* Trinius et Ruprecht	Sim
Saia-roxa, saia-dourada	*Syngonanthus laricifolius* (Gardn.) Ruhl.	Sim
Saia-roxa	*Syngonanthus* cf. *itambeensis* Silv.	?
Sedinha	*Syngonanthus nitens* (Bong.) Ruhl.	Sim
Sempre-viva-chapadeira	*Syngonanthus bisulcatus* (Koren.) Ruhl.	Sim
Sempre-viva-gigante	*Syngonanthus magnificus* Glul.	Não
Sempre-viva-pé-de-ouro	*Syngonanthus elegans* (Bong.) Ruhl.	Não

Fonte: Pesquisa de Campo

Quadro 17 - Produtos ornamentais, último ano de comercialização, preço e época de coleta na Comunidade do Gigante (município de Botumirim /MG)

Nome popular	Comercialização	Preço	Época
Botão-peludo	Não foi vendido em 1999	R$ 0,60/kg	junho a agosto
Botão-besouro	Não foi vendido em 1999	R$ 0,60/kg	junho a agosto
Botão-soldado	Não foi vendido em 1999	R$ 0,60/kg	junho a agosto
Ingaço do buriti	Não é vendido desde de 1996	R$ 0,40/kg	
Pereirão	Vendido em 1999	R$12,00/ mil	agosto
Cana-roxa	Vendido em 1999	R$ 2,50 a 2,80/kg	abril a maio
Verde-Amarelo	Não foi vendido em 1999	R$ 0,20/kg	
JK	Não foi vendido em 1999	R$ 0,60 a 0,70/kg	
Mãozinha-de-sapo	Vendido em 1999	R$ 0,30/kg	o ano todo
Manteiguinha	Não foi vendido em 1999	R$ 0,60 a 0,70/kg	
Vassourinha	Não foi vendido em 1999	R$ 0,30/kg	
Botão-branco	Não foi vendido em 1999	R$ 0,60/kg	
Botão-dourado	Vendido em 1999	R$ 3,80/kg	junho a agosto
Brejeira	Não foi vendido em 1999	R$ 0,60/kg	junho a agosto
Capim-estrela, estrelinha	Não foi vendido em 1999	R$ 1,00/kg	junho a agosto
Capim-ourinho	Não é vendido desde de 1996		junho a julho
Espeta-nariz	Vendido em 1999	R$ 0,50 a 0,60/kg	julho a agosto
Jazida	Não foi vendido em 1999	R$ 1,50/kg	junho a agosto
Mini-saia	Há alguns anos não é vendido		junho a agosto
Rabo-de-gato	Há alguns anos não é vendido		fevereiro a junho
Rabo-de-raposa	Há alguns anos não é vendido	R$ 0,30 a 0,40/kg	fevereiro a junho
Saia-roxa	Vendido em 1999	R$ 3,80/kg	junho a agosto
Sedinha	Vendido em 1999	R$ 1,50/kg	junho a agosto
Sempre-viva-chapadeira	Não foi vendido em 2000	R$ 2,50/kg	dezembro a fevereiro

Fonte: Antônio de Fia e Zulca – Jequitinhonha.

Quadro 18 - Madeiras citadas na Pesquisa de Campo e seus usos por área

Madeira	Jequitinhonha	Norte	Noroeste	Triângulo
Angico	Cerca	Cerca		Cerca, carro de boi
Aroeira	Esteio e poste	Cerca na mata e casa	Esteio de casa	Esteio de casa, cerca
Bálsamo				Carro de boi, porta e é pra tudo quanto há
Bate-caixa				Cerca
Braúna		Engenho, carro de boi (roda)		
Canafístula		Porta		
Candeia	Estaca, cerca e iluminação (lasca)			
Capim-açu		Caibro e casa		
Carne-de-vaca		Roda de ralar mandioca e carro de boi		
Catinga-de-porco		Cerca		
Cedro	Tábuas, portas e móveis	Portas, móveis e ripas	Canoa	
Chapadinha				Cerca
Claraíba-branca		Móveis		
Favela		Cerca, móveis		
Folha-de-bolo	Ripa			
Folha-larga		Cerca		
Garrote				Madeiramento de casa, cerca
Gedal-do-campo				Cerca
Imburana			Canoa	
Imburana-de-cheiro		Portas, móveis e ripas		
Ipê			Travamento de balsa	
Itapicuru		Telha (casca)		
Jacarandá		Cerca, móveis e telha (casca)		Móveis
Jacaré				Cocho para gado e madeira de casa
Jatobá	Esteios de casa	Cerca, engenho	Tabuado de balsa	
João-farinha				Trava de casa, portal, porta, tábua
Landim	Travamento de casa, móveis			
Macaúba				Ripa

Quadro 18 - Madeiras citadas na Pesquisa de Campo e seus usos por área (*continuação*)

Madeira	Jequitinhonha	Norte	Noroeste	Triângulo
Massambé		Cerca		
Milho-verde				Trava de casa
Monjolo	Esteios de casa, engenho, masseira, prensa e descaroçador			
Moreira				Cerca
Óleo			Tabuado de balsa	Caibro
Palmito				Ripa
Paroba	Cerca, mourão de curral, esteio de casa, portal (não agüenta prego) e engenho		Madeiramento de casa	Móveis
Pau-d'água	Ripa			
Pau-d'arco		Casa, portal, cerca, carro de boi, móveis e telha (casca)	Casa	
Pau-terra-da-folha-larga		Cerca		Cerca
Pequizeiro	Roda de ralar mandioca	Roda de ralar mandioca		
Pereira		Portais	Madeira de telhado	Carro de boi
Pindaíba	Caibro e linha de casa		Madeira de telhado	
Pororoca				Caibro
Quineira	Caibro			
Quinhentão		Cerca		
Sucupira amarela				Carro de boi
Sucupira preta	Portal, porta, móveis	Móveis, cerca	Cerca, esteio de casa	
Sucupira-branca		Linha de casa e caibro, cerca e carro de boi, móveis		
Taipoca		Móveis		
Tamboril			Canoa	
Tambu				Porta, móveis
Tapicuru		Móveis, artesanato		
Tapumunju		Móveis		
Vara de canoa	Móveis			
Vinhático	Esteios de casa, cerca, cocho para garapa, masseira para farinha e prensa	Portais e porta, cerca, móveis	Móveis	Madeiramento de casa (ripas)

Fonte: Pesquisa de Campo

Quadro 19 - Madeiras para cabo de ferramentas citadas na Pesquisa de Campo e seus usos por área

Madeira	Jequitinhonha	Norte	Noroeste	Triângulo
Árvore-de-pipa				Machado e enxada
Bolsa-de-pastor			Machado	
Canela-de-velho				Machado
Capim-açu		Foice, enxada		
Catiguá				Enxada e foice
Folha-de-bolo		Machado		
Guaíba			Machado	
Guapeva				Machado
Ipê				Sapeca muito
Laranjeira				Ferramenta
Leiteiro-do-mato			Machado	
Maminha-de-porca				Qualquer ferramenta
Mutambo				Machado
Pau-d'arco		Machado	Enxada	
Pereiro	Enxada	Foice, enxada	Enxada	
Pereiro-rosa		Machado		
Peroba			Enxada	
Perobinha			Enxada	Excelente, mas é muito raro
Pindaíba comum				Vassoura e até pra enxada
Pindaíba-boca-seca				Machado
Quinhentão		Foice, enxada		
Tambú (angola e amarelo)				Foice, enxada, machado
Taipoca			Machado	
Vara de canoa	Machado			

Fonte: Pesquisa de Campo

Listagem das "variedades" e as características das principais culturas levantadas na Pesquisa de Campo

a) Milho: 10 tipos de semente levantadas:

- Alho: para fazer pipoca. (Norte).
- Argentino: é bom para porco, dá três tanto a mais do híbrido, mas se o tempo for de bastante chuva (Jequitinhonha e Norte).
- Branco: bom para fazer farinha, fubá, então se gostava era desse, era mais gostoso, assim eles falava (Norte e Triângulo).
- Catete: bom para galinha, porque faz botar ligeiro, mas não é bom para porco porque não dá toucinho (Norte).
- Caturra ou Azteca : é um milho que cresce pouco o pé, mas dá espiguinha boa, mas ele é muito duro pra porco novo comer, só come mais é galinha, pra galinha que ele é bom (Jequitinhonha).
- Cunha: o porco dá mais toucinho e o toucinho é molinho! Não é muito antigo, não, conheci de uns anos pra cá, dá um sabuguinho fininho e aqueles caroça, rende muito (Norte). Ele dá o caroço largo e grande (Jequitinhonha). Ele não carunchava (Noroeste).
- Híbrido: distribuído pelas prefeituras e o governo e facilmente encontrado no comércio, hoje domina em todas as regiões.
- Maroto: bom pra espigar e é um milho mole, não é um milho, assim, alvinho, não, ele é um milho misturado, ele é misto, uns caroço é vermelho, outros é amarelo, outros é branco, já sai na espiga assim (Norte).
- Sessenta-dia: Você planta ele com sessenta dia pode fazer pamonha (Triângulo).
- Tropeiro: o porco gosta é dele, a espiga é grande e dá palha a revelia (Triângulo).

Quadro 20 - Variedades de milho citadas na Pesquisa de Campo por área

Milho	Jequitinhonha	Norte	Noroeste	Triângulo
Alho		X		
Amarelo tropeiro				X
Argentina	X	X		
Azteca	X			
Branco		X		X
Catete	X	X		
Cunha		X	X	
Híbrido	X	X	X	X
Maroto		X		
Sessenta-dia				X

Fonte: Pesquisa de Campo

b) Feijão: 20 tipos de semente levantadas, algumas com particularidades interessantes:

- Bagem-roxa: é o mais mole que tem pra cozinhar é o bagem-roxa, tanto que ele tem o apelido de arreia-tropa, enquanto arreia um cavalo, o feijão já cozinhou.
- Pardinho: bom para mulher de resguardo.
- Carioquinha: uma variedade nova, boa para quem tem irrigação e que hoje domina o mercado.

Quadro 21 - Variedades de feijão citadas na Pesquisa de Campo por área

Feijão	Jequitinhonha	Norte	Noroeste	Triângulo
Amarelão				X
Baetão	X	X		X
Bagem-roxa		X	X	
Bico-de-ouro		X		
Branco	X		X	
Cafelista	X			X
Carioquinha	X		X	X
Carioquinha-roxo		X		
Feijãozinho-das-nunves		X		
Irecê		X		
Jalo			X	X
Mulatinho		X	X	
Pardinho				X
Penca		X		
Preto	X	X		X
Rapé			X	
Rosinha		X		
Roxinho		X	X	X
Serra-azul		X		
Trio-de-ferro			X	

Fonte: Pesquisa de Campo

c) Arroz: 22 tipos de semente levantadas. O arroz de tipo sequeiro e de três meses, apesar de menos produtivo, têm sido preferidos àqueles de quatro meses e plantados em terra de brejo, como o paraná (Jequitinhonha) e o agulhinha (Noroeste), devido aos últimos anos de seca.

Quadro 22 - Variedades de arroz citadas na Pesquisa de Campo por área

Arroz	Jequitinhonha	Norte	Noroeste	Triângulo
Agulhinha			X	X
Amarelo	X			X
Beira-campo			X	
Bico-preto			X	
Branco (quatro-meses)	X	X		
Branco (sete-meses)	X			
Calourindo			X	
Cana-roxa			X	
Capim		X		
Capivara			X	
Carioquinha				X
Douradão				X
Guaianã			X	
IAC			X	
Linhação			X	
Mulatinho	X			
Paraná	X			
Pratão				X
Pratinha				X
Preto		X	X	X
Vermelho	X	X		
Vianês				X

Fonte: Pesquisa de Campo

d) Mandioca: 29 qualidades de mandioca levantadas, sendo as mais conhecidas a sabará e a cacau.

Quadro 23 - Variedades de mandioca citadas na Pesquisa de Campo por área

Mandioca	Jequitinhonha	Norte	Noroeste	Triângulo
Amarela			X	X
Babuzinha		X		
Cacau	X	X	X	X
Castelão		X	X	
Castelãozinha		X		
Castiana			X	
Catingueira	X			
Cipó		X		
Cipriana				X
Goiana				X
Gostosa			X	
Jatobá	X			
Joaquinzinho		X		
Lagoa branca		X		
Lagoa preta		X		
Manteiga		X		
Marroquinha				X
Mulatinha		X		X
Olho preto		X		
Palmeira			X	
Pão-da-china				X
Periquita	X			
Pitangui			X	
Quatro mês		X		
Sabará	X			X
Santa bárbara		X		
Uçú		X		
Vassourinha				X

Fonte: Pesquisa de Campo

e) **Cana:** 9 tipos levantados, sendo que as duas qualidades antigas mais faladas são a caiana, depois substituída pela java. A diminuição da produção de rapadura e o uso da cana para a ração levou a entrada de novas qualidades produzidas com esse fim.

Quadro 24 - Variedades de cana citadas na Pesquisa de Campo por área

Cana	Jequitinhonha	Norte	Noroeste	Triângulo
Argentina		X	X	
Caiana	X	X	X	X
Cana-de-cavalo			X	
Cana-sem-pelo				X
Caninha				X
Europa			X	
Java	X	X	X	
Picumã				X

Fonte: Pesquisa de Campo

Quadro 25 - Raças de porco citadas na Pesquisa de Campo por área

Raça	Jequitinhonha	Norte	Noroeste	Triângulo
Comum/pé-duro (misturado)	X	X	X	X
Piau	X	X	X	
Caruncho	X	X		
Tatu (colher?)	X	X	X	X
Cabelo-de-negro	X			X
Pirapetinga	X			
Letreiro				X
Vermelho (sureco)		X	X	X
Baié		X		

Fonte: Pesquisa de Campo

Quadro 26 - Tinturas naturais empregadas pelas tecedeiras citadas na Pesquisa de Campo

Tinta	Cor
Quaresma	Amarelo (folhas)
Anil	Azul
Castanheira	Azul (casca)
Murici	Marrom (casca)
Aroeira	Vermelho (casca)
Piúna	Vermelho e amarelo (casca)
Pacari	Vermelho (casca)
Urucum	Amarelo (fruto)
Lama do córrego	Preto

Fonte: Pesquisa de Campo

Diversos usos de fibras apontados na Pesquisa de Campo

- Chapéus: buriti (Norte), babaçu e indaiá (Triângulo)
- Carocha (capa de chuva): buriti (Triângulo)
- Cordas: buriti (Triângulo, Jequitinhonha), croatá, tucum, imbiruçu, mutamba e barriguda (Norte)
- Peneira: buriti (Jequitinhonha)
- Esteira: bambu para forro de casa (Triângulo), buriti e taboa para dormir (Jequitinhonha e Norte)
- Uru (cesto para apanhar pequi): Coco-cabeçudo. (Norte)
- Tapiti (para enxugar massa, fazer o beiju): imbiruçu e croatá, (Norte).
- Vassoura: coco vassoura.
- Colchão: palha de milho (Noroeste, Jequitinhonha), capim-pubo (Noroeste), palha de banana (Jequitinhonha), paina da serra (Jequitinhonha)
- Travesseiro: palha de banana (Noroeste) e paina (Noroeste, Triângulo)

Quadro 27 - Materiais utilizados na construção
de casa de pau-a-pique ou enchumento

Material	Jequitinhonha	Norte	Noroeste	Triângulo
Varas	Qualquer uma serve, no meio do barro, elas se conservam.	Pereiro, vaqueta, as vara mais forte, pondo aí, não molhando, fica pra toda vida.	Os pau que fosse linhento, né, que não tivesse volta.	Rachava o palmito pra fazer as vara.
Esteio	Aroeira, peroba, monjolo, jatobá, vinhático.	Aroeira.	Aroeira.	Aroeira.
Amarração	Cipó-são-joão ou cipó-são-miguel.	Cipó-branco e cipó-lagartixa.	Macaqueira, paineira.	Cipó-são-joão e de quina.
Pintura	Tabatinga.	—	Barro branco de formigueiro.	Tabatinga.
Cobertura	Palha de catolé ou buriti.	Palha de coco-indaiá ou de buriti e casca de árvore (pau-d'arco).	Palhas de buriti ou catolé.	Capim de touça palha de babaçu e sapé.

Fonte: Pesquisa de Campo

Referências

FONTES DOCUMENTAIS

Documentos Manuscritos:

APM-SC – Arquivo Público Mineiro – Seção Colonial

APM-SP/PP – Arquivo Público Mineiro – Seção Provincial / Presidência da Província

Documentos Impressos:

RAPM – Revista do Arquivo Público Mineiro.

LIVROS E PUBLICAÇÕES

ALMEIDA, Semírames P. de; SILVA, José Antônio da. Oferta alimentar e componentes nutricionais de plantas nativas do Cerrado. *Pesquisas em Andamento*. Planaltina: EMBRAPA-CPAC, n° 75, 1995.

ALMEIDA et al, Semírames Pedrosa de. *Cerrado: espécies vegetais úteis*. Planaltina: EMBRAPA-CPAC, 1998.

ARAÚJO, Alceu Maynard. *Cultura popular brasileira*. São Paulo: Melhoramentos, 1973.

ATHANASSOF, Nicolau. *Manual do criador de suínos*. São Paulo: Melhoramentos, 1944.

BARBOSA, Waldemar de Almeida. *A decadência das minas e a fuga da mineração*. Belo Horizonte: Centro de Estudo Mineiros, 1971.

BASTOS, Eduardo Kunze. *Aspectos da Fauna Brasileira*. Brasília: Otimismo, 1998.

BRAGA, José Peixoto da Silva. NOTÍCIA – 1ª PRÁTICA – Que dá ao P. M.° Diogo Soares o Alferes José Peixoto da Silva do que passou na Primeira Bandeira, que entrou ao descobrimento das Minas do Guayases até sair na Cidade de Belém do Grão-Pará. TAUNAY, Afonso de Escragnolle. *Relatos Sertanistas*. São Paulo: Livraria Martins Editora, 1953.

BRANDÃO, Ambrósio Fernandes. *Diálogos das Grandezas do Brasil*. Rio de Janeiro: Dois Mundos Editora, 1956.

BURMEISTER, Hermann. *Viagem ao Brasil*. Belo Horizonte: Itatiaia; São Paulo: Ed. da Universidade de São Paulo, 1980.

BURTON, Richard Francis. *Viagem de canoa de Sabará ao oceano Atlântico*. Belo Horizonte: Itatiaia; São Paulo: Ed. da Universidade de São Paulo, 1977.

BUSCHBACHER, Robert (Coord.). *Expansão agrícola e perda da biodiversidade no Cerrado: origens históricas e o papel do comércio internacional*. Brasília: WWF Brasil, 2000.

CAPRI, Roberto. *Minas Geraes e seus municípios*. São Paulo: Capri, Andrade & C. Ed., 1916.

CARAMASHI, Ulisses. Anfíbios e répteis. In: MONTEIRO, Salvador; KAZ, Leonel. *Cerrado: vastos espaços*. Rio de Janeiro: Edições Alumbramento/Livroarte Editora, 1993.

CARDIM, Fernão. *Tratados da terra e gente do Brasil*. São Paulo: Ed. Nacional; Brasília: INL, 1978.

CARDOSO, Caetano José. Lista de varias plantas e seus productos medicinaes, indigenas da Capitania de Minas Geraes. *Revista do Arquivo Público Mineiro*, 1902.

CARVALHO, José Cândido de Melo. (Coord.) *Atlas da fauna brasileira*. Rio de Janeiro: FENAME; São Paulo: Melhoramentos, 1981.

CASCUDO, Câmara. *Dicionário do Folclore Brasileiro*. Rio de Janeiro: Ediouro, 1972.

CASTELNAU, Francisco. *Expedição às regiões centrais da América do Sul*. São Paulo: Belo Horizonte: Itatiaia; São Paulo: Ed. da Universidade de São Paulo, 2000.

COSTA, Cláudia Maria *et al*. *Biodiversidade em Minas Gerais – um atlas para a sua conservação*. Belo Horizonte: Fundação Biodiversitas, 1998.

COSTA, José Ribeiro. *Toponímia de Minas Gerais com estudo histórico da divisão territorial e administrativa*. Belo Horizonte: Imprensa Oficial, 1970.

CUNHA, Euclides. *Os Sertões*. Rio de Janeiro: Ed. Três, 1973.

DAYRELL, Carlos Alberto. *Geraizeiros e biodiversidade no Norte de Minas: a contribuição da agroecologia e da etnoecologia nos estudos dos agroecossistemas tradicionais*. Andalucia: Dissertação de Mestrado apresentada à Universidade Internacional de Andalucia, 1998.

DEAN, Warren. *A ferro e fogo: a história e a devastação da Mata Atlântica brasileira*. São Paulo: Companhia das Letras, 1996.

DEUTSCH, Ladislau A.; PUGLIA, Lázaro Ronaldo R. *Os animais silvestres: proteção, doenças e manejo*. Rio de Janeiro: Globo, 1988.

ENGENHEIROS E ECONOMISTAS CONSULTORES. *O Médio São Francisco - Relatório Final do levantamento geo-econômico(1956-1957)*. São Paulo: Comissão do Vale do São Francisco, 1957.

ESCHWEGE, Wilhelm Ludwig von. *Brasil, novo mundo*. Belo Horizonte: Centro de Estudos Históricos e Culturais. Fundação João Pinheiro, 1996.

FABICHAK, Irineu. *Abelhas indígenas sem ferrão-jataí.* s/l: Nobel, s/d.

FARIA, Francisco C. Pessoa. *Os astrônomos pré-históricos do Ingá.* São Paulo: IBRASA, 1987.

FERREIRA, Aurélio Buarque de Holanda. *Novo Dicionário da Língua Portuguesa.* Rio de Janeiro: Nova Fronteira, 1975.

FERREIRA, Jurandyr Pires. *Enciclopédia dos Municípios Brasileiros.* Rio de Janeiro: IBGE, 1959.

FERREIRA, Mitzi Brandão. A Área do Cerrado no Estado de Minas Gerais. EPAMIG. *Informe Agropecuário.* Belo Horizonte, ano 6, n. 61, jan. 1980.

FERREYRA, Luis Gomes. *Erario Mineral.* Belo Horizonte: Centro de Memória da Medicina de Minas Gerais, 1997.

FRANÇA, Múcio Tosta. Modernização Agrícola e Reforma Agrária em Minas Gerais. *Ensaios Econômicos.* Belo Horizonte: CEDEPLAR, 4, 1987.

FRAZER, James George. *O ramo de ouro.* São Paulo: Círculo do Livro, 1982.

FREITAS, L. M. M. de *et al.* Agricultura no Cerrado. *Simpósio sobre o Cerrado.* São Paulo: Ed. Edgard Blucher e Ed. da Universidade de São Paulo, 1971.

FUNDAÇÃO JOÃO PINHEIRO. *Estudos para a redefinição do Programa de Desenvolvimento dos Cerrados – POLOCENTRO: sumário executivo.* Belo Horizonte, 1985.

KERR, Warwick E. *et al. Abelha Uruçu: biologia, manejo e conservação.* Belo Horizonte: Acangaú, 1996.

GARDNER, George. *Viagem ao interior do Brasil.* Belo Horizonte: Itatiaia; São Paulo: Ed. da Universidade de São Paulo, 1975.

GIULIETTI, Nelson *et al.* Estudos em sempre-vivas: importância econômica do extrativismo em Minas Gerais, Brasil. *Acta Botânica Brasileira*, I (2), 1988.

GOMES, Núbia Pereira de Magalhães; PEREIRA, Edimilson de Almeida. *Assim se benze em Minas Gerais.* Juiz de Fora: EDUJF/ MAZZA Ed., 1989.

GOULART, José Alípio. *Brasil do boi e do couro.* Rio de Janeiro: Ed. GRD, 1965.

GUANZIROLI, Carlos Enrique; FIGUEIRA, Creuza Stephen. *Cerrados: uma contra – reforma agrária capitalista.* Rio de Janeiro: IBASE, junho/1986.

GUIA RURAL ABRIL, *Guia Rural Abril.* São Paulo: Ed. Abril, 1986.

HALFELD, H.G.F. *A província brasileira de Minas Gerais.* Belo Horizonte: Fundação João Pinheiro, 1998.

HARTMANN, Thekla. *A nomenclatura botânica dos Borôro (materiais para um ensaio etno-botânico).* São Paulo: Instituto de Estudos Brasileiros, 1967.

HOLANDA, Sérgio Buarque de. *Caminhos e fronteiras.* Rio de Janeiro: José Olympio Editora, 1975.

IBGE. *Censo Agropecuário de 1970.* Rio de Janeiro, 1970.

IBGE. *Produção da extração vegetal e da silvicultura.* Rio de Janeiro, v. 10, 1995.

INOUE, Atom. *Fundamentos da urinoterapia, medicina natural, dieta e jejum.* Manágua: mimeo., s/d.

IPEA. *Aproveitamento Atual e Potencial dos Cerrados.* Brasília: IPEA, 1973.

JICA – AGÊNCIA DE COOPERAÇÃO INTERNACIONAL DO JAPÃO. *Assinatura do contrato de financiamento e contrato da terceira fase do Programa de Cooperação Brasil/ Japão para o Desenvolvimento do Cerrado – PRODECER III.* Press release, jan. 1994.

LACAVA, Ulisses (Coord.). *Tráfico de animais silvestres no Brasil: um diagnóstico preliminar.* Brasília: WWF Brasil, 2000.

LARA, Angela Christina *et al. Sempre-vivas; planta viva, gente viva.* Belo Horizonte: Terra Brasilis, 1999.

MACEDO, Geraldo Antonio Resende. *Dieta de novilho em pastagem nativa de cerrado.* Belo Horizonte: EPAMIG, 1978.

MACEDO, Jozé Norberto. *Fazendas de Gado no Vale do São Francisco.* Rio de Janeiro: Serviço de Informação Agrícola / Ministério da Agricultura, 1952.

MACHADO, Angelo B. M. *et al. Livro vermelho de espécies ameaçadas de extinção da fauna de Minas Gerais.* Belo Horizonte: Fundação Biodiversitas, 1998.

MARCGRAVE, Jorge. *História Natural do Brasil.* São Paulo: Imprensa Oficial, 1942.

MARTINS, A. de Assis; OLIVEIRA, J. Marques de. *Almanak administrativo, civil e industrial da provincia de Minas-Geraes para o anno de 1865.* Ouro Preto: Typographia de Minas Geraes, 1865.

MARTINS, Antonio de Assis. *Almanak administrativo, civil e industrial da provincia de Minas-Geraes do anno de 1869 para servir no de 1870.* Rio de Janeiro: Typographia do Diario do Rio de Janeiro, 1870.

MARTINS, Saul. *Os barranqueiros (folclore).* Belo Horizonte: Centro de Estudo Mineiros/ UFMG, 1969.

MARTIUS, Karl Friedrich Philipp von. A fisionomia do reino vegetal no Brasil. *Arquivos do Museu Paranaense,* v. III, 1943.

MATOS, Raimundo José da Cunha. *Corografia histórica da província de Minas Gerais (1837).* v.1. Belo Horizonte: Arquivo Público Mineiro, 1979.

MATTOS, Izabel Misságia. *Relatório – Projeto: Estudo das práticas terapêuticas tradicionais indígenas – Grupo indígena Xakriabá.* Belo Horizonte: original datilografado, nov. 1992.

MAZZA, Maria Cristina Medeiros *et al. Etnobiologia e conservação do bovino pantaneiro.* Corumbá: EMBRAPA-CPAP; Brasília: EMBRAPA-SPI, 1994.

MAZZETO SILVA, Carlos Eduardo. *Cerrados e camponeses no Norte de Minas: um estudo sobre a sustentabilidade dos ecossistemas e das populações sertanejas.* Belo Horizonte:

Dissertação de Mestrado em Geografia e Organização Humana do Espaço – Instituto de Geociências/UFMG, 1999.

MELLO, Antônio de Oliveira. *As Minas reveladas (Paracatu no tempo)*. Paracatu: Ed. da Prefeitura Municipal de Paracatu, 1994.

MENEZES, Waldemar Cardoso de; ARAUJO, Wilson Alves de. Contribuição para o melhoramento dos solos ácidos e pobres da Estação Experimental de Sete Lagoas, para a cultura do algodoeiro. Reunião Brasileira do Cerrado. *Recuperação do Cerrado*. Rio de Janeiro: Serviço de Informação Agrícola, 1963.

MORAIS, Maria. *Brasilândia: sua história e sua gente*. Brasilândia de Minas: M. Morais, 1998.

Revista do Museu Paulista. São Paulo, v. XXI, 1986.

NABUCO, Maria Regina (Coord.). Uma avaliação do PRODECER II. *Estudos de Política Agrícola*. Belo Horizonte, out. 1993.

NEVES, Antonino da Silva. *Chorographia do municipio de Rio Pardo – Estado de Minas Gerais*. Belo Horizonte: Imprensa Oficial, 1908.

NIMENDAJÚ, Curt. *Textos indigenistas: relatórios, monografias, cartas*. São Paulo: Ed Loyola, 1982.

NIMENDAJÚ, Curt. *Etnografia e indigenismo: sobre os Kaingang, os Ofaiê-Xavante e os índios do Pará*. Campinas: UNICAMP, 1993.

OLIVEIRA, Paulo Eugênio. Fenologia e biologia reprodutiva das espécies de Cerrado. In: SANO, S.M.; ALMEIDA, S. P. *Cerrado: ambiente e flora*. Planaltina: EMBRAPA-CPAC, 1998.

OLIVEIRA, Tadeu Gomes; CASSARO, Katia. *Guia de identificação dos felinos brasileiros*. São Paulo: Sociedade dos Zoólogos do Brasil, 1999.

PARAISO, Maria Hilda Baqueiro. *Laudo antropológico – Identidade étnica dos Xakriabá*. original datilografado, set. 1987.

PAIVA, Eduardo França. *Escravos e libertos nas Minas Gerais do século XVIII: estratégias de resistência através dos testamentos*. São Paulo: Annablume, 1995.

PAULA, Hermes Augusto de. *Montes Claros: sua história, sua gente, seus costumes*. Montes Claros: s/ed., 1979.

PIERSON, Donald. *O homem no Vale do São Francisco*. Rio de Janeiro: Ministério do Interior/SUVALE, 1972.

PERES, José Resende. *Milho para milhões*. Rio de Janeiro: Topbooks, 1992.

POHL, Johann Emanuel. *Viagem no interior do Brasil*. Belo Horizonte: Itatiaia; São Paulo: Edusp, 1976.

POSEY, Darrell A. Apicultura popular dos Kayapó. *Boletim do Museu Paraense Emílio Goeldi*, 1986.

RÊGO, Luís Flores de Morais. *O Vale do São Francisco (Ensaio de Monografia Geográfica)*. São Paulo: Renascença, 1945.

RIBEIRO, Coriolano Pinto; GUIMARÃES, Jacinto. *Dona Joaquina de Pompéu*. Belo Horizonte: Imprensa Oficial, 1956.

RIBEIRO, José Felipe; WALTER, Bruno Machado Teles. Fitofisionomias do bioma Cerrado. In: SANO, S.M.; ALMEIDA, S. P. *Cerrado: ambiente e flora*. Planaltina: EMBRAPA-CPAC, 1998.

RIBEIRO, Márcia Moisés. *A Ciência dos trópicos: a arte médica no Brasil no século XVIII*. São Paulo: Hucitec, 1997.

ROCHA, Ivone R. D. *et al*. Fauna do Distrito Federal. In: PINTO, Maria Novaes (Org.). *Cerrado: caracterização, ocupação, perspectivas*. Brasília: Editora Universidade de Brasília, 1993.

ROCHA, José Joaquim da. *Geografia Histórica da Capitania de Minas Gerais. Descrição geográfica, topográfica, histórica e política da Capitania de Minas Gerais. Memória histórica da Capitania de Minas Gerais*. Belo Horizonte: Fundação João Pinheiro, 1995.

RODRIGUES, Lozenil. *Relato sobre influência da lua na agricultura*. Boa Esperança: Centros Integrados de Educação Rural, 1998.

ROSA, João Guimarães. *Grande sertão: veredas*. Rio de Janeiro: Nova Fronteira, 1984.

ROSA, João Guimarães. *A hora e a vez de Augusto Matraga*. Rio de Janeiro: Nova Fronteira, 1996.

SAINT-HILAIRE, Auguste de. *Quadro da vegetação primitiva da Província de Minas Gerais. Boletim Geográfico*. Ano VI, n. 71, fev. 1949.

SAINT-HILAIRE, Auguste de. *Viagem pelas Províncias do Rio de Janeiro e Minas Gerais*. Belo Horizonte: Itatiaia; São Paulo: Ed. da Universidade de São Paulo, 1975a.

SAINT-HILAIRE, Auguste de. *Viagem às nascentes do rio São Francisco*. Belo Horizonte: Itatiaia; São Paulo: Edusp, 1975b.

SAINT-HILAIRE, Auguste de. *Viagem à província de Goiás*. Belo Horizonte: Itatiaia; São Paulo: Edusp, 1975c.

SALIM, Celso Amorim. As políticas econômica e tecnológica para o desenvolvimento agrário das áreas de cerrados no Brasil: avaliação e perspectivas. *Cadernos de Difusão de Tecnologia*. Brasília: 3 (2), maio/ago. 1986.

SAMPAIO, Francisco Antônio. História dos Reinos Vegetal, Animal e Mineral Pertencente à Medicina. *Anais da Biblioteca Nacional*, v. 89, 1971.

SANTOS, Ana Flávia M. *Do terreno dos caboclos do Sr. São João à Terra Indígena Xakriabá: as circunstâncias da formação de um povo. Um estudo sobre construção social de fronteiras*. Dissertação de Mestrado apresentada ao Programa de Pós-Graduação em Antropologia Social do Departamento de Antropologia da Universidade de Brasília, 1997.

SANTOS, Eurico. *O homem e a fauna no Brasil*. Rio de Janeiro: Serviço de Informação Agrícola – Ministério da Agricultura, 1955.

SENNA, Nelson Coelho de. *A terra mineira*. Belo Horizonte: Imprensa Oficial, 1926.

SILVA, José Joaquim da. *Tratado de geografia descritiva especial da província de Minas Gerais*. Belo Horizonte: Fundação João Pinheiro, 1997.

SILVA, Wilson Dias da. *O Velho Chico – sua vida, suas lendas e suas histórias*. Brasília: CODEVASF, 1985.

SILVEIRA, Alvaro da. *Memorias chorographicas*. v. 2. Belo Horizonte: Imprensa Oficial, 1922.

SOARES, Adriano Campolina *et al*. (Orgs.). *Milho crioulo: conservação e uso da biodiversidade*. Rio de Janeiro: AS-PTA, 1998.

SOUSA, Gabriel Soares. *Tratado descritivo do Brasil em 1587*. São Paulo: Companhia Editora Nacional e Editora da USP, 1971.

SPIX, Johann Baptist; MARTIUS, Carl Friedrich Philipp von. *Viagem pelo Brasil (1817-1820)*. Belo Horizonte: Itatiaia; São Paulo: Edusp, v. 2, 1981.

TAMEIRÃO NETO, Eugênio. Carvão vegetal. EPAMIG – *Informe Agropecuário*. Belo Horizonte, v. 15, n. 168, mar./abr. 1991.

THOMAS, Keith. *O homem e o mundo natural*. São Paulo: Companhia das Letras, 1988.

TOLEDO, Victor M. *La apropriacion campesina de la naturaleza: un analisis etnoecologico*. mimeo, 1995.

UBATUBA, Ezequiel. *O Sertão e a pecuária – papel economico do gado zebu*. Belo Horizonte: Imprensa Oficial, 1916.

URBAN, Teresa. *Saudade do matão: relembrando a história da conservação da natureza no Brasil*. Curitiba: Ed. UFPR; Fundação O Boticário de Proteção à natureza; Fundação MacArthur, 1998.

VALVERDE, Orlando. *Estudo de geografia agrária brasileira*. Petrópolis: Vozes, 1985.

VASCONCELOS, Diogo Pereira Ribeiro de. *Breve descrição geográfica, física e política da Capitania de Minas Gerais*. Belo Horizonte: Fundação João Pinheiro, 1994.

VASCONCELOS, Simão de. *Crônica da Companhia de Jesus*. Petrópolis: Vozes, 1977.

VERDET, Jean-Pierre. *O céu, mistério, magia e mito*. São Paulo: Objetiva, 1987.

VIANNA, Urbino de Sousa. *Montes Claros – Breves apontamentos historicos, geographicos e descriptivos*. Belo Horizonte: s/ed., 1916

WELLS, James W. *Explorando e viajando três mil milhas através do Brasil – do Rio de Janeiro ao Maranhão*. Belo Horizonte: Fundação João Pinheiro, 1995.

WIED-NEUWIED, Maximiliam. *Viagem ao Brasil*. Belo Horizonte: Itatiaia; São Paulo: Edusp, 1989.

Qualquer livro do nosso catálogo não
encontrado nas livrarias pode ser pedido
por carta, fax, telefone ou pela Internet.

Autêntica Editora
Rua Aimorés, 981, 8º andar – Funcionários
Belo Horizonte-MG – CEP: 30140-071
Telefone: (31) 3222 6819
Fax: (31) 3224 6087
e-mail: vendas@autenticaeditora.com.br

Visite a loja da Autêntica na Internet:
www.autenticaeditora.com.br
ou ligue gratuitamente para
0800-2831322